동아시아
갈등의
역사와
미래 전망

동아시아 갈등의 역사와 미래 전망

이동수 · 이현휘 편

인간사랑

차례

서문

오늘날 동아시아에서 평화적 질서를 위협하는 긴장이 고조되고 있다. 예컨대 러시아와 일본 간의 남쿠릴 열도 분쟁, 한국과 일본 간의 독도 문제, 중국과 일본 간의 센카쿠 열도 분쟁, 중국과 베트남 간의 스프래틀리 제도 및 파라셀 제도 분쟁, 게다가 북한의 핵문제에서 발생되는 위협은 동아시아에서의 전쟁가능성마저 높이고 있는 실정이다.

그런데 이러한 긴장은 단순히 국지적 분쟁의 성격을 띠는 것만으로는 이해할 수 없다. 동아시의 역사 전체를 관류하는 어떤 거시적 패턴으로부터 파생된 것이기 때문이다. 주지하듯이 동아시아 지역의 질서는 전통적으로 중국의 패권을 통해 유지되었고, 19세기 이후 서세동점 시기에 일본의 급부상에 따른 일본의 패권, 그리고 제2차 세계대전 이후 냉선시대를 거쳐 세계전략에서 비롯된 미국의 패권이 지배적이었다. 그 후 다시 G2의 반열에 올라선 중국과 재무장을 시도하는 일본에 의해 동아시아 지역에서의 패권다툼은 다시 꿈틀거리고 있는 것이다.

이와 같이 재현되는 동아시아 긴장의 패턴은 무엇보다도 한반도에 심각한 안보위협을 예고한다. 역사적으로 한반도는 주변에서 2개의 강대국이 각축하거나 그 강대국 간의 세력이 교체될 때 항상 전쟁의 위협에 직면했기 때문이다. 미국과 소련이 각축할 때 한국전쟁이 발발했고, 청과 일본의 패권이 교체될 때 조선의 망국이 시작되었으며, 명과 후금의 패권이 교체될 때 병자호란이 일어났었다. 뿐만 아니라 명과 일본의 각축을 배경으로 임진왜란이 발생했으며, 원과 명의 교체기에 고려가 멸망하고 조선이 탄생했던 것이다. 요컨대 한반도에서의 긴장고조와 전쟁가능성은 동아시아의 국제질서 그리고 20세기 후반 이후에는 세계전략의 변화와 연관되어 높아지는 것이다. 그런 점에서, 우리는 단순히 한반도의 정세만으로 전쟁과 평화의 순간을 가늠할 수 없다. 국제질서와 세계전략, 주변 강대국의 부침 등이 우리의 안녕과 연관되는 중요한 변수인 것이다.

이 책은 세계NGO역사포럼과 동북아역사재단, 그리고 경희대학교 공공대학원이 공동주최하여 2013년 7월 22일부터 25일까지 경희대학교 서울캠퍼스에서 열린 제5회 역사NGO세계대회에서, 경희대 공공대학원이 주관한 전체회의 2, 4세션에서 발표된 논문들과 이와 연관된 논문들을 묶어 발행한 것이다. 이 책은 오늘날 동아시아와 한반도 주변에서 벌어지고 있는 일들을 역사 속에서 그 근원을 찾아 교훈을 얻고, 이를 바탕으로 불확실한 미래에 대해 조금이나마 전망해 보고자 하는 의도에서 기획되었다. 이 책의 기획에서부터 출판까지 함께 작업한 이현휘 박사님과 교정을 도와준 김은순 선생에게도 깊은 감사의 마음을 전한다. 그리고 국제학술회의에 참석하고 이 기획에 함께 해준 참여자들과 출판을 기꺼이 수락해 준 도서출판 인간사랑 관계자들에게도 깊은 감사의 뜻을 전한다.

2017년 6월

이동수

1부 역사적 전통과 유산

1장
동아시아 공동체의 역사와 미래:
중화주의와 아시아주의를 넘어서*

이동수

1. 서론

오늘날 동아시아는 세계가 주목하고 있는 지역이다. 경제적으로 볼 때, 일본의 선진국 진입과 20세기 후반 한국을 비롯한 4룡의 성장, 그리고 지금은 중국의 놀랄만한 발전과 대규모 개발을 통해 동아시아는 세계경제의 뜨거운 이슈가 되었으며 또한 세계경제의 지형 자체를 바꾸고 있다. 뿐만 아니라 근대화 모델의 기저를 이루었던 서구중

* 이 글은 한국정치평론학회에서 발행하는 『정치와 평론』 제18집(2016)에 게재된 「동아시아 공동체의 역사와 미래: 중화주의와 아시아주의를 넘어서」를 재수록한 것이다.

심주의가 한계에 도달한 지금, 동아시아의 사상과 문화는 탈근대사회의 새로운 가능성과 대안으로 부상하고 있다.

하지만 19세기 서세동점 시대 이후, 동아시아는 갈등과 반목의 역사를 되풀이해 왔다. 특히 일본은 청일전쟁과 러일전쟁을 거쳐 1930년대 중일전쟁을 일으켰으며, 공산화된 중국과도 대립을 지속하여 지금도 남중국해에서 충돌하고 있다. 또한 일본은 20세기 초반 한국을 강점한 바 있으며 이 후유증은 아직도 남아 있다. 한편 우리가 살고 있는 한반도 자체는 남북으로 나뉘어 휴전선에서 대치하고 있는 상태이며, 북한은 핵개발을 위협하면서 남한과 동아시아뿐만 아니라 세계정치의 화약고 같은 역할을 하고 있다. 요컨대 동아시아는 경제적 성장과 정치적 갈등을 그 특징으로 하고 있는 것이다.

그러나 동아시아는 전통적으로 비슷한 문화와 사상을 갖고 있다. 한자문화권에 속하는 이 지역은 지식인들이 고대로부터 같은 종류의 저작을 독서하였으며, 각 국가 간에 약간의 차이는 있으나 유교를 비롯해 불교, 도교, 민간신앙에 있어서 공통의 정신과 사상을 지니고 있다. 특히 유교적 사유와 이를 기반으로 한 국제체제인 중화주의적 질서는 단지 일국의 특징이 아니라 동아시아적 특징을 이루었다.

원래 중화주의(中華主義)는 주대(周代)로부터 태동하여 한대(漢代)에 이르러 이념적으로는 유교의 수용을 통해 그리고 군사적으로는 제국의 팽창을 통해 받아들여지기 시작했다. 그 후 중국대륙의 분열과 혼란의 시기를 겪고 다시 통일을 완수한 왕조들은 중화주의의 기치를 계속 유지하였다. 특히 송대(宋代)와 명대(明代)를 거치면서 이 이념은 더욱 굳어졌고 한족화된 이적(夷狄)의 왕조인 청대(淸代)에도 중화주의는 여전히 중국 및 동아시아의 중요한 담론이자 현실로 여겨졌다.

중화주의는 동아시아에서 최초의 문명발생국이었던 중국의 한민족이 자국과 자민족의 문화를 최고의 지위와 절대적 기준에 올려놓는 문명관이며, 스스로를 주변 국가들과 구분하는 국제질서관이었다. 또한 중국의 문화를 보편적인 문명으로 인식하는 세계관이며, 한족 중심의 문화를 문명(華)으로 인식하고 주변의 비한족문화를 야만(夷)으로 인식하는 화이사상(華夷思想)을 통해 타민족을 차별화하는 대외관이기도 하였다. 다만 대외관계에 있어서 타민족이라고 하더라도 이러한 화이관을 받아들이고 중국 중심의 중화를 인정하는 국가에 한해서는 중화적 질서에 편입시켜 국제사회의 안정을 도모하여, 궁극적으로는 중원의 평화(pax sinica)를 이루기도 하였다.[1]

그러나 중화주의가 점차 쇠락하기 시작한 것은 19세기 서세동점의 침탈 및 서구적 근대화를 추진하기 시작한 일본의 등장과 연관된다. 두 차례에 걸친 아편전쟁을 겪으며 동아시아는 중화주의적 질서에 의해 자체로 유지되던 평화가 깨지고, 서구열강의 각축장으로 전락하게 되었다. 또한 이런 상황 속에서 동아시아 국가들은 공동으로 대처하지 못한 채 오히려 일본이 새로운 패권으로 등장하여 동아시아 국가 간의 경쟁을 가속화시키고 상대국에 대한 침탈을 단행함으로써 동아시아의 혼란을 가중시켰다.

19세기 말부터 일본은 동아시아의 다른 국가들과는 다르게 서구

---

1 강정인·안외순, 「서구중심주의와 중화주의의 비교 연구」, 『국제정치논총』 제40집 3호 (2000), 105.

의 충격을 재빠르게 수용하여 서구화를 추진함으로써 다른 동아시아 국가들을 앞설 수 있게 되었다.[2] 또한 일본은 이러한 혼란이 자신에게 오히려 기회가 될 수 있음을 직감하고 대륙으로의 진출 및 동아시아 지배를 위해 서구에 협력하고 동맹을 맺는 것이 유리할 것이라는 전략적 사고에 따라 서구 열강들을 자기편으로 끌어들임으로써, 다른 동아시아 국가들과는 다른 위상, 다른 이해관계를 갖게 되었다.

이러한 상황 속에서 일본은 전통적인 중국 중심의 중화주의적 질서를 깨트리고 자신의 패권을 추구하면서 이를 정당화하기 위해 아시아주의를 표방하였다. 이 이념은 서구열강의 침탈에 동아시아가 함께 대응하기 위해 상호 협력해야 한다는 것을 피력한다. 하지만 아시아주의는 먼저 서구화를 시작하고 이에 적응한 일본이 아시아의 중심을 맡아야 한다는 것을 강조함으로써 결국 일본중심의 패권을 인정한다. 이런 아시아주의에 대해 처음에는 중국이나 조선에서 우호적인 태도도 있었으나 점차 일본침략을 위한 수사에 지나지 않음이 드러나고, 실제에 있어서 일본은 조선병합, 만주사변, 중일전쟁 등을 자행함으로써 스스로 아시아주의의 허구성을 증명하였다. 이러한 역사는 전후 70년이 지난 오늘날에도 동아시아에서 일본에 대한 불신의 근거로 작용한다.

그러나 오늘날 중국은 공산당 지배체제를 유지하면서 개혁개방

2 이에 대해서는 여러 설명이 있으나, 그 중 일본은 중화주의에 깊이 빠지지 않고 무사들의 실제적 사고에 기반하고 있었기 때문에 서구화로의 변환이 쉽게 가능했다는 설명이 가장 설득력 있어 보인다.

정책을 통해 다시 패권국으로 부상하여 일본과 대등하게 맞서고 있고, 북한의 핵위협 속에서 한반도의 긴장은 날로 고조되고 있는 상황이다. 따라서 동아시아의 안정과 평화를 지키기 위해서는 동아시아 각 국가들의 화해와 협력이 절실히 필요하다. 더 이상의 패권다툼과 전쟁은 안 된다. 일본과 중국의 충돌이든 남북한의 대결이든 21세기의 전쟁은 단순한 영토적 전투가 아니라 동아시아 지역의 파괴와 국가적 소멸을 초래할 수 있기 때문이다. 따라서 과거와 같은 중국중심의 패권이나 일본중심의 패권에 따르지 않는 새로운 질서 속에서 상호 협력하는 체제가 필요하다. 즉 팽창주의를 배제하고 호혜주의에 입각해야 한다는 것이다. 이러한 인식이 새로이 한중일 3국이 서로 협력하는 동아시아 공동체론이 부상하는 배경이 되고 있다.

본 연구는 이러한 문제의식 아래 동아시아 전통시대에 통용되던 중국패권 중심의 중화주의와 19세기 이후 이 질서가 무너진 후 진행된 일본패권 중심으로 논의되었던 아시아주의를 비판적으로 검토하고자 한다. 그리고 이런 와중에 주체적인 역할을 못했던 우리 자신에 대해 성찰하고 새로운 동아시아 국가들의 관계를 위한 전망을 모색해 보고자 한다.

2. 중화주의: 중국중심의 패권주의

인류 4대문명 중 하나인 황하문명이 발생한 중국은 오래 전부터 국가가 발달하였다. 하(夏), 은(殷), 주(周) 시대를 거치면서 고대국가체제를 이룬 중국은 그 명칭에서도 알 수 있듯이 자신이 세상의 중심이며 세상에는 단지 한 국가만 존재한다는 천하일국(天下一國) 사상에 따라 지역통합을 꾸준히 진행했다. 중국인들은 자신이 사는 곳을 중하(中夏) 또는 중화(中華)[3]라고 불렀는데, 이때 중(中)은 지리적으로나 문화적으로나 세계의 중심임을 뜻하며, 하(夏)는 전설상 중국 최초의 왕조였던 하 왕조를 지칭하는 것으로서 크다는 뜻의 대(大)를 의미하고, 화(華)는 문화가 찬란하다는 것을 지칭한다. 따라서 중화, 중하, 중국 등의 명칭은 대략 "문화가 찬란한 중앙의 큰 나라"라는 뜻으로 이해된다.[4]

중국 고대국가의 발달과정을 살펴보면, 은나라의 경우엔 수많은 기존의 군소(群小) 방(方), 읍(邑), 국(國)의 성읍국가(城邑國家)[5]들을 규

3 중국을 중화(中華)라 부르는 이유에 대해서는 또 다른 설명이 가능하다. 일반적으로 중화는 중국을 문명화된 국가라는 자부심을 표현하는 용어로서 이(夷)에 반대되는 화(華)를 강조하는 말로 사용되었다고 한다. 하지만 다른 설명으로는 중화가 중원과 화산을 포함하는 지리적 의미를 지니고 있다는 데 더 방점을 두기도 한다. 주나라는 처음에 수도를 호경(鎬京, 섬서성 서안 부근)에 두었는데, 이곳이 중앙에 위치한 넓은 평원과 높고 수려한 산인 화산(華山) 지역을 포괄하고 있어서 중원(中原) 혹은 중화(中華)로 불렸다는 것이다. 하지만 이 경우에도 중화가 지리적 개념 외에 문화적 개념인 화하(華夏)의 뜻을 가짐으로써 중국문명을 지칭한다는 것은 여전히 인정된다.

4 이춘식, 『중화사상의 이해』(서울: 신서원, 2002), 121-122.

5 성읍국가란 고대 그리스의 도시국가와 같은 성격을 지닌 국가를 일컬으며, 『춘추좌전(春秋左傳)』에 따르면 상고 중원 지역에는 성읍국가가 은 초기엔 3,000여 개, 주 초기엔 1,800여 개가 존재했다고 한다. 하지만 이를 정확히 증명할 수는 없으며, 다만 출토되는 유물로 판단하건대 무수히 많은 숫자인 것

합하고 복속시켜 은 왕실 중심의 방국연맹체제를 만들었으며, 주나라의 경우엔 주 왕실 일족과 동맹부족을 지방의 방백(方白)과 제후(諸侯)에 분봉하여 동맹국가체제를 이루었다.[6] 먼저 은나라는 방국연맹을 이루고 있었는데, 이때 방, 읍, 국들은 각각 정치적으로 강력한 수장이 통치하고 있는 독립적인 집단이었다. 이들은 경제적으로는 농경에 기반한 자급자족 형태를 갖추었고, 군사적으로는 자위능력을 갖춘 무장집단의 성격을 지니고 있었다. 그리고 내부적으로는 강력한 전통의식, 공동혈연의식, 공동운명의식으로 결속된 독립적인 성읍국가였다. 따라서 은왕은 정치, 경제, 군사적으로 독립적이었던 성읍국가들을 통어하기 위해, 숭신사상에 따라 국가주도의 대규모 제사를 거행하고 우주 천지자연 창조주인 상제(上帝)의 절대적 권위와 위엄에 의지하여 통치해야 했다.[7]

한편 기원전 1121년경 목야(牧野) 전투에서 은 왕조를 멸망시키고 주 왕조를 개국한 무왕은 봉건제를 통치제도로 채택하여 전국적으로 실시하였다. 주나라는 은나라 때보다도 정치적, 군사적으로 더욱 독립된 제후들을 통어하기 위해 더 강력한 통치이념을 창출할 필요가 있었다. 즉 은나라에서는 상제의 권위를 빌린 은왕이 통어자로 존재했지만, 주나라에서 주왕은 단순한 통어자가 아닌 우주 천지자연의 창조주인 천(天)의 절대적 권능을 부여받은 천의 아들 즉 천자(天子)로

은 틀림없다.

6 이춘식, 『중화사상의 이해』, 224.

7 이춘식, 『중국패권의 뿌리와 이념』(서울: 고려대학교 출판부, 2014), 20.

간주되고 하늘의 천명(天命)을 받은 자로 격상되었다. 그리하여 주대에 천은 단순히 창공이 아니라, 우주 천지자연을 창조한 조물주, 천지자연의 법칙을 운행하고 인간사를 제어하는 규제자, 유덕자에게 천명을 내리고 악인에게 천벌을 내리는 절대자였으며, 동시에 주족(周族)의 조상신이자 최고의 신이었던 것이다.[8]

그런데 주나라는 여기서 그치지 않고, 천명사상에 따라 주왕을 정점으로 하고 화(華)와 이(夷)를 망라하는 천하국가상을 수립하였다.[9] 『주서(周書)』에 따르면, 은나라 때에는 천하란 여러 방, 읍, 국으로 이루어진 사방(四方), 사극(四極)과 같은 개념으로서 은왕이 통치하는 지역을 일컬었다. 반면 주대에 천하라는 개념은 제후국을 포함해서 주왕조의 정치 및 군사력이 미치는 봉건적 통치영역 뿐만 아니라, 주왕의 통치영역 밖에 존재하는 사예(四裔) 즉 오랑캐인 이적만이(夷狄蠻夷)의 세계까지 포함하는 의미로 사용되었다. 요컨대 주대의 천하란 주왕의 영향력이 미치는 화의 세계와 그렇지 않은 이적만이의 지역까지 포괄하는 종합적인 통치개념으로서, 주왕은 천명에 따라 이 화이의 세계 모두에 대한 관할권을 갖는다는 것이다.[10] 그리하여 주왕의 실제

8 이춘식, 『중국패권의 뿌리와 이념』, 31-32.

9 화와 이, 즉 중화와 이적만이는 대체로 세 가지 기준에 의해 구분되었다. 첫째, 혈연으로서 부족이나 민족의 차원. 둘째, 지역으로서 중원지역 내부에 있는지 아니면 변방에 있는지 여부. 셋째, 문물, 제도, 관습, 질서, 규범 등을 포함한 문화와 생활양식의 차이. 강진석, 「중화주의의 원형 재구와 당대 이데올로기 조명」, 『중국학보』 제63권 (2011), 429.

10 이춘식, 『중국패권의 뿌리와 이념』, 39.

적인 정치적·군사적 통치력은 주왕의 영토에 한정되지만, 이념적으로는 하늘 아래 모든 땅과 바다 그리고 화와 이를 망라한 만백성들을 포함한 천하가 주왕의 통치영역으로 설정되었다.

요컨대 주대에 왕은 우주 천지자연의 창조주 천으로부터 천명을 받은 유일무이한 천명의 봉행자로서 통치의 정통성을 견지하고, 또한 하늘의 아들인 천자로 승격되어 통치의 신성함을 갖는 존재로 여겨졌다. 천-천명-천자-천하의 등식으로 구성된 주 왕조의 통치사상이 형성되고, 주왕을 정점으로 화이를 망라하는 천하일국상이 수립된 것이다.[11]

그러나 현실 정치세계에 있어서는 봉건제에 의존하는 주나라는 춘추전국시대라는 대격변기를 거친다. 천하일국상에 의해 주왕은 천자로 격상되었지만, 실제에 있어서 주왕은 봉건제적인 천하를 통제하고 통어할만한 절대적인 권한을 지니지는 못했다. 주왕은 중원의 주인이기는 하나 확실한 패권을 장악한 것은 아니었으며, 중원을 둘러싸고 있는 여러 제후국들이 패권경쟁을 하면서 중국은 분열된 상태로 격변을 겪었던 것이다.

이런 혼란된 상황을 다시 통일한 것은 진(秦)나라의 진시황이었다. 그는 전국의 6개국을 무력으로 병합하여 천하를 통일하였고, 이를 유지하기 위해 강력한 절대군주체제를 확립하였다. 특히 자신의 호칭으로서 그동안 은, 주 왕조를 비롯해 춘추전국시대 각국의 군주

11 이춘식, 『중국패권의 뿌리와 이념』, 41.

들이 사용해왔던 왕과 천자라는 존호를 폐지하고, 황제(皇帝)라는 용어를 사용하게 하였다. 여기서 황(黃)은 '광휘한' 혹은 '위대한' 이란 뜻으로 지상에서 찬란히 떠오르는 태양을 의미하며, 제(帝)란 우주 삼라만상을 통괄하는 조물주이며 대자연을 주제하고 있는 최고의 신인 상제를 의미한다. 따라서 황제란 '광휘의 상제' 혹은 '위대한 상제'를 뜻하며, 이는 황제를 상제와 동일시한 것으로서 사실상 황제를 지상의 상제로 신격화시킨 것과 같다.[12] 이제 중국의 왕은 단순히 하늘의 아들인 천자가 아니라, 자기 자신이 천과 동일시되는 신적인 존재에까지 이르게 된 것이다.

이것은 진나라 황제가 신적인 존재로서 유일무이하게 천하를 지배할만한 정통성과 당위성을 갖으며, 이런 황제의 통치는 당연지사로 받아들여야 한다는 것을 의미한다. 따라서 진 황제는 국가의 모든 토지를 소유하고 백성들의 생사여탈권을 장악하며 모든 관리임명권을 소유하고 전국의 무력을 장악한 유일무이한 무소불위의 전제군주였다. 정치제도는 이런 전제군주 황제를 정점으로 중앙집권적 관료제도와 지방을 관할하는 군현제도로 구성되었으며, 농업에 기반하는 사회경제체제 속에서 강력한 신상필벌을 시행하는 법치조직을 이루었다. 그러므로 진 제국은 봉건제에 근거한 다수의 독립적 제후국으로 구성된 주 왕조와는 근본적으로 다른 전제군주 황제를 중심으로 중앙집권적 관료제와 엄격한 법치로 통치되는 전제군주국가였던 것이다.

12 이춘식, 『중국패권의 뿌리와 이념』, 90-91.

이런 전제군주제는 일종의 경찰국가라고 볼 수 있다.[13] 다만 근대의 경찰국가와 차이가 있다면, 근대의 전제국가는 기존의 다원화된 사회를 획일화된 사회로 강제적으로 개조한 반면, 진나라는 사회가 다원화되기도 전에 벌써 강력한 무력과 법치를 통해 사회를 전제적으로 통제하였던 것이다. 이런 통제에 관료제와 군현제가 일조함으로써, 사회는 더욱 더 국가통제 하에 놓이게 되었다.

그러나 이런 절대군주체제는 일반백성뿐만 아니라 지배층 내부에도 반발을 불러일으켰다. 또한 진시황은 분서갱유(焚書坑儒)를 통해 일체의 비판을 억제하고 유가 지식인들을 탄압하여 지식인들의 분노를 사기도 하였다.[14] 결국 지나친 전제체제인 진나라가 망하고 한(漢)나라가 들어서면서 중국은 본래의 모습을 되찾고 본격적인 중국적 중화질서가 실제적으로 성립되었다. 주지하다시피, 한나라 고조 유방(劉邦)은 한때 한초전(漢楚戰)에서 열세에 있었는데, 유가 지식인들이 건의한 천명사상을 통해 민심을 얻고 결국 승리하였다. 이 후 고조는 유학자인 육고(陸賈), 유경(劉敬), 숙손통(叔孫通) 등의 의견을 따라 한나라를 명실상부한 중화주의적 질서관에 따라 확립해 나갔다.

이때 구축된 중화주의적 질서는 과거 주나라 때 성립되었던 지방분권적 봉건제가 아니라, 기왕의 진나라가 수립한 황제를 정점으로 하는 전제군주체제를 유지하면서도 그 운영에 있어서는 진나라와 달리 패도정치 뿐만 아니라 도덕정치를 모두 사용하는 데 특징이 있다.

---

13 레이 황, 홍광훈·홍순도 역, 『중국, 그 거대한 행보』(서울: 경당, 2002), 81.

14 레이 황, 『중국, 그 거대한 행보』, 85–88.

즉 주나라의 봉건제와 진나라의 중앙집권제를 혼용하고, 국제질서에 있어서는 무력으로 정복을 하지만 주변국가의 자율성을 어느 정도 보장하면서 다양한 국제관계를 맺어 전체적으로는 중국의 패권을 유지하는 전략으로 진화한 것이다.

중화주의적 질서란 앞서 설명한 바와 같이 중앙의 화가 주변의 이를 다스리면서 천하를 일통하여 안정적인 일국체제를 만드는 것을 의미한다. 한나라가 건국되었을 당시 내부적으로는 군현제를 실시하여 안정을 기하였고, 외부적으로는 경쟁국가와 다양한 형태로 대처하여 안정을 꾀하였다. 한나라 초기엔 북쪽에 흉노(匈奴), 남쪽에 남월(南越), 그리고 동북에는 위만조선(衛滿朝鮮) 등의 경쟁 상대가 있었으며, 한나라는 이들을 주변의 이(夷)로 칭하였다. 하지만 이 국가들도 강력한 세력을 형성하고 있었고, 이들과의 관계정립이 한으로서는 가장 중요한 문제였다.

먼저 흉노의 경우를 살펴보자. 흉노는 몽골초원을 중심으로 광활한 북아시아 지역에 세워진 유목국가로서 기후가 온난하고 물산이 풍부한 남쪽의 중국을 압박하기 시작하였다. 한나라는 수차례에 걸쳐 흉노와 전쟁을 하였는데, 초기에 한 고조는 평성에서 대패한 적도 있으며 화친을 맺고 겨우 안정을 되찾았다. 이 화친의 내용은 형제의 관계를 맺는 것이었는데, 한나라는 흉노에 매년 정기적으로 쌀, 술, 비단 등을 봉헌하고 황실여자를 흉노의 황후로 출가시켰으며 그 대가로 평화를 유지하였다. 이는 실질적으로 한나라가 흉노에 입공(入貢)한 것으로서 이 관계는 한 고조 9년(기원전 198)부터 무제 원년(기원전 134)까지 약 64년간 지속되었다.[15]

반면 남월국은 조타가 진나라 멸망 후 계림, 상군 지역을 병합하고 광동성, 광서성 지역을 중심으로 건립하였는데, 그 세가 베트남 북부까지 미치고 있었다. 그러나 평성에서 흉노에 대패한 한 고조는 남월국을 원정하여 정벌할 능력이 없었으므로, 남월국 수립을 인정하고 조타를 남월국왕으로 책봉하면서 회유하였다. 이에 조타는 한 제국 천자로부터 외신 제후왕으로 책봉된 후 자신을 번신(藩臣)으로 자칭하였으며, 그 후 남월국의 승계싸움에서 한나라 천자는 번신들의 싸움을 조정하기도 하였다. 요컨대 남월국은 한나라의 번국(藩國)이었던 것이다. 또한 동북의 위만조선은 한나라 천자의 외신으로 책봉되면서 한나라 동북변경 지역의 오랑캐들을 관리하고, 변경을 안정시키며, 만이군장(蠻夷君長)들의 한나라 천자에 대한 입현(入見) 협조 등의 역할을 수행하였다. 이것은 위만조선 군주도 동북 지역에서 한나라의 번병 임무를 부여받았다는 것을 의미한다.

그러므로 동아시아 지역을 사분하고 있던 북쪽의 흉노, 중앙의 한나라, 남쪽의 남월국, 그리고 동북의 위만조선 간의 상호관계는 흉노-한나라 간의 차등적 입공관계, 한나라-남월국 간의 봉건적 책봉입공관계, 그리고 한나라-위만조선 간의 봉건적 책봉입공관계를 매개로 차등적 국제관계를 형성하고 있었으며, 이는 4개국 간의 총체적인 국력의 강약과 자국의 국익추구에 의해 수립되었기 때문에 자국의 국익변동과 국제역학 관계의 변동에 의해서 수시로 변할 수밖에

15 이춘식, 『중국패권의 뿌리와 이념』, 206.

없었다.[16]

한나라는 초기엔 주변국의 입공 허용, 사신 왕래, 물자교역, 군사, 경제적 원조 제공, 영토 양보 등의 모든 수단을 동원해 우호관계를 수립하고 사방의 변경안정을 도모하는데 집중했다. 그리고 안으로는 무위정책(無爲政策)을 경제부흥과 사회안정의 핵심정책으로 채택하여 국력회복에 진력했다. 이렇게 한나라가 안정되고 국력이 신장되면서 한나라의 중화주의는 더욱 공고해지기 시작하였다.

한 무제 때 동아시아 패권을 둘러싸고 10여 년간 흉노와의 전쟁이 계속되었는데, 전투에 진 무제는 '윤대(輪臺)의 조서'[17]를 발표하고 흉노와의 무력충돌을 포기하였다. 하지만 흉노도 전쟁을 치르면서 국력에 막대한 손실을 초래하였고, 이후 다섯 선우가 각기 자립하여 서로 공격하면서 내분에 휩쓸렸다. 이 중 권력쟁탈전에서 실패한 일축왕(日逐王) 비(比)가 남흉노로 독립하여 흉노제국은 남북으로 양분되기에 이르렀다. 또한 남흉노는 한나라의 신하로 칭신하고 내조하여 한의 객신(客臣)이 되었으며, 한의 여러 제후왕들 중 상위에 책봉되었고, 따라서 흉노제국시대는 종말을 고하고 본격적으로 한나라의 패권이 강화되는 한제국시대가 도래하게 되었다.[18]

한편 남월국은 한 무제 때 내부 반란문제가 발생하였고, 남월국

16 이춘식, 『중국패권의 뿌리와 이념』, 215.

17 전쟁에서 흉노를 굴복시키지 못하고 백성의 생활과 국력을 약화시킨 후 무제가 다시는 변방으로 출정하지 않겠다는 뜻을 담은 조서.

18 이춘식, 『중국패권의 뿌리와 이념』, 225-228.

의 자주성을 지키기 위해 한제국의 내번화(內藩化)를 반대하는 세력이 득세하자, 무제 5년(기원전 112) 병력을 동원하여 남월국을 공격하였다. 이에 남월국은 5대 93년 만에 멸망하고 이 영토에는 9군이 설치되어 한제국 천자의 직속영토로 편입되었다.[19] 한편 위만조선은 세력이 강성해진 우거왕 때 이르자 한제국에 대해 외신 제후왕으로서 반드시 이행해야 할 입조를 이행하지 않고, 한제국 천자를 입현하려는 진번 등의 주변 군소 부족국가 사신들의 통행을 가로막고 방해하였다.[20] 또한 외신 제후왕이었던 우거왕은 무제의 조서 수령을 거부하고 요동에 침입하기도 함으로써 한제국에 대한 도발을 계속하였다. 이에 한 무제는 위만조선이 흉노와 연대하여 반기를 들까 두려워하고, 위만조선의 행위가 외신 제후로서 적절하지 않다고 판단하여, 남월국 병합의 여세를 몰아 위만조선을 무력으로 멸망시키고 여기에 4군을 설치하였다.

즉 한나라는 무제 때 이르러 북쪽으로는 남흉노를 포섭하여 제후로 삼았고, 남쪽의 남월국을 정벌하여 직할영토로 편입하였으며, 동쪽의 위만조선을 정벌해 한사군을 설치하여 안정을 도모하였다. 또한 서쪽 지역은 하서(河西) 4군을 설치하였고, 대완국(大宛國)을 정벌한 다음, 서역도호부를 세움으로써 서쪽지역도 외번화(外藩化)시켜 궁극적으로 중화적 국제질서를 완성하였다.

결론적으로, 한나라는 세력이 약했던 고조 때에는 주변국과 화친

---

19 이춘식, 『중국패권의 뿌리와 이념』, 237-238.

20 『사기(史記)』 권 115 「조선열전(朝鮮列傳)」, 2987.

을 맺어 교류하면서 안정을 도모하였고, 국력이 강해진 무제 때 이르러 자신의 외번 혹은 내변으로서의 임무에 충실하지 않은 나라들을 멸망시키고 지역을 안정시킴으로써 국제질서를 재편하였다. 이것은 한제국을 정점으로 내번화와 외번화를 통해 주변국들과의 관계를 맺는 화이관계에 입각한 중화적 국제질서를 완성한 것이라고 볼 수 있다. 따라서 흉노와 같은 강대국은 경쟁 상대였으며, 남월국이나 위만조선과 같이 번국으로서의 역할을 다하지 않는 경우엔 즉각 정벌하였던 것이다. 요컨대 주변국들이 한제국 천자의 외신 책봉을 수용하고 봉건적 입공 또는 조공관계를 수립하면 정치적 자율성은 보장하고 교역을 통하여 한 제국의 방대한 경제력과 선진문물의 혜택을 누릴 수 있게 하고 국가안보도 보장해주었는데, 이를 중화주의라는 이념으로 통제하였던 것이다.[21]

이러한 중국의 중화주의적 국제질서체제, 즉 중원의 패권자가 화이적 세계관 속에서 그 주변을 내번화와 외번화를 통하여 흡수하고 천하를 일국으로 통일하여 안정을 도모한다는 것은 한나라 이후 계속하여 중국의 전통적인 세계관 및 질서관이 되었다. 다만 중원의 어느 누가 확실한 패권을 유지하지 못했던 경우에 중국대륙은 서로 분열하기도 하였고 (5호16국시대, 5대10국시대), 혹은 강력한 외부 주변국이 중원을 장악하여 또 다른 질서(금나라, 원나라)를 만들기도 하였으나, 그때마다 다시금 예전과 같은 질서관 속에서 수나라, 당나라, 송나라,

21 이춘식, 『중국패권의 뿌리와 이념』, 279.

명나라 등 통일제국이 이어졌다. 만주족인 청나라도 중원을 장악한 후 한족화되면서 계속 중화주의를 이어갔으며, 아편전쟁 후 서구의 침탈로 퇴색할 때까지 중화주의는 계속되었다.

그런데 중화주의적 국제질서가 유지되기 위해서는 외번국인 조선과 같이 유학자인 사대부가 지배층이 되어 이념적으로 동조하는 것이 필요할 뿐만 아니라, 더욱 중요한 것은 국력이 중화주의적 국제질서를 유지할 수 있을 정도로 뒷받침되어야 한다. 그런데 중국은 서세동점(西勢東占)이 시작된 19세기 이전인 16세기부터 사실상 이를 유지할 국력이 약화되기 시작하였다. 특히 명의 14대 황제인 만력제(萬曆帝, 재위 1573-1620)에서 보는 바와 같이 황제는 국가운영에 별다른 관심을 보이지 않고 권력유지에만 전념한 반면, 국가운영은 그 동안 발달해온 전문 관료들이 전담하면서 기득권층화 되고, 점차 제국으로서의 면모는 잃어가기 시작했다. 경제는 쇠약했으며 재정은 문란하였고, 국가의 재원도 너무 산만하게 분산되어 있었다.[22]

외부에서는 몽골의 침입과 왜구의 발호가 발목을 잡았다. 왜구 때문에 해안을 비우는 공도정책이 시행되었으며, 왜구의 밀무역을 막기 위해 쇄국정책을 펴기도 하였다. 요컨대 명나라는 한나라 때와 같은 비약적인 제국의 발전을 이루지 못한 채, 농민반란이 빈번하였고 결국 그 동안 이적만이에 해당되었던 만주족에게 중원을 내주고 말았다.

22 레이 황, 『중국, 그 거대한 행보』, 345.

만주족이 지배층인 청나라는 명의 제도를 그대로 이어받고 빠르게 한족화되었다. 그리고 황제권을 다시 강화하고 경제가 발전하면서 다시금 중화주의적 국제질서를 회복해 갔다. 하지만 서구와 대결한 19세기 아편전쟁을 통해 중국은 더 이상 과거와 같이 동아시아에서 중화주의적 패권을 유지할 수 없게 되었다. 내부적으로도 태평천국의 난으로 국가체제는 이미 무너지기 시작하였다. 1860-70년대 서양을 모방하자는 양무운동과 자강운동을 통해 다시 국운의 회복을 기했지만, 1894년 조선에서 벌어진 청일전쟁에서조차 일본에게 패함으로써 이제 동아시아에서 중화주의적 국제질서는 종말을 고하게 되었다.

중국은 청일전쟁에서의 패배를 통해 물리적인 피해와 함께 특히 심리적인 충격을 심하게 받았다. 즉 화이질서의 중심대국인 청이 이 질서의 말단 소국인 일본과의 전쟁에서 패배하게 됨으로써, 화이의 세계관이 무너지고 망국의 위기의식까지 팽배하게 되었다. 중화주의적 질서보다는 근대세계에 대한 인식을 새롭게 하고 근대적인 개혁의 필요성을 더욱 느끼게 된 것이다.[23]

3. 아시아주의: 일본중심의 패권주의

일본은 전통적으로 중국 중심의 중화주의적 국제질서의 경계에

23 다만 중화주의적 전통을 잇는다는 의미에서 1911년 신해혁명 후 쑨원(孫文, 1886-1925)은 국호를 중화민국(中華民國)으로 칭하였다.

놓여있던 국가이다. 동아시아의 중심국가는 중국이었으며, 책봉체제와 조공체제를 통해 동아시아 국제질서가 운영되었고, 중국인의 세계관은 동아시아 국제질서 속에서 중심축으로 작용했다. 하지만 지리적 이유 때문에 해양국가인 일본은 다른 주변국들과는 다르게 중국 통치권의 직접적인 영향을 받는 속국(屬國)이나 번국(藩國)은 아니었으며, 그런 의미에서 중화주의적 국제질서의 주변부에 해당한다고 볼 수 있다.

일본은 백제의 영향으로 중국이나 한국과 같은 한자문화권에 속하게 되었으며 유교사상을 비롯해 문화적으로도 동아시아 국가들과 유사한 점을 갖고 있다. 하지만 중국과는 공식적인 국가관계를 맺기보다는 조공을 비롯한 통상적인 관계에 입각한 교류가 주로 이루어졌다. 따라서 일본은 어느 정도의 독립성을 유지한 채, 자신을 또 하나의 천하(天下)로 인식하고 있었다. 그리고 19세기 서세동점 시대가 도래하자 1871년 일본은 중국과 새로운 만국공법 패러다임에 의거한 청일수호조규(清日守護條規)를 체결하였다. 이는 중화주의적 국제질서와는 다른 패러다임 속에서 일본과 중국이 관계를 맺는 이정표를 세웠음을 의미한다.

그러면 먼저 일본의 국가발전 과정부터 살펴보자. 고대 일본열도는 5세기 말부터 6세기 초에 이르기까지 지역국가들이 서로 대립하고 항쟁하는 동란의 시기였다. 이 과정에서 야마토(大和, 현재의 나라현)를 중심으로 한 호족세력이 우세하여 다른 지역의 지배자인 왕과는 달리 대왕(大王)이라 부르게 되면서 주도권을 잡게 되었다. 7세기에 이르러 쇼오토쿠(聖德) 태자(574-622)는 호족들의 세력화를 막고 '헌법

17조'[24]를 제정하여 화합의 정신에 기반을 둔 중앙집권체제를 수립하였다.[25] 그 후 텐무(天武) 대왕(재위 673-686)은 자신을 신격화하여 덴노(天皇)라 칭하고 통치체제를 강화하였다. 덴노는 단순히 왕이 아닌 아라히토가미(現人神) 즉 살아있는 신을 의미하며, 이로써 덴노는 신과 대등한 존재가 되어 통치권을 확립하였다.

그러나 귀족들의 세력이 여전히 컸던 일본에서 덴노란 상징적 지위에 불과하며 황제로서의 실권은 매우 약했다. 따라서 중국과 달리 덴노 체제가 성립되었다는 것은 전제적 황제체제가 되었다는 뜻이 아니라, 다만 덴노의 지위를 정치적으로 중립화시키고 그것을 신성불가침한 존재로 고정시킴으로써 만세일계(萬世一界)의 황통을 유지할 수 있게 되었다는 것을 뜻한다. 대부분의 덴노는 입헌군주의 성격을 띠었으며, 셋쇼(攝政, 미성년의 덴노를 보좌하여 섭정을 실행), 간파쿠(關白, 성인인 덴노를 보좌하여 정치를 담당), 쇼군(將軍, 덴노에게 위임받아 실제 권력을 행사) 등에 의해 조종되는 존재가 되었다.[26] 이는 중국 황제가 중앙집권을 이루고 권력을 독점한 형식과는 전혀 다른 정치구조였던 것이다.

12세기 말부터는 쇼군들이 실제 권력을 행사하는 막부체제가 형성되었다. 최초의 막부인 가마쿠라막부(鎌倉幕府, 1185-1333)와 무로마

---

24 604년 수이코(推古) 덴노 때, 쇼오토쿠 태자가 덴노의 권력을 강화하고 그 기반 위에 모든 사람들을 신하로 종속시켜 법에 의해 운영되는 관료국가를 수립하고자 하는 취지에서 만들어졌다.

25 다카시로 고이치, 『일본의 이중권력, 쇼군과 천황』(서울: 살림, 2006), 13.

26 다카하시 고이치, 『일본의 이중권력, 쇼군과 천황』, 30.

치막부(室町幕府, 1336-1573) 시대를 거쳐 전국시대(1467-1573)의 혼란을 겪었으며, 1603년 관동지역의 다이묘(大名)인 도쿠가와 이에야쓰(德川家康, 1542-1616)가 다른 서군의 다이묘들을 격파하고 도쿠가와 막부체제를 만들어 내치에 힘썼다. 이를 통해 일본은 권위를 가진 덴노의 조정과 실제 권력을 가진 막부의 이중지배 체제가 확고해졌다. 그리고 중앙의 쇼군은 강력한 영주권을 갖고, 지역 번(藩)의 다이묘들은 그 지역의 토지와 인민을 통치하는 막번(幕藩) 체제가 완성되었다.

이 체제는 2세기 반 동안 지속되었으나, 1853년 미국 페리함대가 출현하고 아편전쟁에서 중국이 패하는 것에 충격을 받은 일본은 봉건적인 막부체제를 청산하고 서구적 근대화에 박차를 가하였다. 서남지방의 유력한 번들인 서남웅번(西南雄藩)이 중심이 되어 1868년 메이지유신(明治維新)을 단행하였으며, 지방의 번들을 현(縣)으로 바꾸어 중앙의 통제를 받게 하였다. 요컨대 막부체제를 해체하고 덴노를 전면으로 부상시켜 근대적 중앙집권국가를 건설하고자 하였던 것이다.

이와 더불어 일본은 중화주의적 국제질서로부터 완전히 벗어나 새로운 패러다임적 변화를 추구하였다. 메이지 정부는 다음 세 가지 점에 주목했다. 첫째, 근대세계는 국가들 간의 서열에 따르는 중화주의적 천하관이 지배하는 세계가 아니라, 서구의 만국공법에 따라 주권을 가진 개별국가들이 자유로이 조약을 맺는 국제관계이다. 둘째, 당시 국제관계는 서구열강들이 강력한 힘을 바탕으로 아시아에 대한 제국주의적 침탈을 자행하고 있는데, 이에 대항하기 위해 일본은 자신뿐만 아니라 아시아 문제 전체를 고민해야 한다. 셋째, 국내에서 지방 번들이 폐지된 것에 불만을 품은 귀족들을 무마하고 일본 전체의 번영을 위해서는 일본이 아시아 대륙에 진출해야 한다는 것이다.

일본의 아시아 대륙에 대한 관심은 오래 전부터 있어 왔다. 임진왜란도 그 중 하나였으며, 다만 중화주의적 국제질서 속에서 국력이 약한 일본은 아직 진출할 기회를 잡지 못했을 뿐이다. 도쿠가와막부는 지역 번들을 감시하고 견제하는데 정치적 우선순위를 두었으며, 대외적으로는 막부 직할령인 나가사키(長崎)에서만 해외무역을 허용하고 대체적으로는 쇄국적인 태도를 견지했다. 그러나 아편전쟁을 통해 더 이상 중국이 패권국가가 아님을 알게 되었고, 다른 동아시아 국가에 앞서 서구적 근대화를 추진한다면 오히려 그 꿈을 실현할 기회가 될 수 있다고 보았다.

하지만 처음에는 여러 논의들이 함께 진행되었다. 먼저 메이지 유신의 진행과정에서 권력투쟁에 밀려난 사람들의 불만을 대외적으로 전환시키기 위해 정한론(征韓論)이 대두되었다.[27] 메이지 초기 때 사이고 다카모리(西鄕隆盛, 1828–1877)와 이타가키 다이스케(板桓退助, 1837–1919)를 중심으로 한 강경론자들은 러시아의 침략을 견제하기 위해 조선 정벌을 주장했던 것이다. 반면 정한론에 반대한 우에키 에모리(植木枝盛, 1857–1892)는 아시아가 자유와 평등의 입장에서 연대하여 구미열강에 대항할 것을 주장했으며, 이와쿠라 도모미(岩倉具視, 1825–1883)는 현실주의적 정치가의 관점에서 청나라와의 연대를 유지해야 한다고 강조하였다. 이처럼 아시아에 대한 일본의 관심은 동아시아

---

27 정한론은 이미 하야시 시헤이(林子平)가 1781년 『삼국통감(三國通鑑)』에서 조선, 유구(琉球, 오키나와), 오랑캐에 대한 침략을 예견한 바 있다.

정벌과 연대의 이중주 속에서 논의되기 시작하였다.[28]

그런데 동아시아에서 중국, 조선, 일본 사이에 연대가 가능하다고 보는 근거는 문화적, 지리적, 인종적 동일성이 있기 때문이다. 다루이 도키치(樽井藤吉, 1850-1922)는 『대동합방론(大東合邦論)』(초고 1885, 출판 1893)을 통해 이런 동일성을 근거로 아시아의 연대를 주장하였다. 구체적으로 그는 일본과 조선이 대등한 입장에서 대동국(大東國)이라는 이름 아래 합방을 하고, 나아가 중국은 이 대동국과 합종한 후, 장래에는 베트남, 태국, 미얀마 등과 함께 황인종의 나라로 구성된 대(大) 아시아 연방을 만들자는 구상을 제시하였다.[29]

당시 일본은 겉으로는 정한론을 수면 아래로 내려 보내고 아시아 연대론에 주목하면서 이를 체계적으로 추진하였다. 먼저 동경에서는 1880년 반관반민(半官半民) 성격을 띠고 있는 흥아회(興亞會)가 창립되어 아시아 연대론에 앞장섰다. 이 모임의 전신은 1877년 소네 토시토라(曾根俊虎, 1847-1910) 등이 아시아의 흥기진작을 위해 설립한 진아사(振亞社)였다. 이것이 흥아회로 발전하였으며, 이 모임에는 일본의 정부관리나 군인 등 고위층뿐만 아니라 일본 주재 청국 공사인 허루장(何如璋)과 참찬관 황준시엔(黃遵憲) 등도 입회하고 있었다. 심지어 수신사로 일본을 방문한 조선 사절 김홍집 일행도 참석하는 등 아시아

28 김동기·양일모.「아시아주의의 경험과 동아시아 연대의 모색」,『시대와 철학』 제18권 3호 (2007), 69-70.

29 김동기·양일모.「아시아주의의 경험과 동아시아 연대의 모색」, 70.

각국 간의 연대에 대한 공감대 형성을 시도하였다.[30]

한편 후쿠자와 유기치(福澤諭吉)의 아시아관은 양면성을 띠고 있었다. 그는 동양을 미개하여 멀리해야 할 나쁜 친구로 여겨 침략의 대상으로 삼았으며, 궁극적으로는 탈아입구(脫亞入歐)를 통한 해외팽창론을 주장하였다. 1885년 『시사신보(時事新報)』에 게재된 사설 「탈아론(脫亞論)」에서, 그는 일본이 아시아의 악우(惡友)인 중국 및 조선과는 결별하고 서구열강과 동일한 보조를 맞출 시기가 왔다고 주장했다. 일본이 서구열강과 부딪쳐 패퇴하지 않고 국가로서의 자립을 달성하기 위해 서구 제국주의와 같은 길로 나아갈 것을 권고했던 것이다. 그리고 이러한 탈아의 현실적 목표는 청나라를 물리치는 것이었다.[31]

이러한 해외팽창론과는 다른 평화주의를 지지하는 지식인들도 있기는 하였다. 예컨대 나카에 초민(中江兆民, 1847-1902)은 1882년 『자유신문(自由新聞)』에 실린 「논외교(論外交)」라는 논설에서 메이지 정부의 부국강병책과 전쟁론을 비판하였다. 그에 의하면, 일본이 서구문명으로부터 배워야 할 점이 많지만, 서구 문명의 가치 내지 기준으로 다른 지역을 서열화하는 것은 바람직하지 않다고 보았다. 그는 여러 문명 및 문화의 공존과 공생, 그리고 여러 민족의 동등성과 각기 민족문화의 독자적 가치를 인정해야 한다고 보고, 전쟁을 반대하며 비무장을

30 김봉진, 「세계화에의 편승과 저항: 메이지 일본사상사에서의 아시아연대론」, 『미국학』 제28집 (2005), 146.

31 김현철, 「근대 일본의 아시아관과 청일전쟁」, 『한일군사문화연구』 제2권 (2004), 99.

나타내는 평화주의를 지지하였다.[32] 하지만 그도 1884년 일본의 중국 진출 인재양성을 위해 상하이에 교두보를 확보하는 동양학관 설립에 참여하기도 하였다.[33]

결국 현실은 아시아 연대를 표방한 침략의 형태로 진행되었다. 메이지 정부는 서구에 대항하기 위해 일본의 근대화 및 부국강병을 추구했으며, 또한 오히려 이를 계기로 아시아의 맹주가 되고자 하는 제국주의를 목표로 설정하였던 것이다. 이는 메이지 정부 초기부터 일관된 외교적 목표이기도 하였다. 즉 당시 약육강식의 국제정치 현실에서 일본이 생존하고 독립을 유지하는 유일한 길은 일본이 아시아대륙에 영토를 가져야 한다는 것이다. 그리하여 조선과 중국은 해외팽창과 통합의 대상이 되었다.

그 제일보는 현재 오키나와현인 유구왕국을 병합하는 것이었다. 원래 오키나와 지역에는 19세기까지만 하더라도 중화주의적 세계질서에 적극적으로 참여하면서 비무장한 채 독특한 정체성을 지닌 유구왕국이 존재했다. 유구는 중화질서 속에서 청에 조공을 할뿐만 아니라 일본에도 조공을 하고 있었다. 그런데 1871년 유구사람들이 대만에서 살해되는 사건이 발생하자, 이를 계기로 유구를 중, 일 양국에 대한 양속상태를 해소하고 일본에 전적으로 귀속시켜야 한다는 논의가 일어났다. 이에 메이지 정부는 유구국을 폐지하고 유구번을 설치

32 김현철, 「근대 일본의 아시아관과 청일전쟁」, 105.

33 김봉진, 「세계화에의 편승과 저항: 메이지 일본사상사에서의 아시아연대론」, 152.

하였으며 유구왕을 유구번의 왕으로 삼았다.[34] 그 후 메이지 정부는 중앙집권 강화를 위해 지역의 번을 현으로 직할하는 폐번치현(廢藩置縣)의 와중에 유구번을 폐지하고 그 대신 오키나와현으로 최종 귀속시켰다.[35]

그 다음 일본의 행보는 조선을 병합하는 것이었다. 유구병합 이후 조선에 대한 관심을 증진시키던 일본은 1882년 임오군란 이후 청군이 조선에 주둔하면서 직접적인 영향력을 강화하자 1894년 청일전쟁을 통해 청의 지배력을 무력화시키고 조선에 대한 일본의 영향력을 확대하였다. 일본이 조선에 집착한 이유는 한반도의 군사적 가치가 높으며, 또한 일본의 안전보장을 위해 동해, 쓰시마 해협, 황해를 포함해 조선과 그 주변지역이 일본에 적대적인 제3국의 지배하에 들어가는 것을 방지하는 데 있었다. 따라서 조선이 제3국의 속국이 되는 것을 저지하기 위해 일본 정부는 외교적으로는 중국에게 조선의 독립을 주장해왔으며, 군사적으로는 군사력을 증가시켜 결국 청일전쟁을 승리로 이끌었던 것이다.[36]

그런데 이러한 일련의 행보는 일본의 근대화과정이 단순히 하나

34 또한 청나라는 이 사건을 일으킨 대만이 중국의 정령과 교화가 미치지 않는 화외(華外)의 지역이라고 인정함으로써, 일본군이 대만에 출병하는 명분을 제공하기도 하였다. 이를 보아도 중국은 이 시점에 이르러 점차 중화주의적 질서를 포기하는 듯 해 보인다.

35 강상규, 『19세기 동아시아의 패러다임 변환과 한반도』(서울: 논형, 2008), 225–228.

36 김현철, 「근대 일본의 아시아관과 청일전쟁」, 101.

의 민족국가를 형성하는데 그치는 것이 아니라 동아시아에 제국을 건설하는 형태를 띠고 있으며, 그 과정에서 상대국에 대해 배타적이면서도 침략적으로 진행되고 있음을 보여준다. 일본의 메이지 정부는 중화질서의 가장 약한 고리에 해당하는 유구왕국 병합을 기점으로 대만에 출병하고 조선에 진출하면서 거대한 전환기 동아시아 질서의 재편을 모색했던 것이다.[37] 그리고 이 새로운 제국주의적 진출을 아시아 연대 혹은 아시아주의란 말로 정당화하고자 했던 것이다.

20세기에 접어들면서 오카쿠라 텐신(岡倉天心, 1863-1913)은 이제 아시아 연대를 넘어 "아시아는 하나"라고 주장하기에 이른다. 그는 1903년 영어로 발표한 팸플릿 『동양의 이상』에서 미술사적 관점에 입각해 아시아가 하나됨을 확인한 뒤 이에 근거해 동양의 우위를 주장하며 서양의 식민주의와 그것을 뒷받침하는 산업자본주의로부터의 해방을 주장했다. 아시아적 영성의 부활이라는 이상에 기초를 두면서 그는 최종적으로 이러한 아시아의 사상과 문화를 의탁할 진정한 저장고로 중국이 아니라 일본을 특화함으로써 노골적으로 일본의 제국주의적 야욕을 드러냈던 것이다.[38]

또 청일전쟁, 러일전쟁, 제1차 세계대전 등에서 승리함으로써 일본의 아시아주의는 더욱 대담해진다. 오데라 겐이치(小寺謙吉, 1877-1949)는 아시아주의를 넘어 '대아시아주의'까지 표방하였다. 1917년

---

37 강상규, 『19세기 동아시아의 패러다임 변환과 한반도』, 245.

38 백영서, 「진정한 동아시아의 거처: 20세기 한중일의 인식」, 최원식·백영서 편, 『동아시아인의 동양 인식』(파주: 창비, 2010), 17.

그는 대백인 종족투쟁을 위해 동문동종, 동사상, 동문학, 정치, 제도 문학의 역사적 유사성, 무종교, 생활행사의 유사성 등을 들어 중일제휴의 필연성을 주장하였다. 이때 조선은 이미 일본에 병합되었으므로 대아시아주의의 주된 목표는 일본과 중국의 연대였다. 또한 당시 유럽에서는 황색인종에 대한 공포를 의도적으로 조작한 황화론이 기세를 더해가고 있었는데, 이런 상황에서 중국과 일본의 상보적 역할을 모색하였다. 하지만 그가 말하는 상보적 관계 속에는 중국과 일본 두 나라의 대등한 관계가 아닌 일본의 선각자적 위치가 요구되었다. 일본이 중국보다 먼저 신문명을 섭취하고 빨리 진보했다는 점에서 뿐만 아니라 문명적 지도의 자격에 있어서도 일본이 주도해야 한다는 것이다.[39]

한편 1930년대 들어서자 만주사변과 중일전쟁을 추진하는 과정에서 오자키 호츠미(尾崎秀實, 1901–1944)는 아시아주의라는 이념에 중국과의 실제적 협력이라는 실제를 고려한 '동아협동체론'을 주장하였다. 또 미키 기요시(三木淸, 1897–1945)는 중일전쟁을 계기로 아시아주의에 철학적 기초를 제공하였다. 그는 중일전쟁을 통해 동아시아의 통일을 실현하고 이로써 세계의 통일을 가능하게 할 수 있다고 보았는데, 그 이유는 동아시아의 전통이 개별 민족을 초월한 '게마인샤프트적인 문화' 곧 '동양적 휴머니즘'이며, 이 전통에서 봉건성을 제거하면 새로운 세계사적 의의를 갖는 동아시아 문화를 형성할 수 있다는

39 김동기·양일모. 「아시아주의의 경험과 동아시아 연대의 모색」, 74.

것이다. 물론 그 역시 이 과정은 일본이 지도해야 한다고 주장하였다.[40]

이상에서 살펴본 바와 같이 일본은 19세기 메이지 유신 이후 계속하여 아시아주의를 표방하였다. 그런데 이 아시아주의에는 크게 두 가지 특징이 있다는 것을 주목해야 한다. 첫째, 동아시아인의 동질성을 근거로 하여 연대 내지 연합을 추구해야 한다. 둘째, 이러한 아시아 연대의 중심은 이제 더 이상 중국이 아니라 서구문명을 먼저 받아들이고 근대화를 추구한 일본이 되어야 한다는 것이다. 이런 아시아주의는 한편으로는 동아시아 지식인들에게 이론적 담론을 제시하는 역할을 하였고, 다른 한편 일본의 동아시아 침략 즉 유구와 대만, 그리고 조선을 병합하고 만주사변과 중일전쟁을 일으키는 현실정치의 이론적 근거로 작동했다. 요컨대 일본의 아시아주의는 한편으로 아시아인의 동질성을 근거로 연대를 주장하지만, 본심은 일본의 아시아에 대한 제국주의적 침탈을 위한 일종의 수사(rhetoric)로 작용했던 것이다.

아시아주의에 내포된 이러한 이중성은 오늘날 일본학자들에 의해서도 인정되고 있다. 예컨대 야마무로 신이치(山室信一) 교수는 아시아주의가 역설과 모순을 포함하고 있다고 전제하면서, 아시아주의는 사실상 '확장된 일본 내셔널리즘'이라고 규정한다.[41] 그는 내셔널리즘에는

---

40 배영서, 「진정한 동아시아의 거처: 20세기 한중일의 인식」, 18-19.

41 야마무로 신이치, 「일본의 아시아주의와 아시아 학지」, 『대동문화연구』 제50권 (2005), 66.

원래 방어적 자기보존적 성격이 있음과 동시에 공세적 자기확장적 측면이 있는데, 일본의 아시아주의가 바로 이 두 측면을 동시에 보여주는 적절한 예라는 것이다.

또한 아시아주의는 일본판 중화주의로도 생각될 수 있다. 중화주의가 문명이 발달한 중국 중심으로 동아시아 국제질서를 조공과 책봉체제로 묶어 중국 패권중심의 질서를 확립하는 것이었다면, 아시아주의는 후진국이었던 일본이 서구와의 조우 이후 근대화에 앞서면서 조선과 중국을 다시 일본중심의 국제질서 속에 묶으려는 시도로 볼 수 있는 것이다. 다만 다른 점은 중화주의가 역사가 깊고 그 세월만큼 유가사상의 작업에 따라 이론적으로 정교화되었으며, 단순히 세력이 아니라 문명화에 기초한 질서체계임을 강조하는 반면, 아시아주의는 중화주의의 쇠퇴기에 일본이 서구라는 외부변수를 활용하여 아시아적 동일성을 토대로 일본중심의 국제질서를 재구성하려는 시도였다고 볼 수 있다. 이런 아시아주의에는 중화주의만큼의 이론적 깊이는 없다. 또한 그렇기 때문에 중화주의가 조선과 같은 나라의 지식인이나 지배층에게 잘 먹혔던 데 비해, 아시아주의가 중국이나 조선의 지도자층에게 받아들여지는 데에는 한계가 있었다. 다만 여기서 지적해야 할 것은 아시아주의가 19세기 말부터 20세기 초에 이르는 서세동점의 시기에 중화주의를 대체하여 동아시아인들에게 심각하게 논의되었던 중요한 세계관이었음은 틀림없다는 점이다.

4. 결론

우리는 현재 상호 교류와 협력을 통해 자신의 생존과 번영을 함께 추구하는 세계화시대에 살고 있다. 각 국가들은 19세기 말 만국공법 체제 하에서 상호 수호조약을 맺고 세계질서를 이루었듯이, 오늘날에는 FTA 체제 하에서 자유무역을 통한 상호 이익증진을 도모하고 더 나아가 EU나 NAFTA처럼 지역블록화를 통한 공동번영을 추구하고 있다. 따라서 동아시아에 살고 있는 우리는 세계 각국과의 교류 및 교역을 확대하고 인접 국가들과 함께 동아시아공동체 구성을 통해 이런 시대상황에 능동적으로 대처해 나가야 한다.

그러나 동아시아 공동체 구성이 그렇게 간단한 일은 아니다. 불과 100년 전에 있었던 한일합방과 중일전쟁에서 비롯된 일본에 대한 증오, 그리고 오늘날 중국굴기를 내세우는 중국에 대한 의심은 한중일의 진정성 있는 협력의 가능성을 낮추고 있다. 하지만 동아시아 공동체 구성은 시대적 요청이다. 거대한 세계화의 파고와 선진국인 서구에서조차 지역블럭화로 돌파구를 찾고 있는 현실에 비추어 볼 때, 이것은 선택의 문제가 아니라 생존과 번영을 위한 필수조건에 더욱 가깝다.

그런데 새로이 요구되는 동아시아 공동체에 대한 논의는 앞서 살펴 본 예전의 중화주의나 아시아주의와는 질적으로 달라야 한다. 왜냐하면 중화주의는 기본적으로 중국문명의 우위와 패권을 인정하고 다른 인접국들은 이에 복종하는 위계적 질서였으며, 아시아주의는 일본의 침략과 패권을 정당화하기 위한 수사에 불과했기 때문이다. 즉 중화주의나 아시아주의는 중국 혹은 일본과 같이 어느 한 국가의 패권을 전제하고 복종과 안정을 추구하는 담론이기 때문에 부적절하다는 것이다. 중화주의는 전통세계에서 중국의 문명적 우위와 세력의 우위를 바탕으로 안정적 질서를 유지하는 데에는 성공했다. 하지만 이를 통해 동아시아 전체가 발전하고 공동으로 번영하는 데 있어서는 실패했다. 아시아주의는 그보다 더욱 문제가 있었는데, 이는 동아시아의 협력과 안정을 가져온 것이 아니라 일본 패권추구에 따른 전쟁과 갈등만 초래했을 뿐이다.

따라서 지금 요구되는 것은 어느 한 국가의 패권을 전제로 하는 담론이 아니라 한중일 삼국에 이론적으로도 설득력이 있고 실제에 있어서도 각국이 참여할 만큼 실제적인 동기부여가 되는 것이어야 한다. 이 내용을 여기서 명확히 제시하기는 쉽지 않다. 다만 한 가지 말할 수 있는 원칙은 한중일 삼국의 대등한 관계를 전제해야만 실제적인 미래의 협력을 논할 수 있다는 것이다. 그렇지 않으면 어느 하나의 패권에 치우치게 되며, 그것은 곧 공동번영의 추구가 아니라 편차에 따른 주종관계로 전락하기 쉽다.

그런데 삼국이 대등한 관계를 이루고자 하려면, 각국의 세력이나 학문이해 수준이 비슷해야 한다. 그런 점에서 전통시대에 중화주의가 지배했던 것은 중국의 세력이 타 국가를 압도하고 중국문명과 학문의 이해수준이 타 국가와 차이가 있었기 때문이다. 조선과 일본은 중국 문명과 학문을 받아들이는 데 힘썼으며, 중국의 세력권 내에서 안정을 취하고자 하였던 것이다. 또한 19세기 말에 일본의 패권적 아시아주의가 지배담론이 되었던 것은 중국과 조선의 세력이 급격히 약화되고 서구사상의 유입으로 중화주의의 정당성이 훼손되었기 때문이다.

그런 점에서, 우리는 중국의 패권이나 일본의 패권을 탓하기에 앞서 우리 자신부터 먼저 되돌아보고 성찰해보아야 한다. 어느 측면에서 보면, 우리는 자신의 세력이 약함을 깊이 인식한 나머지 중화주의 담론을 주도적으로 받아들이고 자신을 소중화(小中華)라 칭하며 그 정도의 자부심으로 자신을 속이면서 현실을 외면했을 수 있다. 또 19세기 말 더 이상 중국의 패권에 의지할 수 없었던 우리는 일본의 아시아주의를 또 다른 중화주의로 받아들이고 일본의 세력에 의존하여 생존하고 싶어 했을지도 모른다. 우리는 조선을 건국할 때부터 유교를 그 근본으로 삼음으로써 이념적인 중화뿐만 아니라 현실정치적 차원에서의 중화주의적 질서를 너무나 당연시하였다. 이는 조선이 소중화로서의 국가 위상에 만족하고 안주하는 결과를 초래하였으며, 우리 자신이 대등한 관계로 나아갈 수 있는 다른 담론을 모색하거나 세력을 넓히는 노력은 게을리하는 데 일조하였다. 그리고 이는 16세기 이후 서구와의 접촉 속에서도 개방적이지 못하고 변화를 두려워하는 보수적 태도를 견지하는 바탕이 되기도 하였다. 또한 19세기 말 일본이 먼저 근대화를 시작하고 아시아주의를 내세워 조선에 접근할 때, 이를 너무 순진하게 받아들이고 이 속에 숨어 있는 현실정치의 패권적 위험성을 제대로 파악하지 못함으로써 망국이라는 최악의 상황에 다다르게 되었다. 당시 우리에게 아시아주의란 중화주의를 대체할 수 있는 또 다른 믿음의 상징이었지만, 일본은 애초에 그 믿음에 부응할 의사가 없었던 것이다.

먼저 조선시대 사림(士林)들의 중화주의적 사고관과 이에 따른 현실정치의 측면을 살펴보자. 유학자들이 중심이 되어 건국한 조선은 초기 개국의 정당성을 인정받기 위해 명으로부터의 책봉과 조공을 통한 사대(事大)를 받아들이고 중화주의적 질서 속에서 안정을 찾고자 하였다. 이런 태도는 당시 상황을 고려해 볼 때, 실리적으로 받아들일 만한 것이기는 하다. 하지만 이런 전략적 사고는 중종 이후 변하게 된다. 반정(反正) 이후 중종(재위 1506-1544)은 왕권의 정당성 확보를 위해 명나라에 더욱 의존하게 되었고 사림들도 유학적 이념을 완전히 내면화시킴으로써, 이제 명과 조선의 관계는 이적관계(夷狄關係)가 아니라 내복관계(內服關係)로까지 접어들게 되었다. 즉 조선은 이적으로서 중화주의의 변방에 있는 국가가 아니라 명나라 내부에 존재하는 신하국의 위상을 갖고 중화주의 안에 편입되었다는 것이다.[42] 이러한 사고가 소중화의 시작이 되었다.

물론 고려 때도 중화주의는 있었다. 그러나 중원의 패권을 장악한 나라는 어느 국가든지 중화국으로 인정했으며, 이에 대한 도덕적 부담은 느끼지 않았다. 예컨대 고려 말 이승휴(李承休)나 이색(李穡)은 몽골인의 원(元)나라를 세계의 중심으로 인정하였다. 그러나 조선시대 중종 때 이르게 되면 한족인 명은 단순히 조선과 군신관계(君臣關係)가 아니라 부자관계(父子關係)로까지 인식되었고, 그 뒤를 이은 청에 대해서는 주체로 인정하지 않는 완고함을 보였다. 즉 조선의 명에 대한 태도가 정치적인 군신관계가 아니라 이념화되고 내면화되어 돌이

---

42 계승범, 『중종의 시대: 조선의 유교화와 사림운동』(서울: 역사비평사, 2014), 137.

킬 수 없을 정도로 태생적인 부자관계로 인식했다는 것이다. 이와 같이 이념화된 중화주의적 의식은 서구와의 조우에 있어서도 아편전쟁으로 이미 무너진 중국에 여전히 의존하면서 서구를 배척하는 우를 범하게 하였다. 또한 명이 쇄국정책을 편 것과 같이 소중화인 조선도 쇄국으로 일관하였던 것이다.

반면 성리학적 고루함에 숨이 막힌 개화파들은 서구의 문물을 받아들이고 개항과 개화를 통해 문명국으로의 발전을 기대하였다. 그런 점에서 개화파들이 먼저 근대화를 시작한 일본과 친교하면서 청나라를 견제한 것은 일견 그럴 듯 해 보인다. 하지만 이들의 문제는 서구 근대성이 갖는 제국주의적 요소와 일본의 침략야욕을 제대로 인식하지 못했다는 데 있다. 개화파들은 서구사상의 좋은 측면인 자유나 평등, 문명 등에만 주목했을 뿐이며, 그 안에 내포된 갈등과 폭력, 마키아벨리적 요소 등은 간과한 채 지나치게 낙관적으로 생각하였다. 이런 태도는 일본의 접근을 판단하는 데 있어서도 똑 같은 우를 범하게 하였다. 일본이 전략적 수사로 제시한 아시아주의를 선의로 해석하여 그것의 실행만을 강조했을 뿐, 아시아주의 자체가 갖는 위험성을 제대로 인식하지 못했던 것이다. 예컨대 안중근(1879-1910)만 하더라도 이토 히로부미(伊藤博文)를 암살한 이유가 그가 아시아주의의 약속을 지키지 않은 데 있었던 것이다. 그는 1910년 옥중에서 집필한 『동양평화론』에서 동양이 연대해야 함을 역설하면서 이를 배신한 일본을 질책하였다.[43]

그러나 이러한 인식과 자기성찰만으로 동아시아 각국들과 대등한 관계를 맺을 수는 없다. 더욱 중요한 것은 대등한 위상이 될 만큼의 세력 혹은 국력을 형성했느냐 하는 것이다. 즉 부국강병(富國强兵)이 전제 요소인 것이다. 그런 점에서 당시 조선은 가장 안이한 태도를 보였다. 일본은 일찍이 서구 근대화를 추진하면서 부국강병책을 급속도로 진척시켰으며, 중국도 아편전쟁에서 패하고 난 후 부국강병책을 계속 모색하였다. 반면 조선에서는 예의를 중시하는 유학의 이념이 아직도 강하게 남아 있어 부국강병이 최종적인 국정 목표가 되지는 못했던 것이다.

사실 이념은 그 자체 이중적인 차원을 갖는다. 한 사회에서 어떤 이념이 주도적인 담론이 되거나 사회적으로 채택되어질 때, 그것은 단순히 그 이념이 갖고 있는 이론적 정합성뿐만 아니라 현실적인 추진력에 의해 그렇게 되는 것이다. 중화주의도 그렇고 아시아주의도 마찬가지이다. 중화주의는 문명의 지배라는 이론적 정합성과 당시 중국의 힘이 있었기에 통용될 수 있었다. 또한 아시아주의는 당시 아시아 연대에 대한 공동의 관심과 담론주체인 일본의 힘이 뒷받침되었기에 논의가 진행되었던 것이다.

따라서 이제 우리가 할 일은 명백하다. 중화주의이든, 아시아주의이든, 아니면 요즘 새로이 부상하고 있는 동아시아 공동체론이든 이것을 정말 실행하기 위해서는 다음 두 가지 점에 주의해야 한다. 첫째, 이론적인 정합성에만 너무 현혹되어서는 안 된다. 이론은 현실세계에서는 항상 합리적 이론이 아니라 일종의 수사로 악용될 수 있기

---

43 안중근, 「동양평화론」, 최원식·백영서 편, 『동아시아인의 동양 인식』(파주: 창비, 2010), 197.

때문이다. 둘째, 국력신장이 선행되어야 한다. 즉 우리의 국력이 중국이나 일본에 미치지 못하면 진정한 한중일 공동체는 이루어지지 않으며, 어느 패권국가의 주도에 종속될 우려가 있기 때문이다. 이것은 국가를 구성하는 기본적인 두 요소이기도 하다. 국가는 자신을 보존하고 방어할만한 힘이 없어서는 존재할 수 없으며, 또한 힘에만 의존해서는 사회를 유지하고 움직이는 소프트웨어를 소홀히 하여 미래를 장담할 수 없기 때문이다. 그런 점에서, 우리는 아직도 갈등을 겪고 있는 국가이념을 명료히 하고 이와 더불어 부국강병을 동시에 추구함으로써, 아시아 각국과 어깨를 나란히 하는 일부터 시작해야 한다.

참고문헌

『사기(史記)』.

『주서(周書)』.

『춘추좌전(春秋左傳)』.

강상규. 2008. 『19세기 동아시아의 패러다임 변환과 한반도』. 서울: 논형.

강정인·안외순. 2000. 「서구중심주의와 중화주의의 비교 연구」. 『국제정치논총』 제40집 3호.

강진석. 2011. 「중화주의의 원형 재구와 당대 이데올로기 조명」. 『중국학보』 제63권.

계승범. 2014. 『중종의 시대: 조선의 유교화와 사림운동』. 서울: 역사비평사.

김동기·양일모. 2007. 「아시아주의의 경험과 동아시아 연대의 모색」. 『시대와 철학』 제18권 3호.

김봉진. 2005. 「세계화에의 편승과 저항: 메이지 일본사상사에서의 아시아연대론」. 『미국학』 제28집.

김현철. 2004. 「근대 일본의 아시아관과 청일전쟁」. 『한일군사문화연구』 제2권.

다카시로 고이치. 2006. 『일본의 이중권력, 쇼군과 천황』. 서울: 살림.

레이 황. 홍광훈·홍순도 역. 2002. 『중국, 그 거대한 행보』. 서울: 경당.

백영서. 2010. 「진정한 동아시아의 거처: 20세기 한중일의 인식」. 최원식·백영서 편. 『동아시아인의 동양 인식』. 파주: 창비.

안중근. 2010. 「동양평화론」. 최원식·백영서 편. 『동아시아인의 동양 인식』. 파주: 창비.

야마무로 신이치. 2005. 「일본의 아시아주의와 아시아 학지」. 『대동문화연구』

제50권.
오카쿠라 텐신. 2010.「동양의 이상」. 최원식·백영서 편.『동아시아인의 동양 인식』. 파주: 창비.
이춘식. 2014.『중국패권의 뿌리와 이념』. 서울: 고려대학교 출판부.
______. 2002.『중화사상의 이해』. 서울: 신서원.
조성환·김용직. 2001.「문명과 연대로서의 동아시아: 근대 중국과 한국 지식인의 동아시아 인식」.『대한정치학회보』 제9집 2호.

2장
동아시아 다원적 국제질서와 정복왕조의 대고려 정책

윤영인

1. 머리말

전근대 동아시아 국제관계사 연구의 주요 쟁점 중 하나는 바로 '중국'이라는 용어의 모호성이다. '중국'은 '한족'(漢族) 혹은 '중원'(中原) 혹은 '한지'(漢地) 등 여러 의미를 가지고 있다. 한족전통의 핵심 가치관은 오랜 세월 전해 내려왔지만 '중국'이라는 정치적·문화적·공간적 실체는 시대에 따라 변하였다.[1] 중원 혹은 한지(漢地)의 거주민들은 정

1 John W. Dardess, "Did the Mongols Matter? Territory, Power, and the Intelligentsia in China from the Northern Song to the Early Ming," in Paul J. Smith and Richard von Glahn, eds. *The Song–Yuan–Ming Transition in Chinese Histo-*

복왕조를 세운 이민족의 오랜 통치를 받았지만, '한화'라는 틀로 한족 전통의 우월성을 확인하였다. 즉 외래왕조들을 '중국사'의 일부로 인정하면서도 동시에 그들의 비한족적 역사와 전통을 무시하거나 축소한다. 하지만 '중국의 문화'는 여러 문화적 전통이 혼합된 결과물이었다. 나아가 거란과 금은 전통적으로 한족의 영토였던 중원 일부와 많은 한족들을 통치하였지만 종족적, 문화적, 그리고 언어적으로 정착문명의 한족과는 명확히 달랐으며 몽골제국 시기 '중국'과 '한족'은 제국의 일부에 지나지 않았다.

고려시대 국제관계의 특징 중 하나는 중원왕조(송, 그리고 후대의 남송)와 단 한 번의 무력충돌도 없었던 반면 정복왕조 거란, 금, 그리고 몽골과는 매우 적대적이었으며 종종 대규모의 침략과 군사적 충돌이 발생한 사실이다. 이러한 현상은 종종 문화론적·이념적 시각에서 해석되곤 하였다. 고려와 한족왕조는 벼농사를 기반으로 한 문화를 공유하였기에 "문화적 친밀감"이 있었고 고려가 중원의 문화를 흠모하면서 중원 '조공체제'를 수용하여 충돌이 없었다는 것이다.[2] 학자들은 특히 10세기 말 송나라 태종이 고려의 "왕이 오래 전부터 한족의 풍속을 흠모하였음(惟王久慕華風)"을 강조하면서 양국이 협력하여 거란을 정벌할 것을 촉구하였던 기록에 주목한다.[3] 실제 송의 관료들이 거란

ry (Cambridge and London: Harvard University Press, 2003), 112–122.

2 河內良弘, 『明代女眞史研究』(京都同朋舍出版), 9.

3 『고려사』, 3:8b4; 『송사』, 487.14038; Wang Gungwu, "The Rhetoric of a Lesser Empire: Early Sung Relations with Its Neighbors," In Morris Rossabi, ed. *Chi-*

과의 대치 상황에서 고려를 잠재적 동맹국으로 인식한 것은 고려가 송의 문화를 숭상하였다는 가정에서 비롯되었다. 그러나 이러한 해석들은 세력균형으로 형성·유지되었던 당시 국제질서의 지정학적 상황을 간과하고 단지 '생산양식'의 문화적 요소를 피상적으로 비교한 결과에 불과하다.[4] 대외관계에서 이념적 측면을 무시할 수는 없지만 급변하는 복잡한 정치 상황에서는 현실주의와 실용주의적인 원칙이 우선이었다. 동북아시아 국제관계에서 조공체제는 분명 중요한 이념이었지만, 전근대 동북아시아 대외관계사를 예외적으로 이념적인 시각에서 접근해야 할 근거는 없다. 오히려 정치적 동기와 무역, 문화 교류, 안보 등과 같은 실제적인 요소를 더욱 세밀하게 검토해야 한다.

고려는 중원의 한족문화를 숭상하였기에 한족중심적 문화론에 기초한 '조공체제'를 수용한 것일까? 고려는 분명 다원적 국제질서의 현실을 정확하게 인식하였다. 고려 초 재상 최승로는 송을 "상국"(上國)이라는 존칭 대신 "서조"(西朝)로 불렀으며, 『고려사』에 의하면 송과 거란, 그리고 금나라 사신에 대한 대우에 차별이 없었다.[5] 조공체제 이론으로는 거란과 금이 고려를 어떻게 인식하고 어떠한 정책을 실행하였으며 나아가 13세기에 몽골제국이 기존의 '다국적체제'를 파괴한

---

na among Equals: The Middle Kingdom and Its Neighbors, 10th–14th Centuries (Berkeley and Los Angeles: University of California Press, 1983), 53.

4 Michael C. Rogers, "Factionalism and Koryŏ Policy under the Northern Sung," *Journal of the American Oriental Society,* 79 (1959).

5 『고려사』, 93:16b2.

후 고려에 실행한 정책을 이해하기 어렵다. 동아시아 국제관계의 실체에 대한 이해를 위해서는 조공체제의 극복을 전제로 하여 다양한 시각에서 접근하는 노력이 시급하다. 이 글에서는 전근대 동아시아 국제질서 연구에서 조공체제 이론의 대안 모색의 일환으로 먼저 정복왕조 거란과 금의 대고려 전략과 그 뒤를 이은 몽골제국시기에 발생한 변화를 살펴보고자 한다.

2. 다원적 국제질서와 거란·금의 회유정책

9세기 말 중원이 오대(五代)의 혼란기로 빠져들자 만주지역의 거란은 크게 흥성하였다. 926년 발해를 정복한 후, 946년에는 후진(後晉)을 멸망시키고 중원 북부 황하지역마저 장악한 거란과 고려의 공식관계는 고려의 건국 4년째 되던 922년 2월 거란이 사신을 파견하여 낙타와 모직물 등 초원의 물품을 보내오면서 시작되었다.[6] 첫 거란사절에 대한 고려의 반응은 전해지지 않지만 20년 후인 942년 두 번째 거란사절에 대한 고려의 반응은 극단적이자 적대적이었다. 고려 태조는 거란의 사신 30명을 섬으로 유배 보내고 선물로 보낸 낙타 50마리는 개경의 다리 아래 묶어 두어 굶어 죽게 하였다고 한다.[7] 이 후 40여 년간 양국 사이의 교류에 대한 기록은 보이지 않는다.

6 『고려사』, 1:16b2.

7 『고려사』, 2:14a9-b1.

942년 거란의 외교사절에 대한 태조의 극단적인 처사는 동아시아에서 유사한 사례가 없는 것은 아니지만 매우 예외적인 것이었다. 태조의 적대심은 어디에서 비롯된 것이었을까? 몇 학자들은 먼저 거란을 신뢰할 수 없는 금수로 묘사하며 거란의 풍습을 경계한 「훈요십조」의 기록에 주목한다. 그런데 이 「훈요십조」의 내용은 해석에 따라 오히려 고려의 의복과 제도에 거란의 영향이 적지 않았음을 암시하기도 한다.[8] 또 『자치통감』(資治通鑑)에 보이는 고려와 발해 왕실의 혼인 관계에 대한 기록을 거란에 대한 고려의 적개심의 이유를 찾기도 하지만,[9] 이 기사의 내용은 『고려사』 등 다른 어느 사료에서도 찾을 수 없으며 고려 후기 대학자 이제현은 『자치통감』의 기록에 신빙성이 없다고 하였다.[10] 고려와 발해 사이에 우호적인 관계가 유지된 흔적이 거의 없으며 오히려 926년 거란이 발해를 정복한 직후에 고려가 축하사절을 파견하였다는 기사도 보인다.[11]

926년 거란의 발해 정복 이후에도 양국은 바로 충돌하지 않은 이유는 여러 여진부족들이 변경에서 완충지대를 형성하고 있었기 때문이다. 하지만 고려 태조는 재위 초기부터 고구려의 옛 영토를 회복하겠다는 의지를 표명하여 평양을 서경(西京)으로 삼고 체계적인 북진정

8 윤영인, 「고려전기 대거란 관계와 북방문화의 영향」, 『동양문화연구』 제19집 (2014).

9 『자치통감(資治通鑑)』, 285.9298–9; 이용범, 『한만교류사연구』(서울: 동화출판공사, 1989), 209–228.

10 『역옹패설』, 前, 1:5a8–6b1.

11 『요사』, 2.21–22.

책을 통해 변경에 대한 통치를 강화하여, 943년 그가 사망한 해에 고려의 북방경계는 이미 청천강 유역에 이르렀다.[12] 태조의 뒤를 이은 정종(945-949)은 30만에 이르는 광군(光軍)을 조직하고 고구려의 옛 수도 평양으로 천도를 시도하기도 하였으며 그 뒤를 이은 광종(949-975)도 북방 경계에 군사 요새를 구축하며 압록강 유역으로 고려의 세력을 확장하였다.[13]

거란의 세력 확장과 고려의 북진정책은 결국 압록강 유역에서 충돌하였다. 거란은 이미 고려에 대한 군사행동을 준비하고 있었고, 고려는 이러한 위협을 인지하고 있었다.[14] 후진의 수도에 학생으로 머물다가 포로로 잡혀 거란에 억류되었던 최광윤은 정종 시기 거란의 침공이 임박하였음을 알려왔으며,[15] 성종 시기 재상 최승로(927-989)는 그의 「시무28조(時務二十八條)」에서 북방에 대한 군사적 대비를 가장 시급한 문제로 꼽았다.[16] 압록강 유역에 발해 유민들이 세운 후발해(後渤海)와 정안국(定安國)은 발해의 계승자를 자처하면서 송과 고려와 연계하여 반거란 동맹을 추진하였다. 이에 거란은 980년대에 지속적으로 이 지역에 대한 정벌을 시작하였으며 고려를 경계하였다. 985년 압

---

12 『고려사』, 1:14a8-b3, 16a8-9; 이근화, 「고려 태조대 북방정책의 수립과 그 성과」, 『박성봉교수 회갑기념 논총』 (1987), 155-176.

13 『고려사』, 94:2b8.

14 한규철, 『발해의 대외관계사』(서울: 신서원, 1994), 241-260.

15 『고려사』, 92:10b2-5.

16 『고려사』, 93:12a3-b2.

록강 유역의 여진부족을 공격하기에 앞서 거란은 그들 원정 대상이 여진부족이라고 고려에 통보하지만 원래 목표는 고려였다고 전해진다.[17]

거란이 고려와 원만한 관계를 추구한 또 하나의 이유는 중원에서 송나라와 대치하고 있었기 때문이다. 거란과 송의 적대적 관계는 938년 거란이 후진으로부터 할양받은 연운십육주(燕雲十六州)를 송이 '수복'하려고 거란을 공격하면서 시작된다. 송은 연운지역의 '수복'을 목표로 계속 군사력을 증강하고 거란 지역에서 남으로 피난 온 "귀명인"(歸明人)들을 적극 유치하였다.[18] 거란의 입장에서 연운지역은 군사적 요충지만이 아니라 제국의 영토 중 가장 비옥한 농경지로 국가 재정에 매우 중요하였다. 결국 거란의 대송전략은 연운십육주에 대한 송의 위협을 제거하고 나아가 후주(後周)에 빼앗긴 관남(關南) 지역을 되찾는 것이었다.[19]

986년 거란과 송은 전쟁을 앞두고 각각 고려에 사신을 파견한다. 송의 사신은 고려와 군사동맹을 제의하지만 거란 사신은 고려의 중립을 보장받으려고 하였다. 기록에 의하면 고려는 거란의 제안을 거부하고 송을 돕기로 하였다고 하지만 실제로 전쟁에 개입하지 않았다.[20]

---

17 『요사』, 10.115; 『고려사』, 3:9b1-2.

18 陶玉坤, 薄音湖, 「北宋對契丹歸明人的政策」, 32-33.

19 Nap-Yin Lau, "Waging War or Peace: The Peace Accord between the Song and the Liao in AD 1005," 216. 여기서 關南지역이란 燕雲16州 중에서 후주가 점령한 瀛州와 莫州를 말한다(『요사』, 4.44-45).

20 『고려사』, 3:8b9-9a2, 10a3.

그러나 거란은 고려를 분명 제국의 남쪽 변경에 심각한 위협으로 인식하였다. 993년 거란 장수 소손녕(蕭遜寧)이 "80만" 대군(실제로는 약 6만에서 15만 정도로 추정)을 이끌고 압록강을 넘어 고려를 공격하는데 이는 왕조 수립 후 외부로부터의 첫 번째 위기였다.[21]

거란군은 청천강 북쪽 기슭에서의 전투에서 승리를 거두었는데 계속 수도인 개경으로 진군하는 대신 사신을 보내 항복을 종용한다. 소손녕은 거란이 군사를 일으킨 이유를 다음과 같이 말하였다.

> 너희 나라는 신라 땅에서 흥기하였고 고구려의 땅은 우리의 것인데 너희가 침범하였다. 또 우리와 국경이 접해 있지만 바다를 건너 송(宋)을 섬기고 있다. 그래서 오늘 군사를 일으킨 것이다. 만일 땅을 떼어 바치고 조빙한다면 무사할 수 있을 것이다. 〔汝國興新羅地, 高句麗之地我所有也, 而汝侵蝕之, 又與我連壤, 而越海事宋, 故有今日之師, 若割地以獻, 而修朝聘, 可無事矣.〕[22]

이에 고려 장수 서희는 반박하기를 고구려의 정통성을 계승한 주체는 바로 고려로, 거란이 오히려 고려의 영토를 점령하고 있으며 양국의 공식 관계가 끊어진 것은 국경지역에 거주한 여진부족의 방해 때문이라고 주장하였다. 송과의 전쟁을 앞두고 있던 거란은 고려의

---

21 『요사』, 13:143; 『고려사』, 94:2a4; 안주섭, 『고려 거란 전쟁』(서울: 경인문화사, 2003), 80.

22 『고려사』, 94:4b1-3.

개입을 사전에 차단하는 것이 목적이었기에 고려의 명목적 "조공" 의사에 만족하고 철군하였다. 고려는 송과의 공식적 관계를 끊고 994년 2월에 963년 이래 사용한 송의 연호를 폐지하고 대신 거란의 연호를 시행한다.[23] 나아가 외교사절의 안전을 확보한다는 구실로 청천강과 압록강 사이의 영토의 편입에 대한 거란의 동의를 받아 내었고 이내 994과 995년에는 여진족을 몰아내고 이 지역을 장악하게 되었다.[24]

고려가 거란과의 관계 개선에 나서면서 송과의 공식관계는 단절되었다.[25] 고려는 994년과 995년 사이에 거란에 세 차례의 사신을 보냈고 또 10명의 소년을 보내 거란어를 배우도록 하였다.[26] 995년에 고려 성종(成宗)은 거란황실과의 혼인을 제의하는데 『요사』는 거란의 전 황제 경종(969-982)의 딸 월국공주(越國公主)와 소손녕 사이에 태어난 "공주"가 하가(下嫁)하였다고 기록한다.[27] 그런데 소손녕이 월국공주와 혼인한 것이 983년이니 공주의 나이는 995년에는 아직 12세를 넘지 못하였을 것이며, 『고려사』에는 거란이 "혼인을 허락" 〔許嫁〕 하였다고만 기록되어 있으며, 성종의 여러 왕비 중 거란 공주에 대한 기록은 보이지 않는다.[28] 다른 한편 996년 월국공주의 사망 소식을 접한 고려

23 『고려사』, 3:27a6-7.

24 『고려사』, 3:26b4-27a6, 3:27b9-28a1, 94:4b4-5a2, 94:5b4-7.

25 『고려사』, 3:27b4-6; 『속자치통감장편(續資治通鑑長編)』, 74:1695.

26 『요사』, 13:144-147; 『고려사』, 3:28b6-7.

27 『요사』, 13.147, 65.1002, 88.1342-43.

28 『고려사』, 3:28b7-8.

조정은 특별히 거란에 조문사신을 파견하는데 만일 월국공주가 성종의 '장모'가 아니었다면 사신을 파견할 다른 이유가 없었다.[29] 아무튼 고려의 거란황실에 대한 혼인 제의는 거란과의 관계 개선과 타협을 추구하였음을 보여준다. 명목적인 조공의 수용에도 불구하고 양국 사이에는 국경의 군사시설, 무역, 여진부족 등 해결되지 않은 문제가 남아 있었다. 그러나 송과의 전쟁에 모든 군사력을 투입해야 하였던 거란은 고려에 회유 정책을 펴고 있었다.

10세기 말 송의 선제공격을 막아낸 거란은 전쟁의 주도권을 잡고 999년, 1001년, 그리고 1002년에 중원을 공격하였는데 송은 타협을 계속 거부한다. 마침내 1004년 겨울 20만 기병으로 구성된 거란군은 송의 수도 개봉(開封)에서 약 100km 거리에 있는 요충지인 전연(澶淵)까지 진군하여 얼어버린 황하를 넘을 준비를 하자 송 조정은 피난까지도 고려하고 있었다.[30] 그러나 거란 역시 몇 차례 전투에서 큰 승리를 거두지 못하였고 단지 여러 지역을 우회하면서 내지로 깊숙이 진격하였기에 퇴로를 차단당할 위험에 직면해 있었다. 대격전을 앞두고 양국사이에 극적인 타협을 이루어졌는데 바로 전연의 맹약이었다.

이 시기 다원적 국제질서의 전형적인 모습은 거란과 송 사이에 맺어진 전연의 맹약을 통해 이해할 수 있다. 맹약은 1004년 12월 7일(양력 1005년 1월 17일) 송 진종이 보낸 「송진종서서(宋眞宗誓書)」와 5일 후 거란이 보낸 회답 「성종회송서서(聖宗回宋誓書)」로 체결되었다.

---

29 『고려사』, 3:29b7–8; 『요사』, 13.150, 115.1520.

30 Peter Lorge, *War, Politics and Society in Early Modern China*, 35.

때는 〔송 진종〕 경덕(景德) 원년으로 갑진년(1004) 경진달 12월 병술 7일에 대송의 황제가 삼가 거란 황제폐하에게 서서(맹약의 서신)를 보냅니다. 서로 정성된 믿음으로 받들어 기쁜 맹약을 굳게 지키며, 풍토(즉 송)의 자원으로 〔거란의〕 군사비용을 돕기 위해 매년 비단 20만 필과 은 10만 냥을 보낼 것입니다. 또 북조에 〔세폐를〕 전달하기 위해 사신을 파견하지는 않으며 다만 삼사에 명하여 사람을 보내 웅주까지 운반하여 전달하도록 합니다. 변경지역에 접한 주(州)와 군(軍)은 각각 변경을 지키며 양측 지역의 사람들이 서로 침범하면 안 됩니다. 혹 도적이 〔다른 쪽으로〕 도주한다면 쌍방은 체류를 허락하거나 숨겨주지 않습니다. 〔변경지역의〕 농토에서 〔작물을〕 심고 수확하는 데 있어서 남과 북의 〔왕조는〕 소란을 피우는 것을 허용하지 않습니다. 양쪽의 모든 성곽과 해자는 이전의 〔상태와 같이〕 유지할 수 있으며, 해자의 준설과 수리는 모두 〔이전의〕 일반적 사례를 따릅니다. 그러나 성곽과 해자를 새로 축조하거나 하천의 길을 파는 것은 불가합니다. 서서의 〔내용〕 외에 각국은 〔다른〕 요구를 하지 않고 반드시 협동하여 오래 지킬 것입니다. 〔維景德元年, 歲次甲辰十二月庚辰朔, 七日丙戌, 大宋皇帝, 謹致誓書於契丹皇帝闕下. 共遵誠信, 虔守歡盟. 以風土之宜, 助軍旅之費, 每歲以絹二十萬匹, 銀一十萬兩. 更不差使臣專往北朝, 只令三司差人, 搬送至雄州交割. 沿邊州軍, 各守疆界, 兩地人戶, 不得交侵, 或有盜賊逋逃, 彼此無令停匿. 至於壟畝稼穡, 南北勿縱搔擾, 所有兩地城池, 並可依舊存守,

淘濠完葺，一切如常．卽不得創築城隍，開掘河道．誓書之外，各無所求，必務協同，庶存悠乆.」[31]

서서의 주요 내용은 송이 매년 비단 20만 필(匹)과 은(銀) 10만 량(兩)에 달하는 세폐를 제공하는 대신 거란이 변경에서의 평화를 보장하는 것이었다. 양국은 국경을 획정하고, 국경을 넘은 도망자를 받아들이지 않으며, 변경지역에서의 농업활동을 서로 방해하지 않으며, 성곽과 해자 등 군사시설을 신축하지 않을 것을 약속한다. 즉 맹약을 통해 획정된 국경은 문화적, 언어적, 혹은 생태적 경계가 아닌 정치·군사적 경계선이었다. 보통 전연의 맹약을 송이 공식적으로 거란을 '동등'한 대상으로 수용한 것으로 보는 경향이 많지만, 현실은 군사적 우위에 있던 거란이 물자제공이라는 실리를 얻기 위해 송을 '동등'한 상대로 인정한 것이다. 송은 비록 연운십육주의 '수복'에 실패하였지만 전략적 요충지 관남지역을 지킬 수 있었는데 서구학자 쉴링(Christian Schwarz-Schilling)은 송이 거란에 보낸 비단 20만 필과 은 10만 냥의 세폐를 관남 지역에서 거란이 징수할 수 있었던 토지세로 이해하였다.[32] 결과적으로 송이 연운지역에 대한 '영유권'을 포기하고 거란에 세폐를 바치게 되었으니 분명 거란의 승리였다.

---

31 『흠정중정거란국지(欽定重訂契丹國志)』(『四庫全書』本), 卷20, 「宋眞宗誓書」.

32 Christian Schwarz-Schilling, *Der Friede von Shan-yüan (1005 n. Chr.): Ein Beitrag zur Geschichte der Chinesischen Diplomatie* (Wiesbaden: Otto Harrassowitz, 1959), 96.

맹약으로 송과의 변경지역이 안정되면서,[33] 거란은 이제 고려와의 관계에 주목하기 시작한다. 거란은 고려가 압록강 유역을 장악하고 강동6주를 구축하는 것에 동의한 결정을 후회한 듯하며,[34] 그러던 중에 1009년 고려에서 강조가 목종을 폐하고 현종을 세운 정변이 발생하였다. 바로 다음 해 거란 성종은 친히 40만의 군대를 이끌고 강조의 목종 시해를 벌한다는 명분으로 고려를 침략하였다.[35] 강조는 30만의 군사로 거란과 맞서 처음에는 몇 승리를 거두었지만 11월에 패배하면서 생포되어 처형당하였다.[36] 거란군은 곧 남으로 진격하여 1011년 정월에는 고려 수도를 점령하였고 현종은 남으로 피신한다. 그런데 수도 개경을 점령한 거란은 약탈과 방화를 저지르고 단 10여 일만에 다시 북으로 후퇴하였다. 정월 11일 개경을 떠나 28일에는 다시 압록강을 넘어 만주로 퇴각하면서 많은 손실을 입었다.[37] 거란이 철수한 후에 고려는 1011년 8월, 10월, 그리고 11월에 사신을 보내 타협을 추구하는데 거란은 다음 해 4월에 평화로운 관계 수립을 위한 조건을 제시하였는데 그 중 하나가 고려 현종의 친조였다.[38] 현종은 병을 빌미로

---

33 David C. Wright, *From War to Diplomatic Parity in Eleventh–Century China* (Leiden: Brill, 2005); Christian Schwarz–Schilling, *Der Friede von Shan–yüan (1005 n. Chr.): Ein Beitrag zur Geschichte der Chinesischen Diplomatie* 참조.

34 이용범, 『한만교류사 연구』, 237–239.

35 『요사』, 15.168; 『고려사』, 4:5a2–3.

36 『고려사』, 4:6a3–4, 127:9a9–10a7.

37 『속자치통감장편』, 74.1695; 『요사』, 15.169.

38 『고려사』, 4:10a8, 10b9–11a1; 『요사』, 15.170.

친조를 거부하였고 거란은 이내 압록강과 청천강 사이에 고려가 구축한 강동6주에 공격을 재개하였다. 1015년에서 1017년까지 변경에서 충돌이 이어졌고 특히 1016년 1월의 전투에서 고려는 수만 명에 이르는 군사를 잃었다고 한다.[39]

지속되는 군사적 대립과 충돌에서 거란도 고려도 유리한 고지를 차지하지 못하였고 정치적 재정적 부담이 늘어나면서 1020년대 초 양국은 타협을 도모하게 되었다. 1020년 고려가 6년간 억류하였던 거란의 사신을 돌려보내자, 1022년 거란이 현종을 정식으로 책봉하였고 고려는 다시 거란의 연호를 사용하기 시작하였다.[40] 1033년과 1037년 다시 몇 번의 작은 충돌이 있었지만, 이전과 같은 대규모의 침공은 더 이상 없었고,[41] 1039년 이후 평화로운 관계가 수립되어 12세기 초 거란의 멸망 직전까지 지속되었다.

고려와 거란의 타협은 당시 국제질서와 세력균형의 현실에서 접근하여 이해해야 한다. 거란의 주적은 송이었고 다원적 국제질서에서의 세력균형에서 거란은 고려를 자극하기 보다는 명목·상징적 '복종'에 만족하였다. 가장 강력한 군사력을 보유한 거란이었지만 동아시아 국제질서를 하나로 통합할 수 있는 군사적 역량이 없었다. 『요사』는 당시 거란이 처한 국제적 상황을 다음과 같이 묘사한다.

---

39 『요사』, 15.176-177, 179; 『고려사』, 4:19b3-4.

40 『고려사』, 4:32b8-33a1, 4:38a1-4; 『요사』, 16:187.

41 『고려사』, 5:29a3-4, 6:12b5-6.

> 거란의 경계는 동으로 고려와 접하였고, 남으로는 양, 당, 진, 한, 주, 송의 6개 왕조와 맞서고 있었으며, 북쪽으로는 조복(阻卜)과 출불고(朮不姑) 등 10여 개의 큰 나라와 인접하였고 서쪽로는 서하(西夏), 당(党項), 토혼(吐渾), 회골(回鶻) 등을 제압하였다 … 사방으로 전쟁에 처한 〔거란은〕 그 중간에 호랑이처럼 웅크리고 있었는데 아무도 감히 다가가지 못하였다. 〔遼境東接高麗, 南與梁唐晉漢周宋六代爲勁敵, 北鄰阻卜朮不姑大國以十數, 西制西夏党項吐渾回鶻等, 强國以百數 … 居四戰之區, 虎踞其間, 莫敢與攖.〕[42]

'조공체제'의 용어로 가득한 사서의 기록은 종종 국제관계의 현실을 왜곡한다. 송은 거란과 대하에 모두 물자를 제공하면서 변경의 안정을 도모하고 평화로운 국제질서를 유지하면서도 맹약의 형식과 의례를 차별화한다. 강력한 군사력을 보유한 대제국 거란을 '동등한' 존재로 인정하였지만, '작은' 대하에는 조공체제의 형식을 강요한 것이다. 대하는 명목적인 '동등관계'보다 실리를 선택하여 송의 '우위'를 인정하는 대가로 은 10,000냥, 비단 10,000필, 전(錢) 30,000관(貫), 차 20,000근의 세사(歲賜), 그리고 변경에서의 소금을 무역할 수 있는 이권을 얻어낸다.[43] 비록 송이 대하에게 제공한 세사 액수는 거란에 제

---

42 『요사』, 46.742.

43 『송사』, 485.13989–90.

공한 세폐 액수보다 적었지만 송의 물자 제공으로 평화로운 관계를 유지하는 본질적 틀은 같았던 것이다. 『宋史』는 대하가 송의 책봉은 받았지만 신복한 적이 없다고 〔"其心未嘗有臣順之實也"〕하였다.[44] 세력균형의 중요한 축이었던 고려와 대하의 국제적 위상과 대외정책은 매우 유사하였고 실제 『宋史』, 『遼史』, 『金史』는 종종 고려와 대하를 하나로 묶어 서술하는데 『遼史』의 권115에 보이는 사관의 '논'은 고려와 대하의 '조공'이 형식에 불과하였다고 하였다.

> 논하여 말하자면, 고려와 서하는 요를 섬겼고 비록 이전에 청혼하여 〔거란의 공주〕가 하가하였지만 어찌 그들의 확고한 의지 〔즉 충성〕을 얻을 수 있었겠는가? 삼한(三韓) 〔즉 고려〕은 땅이 접해있었는데 그들이 언행을 바꾼 것을 쉽게 알 수 있다. 양주(涼州) 〔즉 대하〕는 멀리 있지만 반역의 무리를 거두고 변강을 침략하고 틈을 보아 번번이 움직였다. 공물을 바치는 사신들이 돌아가자마자 바로 분쟁이 일어났다. 〔論曰: 高麗·西夏之事遼, 雖嘗請婚下嫁, 烏足以得其固志哉? 三韓接壤, 反覆易知; 涼州負遠, 納叛侵疆, 乘隙輒動; 貢使方往, 事釁隨生.〕[45]

동아시아 세력균형은 12세기 초 크게 동요하였다. 1114년에 시작된 여진의 봉기로 거란의 무력함이 드러나자 송이 여진과 연합하여

44 『송사』, 486.14030.

45 『요사』, 115.1529.

'연운십육주'의 '회복'을 시도하여 고려에도 군사동맹을 제안한다. 송은 정화(政和)연간(1111-1117)에 고려의 조공에 후하게 답례하면서 거란의 사신에게만 적용하던 국신사(國信使)의 명칭과 지위를 고려에도 부여하는데,[46] 이러한 송의 호의적 태도는 송과 여진의 동맹에 고려의 참여를 끌어내려는 조치였다. 그러나 고려는 개입을 거부하였고 나아가 숙종(肅宗)에 대한 송의 책봉도 거절하였다.[47] 고려는 1123년 거란의 멸망 직전에도 송의 책봉 제의를 거절하는데, 송의 입장에서는 고려가 한족왕조의 책봉을 기꺼이 수용하리라 기대하였을지 모르지만 송의 책봉은 거란의 책봉과 마찬가지로 고려 국왕의 정통성에 큰 의미가 없었다. 고려의 실리주의 정책은 송나라의 실망과 원망을 자아내었다. 거란도 1114년과 1115년에 고려조정에 군사적 도움을 요청하지만,[48] 고려는 이러한 요청을 모두 거부하였을 뿐만 아니라 1116년 압록강 유역의 내원성과 보주를 점령하였다. 고려는 거란과 송 모두에게 '모범적인 조공국'도 '충성스러운 제후국'(loyal vassal)도[49] 아니었다.

거란을 멸망시키고 새로 동북아의 강자로 부상한 여진은 거란에 대한 "복종"의 모습을 그들에게 계속할 것을 고려에 요구한다. 비록 형식에 지나지 않더라도 고려를 '부모의 나라'로 여기며 조공하던 여

46 『송사』, 21:395, 397, 487:14049.

47 『고려사』, 13:16a2-4.

48 『고려사』, 13:35a6-b2, 14:3b4-9, 6a6

49 Denis Twitchett and Klaus-Peter Tietze, "The Liao," in Denis Twitchett and John K. Fairbank, eds., *Alien Regimes and Border States*, vol. 6 of *The Cambridge History of China* (Cambridge: Cambridge University Press, 1994), 112.

진을 섬겨야 하는 새로운 상황은 고려로서 쉽게 받아들이기 어려웠을 것이다. 실제 1125년 5월 고려의 서신들은 표문의 형식을 갖추지 않았고, 여진에 신복한다는 내용을 생략하였기에, 금 조정은 고려가 '조공국'의 예의를 갖추지 않았다고 불만을 표한다.[50] 그러나 고려는 어린 인종이 즉위하자 왕의 외조부이자 장인이었던 이자겸이 국경의 안정을 도모하면서 결국 금의 요구를 수용하였다.[51]

금은 회하 이북을 장악하며 거란보다 더 많은 한족 인구를 통치하고 스스로를 국제질서의 중심임을 천명하였지만 동아시아 다원적 국제질서에서의 세력균형을 깨뜨리지 못하였다. 그들의 기마병은 덥고 습한 중원의 남쪽지역을 모두 정복하기에 역부족이었다. 나아가 거란의 황족인 야율대석이 1124년 세운 카라키타이(서요(西遼)[52]는 시종일관 대거란제국의 부흥을 표명하면서 금에 적대적인 태도를 취하였다.[53] 카라키타이를 세운 야율대석은 1134년 3월 7만의 기병을 동으로 보내 금나라 원정에 나서지만 1만 리를 행군한 카라키타이 군대

---

50 『금사』, 135.2885; 『고려사』, 15:10a4-6, 17: 18a2-3, 24a2-4.

51 『고려사』, 15:11b7-12a1, 15:12a4-5.

52 카라키타이는 1211년까지 88년 동안 지금의 중국 신강지역을 중심으로 탕구트, 아랄해, 발하쉬호, 그리고 힌두쿠시에 이르는 광활한 지역을 통치한 국가로 중국학계에서는 '西遼'라는 이름을 사용한다. 카라키타이의 국호에 대해서는 Michal Biran, *The Empire of the Qara Khitai in Eurasian History: Between China and the Islamic World*, 215-217 참조.

53 Michal Biran, *The Empire of the Qara Khitai in Eurasian History: Between China and the Islamic World.*

는 성과 없이 회군하였다고 한다. 『遼史』는 그 이후 카라키타이가 더 이상 금을 공격하려는 의지가 없었다고 하지만 다른 사료에는 1135년〔혹은 1136년〕 겨울 카라키타이가 금에 승리를 거둔 기록이 보인다.[54]

1143년 야율대석이 사망한 후 금 희종(熙宗)은 다음 해에 점할한노(粘割韓奴)를 사신으로 파견하여 카라키타이에 회유를 시도한다. 하지만 카라키타이는 이를 거부하였을 뿐만 아니라 무례한 행동과 위협을 가한 사신을 처형하였는데,[55] 비록 몇몇 학자들이 기록의 신빙성을 의심하기도 하지만 카라키타이가 당시 동아시아 국제질서에서 금의 정통성에 정면으로 도전한 사실은 분명하다. 카라키타이는 1156년에도 금과 충돌하였으며,[56] 1161년에는 금에 반란을 일으킨 거란족 장수 살팔(撒八)이 카라키타이로 도피하려고 시도하였는데 이는 당시 거란인들에게 카라키타이가 어떠한 의미를 가지고 있었음을 잘 보여준다.[57] 1185년 카라키타이는 다시 대하와 동맹을 맺고 대하의 영토를 통과하여 금을 공격하려 하였고,[58] 다음해 송나라 황제는 대하의 군주가 카라키타이 원정군에게 길을 열어주면 '황제'의 칭호와 '동등'한

54 徐夢莘, 『三朝北盟會編』, 178.7a; Karl Wittfogel and Feng Chia-sheng, *The History of Chinese Society: Liao (907–1125)* (Philadelphia: American Philosophical Society, 1949), 638. 하지만 중국의 학자 劉浦江은 이 기록의 신빙성을 의심한다(「遼朝亡國之后的契丹遺民」, 『燕京學報』, 新10期, 140).

55 『금사』, 4.82, 121.2638.

56 宇文懋昭, 『대금국지(大金國志)』, 14.107.

57 『금사』, 132.2825, 133.2849-51.

58 『송사』, 50.1114, 134.2870-1.

관계를 인정할 수도 있음을 제시하기도 하였다.[59] 즉 사서에 금과 카라키타이의 관계에 대한 기록은 거의 보이지 않지만 당시 국제질서에서 카라키타이는 세력균형을 유지하는 중요한 축이었다.

다원적 국제질서의 현실에서 금은 대하와 고려에 회유와 타협을 추구하였고 송과의 관계와는 달리 영토와 물자에 욕심을 보이지 않는다. 금은 1116년 고려가 그들을 '섬기는' 조건으로 내원성(來遠城)과 보주(保州)에 대한 고려의 영유권을 인정하기도 하는데,[60] 고려로서는 명목적인 '조공' 관계로 압록강 유역의 요충지를 차지하는 실리를 획득한 것이다. 금은 거란시기 국제관계의 형식을 계승하여 1126년에 고려국왕의 생일을 축하하는 생신사를 처음 파견한 이래[61] 1211년까지 계속 고려의 개경으로 보냈고 고려는 이에 대한 사은사를 파견하였다. 또 정기적으로 횡선사(橫宣使)를 파견하여 양 2000마리, 그리고 때로는 수레와 말, 관복, 안장, 활과 화살, 그리고 불경 등의 선물을 보내왔다.[62] 정기적 사절 외에도 왕과 왕비 등 조정의 주요 인물의 사망을 알리는 사신과 조문사, 그리고 왕실의 흉사 이후 새 군주의 즉

59 Karl Wittfogel and Feng Chia-sheng, *The History of Chinese Society: Liao (907–1125)*, 647-648.

60 『고려사』, 14:21a1-4, 15:19b2-4, 15:21a1-2; 『금사』, 135.2884; Michael Rogers, "The Regularization of Koryŏ-Chin Relations (1116-1131)," *Central Asiatic Journal* 6 (1961), 64-65

61 『금사』, 3:56.

62 박한남, 「고려 초기 횡선사 소고」, 『부촌 신연철 교수 정년퇴임 기념사학논총』 (1995), 501-524.

위를 정식으로 알려오고 축하하는 사절들이 빈번하게 왕래하였다.

100여 년간 지속된 고려와 금의 관계는 대체로 평화로웠고 양국 사이 심각한 충돌은 1164년 고려가 금나라의 군사시설을 불태우자 이에 대한 보복으로 다음해 고려 인주와 정주에 소규모의 군사를 보내 몇 고려 군사를 납치한 사건이 유일하다.[63] 12세기 국제질서에서 금과 송은 단지 여러 '중심' 중 하나에 불과하였다. 금의 관료가 말하기를 "비록 본조의 강토가 크지만 천하에는 4명의 군주가 있는데 남에 송, 동에 고려, 그리고 서에 하가 있습니다" 〔本朝疆土雖大, 而天下有四主, 南有宋, 東有高麗, 西有夏〕고 하였는데,[64] 이는 금이 국제질서의 현실을 직시하고 있었음을 보여준다.

3. 몽골제국의 대고려 인식과 정책

금, 송, 대하, 대리국, 카라키타이 등 내륙아시아 거의 모든 국가들이 몽골제국에 정복되고 통합된 반면 고려는 독립국가의 모습을 어느 정도 유지할 수 있었다. 그런데 몽골의 대고려 인식과 정책은 이전 중원의 한족왕조나 만주의 정복왕조와 근본적으로 달랐으며 몽골제국의 정책을 이해하기 위해서는 먼저 몽골을 단순히 중국사의 "원대"

63 『금사』, 135.2886; 『고려사』, 18:26a1-3.

64 『금사』, 129.2782.

로 보는 기존의 시각을 극복하고 몽골의 시각에서 접근해야 한다.[65]

쿠빌라이칸은 지금의 북경에 수도를 정하고 국호를 '대원'(大元)으로 하고, 중통(中統)과 지원(至元) 등 한족전통의 연호를 선포하며, 중원의 제도를 대거 수용하면서 한인(漢人)들을 기용한다. 그러나 몽골은 결코 자신을 중원의 역대 왕조 중 하나로 보거나 거란, 송, 금을 계승하였다고 인식하지 않았다. 송과 금은 단지 정복의 대상이었으며 이러한 인식은 몽골조정이 이들 왕조들의 역사를 차별 없이 동시에 편찬하였던 사실을 통해 엿볼 수 있다. 몽골제국은 몽골인들을 '국족'(國族)으로 가장 우대하고, 피통치민들을 색목(色目), 한인(漢人), 그리고 남인(南人)으로 나누어 차별 대우한다. 『元史』「百官志」의 "其長則蒙古人爲之 而漢人南人貳焉"[66] 구절이 보여주듯이 중앙의 중요 관직은 모두 몽골과 색목인이 차지하고 있었으며 군권을 장악한 추밀원(樞密院)의 최고직인 추밀원사와 동지추밀원사직과, 감찰기관의 수장(首長) 어사대부에 등용된 한인은 단 한명도 없었다. 몽골제국 특유의 관직인 다루하치(達魯火赤)도 원칙적으로 몽골인에 제한되었고 인원이 부족할 때 색목인 중에서 선발하였으며 다만 아무도 가려고 하지 않는 먼 남방 지역에만 부득이하게 한인을 임명하였다고 한다. 한인과 남인은 활을 비롯한 무기의 소유를 일체 허용하지 않았다. 민족등급제도의 차별은 과거제도에서도 찾아 볼 수 있는데 한인과 남인에게도

---

65 杉山正明, 『モンゴル帝國の興亡』(講談社, 1996); 金浩東, 「몽골제국과 '大元'」, 『歷史學報』 192 (2006); 김호동, 『몽골제국과 고려』(서울대학교출판부, 2007).

66 『元史』(中華書局), 85.2120.

과거를 통한 입사 기회가 주어졌지만 여러 면에서 그들에게 불리하였다. 우선 몽골과 색목인에게는 한인과 남인보다 쉽고 짧은 문제가 주어졌으며 3년에 한 번씩 거행되는 향시(鄕試) 급제자의 정원을 300명으로 회시(會試)의 정원은 100으로 제한하면서 몽골, 색목, 한인, 남인에 각각 4분의 1씩 배정하였다. 결국 당시 총 인구의 3%에 불과한 몽골인과 색목인에게 50%가 주어진 반면, 인구의 80% 이상을 차지한 남인에게도 단 25%가 할당되었다.[67]

몽골은 고려와의 관계에서 이전과는 달리 조공 형식의 명목적인 복종에 만족하지 않았다. 대신 몽골은 그들에게 항복한 모든 국가에게 요구한 '육사'(六事)를 고려에 강요하였다. 여기서 '육사'란 인질을 보내고(納質), 군사를 내어 도우며(助軍), 식량을 제공하고 운반하며(輸糧), 역참을 설치하고(設驛), 호구를 조사하여 보고하며(供戶數籍), 다루가치를 설치(置達魯花赤)하는 것을 가리킨다. 고려는 1274년과 1281년 일본원정의 준비과정에서도 군사를 조달하는 것은 물론 배를 건조하고 군수품을 마련하는 데 막대한 재정을 투입해야만 하였다.[68]

---

67 원대의 민족별 인구분포는 1290년대에 몽골인 100만, 색목인 100만, 한인 1000만, 남인 6000만으로 추정하고 있다(村上正二, 『中國の歷史, 6: 遊牧民族國家: 元』(東京: 講談社, 1977), 142. 실제로 회시(會試)의 정원 100명을 채운 적은 1333년 단 한 번이었고 원대의 총 16회의 과거에서는 1,136명을 선발하여 1회당 평균 71명이 급제하였다(Benjamin A. Elman, *A Cultural History of Civil Examinations in Late Imperial China* (Berkeley and Los Angeles: University of California Press, 2000), 646의 표 1.1을 참조).

68 Morris Rossabi, "The Reign of Khubilai Khan," in Herbert Franke and Denis Twitchett, eds., *The Cambridge History of China,* volume 6, *Alien Regimes and*

고려에 미친 몽골조정의 절대적인 권위는 무엇보다도 충렬왕과 충선왕, 그리고 충숙왕과 충혜왕 사이에 폐위와 복위를 번복한 사례들이 잘 보여준다.[69] 몽골이 탐라와 동녕부 등 고려의 영토 일부분을 직접 통치하면서도 고려왕조를 존속시킨 것은 항복한 나라를 통제하는 몽골의 전형적 전략의 일환이었으며,[70] 고려 국왕은 몽골황실의 부마, 그리고 정동행성(征東行省)의 승상이라는 다양한 직책과 역할을 담당하였고 고려는 더 이상 다원적 국제질서의 중요한 축이 아니라 몽골제국에 편입된 제후국에 가까웠다. 몽골제국은 고려를 제국의 일부분으로 인식하였다. 몽골조정은 권력 투쟁에서 밀려난 황실의 일원들을 종종 고려에 유배하기도 하였는데 그 중에는 원의 마지막 황제가 된 토곤테무르칸 〔순제〕도 포함되었다. 외국 왕조가 고려를 귀양지로 사용한 것은 전무후무한 사례로 고려가 몽골제국의 일부로 편입된 현실을 잘 보여주고 있다.[71] 실제 고려국을 폐지하고 일반 행정조직을 세

Border States, 907–1368 (Cambridge: Cambridge University Press, 1994), 437–442. 쿠빌라이가 일본과 송의 군사적 동맹 가능성을 우려하였다는 주장도 있다(Kawazoe Shoji, "Japan and East Asia," in Kozo Yamamura, ed., *The Cambridge History of Japan, vol. 3, Medieval Japan* (Cambridge: Cambridge University Press, 1990), 396–411).

69 정용숙, 「元 간섭기 高麗 政局分裂의 원인에 대한 일고찰—忠烈·忠宣王 父子의 갈등관계를 중심으로—」, 『西巖趙恒來敎授華甲紀念 韓國史學論叢』(西巖趙恒來敎授華甲紀念韓國史學論叢刊行委員會, 1992).

70 Thomas T. Allsen, *Mongol Imperialism* (Berkeley and Los Angeles: University of California Press, 1987), 63–65.

71 『고려사』, 29:14a4–5, 30:14b5–6, 30b8, 31a2–4, 36:4a5–6.

우려는 지속적인 시도들이 있었다. 1302년과 1312년에 고려를 요양성과 통합하여 만주에서 통치하자는 제안 외에도,[72] 1323년에는 많은 고려 관료들 조차 왕국 폐지에 합세했다고 하였고,[73] 1330년과 1343년에 다시 고려국을 폐지하고 제국의 행정구역으로 편입하려는 움직임이 계속 제기되었다.[74]

몽골은 거란과 금나라 시기에 지속되었던 호혜적 성격의 생신사(生辰使)와 횡선사(橫宣使)의 파견을 중단하지만 고려는 오히려 더 빈번하게 사신들을 파견해야 했으며, 1308년을 시작으로 태자의 생일에, 1353년부터는 황태후의 생일에도 사신들을 보낸다.[75] 거란과 금에 보낸 매년 1회 소량의 방물과는 달리 몽골조정에는 한 해에도 몇 차례씩 조공품을 진상하는 사신이 파견되었다. 몽골은 또 금과 은, 비단과 모피, 종이, 인삼과 사냥매 등을 수시로 요구하였고 이는 고려의 재정에 큰 부담이 되었다.[76] 고려사의 기록에 의하면 몽골시기 고려의 조공품은 이전과 비교하여 그 빈도가 거의 8배로 증가하였음을 보여

---

72 『고려사』, 32:13a6-7, 34:4b1-3; 『원사』, 154:3627-3634; 김구진, 「원대 요동 지방의 고려유민」, 『이원순 화갑기념 사학논총』(서울 교학사, 1986), 471-473; 김광철, 「14세기 초 원의 정국 동향과 충선왕의 토번 유배」, 『한국중세사연구』 3 (1996), 290-343; David M. Robinson, *Empire's Twilight* (Cambridge: Harvard Univ. Press, 2009), 29-32.

73 『고려사』, 35:10b3-4.

74 『고려사』, 36:4a7-6b2, 36:28a5-6.

75 박한남, 「고려 초기 횡선사 소고」, 501-24; 『고려사』, 18:16b2-5, 32:33a7-8.

76 『고려사』, 27:39b3-4, 28:16b2-4, 24b1-5, 29a7-b2, 30:16b4-5, 18a8-9.

준다(아래 표 참조). 몽골은 또 공녀와 환관 등 '인간' 공물을 요구하였는데 이전 시기에 사람을 조공한 사례가 드물게 있었지만,[77] 외국의 요구에 의해 '조공'한 것은 처음이었다. 1274년을 시작으로 약 80여 년 동안 몽골 조정이 공식적으로 요청한 공녀의 사례만도 50회가 넘는다.

〈표〉 거란, 금, 몽골시기 고려의 사행 빈도 [고려사의 기록을 토대로]

대상	시기 (횟수)	전체 사행기록	회/년	조공사행	회/년
거란	907-1125 (210)	152	.72	26	.17
금	1115-1234 (120)	245	2.04	38	.16
몽골	1260-1368 (109)	345	3.17	137	1.26

몽골시대의 달라진 국제관계의 모습은 무엇보다도 고려국왕이 몽골 대칸을 직접 알현한 친조의 사례에서 분명하게 드러난다. 이전 시기에도, 예를 들면 10세기 말에서 11세기 초 거란이 고려국왕의 친조를 요구한 적이 있지만 고려는 한 번도 이에 응한 적이 없었다. 그러나 원종을 시작으로 고려의 국왕들은 모두 몽골의 수도인 칸발리크에 친히 행차하였으며 때로는 몇 년씩 머물기도 하였다. 1259년 6월 고종이 승하하였을 때 태자 〔후대의 원종〕은 중원에서 쿠빌라이를 만나고 있었고 1260년 3월에야 귀국하여 왕위에 오른다. 1264년에 몽골은

77 7세기 중반 신라와 고구려가 당에 미녀를 보낸 기록이 있으며(『삼국사기』, 4:45, 21:197), 고려도 995년 거란에 "기악(妓樂)"을 보냈다(『요사』, 115:1520)는 기록이 있는데 모두 사절하였다고 한다.

원종을 다시 상도로 불렀는데 이때 원종은 재위 중에 나라를 떠나 외국으로 간 첫 왕이었다.[78] 1274년 6월 원종이 죽었을 때 태자 〔충렬왕〕은 역시 칸발리크에 머물고 있었고 1274년 8월 왕위를 계승하기 위해 귀국하였지만 1278년 12월과 1280년 8월에 다시 몽골조정에 친조하였다. 충렬왕은 이후 1285년 4월과 1302년 12월 사이에 최소 7 차례 더 몽골조정에 친조하고 종종 1년 이상 머물곤 하였다. 충선왕은 복위되어 1308년 8월 고려에서 왕위에 오른 후 3개월 후 다시 칸발리크로 출국한 후에 귀국하지 않았으며 1313년 고려의 신하들이 간절히 요청하고 대칸도 왕의 귀국할 것을 종용하자 선위하면서까지 몽골의 수도에 남았던 것이다. 충숙왕도 재위기간 중 몽골의 수도에 머문 기간이 매우 길며 특히 1321년 3월에서 1325년 5월까지 4년이 넘게 고려로 되돌아오지 않고 몽골의 수도에 거주하고 있었다. 고려국왕의 빈번한 친조와 몽골수도에서의 오랜 체류기간은 몽골중심의 일원적 국제질서의 현실을 잘 반영하고 있다.

고려와 몽골의 관계에서 고려의 국왕이 대대로 몽골의 공주를 왕비로 맞으면서 고려는 "부마국"(駙馬國)의 모습을 갖추게 된다.[79] 전근대 동아시아의 왕실 사이에 맺어진 혼인은 전례가 많지만 고려의 경우 외국의 왕실과 혼인을 맺은 사례는 없었다.[80] 1270년 고려의 원종

78 『고려사』, 26:2a4-7.

79 森平雅彦, 『モンゴル覇權下の高麗—帝國秩序と王國の對応』, 22-59, 117-137.

80 995년 고려 성종과 거란 공주의 혼인 사례가 있지만 실제 성사되었는지는 알 수 없다.

은 태자 〔후대의 충렬왕〕과 제국공주의 혼인을 요청하였는데,[81] 이는 쇠약해진 고려의 왕권을 몽골과의 관계를 통해 강화하려는 시도였으며 원종 자신도 바로 전 해에 신하들에 의해 폐위되었다가 몽골의 개입으로 복위할 수 있었다. 쿠빌라이칸은 자신의 딸을 고려국왕과 혼인시켜 고려에 대한 통치를 강화하고 일본원정에 대한 적극적인 참여를 기대하였던 것으로 보인다. 충렬왕은 1274년 5월에 제국공주와 혼인하였고[82] 이후 공민왕에 이르기까지 고려 국왕들은 모두 몽골의 '공주'를 왕비로 맞았으며 몽골공주의 소생은 나이와 출생순서에 관계없이 모두 태자의 자리에 오르게 된다. 충선왕은 고려왕실의 후계자이기도 하지만 제국의 변경에 위치한 왕국을 위탁받은 몽골황실의 일원으로 볼 수도 있는데 이러한 상황에서 고려국왕의 권위는 몽골대칸의 권위와 불가분의 관계에 놓이게 되었고 고려의 왕이 몽골의 통치에 도전하는 것은 상상하기 어려웠다.

고려와 몽골의 관계는 분명 거란과 금시기의 다원적 국제질서와는 근본적인 차이를 보여주었다. 거란과 금의 책봉이 호혜적 관계에서의 상징적이자 명목적인 "추인"에 불과한 것이었다면 몽골 대칸의 책봉은 실질적인 "임명"이었다. 고려후기의 학자와 관료들은 이러한 새로운 상황을 직시하고 있었으며 14세기 고려 재상 이제현은 진정한 "사대"(事大)는 바로 몽골제국 시기에 비로소 시작되었다고 인식하였

81 『고려사』, 26:30a5–6.

82 『고려사』, 27:47b9–48a1.

다.[83]

4. 결론

중원의 역대 한족왕조들은 한족중심적, 문화적, 그리고 중원중심의 지리적 시각에서 계서적 세계질서를 설정하였다. 그러나 이러한 한족중심의 세계관은 시대에 따라 큰 변화가 있었으며 이웃국가와의 관계에서의 다양한 전략과 선택은 한족중심적 세계관의 유동적 모습을 보여준다. 전통시기의 동아시아 범위를 '조공'과 '책봉'이 성립되었던 지역으로 규정하는 것은 시대착오적인 한족중심적 문화론의 발상이다. 몽골제국 이전의 동아시아 국제관계는 중원, 만주, 한반도, 그리고 초원과 중앙유라시아 등 여러 지역에 거점을 두고 있었던 다양한 정치세력으로 구성되었던 다원적 다국적체제(pluralistic and multi-state system)였다. 정복왕조 거란과 금은 송에 군사적 위협을 통해 세폐의 형식으로 물자를 획득하지만 고려에 대해서는 송과의 동맹을 사전에 방지하기 위해서 회유 정책을 실행한다. 고려-송의 관계가 거란과 송 사이에서는 별 문제가 되지 않았으나 거란과 고려 사이에는 외교적 현안이 된 이유가 바로 여기에 있다.

중원의 한족왕조와 고려는 거란과 금이라는 공통의 적과 대치하

83 『동문선』, 62:11a3-5; 『역옹패설』, 전, 1:10a6, 15b7-8.

고 있었고 서로를 우호적인 시선으로 본 것은 지정학적 역학관계에서 매우 자연스러운 결과였다. 또 대하는 거란과 송에 모두 국경을 접하면서 영토분쟁과 충돌이 계속되었지만,[84] 고려와 송은 국경을 맞대고 있지 않았기에 군사적 충돌도 없었다. 다시 말하자면 고려와 거란의 적대적 관계를 이해하기 위해서는 변경지역의 안보와 군사적 위협이라는 문제에 초점을 맞추어야 한다. 거란은 고려에게 가장 큰 외부적 위협이었기에 고려에 있어서 거란과의 관계는 항상 송과의 관계보다 우선일 수밖에 없었다.

동아시아의 국제질서는 13세기에 몽골이 이 지역을 모두 정복하면서 지정학적 세력균형과 함께 무너진다. 몽골의 동아시아 지배는 이전 시기와 근본적으로 달랐으며 호혜주의 원칙이 사라진다. 명목·형식적 조공체제의 일원적 세계질서 원칙을 실현한 국가가 한족왕조가 아닌 몽골제국인 것은 역사의 아이러니가 아닐 수 없다. 한족왕조는 '천하'의 종주국임을 자처하였지만 형식적인 '조공'의 표현에 만족할 수밖에 없었다. 그러나 몽골은 천하의 모든 나라를 정복하려고 하였고 유라시아 대륙의 대부분을 지배하는 대 제국을 세웠으며 로사비(Morris Rossabi)가 지적하였듯이 전통 한족왕조의 일원적 국제질서의 이론을 더 강력하게 실행한 것이다.[85] 하지만 몽골제국시기 내륙아시아에 형성된 일원적 국제질서는 한족 중심적 조공체계의 실현이 아

84 『속자치통감장편(續資治通鑑長編)』, 185:4b–5a.

85 Morris Rossabi, "Introduction," in Morris Rossabi, ed., *China among Equals: The Middle Kingdom and Its Neighbors, 10th–14th Centuries,* 11.

니라 세계 정복을 천명한 몽골족 세계관의 구축이었다고 할 수 있다.[86]

다원적 국제질서에서 정복왕조들이 실행한 대외정책의 이해는 조공체제의 이론적 틀을 벗어나 새로운 시각과 이론의 모색을 통해서만이 가능하다.[87] 조공체제의 형식과 용어에 대한 집착은 동아시아에서 오랜 기간 유지되었던 다원적 국제질서를 간과하는 결과를 초래한다. 동아시아 국제질서의 역사기록을 감싸고 있는 조공체제의 껍질을 벗겨내면 국제관계의 실체가 다른 모습으로 드러난다. 전근대 동북아시아 대외관계사 연구가 한족왕조의 사료에 보이는 한족중심적 시각의 탐구에 머물러서는 안 될 것이다. 중원 왕조와 정복왕조, 그리고 기타 '주변'국가들의 시각에서 각각 그들의 실행한 정책을 구체적으로 파악하고 세력균형의 다원적 국제질서가 몽골제국의 일원적 세계질서로 변천하는 과정과 연결하여 접근할 때 전근대 동아시아 국제관계의 실체를 파악할 수 있을 것이다.

---

86 Thomas Allsen, *Mongol Imperialism: The Policies of the Grand Qan Möngke in China, Russia, and the Islamic Lands* (Berkeley and Los Angeles: University of California Press, 1987), 42.

87 윤영인, 「동아시아 다원적 국제질서의 범위와 성격에 대한 새로운 접근–'세계체제이론'과 불교문화권 시각의 가능성」, 『만주연구』 제20집 (2015).

참고문헌

『고려사(高麗史)』 3권. 1972. 서울: 아세아문화사.

『고려사절요(高麗史節要)』. 1972. 서울: 아세아문화사.

『선화봉사고려도경(宣和奉使高麗圖經)』. 『四庫全書』 本.

『속자치통감장편(續資治通鑑長編)』. 1979-1995. 中華書局.

『송사(宋史)』. 1977. 中華書局.

『요사(遼史)』. 1974. 中華書局.

『자치통감(資治通鑑)』. 1995. 中華書局.

『증보문헌비고(增補文獻備考)』. 1985. 서울: 명문당.

김광철. 1996. 「14세기 초 원의 정국동향과 충선왕의 토번유배」. 『한국중세사연구』 3, 290-343.

김구진. 1986. 「원대 요동지방의 고려유민」. 『이원순 화갑기념 사학논총』. 서울: 교학사.

김순자. 2009. 「고려 전기의 거란 여진에 대한 인식」. 『한국중세사연구』 26, 109-150.

김호동. 2007. 『몽골제국과 고려』. 서울대학교출판부.

______. 2006. 「몽골제국과 '大元'」. 『歷史學報』 192.

바필드, 토마스. 윤영인 역. 2009. 『위태로운 변경: 기원전 221년에서 기원후 1757년까지의 유목제국과 중원』. 동북아역사재단.

박용운. 1995. 「고려 송 교빙의 목적과 사절에 대한 고찰」. 『한국학보』 81, 188-210; 『한국학보』 82, 115-142.

박한남. 1996. 「고려 인종대 대금 정책의 성격」. 『한국중세사연구』 3, 34-66

______. 1995. 「고려전기 '횡선사' 소고」. 『부촌신연철교수정년퇴임 기념사학논

총』, 501-524.

안주섭. 2003.『고려 거란 전쟁』. 서울: 경인문화사.

윤영인. 2015.「동아시아 다원적 국제질서의 범위와 성격에 대한 새로운 접근-'세계체제이론'과 불교문화권 시각의 가능성」.『만주연구』 제20집.

_____. 2014.「고려전기 대거란관계와 북방문화의 영향」.『동양문화연구』 제19집.

_____. 2005.「몽골 이전 동아시아의 다원적 국제관계」.『만주연구』 3.

이근화. 1987.「고려 태조대 북방정책의 수립과 그 성과」. 박성봉교수 회갑기념논총 간행위원회.『박성봉교수 회갑기념 논총』, 155-176.

이기백. 1968.『고려병제사연구』. 서울: 일조각.

이미지. 2003.「고려 선종대 각장 문제와 대요관계」.『한국사학보』 14, 171-203.

이용범. 1989.『한만교류사연구』. 서울: 동화출판공사.

이제현. 1980.『역옹패설』.『고려명현집』에 수록. 성균관대학교 대동문화연구원.

정용숙. 1992.「元 간섭기 高麗 政局分裂의 원인에 대한 일고찰-忠烈·忠宣王 父子의 갈등관계를 중심으로-」.『西巖趙恒來教授華甲紀念 韓國史學論叢』. 西巖趙恒來教授華甲紀念韓國史學論叢刊行委員會.

한규철. 1994.『발해의 대외관계사』. 서울: 신서원.

今西龍. 1918..「高麗太祖 訓要十條について」.『東洋學報』 8.『高麗史研究』(1970)에 재수록.

王胤卿. 1992.「契丹民族鷄冠壺的文化詮釋」.『內蒙古社會科學』 2004年 第1期. 華東師范大學歷史系.

河內良弘. 1992.『明代女眞史研究』. 京都:同朋舍出版.

森平雅彦. 2008.「事元期高麗における在來王朝體制の保全問題」.『東北アジア研究』 別冊1號. 島根縣立大學 東北アジア地域研究センター.

森平雅彦. 2013.『モンゴル覇權下の高麗—帝國秩序と王國の對応』. 名古屋大學出版會.

杉山正明. 1996.『モンゴル帝國の興亡』. 講談社.

Allsen, Thomas T. 1987. *Mongol Imperialism.* Berkeley and Los Angeles: University of California Press.

Barfield, Thomas. 1989. *The Perilous Frontier: Nomadic Empires and China, 221 BC to AD 1757.* Cambridge MA & Oxford, UK: Blackwell.

Breuker, Remco. 2010. *Establishing a Pluralist Society in Medieval Korea, 918–1170: History, Ideology and Identity in the Koryŏ Dynasty.* Leiden: Brill.

Dardess, John W. 2003. "Did the Mongols Matter? Territory, Power, and the Intelligentsia in China from the Northern Song to the Early Ming." In Paul J. Smith and Richard von Glahn, eds. *The Song–Yuan–Ming Transition in Chinese History.* Cambridge and London: Harvard University Press.

Hambis, Louis. 1957. "Notes sur l'histoires de Corée à l'époque Mongole." *T'oung Pao* 45, 151–218.

Kawazoe Shoji. 1990. "Japan and East Asia." In Kozo Yamamura, ed. *The Cambridge History of Japan. vol. 3. Medieval Japan,* 396–446. Cambridge: Cambridge University Press.

Mino, Yutaka. 1973. *Ceramics in the Liao Dynasty, North and South of the Great Wall.* New York: China Institute in America.

Robinson, David M. 2009. *Empire's Twilight.* Cambridge: Harvard Univ. Press.

Rogers, Michael C. 1983. "National Consciousness in Medieval Korea: The Impact of Liao and Chin on Koryŏ." In M. Rossabi, ed. *China among Equals,* 151–172. Berkeley and Los Angeles: University of California Press.

______. 1961. "The Regularization of Koryŏ–Chin Relations (1116–1131)." *Cen-*

tral Asiatic Journal 6, 51–84.

______. 1959. "Factionalism and Koryŏ Policy under the Northern Sung." *Journal of the American Oriental Society* 79, 16–25.

Rossabi, Morris. 1994. "The Reign of Khubilai Khan." In Herbert Franke and Denis Twitchett, eds. *The Cambridge History of China.* volume 6. *Alien Regimes and Border States, 907–1368,* 414–489. Cambridge: Cambridge University Press.

Schwarz–Schilling, Christian. 1959. *Der Friede von Shan–yüan (1005 n. Chr.): Ein Beitrag zur Geschichte der Chinesischen Diplomatie.* Wiesbaden: Otto Harrassowitz.

Twitchett, Denis and Klaus–Peter Tietze. 1994. "The Liao." In Denis Twitchett and John K. Fairbank, eds. *Alien Regimes and Border States*, vol. 6 of *The Cambridge History of China*. Cambridge: Cambridge University Press.

Wang Gungwu. 1983. "The Rhetoric of a Lesser Empire: Early Sung Relations with Its Neighbors." In Morris Rossabi, ed. *China among Equals: The Middle Kingdom and Its Neighbors, 10th–14th Centuries.* Berkeley and Los Angeles: University of California Press, 47–65.

Wang, Q. Edward. 1999. "History, Space, and Ethnicity: The Chinese World View." *Journal of World History* 10.2, 285–305.

Wittfogel, Karl and Feng Chia–sheng. 1949. *The History of Chinese Society: Liao (907–1125).* Philadelphia: American Philosophical Society.

Wright, David C. 2005. *From War to Diplomatic Parity in Eleventh–Century China.* Leiden: Brill.

Yun, Peter I.. 1998. "Rethinking the Tribute System: Korean States and Northeast Asian Interstate Relations, 600–1600." Ph.D. diss.. Los Angeles: University of California.

3장
임진왜란 중 조명관계의 실상과 조공책봉관계의 본질*

계승범

1. 머리말

일본의 조선 침공으로 시작된 임진왜란(임진전쟁, 1592-1598)은 '동아시아 7년 전쟁'이라 할 수 있다. 당시 동아시아에서 국가 형태를 갖춘 주요 나라가 조선·명·일본 삼국이었는데, 이들이 모두 참전했으니 동아시아 전쟁이라 부르기에 부족함이 없다.[1] 그런데 20세기 들어서

* 이 글은 계승범, 「임진왜란 중 조명관계의 실상과 조공책봉관계의 본질」, 『한국사학사학보』 26(한국사학사학회, 2012) 게재 논문의 내용을 이번 간행 취지에 맞게 일부 수정·보완한 것이다.

1 이 전쟁의 성격을 동아시아 차원에서 조명하고 명명한 최근의 연구로는 Kenneth. B. Swope, *A Dragon's Head and a Serpent's Tail: Ming China and the First*

면서 일본이 조선을 강제 병합한 데 이어 중국을 침략함에 따라 동아시아 삼국의 배타적 민족주의가 고조된 탓에, 20세기 후반에도 임진왜란에 대한 연구는 민족주의적 자국사 시각으로 고정되다시피 했다. 조선에서는 임진왜란을 국난극복사로 고양하는 경향이 강하고, 중국에서는 조선을 도와주었다는 점을 부각하고, 일본에서는 일본의 발전적 팽창과 관련해 이 전쟁을 보는 편이다. 실제로, 지금까지 국내에 쌓인 왜란 관련 연구 성과들을 보면 의병과 수군의 활약상에 집중한 경향이 강한 데 비해, 이 전쟁을 동아시아 국제 차원에서 이해하는 데 필수적인 강화 협상 과정이라거나, 당시 국제무대에서 조선이 처했던 위상이라거나, 전쟁 당시 일본과 명 내부의 긴박한 움직임이라거나, 명군과 일본군의 군사력 실태 등에 대한 정치한 연구는 상대적으로 부족하다. 이런 형편은 이 전쟁을 국난극복사로 규정한 민족주의적 연구 동향의 산물이라 할 수 있다.

이런 문제의식을 염두에 두고, 이 논문에서는 그동안 소홀히 여긴 전쟁 기간 중 조명관계의 실상을 조공책봉관계의 성격과 관련해 고찰하려 한다. 조명관계를 대상으로 한 조공책봉관계에 대한 연구는 이미 적지 않게 쌓여 있다. 예를 들어, 15세기 벽두에 명과 조선의 관계가 조공책봉관계로 정상화되는 과정을 민족주의 입장에서 다룬 연

Great East Asian War, 1592–1598 (Norman: University of Oklahoma Press, 2009); 하우봉, 「동아시아 국제전쟁으로서의 임진전쟁」, 『한일관계사연구』 39(한일관계사학회, 2011) 참조.

구들이 있다.[2] 또한 16세기가 무르익도록 명 질서가 여전한 데 따라 필연적으로 발생한 조선의 명에 대한 의존도 심화 현상과 그에 따른 관계 변화를 다룬 연구들도[3] 적지 않다.

그렇지만 정작 명이 조선의 내정에 깊이 개입한 전쟁 시기 조명관계의 실상을 다룬 연구는 별로 없다.[4] 조선이 작전·지휘권도 없이 일

---

2 조선이 일본의 식민지로 전락함에 따라, 조선시대 한중관계는 식민사관의 영향을 가장 많이 받은 연구 분야 중 하나가 되었다. 식민사관을 형성하는 주요 축의 하나인 조선 문명의 타율성을 보여주는 단골 메뉴로 조선의 사대주의가 부각되었고, 그것이 조공책봉관계로 나타났다는 설명이 득세했기 때문이다. 이에 대한 반론으로, 해방 이후 국내 학계에서는 조선의 사대정책을 자주적 실리외교이자 경제적으로도 조선에 이익이었다는 주장이 주류를 이루었다. 특히 개설서는 이런 논조를 강하게 담거나 아예 조공책봉 자체를 언급하지 않는 경향을 보였다. 이런 연구 동향에 대한 비판적 검토로는 계승범, 「조선시대 동아시아 질서와 한중관계: 쟁점별 분석과 이해」, 동북아역사재단 편, 『한중일 학계의 한중관계사 연구와 쟁점』(동북아역사재단, 2009) 참조. 그런가 하면, 해방 이후 미국의 영향력 하에서 국민국가를 만들던 시대상황과 관련해 事大 해석 경향을 비판적으로 분석한 연구도 있다. 이에 대해서는 정다함, 「'事大'와 '交隣'과 '小中華'라는 틀의 초시간적인 그리고 초공간적인 맥락」, 『韓國史學報』 42(고려사학회, 2011) 참조.

3 계승범, 「파병 논의를 통해본 조선전기 大明觀의 변화」, 『大東文化硏究』 53(성균관대학교 대동문화연구소, 2006); 구도영, 「中宗代 事大認識의 변화: 大禮議에 대한 別行 파견 논의를 중심으로」, 『역사와 현실』 62(한국역사연구회, 2006); 김경록, 「中宗反正이후 承襲外交와 朝明關係」, 『한국문화』 40(규장각한국학연구소, 2007); Seung B. Kye, "Huddling under the Imperial Umbrella: A Korean Approach to Ming China in the Early 1500s," *Journal of Korean Studies*, Vol. 15, No. 1 (Seattle: Society for Korean Studies, 2010).

4 전쟁 초기의 급박한 상황에서 조선이 명의 군사개입을 요청한 내용에 대한 연구가 있다. 이에 대해서는 崔永禧, 「壬辰倭亂 中의 對明事大에 대하여」, 『史學

방적으로 명군(明軍)에 휘둘린 점이나 강화협상 과정에서 조선이 배제된 일 등은 익히 알려져 있으나, 그런 사례들을 한데 모아 분석하고 조공책봉관계의 본질과 관련해 해석한 논문은 아직 없는 것 같다. 반면에, 명의 조선 참전이 갖는 중요성보다는 그들이 조선에 들어옴으로써 야기한 각종 폐단을 강조한 연구는 적지 않아, 대조를 이룬다. 이런 연구 동향은 아무래도 해방 이후 식민사관 극복에 치중할 수밖에 없었던 국내 학계의 현실을 그대로 반영한 결과라 할 수 있다. 고압적인 명의 태도와 그에 굴종하듯이 순응한 조선의 태도가 '민족주의자'들에게는 썩 유쾌한 연구 소재가 아니었기 때문이다. 특히 국난극복의 동력을 조선 내부에서 찾아야 한다는 연구가 민족주의라는 이름으로 이미 주류를 형성한 마당에, 명에 대해 조선이 보인 저자세는 학자들로부터 거의 외면당하다시피 했다.

그렇지만 전쟁 중에 드러난 조선과 명의 관계는 매우 심각해, 어떤 면에서는 그것을 일반적인 조공책봉관계로 보기 어려울 정도로 조선에 대한 명의 내정간섭은 극심했다. 조공을 바치고 책봉은 받았으

研究』 18(한국사학회, 1964); 孫鍾聲, 「壬辰倭亂時 對明外交: 請兵外交를 중심으로」, 『國史館論叢』 14(국사편찬위원회, 1990) 참조. 또한 전쟁 중에 명군이 조선에 진입함으로써 야기된 조선 君臣의 권위 실추 사례들과 전쟁 중에 명 내부에서 잠시 등장한 바 있는 조선을 직할하려는 움직임 등을 소개하고, 임진왜란 경험의 한 산물인 '再造之恩'이 이후의 조명관계에 미친 영향을 분석한 연구도 있다. 이에 대해서는 한명기, 『임진왜란과 한중관계』(고양: 역사비평사, 1999), 57-88 참조. 그러나 그런 사례들을 조선과 명 사이에 형성되어 있던 조공책봉관계의 성격이나 본질 문제와 관련해 논하지는 않았다.

나 내정간섭은 거의 없었으므로 조선은 사실상 자주국이었다는 전통적인 해석이[5] 국내 학계를 한때 풍미한 점을 (지금도 강하게 남아 있음을) 고려할 때, 전쟁 당시 명과 조선 사이에 강력하게 형성된 관계의 본질에 대한 실증적 연구가 더 필요하다. 책봉과 조공으로 대표되는 명과 조선의 군신관계는 과연 형식적인 의례일 뿐이며, 이념적 포장에 불과한 것이었을까? 왜란 중의 경험은 비상시라는 특정 시기에 발생한 매우 이례적이자 예외적인 사례였을까?

이런 문제의식에 기초해, 이 글에서는 전쟁 중에 조선이 경험한 조명관계의 새로운 양상을 조선의 위상에 중점을 두어 크게 두 가지 주제로 나누어 살피려 한다. 먼저 지휘계통을 살피되, 조선을 대표하는 인물들과(예: 국왕, 신료, 장수) 명을 대표하는 인물들(예: 황제, 사신, 장수) 사이에 형성된 상하관계에, 특히 상명하복 관계에 중점을 둘 것이다. 다음에 조공책봉관계의 핵심이라 할 수 있는 책봉 문제를 다루되, 전쟁 중에 조선의 세자 책봉 주청을 명이 계속 거절한 사실을 조공책봉관계의 본질과 관련해 해석할 것이다. 이런 작업을 통해 조선과 명 사이에 형성된 조공책봉관계의 성격을 보다 종합적이고도 전체적으로 이해하는 데 도움이 되기를 기대한다.

5 책봉과 내정간섭문제를 조명관계의 속성과 관련해 비판적으로 살핀 것으로는 계승범, 「조선시대 동아시아 질서와 한중관계」, 135-139 참조.

2. 지휘계통 문제로 본 조선의 위상

둘 이상의 국가가 우군으로 전쟁에 참가할 때 작전·지휘권을 누가 갖는가는 해당국 사이의 서열을 가늠하는 데 유효하다. 물론 지휘를 한다거나 지휘를 받는다고 해서 그것이 반드시 상하 서열을 나타내지는 않는다. 한국전쟁(1950–1953) 때 유엔군의 지휘권을 사실상 미국이 전적으로 행사했다고 해서 다른 15개 참전국이 모두 미국의 하위에 속했다고 볼 수 없는 것과 마찬가지다. 그런데 지금도 한국과 미국 사이에 SOFA 문제라거나 전시 작전권 문제가 남아있고, 그것이 사실상 두 나라 사이의 불평등 관계를 적나라하게 보여주는 점을 고려하면, 왜란 때의 지휘권 문제는 당시 명과 조선 사이에 형성돼 있던 상하위계 구조를 파악하는 데 중요한 기준이 될 수 있다.

전쟁 기간 동안 단지 작전·지휘권만이 아니라 조선이라는 국가의 위상이 어떠했을지 단적으로 보여주는 첫 사례는 명 장수를 접견한 선조(재위: 1567–1608)의 태도에서 찾을 수 있다. 선조가 의주까지 피난해 국가의 운명이 풍전등화였을 때, 요동에 주둔하던 명군 천여 명이 압록강을 건너 조선에 들어왔다. 이때 선조는 압록강가의 임반관까지 친히 거동해 명의 유격 사유와 참군 곽몽징을 맞았다. 이 자리에서 선조는

> 일국의 존망이 대인들의 진퇴에 달렸으니, 삼가 지휘를 받겠습니다.[6]

라고 하여, 지휘권을 명 장수에게 일임하겠다는 의사를 밝혔다. 물론 이것은 누란지세의 위기에 처한 선조의 다급하고도 절박한 마음을 드러낸 것일 뿐, 정말로 모든 지휘권을 무조건 명군에게 넘기겠다는 뜻은 아니라고 해석할 수도 있다. 그러나 선조의 진심이 무엇이었는지에 상관없이 당시 명장(明將)이 그런 지휘권의 행사를 당연시한 점에 주목할 필요가 있다. 이는 선조의 지휘권 헌납 발언을 놓고 신료들의 의견이 분분한 데 대해 참장이 불쾌감을 표출하자 선조가 분분한 논의를 즉각 중지시킨[7] 점에서 잘 드러난다.

전쟁 초기에 국왕 선조로부터 비롯된 지휘권 상실 문제는 이후 명군이 대대적으로 참전한 이후에 더욱 두드러졌는데, 모두 조선 장수나 대신들이 명의 장수로부터 일방적으로 지휘를 받는 형태로 나타났다. 평양성 전투에서 명군 제독 이여송(1549-1598)이 작전·지휘권을 독점적으로 행사한 일은 이미 널리 알려져 있거니와, 평양성 탈환 과정에서 (이여송의 명령을 따르느라) 조정의 명을 따르지 않은 방어사 김경로를 참수하도록 조선 조정이 이여송에게 고한 점이나, 이여송이 사형을 감해 백의종군하도록 조치한 점은[8] 당시 조선군에 대한 전권을 사실상 이여송이 장악하고 행사했음을 잘 보여준다.

---

6 『선조실록』 27권 25년 6월 18일 병오, "… 一國存亡 係大人進退 所指揮願謹領受 …."

7 『선조실록』 27권 25년 6월 18일 병오, "… 時 群臣或言 天兵進與都元帥合勢爲可 或言 常聽分付 語言紛譁 郭夢徵曰 貴國君臣 有同聚訟 極無禮也 上揮止之 …."

8 『연려실기술(練藜室記述)』 16, 「求救明朝修復京城」.

조선 측에서 제안한 작전 내용을 명군이 일언지하에 거절해도 조선에서 아무런 항변을 하지 못한 사례는 너무 많아 일일이 거론하기 힘들 정도이다. 한 예로, 조선 조정은 한양을 포기하고 남하하는 일본군을 추격해 공격하자고 명군 지휘부에 수차례 제안했으나, 번번이 거절당했다. 특히 이때 조선 조정에서 제안한 것을 대개 "청"으로 표현한[9] 사실은 당시 작전·지휘권을 전적으로 명군이 행사하고 있었음을 여실히 보여준다. 권율(1537–1599)의 사례도 비슷한 예이다. 일본과의 강화에 주력하던 명군 지휘부는 일본군에 대한 공격을 금지하는 명령을 내리곤 했는데, 권율이 행주산성에서 큰 승리를 이끌어내자 명군 총사령관 격인 경략 송응창(1536–1606)은 권율의 승첩을 치하하기보다는 오히려 일본군에 대한 살상을 금지하는 비문을 내렸다.[10] 조선 조정에서는 이 패문을 권율에게 전달하지 않음으로써 내부적으로는 불만을 표했으나, 거기에서 그칠 뿐, 명군 지휘부를 상대로는 어떤 항의도 하지 못했다. 정유재란 때에도 남원, 직산, 울산 등지의 전투에서 작전·지휘권을 행사한 측이 명군임은 두 말할 나위도 없이 잘 알려져 있다.

수군의 지휘계통을 놓고 이순신(1545–1598)과 명 제독 진린(1543–1607) 사이에 나타난 알력도 비슷한 예이다. 결과적으로는 진린이 이순신의 작전·지휘권을 일부 인정했지만, 그것이 명군과 조선군이 서

---

9 『연려실기술』 16, 「晉州城陷明兵撤還」, "… (李)如松回見(宋)應昌於定州 言賊勢大 應昌信之 反欲講和 我國屢請進討 不聽 …."

10 『선조실록』 36권 26년 3월 28일 계미.

로 대등한 입장에서 연합해 싸워야 한다는 어떤 원칙에 따른 결과는 아니었다. 육군 사이에서 발생한 허다한 예에서 보듯, 진린도 처음에는 이순신의 독자적인 지휘권을 전혀 인정하지 않은 채 이순신의 조선 수군을 자신의 휘하에 두고자 했다. 그럼에도 진린이 지휘권을 이순신에게 허여한 것은 '상관'이 현장에서 '부하' 장교의 능력을 '개인적으로' 인정한 것에 가까웠다. 진린이 만약 시기심이 많아 지휘권을 끝까지 양보하지 않으려 했다면, 이순신이 취할 수 있는 대안은 사실상 거의 없었던 것이다.[11]

이런 지휘권의 행사는 중요한 전황이나 군비 내용을 세세히 보고하라는 명군의 명령에 조선 조정이 아무런 거리낌 없이 따른 점에서도 잘 드러난다. 명군이 참전하기 전에 이미 요동순안어사 이시얼은 조선 조정에 자문을 보내, 조선군의 형편과 적병의 군세를 일일이 보고하도록 지시했는데,[12] 자문 중에서 평소와 마찬가지로 조선을 "귀국(貴國)"이 아니라 "이국(爾國)"으로 하대해 칭한 사실은 그 자체로 이미 명과 조선 사이에 상하관계가 확고하게 설정되어 있었음을 생생하게 보여준다. 명군이 본격적으로 참전한 1593년 1월에 명군 지휘부의 지시에 따라 조선 조정에서 당시 의병을 포함한 조선군 전체의 현황을

11 이순신과 진린의 관계를 보여주는 일화들을 모은 자료로는 『연려실기술』 17, 「水陸東征倭賊撤還」 참조.

12 『연려실기술』 16, 「求救明朝修復京城」, "… 爾國圖爲不軌 … 何日陷某鎭 何日陷某州 某人死於節 某人附於賊 賊將幾人 軍幾萬 … 逐一具錄以報 …"

상세히 적어 보고한[13] 일도 같은 맥락에서 이해할 수 있다.

이런 형편은 단순히 지휘권 문제에 그치지 않고 처벌권으로까지 이어졌다. 명령을 제대로 수행하지 않는다는 이유로 명의 일개 유격이 조선의 장수 네 명을 잡아다 곤장을 쳐서 처벌한[14] 일은 아주 좋은 예이다. 이 사건에 대해 국왕 선조는 진노했으나, 실제로는 어떤 항의도 명군 지휘부에 전달하지 못했다. 아니, 전달해 볼 생각조차 품지 못했다. 특히 해당 기록의 문맥을 잘 따져보면, 선조가 화를 낸 이유는 명 장수가 조선 장수를 멋대로 처벌해 곤장을 친 (과도하게 처분한) 일이지, 명군이 조선군을 지휘하는 지휘체계 자체에 대한 불만은 아니었다. 특히 "박진등(朴晋等) 수배신(雖陪臣)"이라는 표현은 명 황제로부터 직접 임명을 받은 명의 장수들보다 그렇지 못한 조선의 장수(배신)가 하위에 위치함을 자연스럽게 인정한 선조의 의식을 잘 보여준다. 명군이 배타적으로 장악한 이런 지휘권과 처벌권은 단지 조선의 군인들에게만 아니라 문신관료에게도 그대로 적용되었다. 한 예로, 경리 예유신은 군량수송이 제대로 되지 않는다는 이유로 조선의 고위급 신료인 감찰사 김응남(1546-1598), 호조참판 민여경(1546-1600), 의주부윤 황진(1550-1593) 등을 잡아다 곤장을 치며 처벌했던 것이다.[15]

---

13 『선조실록』 34권 26년 1월 11일 병인.

14 『선조실록』 40권 26년 7월 18일 경오, "上敎政院曰 今聞毋遊擊者 聽沈惟敬之言 庇護倭賊 結縛朴晋等四將 至於棍杖 極其繆辱 不勝痛憤 朴晋等 雖陪臣 閫外重任之將 豈毋遊擊之所擅罰 此習不除 將士無以措手足 可於經略前爲揭帖 極陳其狀事 議處."

15 『再造藩邦志』 계사년 1월 8일; 『연려실기술』 16, 「求救明朝修復京城」, "天明 又

지휘체계에 나타난 이런 엄연한 현실은 조선의 인사 문제까지 명 황제가 직접 관여하는 일로도 확대되어 나타났다. 지휘권이나 처벌권과 불가분의 관계에 있는 임면권의 행사도 예외가 아니었던 것이다. 전쟁 초기에 선조와 조선 조정에 대한 명 조정의 불신은 매우 높았다. 심지어는 명 조정 내에서 비록 일부의 목소리이긴 했어도 조선의 국왕을 교체하자는 주장이 제기된 바 있으며, 더 나아가 아예 조선을 명이 직할하자는 주장도 반복해 등장하곤 했다.[16] 비록 실행에 옮기지는 못했으나, 이는 책봉[任]을 해 주고 땅을 봉해 준 주체가 그 대상으로부터 언제라도 직책과 봉토를 회수[免]할 수 있었음을 의미하며, 그런 조치에 대해 조선이 물리력을 동원해서라도 거부하겠다는 확고한 의지가 없는 한, 당시 명과 조선 사이에 맺어진 군신관계의 본질이 그런 관계였음을 시사해준다.

또한 전쟁 초기의 급박한 상황을 역전시킨 후에 명의 사신이나 장수들은 국왕 선조의 윤허 없이 세자 광해군에게 직접 명령을 내려 남쪽으로 내려가 군무를 도모하라는 명령을 내리기도 했다.[17] 광해군(1575-1641, 재위: 1608-1623)이 전쟁 초기의 분조 활동에 뒤이어 남도에서 무군사를 이끈 것은 바로 이런 명령에 따른 결과였다. 그런데 이

遣艾惟新督餉 惟新以粮運不及期 決杖檢察使金應南 戶曹參判閔汝慶 義州牧使黃璡 所過股慄."

16 이에 대해서는 한명기, 『임진왜란과 한중관계』, 60-67 참조.

17 『선조실록』 45권 26년 윤11월 16일 병신, "備邊司啓曰 天使云 世子三曹判書 須趁吾在此時南下 然後吾當還朝奏達云 …"; 『선조수정실록』 27권 26년 12월 1일 경술, "… 中朝從宋應昌題奏 使世子南征 協同劉綎 經理南方 …"

는 조선 국왕의 신하에게 조선 국왕의 의지와 무관하게 명 조정에서 임의로 명을 내려 특정 임무를 담당하게 한 사례로, 전쟁 기간에 발생한 임면권 문제의 실상을 보여주는 좋은 예이다. 앞서 다룬 김경로의 사례는 조선 장수가 조선 조정보다는 명군 지휘부의 명령에 따른 경우로 볼 수 있다. 조선 조정이 그를 참수하려 했을 때 이여송이 막고 살려준 것도 같은 맥락이다.[18] 즉 임면권을 포함한 지휘계통이 명 조정을 중심으로 사실상 일원화되어 있었던 것이다.

이런 제반 형편은 국왕 선조가 명의 조칙을 받거나 명의 장수를 접견하는 의전에도 큰 영향을 주어, 선조의 지위가 이전보다 낮아지는 모습을 보였다. 제독 이여송을 처음 접견한 자리에서 선조는 자발적으로 북경을 향해 5배3고두례를 행했는데,[19] 전쟁 발발 이전에 100년이 넘도록 명사와 조선 조정 사이에 진행된 영칙례 의전 관련 논쟁에서 조선 국왕의 5배3고두례 문제가 첨예한 쟁점이었고, 특히 모화관에서부터 조선 국왕이 칙서를 향해 5배3고두를 행해야 한다고 고집한 명사들의 요구를 수용하지 않으려 극구 노력했던 점을 고려할

18 같은 상황은 아니지만, 비슷한 사례는 광해군(재위: 1608-1623) 때에도 찾아볼 수 있다. 광해군의 특사로서 후금을 방문한 鄭忠信(1575-1636)은 의주로 귀환한 뒤 곧바로 서울로 향하지 않고 압록강 어귀의 龍川에 들러 毛文龍(1576-1629)을 먼저 방문하고 후금을 정탐한 내용을 보고했다. 이에 대해서는 『晩雲先生文集』 부록 4右(『韓國歷代文集叢書』 456(서울: 경인문화사, 1999), 442) 참조. 이는 조선 조정(국왕)보다 명 장수에게 먼저 보고한 행위로, 그것을 당연시한 정충신 및 당시 신료들이 명을 대하던 인식과 태도를 여실히 보여준다.

19 『선조실록』 36권 26년 3월 7일 임술.

때, 선조의 저런 행위는 향후의 모화관 영칙례 때 5배3고두가 정식으로 굳어지는 데까지 영향을 주었다.[20] 이여송의 명군을 영접한 선조가 총병 3인에게만 개별적으로 인사를 하고 40명 규모의 장관들은 일일이 문안하지 않는 데 대해 이여송 이하 명 장수들이 화를 낸 점이나, 그런 보고를 들은 선조가 뒤늦게나마 40명의 장수를 일일이 문안하려 한 점도[21] 명을 상대로 한 조선의 위상이 얼마나 낮았는지 생생히 보여준다.

요컨대, 전쟁 기간 중에 조선 조정은 작전·지휘권을 전혀 행사하지 못했으며, 시종토록 명군의 명령을 받아 작전에 임하는 모습을 일관되게 보였다. 조정 신료들 사이에서는 명군 지휘부가 전투에 미온적이라거나, 전투는 제대로 수행하지 않으면서 군량만 축낸다거나, 민폐를 야기하며 오만방자함이 지나치나는 등의 불만이 늘 팽배했으나, 그것을 해결할 어떤 가시적인 조치도 취하지 못했다. 이는 단지 전쟁이라는 비상시의 위기상황이기에 그랬다는 식으로 쉽게 설명하고 넘어갈 문제가 아니다. 오히려 이런 사례들을 통해, 조선과 명 사이에 형성되어 있던 조공책봉관계의 성격을 재조명할 필요가 있다. 특히 지휘권 문제에서 갑의 입장은 언제나 명이었고, 조선은 항상 갑의 처분만 바라보는 을의 입장이었기에 더욱 그렇다.

전쟁 중에 조선이 경험한 지휘권 상실의 경험은 1619년에 강홍립

20 이에 대해서는 계승범, 『중종의 시대: 조선의 유교화와 사림운동』(서울: 역사비평사, 2014), 122-134에 상세하다.

21 『연려실기술』 16, 「求救明朝修復京城」.

(1560–1627)이 이끈 12,000여 조선군이 압록강을 건너 요동에 들어가자마자 바로 총명 유정의 휘하에 배속된 점에서도 그대로 드러난다. 이때 강홍립이 경험한 것은 거의 일방적인 수명이었지, 논의나 자문은 아니었던 것이다.[22] 이런 실정은 왜란 이전 15세기 중후반에 건주여진을 양면에서 치기 위해 조선이 명과 합동군사작전을 전개할 때 조선군이 명군으로부터 어떤 지휘도 받지 않은 점이나, 1450년(세종32)에 몽골군에게 북경이 포위된 급박한 상황에서 명이 조선에 청병해 왔을 때 조선 조정에서 일언지하에 거절한 사실을[23] 고려하면, 격세지감을 느낄 정도로 큰 차이를 간파할 수 있다. 15세기에는 비록 황제의 칙서에 따라 출병하더라도 조선군이 독자적으로 지휘권을 행사한 데 비해, 왜란과 그 이후로는 완전히 명군의 휘하에서 지시대로 움직이는 처지로 격하되었던 것이다.[24]

---

22 참고로, 1650년대에 두 차례에 걸쳐 있었던 이른바 나선정벌(1654, 1658)에서는 다른 면을 발견할 수 있다. 영고탑(寧古塔)에서 청군에 합류한 조선군은 즉각 청군에 분산, 배속되었다. 따라서 조선군 사령관은 조선 병사들을 직접 휘하에 거느리지 못한 채 청군 사령관의 옆에서 일개 부관 역할을 담당했다. 이에 대해서는 계승범, 『조선시대 해외파병과 한중관계』(서울: 푸른역사, 2009), 248–255 참조. 이를 강홍립 부대가 명군에 배속은 되었으되 적어도 분산·배치되지는 않은 점과 대비해 보면, 삼전도 항복(1637) 이후 청을 상대로 한 조선의 위상이 더 낮아졌음을 알 수 있다.

23 계승범, 「파병 논의를 통해 본 조선전기 大明觀의 변화」.

24 물론 15세기 때 건주여진을 치기 위한 출병은 작전의 성격상 조선군이 남쪽에서, 명군이 서쪽에서 작전을 전개했으며, 또한 작전 시기도 일치하지 않은 탓에 두 군대가 조우할 일이 없었으므로, 단순 비교에 무리가 있을 수도 있다. 그래도 명의 출병 요구를 조선 조정이 거절한 사례가 있는 점으로 미루어

이런 다양한 사례들을 두루 고려할 때, 전쟁 중에 조선이 경험한 지휘계통 관련 사례들이 과연 조선과 명 사이에 형성된 '전통적'인 조공책봉관계에서 매우 예외적이고 이례적인 특수한 것인가, 아니면 조공책봉관계라면 얼마든지 발생할 수 있는 것인가에 대해 진지하게 따져볼 필요가 있다. 전자의 경우로 보겠다면, 조공책봉관계의 이론적 토대인 군신관계는 그저 형식적인 것, 곧 사실상 강제성이 매우 약했다는 것에 동의해야 하며, 그렇다면 왜란 시기에 명이 일방적으로 작전·지휘권을 행사한 사례를 조공책봉 프레임으로 설명하면 안 된다. 그러나 조선과 명이 맺고 있던 관계가 과연 명목뿐인 군신관계였을까? 다음 절에서 구체적으로 제시하겠지만, 이황(1501–1570)과 이이(1536–1584)가 명에 대한 조선의 절대적 의리를 강조하기 위해 언급한 군신지의 설명을 감안할 때, 조선은 이론적으로도 현실적으로도 엄연히 명의 신하였고, 따라서 전쟁 중에 신하가 군주의 지휘를 받은 일은 이상하기는커녕 오히려 당연하다 할 수 있다. 만일 후자의 경우로 보겠다면, 지금까지 국내 학계에서 설명해 온 조공책봉관계의 본질에 대한 이해를 수정해야 논리적으로 맞는다. 이를테면 자주적 실리외교라거나, 의례적·형식적 관계라거나, 유교적으로 포장된 레토릭에 불과한 관계였다는 식의 해석은 조선이 명과 맺고 있던 조공책봉관계의

볼 때, 15세기 때만 해도 명에게 그렇게 일방적으로 휘둘리지 않았음을 알 수 있는 하나의 사례로는 큰 문제가 없다. 이런 시기별 차이는 조선의 지배엘리트들이 명을 어떻게 인식했으며, 그런 인식이 시대에 따라 변화한 추세와 밀접한 관련이 있다. 이에 대한 상세한 논의는 계승범, 『조선시대 해외파병과 한중관계』, 91–145 참조.

본질을 제대로 설명하지 못한, 오히려 왜곡한 셈이기 때문이다.

결국, 이 소절에서 살핀 작전지휘권, 처벌권, 임면권 등과 같은 위계질서 차원에서 볼 때, 이론적으로나 현실적으로나 조선이 명과 맺은 조공책봉관계는 매우 중차대한 정치적 관계였다.[25] 또한 그런 정치적 군신관계는 상황에 따라 언제라도 현실에서 그대로 작동할 수 있었고, 실제로 전쟁 기간 중에 그대로 나타났던 것이다.

3. 책봉 문제로 본 조선의 위상

조공책봉관계에서 빼놓을 수 없는 핵심요소는 말 그대로 조공과 책봉이다. 해방 이후 국내 학계에서는 조선의 국왕이 명의 황제(천자)로부터 책봉을 받은 사실을 과소평가하는 경향이 강했다. 베트남의

---

25 물론 조선과 명 사이의 조공책봉관계는 정치적인 요인 외에도 경제적·문화적 요인들이 복잡하게 얽혀 작동해 형성되었다. 그런데 명과 몽골, 명과 일본(왜구) 사이에 형성된 관계가 정치적인 요인보다 경제적인 요인이 더 중요한 변수로 작용한 데 비해, 명과 조선 사이의 관계에서는 정치적 요인이 다른 어떤 요인보다 강력한 동인이자 필요성이었다. 본문에서 명과 조선 사이에 형성된 조공책봉관계의 본질을 중차대한 정치적 관계로 본 것은 바로 이런 이유 때문이다. 보다 상세한 논의는 계승범, 「15-17세기 동아시아 속의 조선」, 이익주 외, 『동아시아 국제질서 속의 한중관계사: 제언과 모색』(동북아역사재단, 2011), 239-261 참조. 16세기 조명관계에서 경제적 측면을 강조한 초기 연구로는 이태진, 『韓國社會史硏究: 農業技術 발달과 社會變動』(서울: 지식산업사, 1985), 291-332 참조.

경우와는 달리, 명은 조선의 왕위계승과정에 물리력을 동원해 직접 개입한 바 없으며, 조선이 올린 국왕 책봉 주청을 끝내 거절한 경우도 없다. 식민사관 극복에 매진하던 20세기 국내 학계에서는 바로 이런 점에 주목해 책봉의 의미를 최소화했고, 한 발 더 나아가 조공만 놓고 보아도 조선이 바친 경제적 가치보다 더 많은 가치를 하사품으로 받거나 무역을 통해 가져왔음을 주장하며 조선의 사대정책을 자주적 실리외교로 해석했다.[26]

그렇지만 조선 국왕이 명 황제로부터 받은 책봉의 의미를 과소평가하면 곤란하다. 국제무대와 국내의 정치무대에서 책봉이 실제로 갖는 의미는 시대와 상황에 따라 다양했지만, 왜란 이전 조선시대에서 명 황제의 책봉이 갖는 의미는 단순히 형식적이지 않았으며 그 자체로 매우 중요한 정치행위였다. 조선에서 이미 승습을 한 후에 명 황제가 사후에 승인하고 책봉해 주는 경우가 일반적이라 해도, 명은 조선의 주청을 거절할 힘과 권위를 항상 갖고 있었다. 여기서 '힘'이라 함은 명이 조선의 왕위계승과정에 물리력을 사용해 직접 개입했다는 의미가 아니라, 조선의 양반엘리트들이 명의 책봉에 최대의 가치를 부여함에 따라 자연스럽게 형성된 정통성의 의미에 가깝다.

---

26 이런 논조의 글은 상당히 많은데, 예를 몇 개 들면, 신석호, 「조선왕조 개국 당시의 대명관계」, 『국사상의 제문제』 1(국사편찬위원회, 1959); 김한식, 「明代 韓中關係를 둘러싼 若干의 問題: 동아시아 세계질서 속에서의 韓中關係史의 모색」, 『大丘史學』 12·13 (대구사학회, 1977); 손승철, 「朝鮮朝 事大交隣政策의 成立과 그 性格: 朝鮮朝 對外政策史 硏究試論」, 『溪村閔丙河敎授停年紀念 史學論叢』(논총간행위원회, 1988) 등 참조.

왜란 이전 16세기부터 이미 조선의 양반엘리트들은 명을 천하의 유일한 천자국·중화국이자 실질적인 상국으로 믿었고, 명의 황제를 유일한 천자로 보았다. 또한 그에 기초한 천하관을 신봉했다. 곧 천 아래에 천자가 있고 그 밑에 천자의 책봉을 받은 왕들이 다양한 층위에 포진해 천자를 중심으로 원뿔형의 질서를 구축한 천하질서를 당연하게 받아들이고, 조선 국왕의 위상을 그런 틀에서 규정했다.[27] 따라서 화이지변이니 춘추의리니 하는 말들은 단지 조선 국내의 사안만이 아니라 조선이 속한 천하질서와 관련해서도 그대로 적용되었다.[28]

조선 건국과 동시에 조정에서 스스로 원구단의 천제를 폐지하고 그 후에도 천제를 참람하다 하여 일절 재개하지 않은 점이나,[29] 후금을 치기 위한 명의 파병 요청을 거부하려는 광해군(재위: 1608–1623)에

27 조선 건국 후에 제정된 각종 국가제례에서 조선을 제후국으로 보고 그 기준에 맞게 각종 의례를 정한 점이나, 『조선왕조실록』 도처에서 조선 국왕을 천자의 제후로 칭한 사례가 무수히 나오는 점 등은 모두 이런 천하관의 산물이라 할 수 있다. 조선시대 국가제례가 담고 있던 정치적 권력체계의 의미에 대해서는 이욱, 『조선시대 재난과 국가의례』(파주: 창비, 2009); 한형주 외, 『조선의 국가제사』(한국학중앙연구원, 2009) 참조.

28 계승범, 「조선시대 의병의 개념과 임진의병」, 『西江人文論叢』 33(서강대학교 인문과학연구소, 2012).

29 계승범, 『정지된 시간: 조선의 대보단과 근대의 문턱』(서울: 서강대학교출판부, 2011), 225–230. 세조 때 예외적인 경우가 있었지만, 전체적으로 볼 때 조선 건국과 함께 환구단이 제천례의 기능을 상실해 가는 과정에 대한 상세한 논의로는 한형주, 『朝鮮初期 國家祭禮 研究』(서울: 일조각, 2002), 20–63 참조.

게 비변사 당상관들이

> 전하에게 득죄할지언정 천조에는 득죄할 수 없습니다.[30]

라는 말을 '감히' 할 수 있었던 것도 바로 조선의 군왕이 북경의 천조를 중심으로 구축된 중화질서에서 천자의 하위에 속한다는 유교적 천하의식으로 인해 가능했다. 그런가 하면, 조선의 양반엘리트들이 명의 황제를 상대로는 자신을 배신으로 자랑스럽게 칭했지만, 청 황제를 상대로는 자기를 배신으로 칭하지 않은 극명한 사례들도[31] 이런 천하의식에 따른 자연스러운 현상이었다.

이렇듯 명 질서 하에서 조선왕조의 레종데트르는 명에 사대함으로써 중화질서를 따르고 보편적 중화문명인 유교의 가치를 수용하고 따르는 데 있었다. 건국과 함께 강조한 사대와 유교는 조선의 사대가 이미 유교적 이념과 불가분의 관계로 묶여 있었음을 잘 보여준다. 이런 추세는 16세기에 주자학의 융성과 함께 더욱 두드러졌는데, 16세기를 대표하는 두 학자 이황과 이이의 생각은 이를 잘 대변한다. 이황은 일본에 보내는 예조의 국서를 작성하면서

---

30 『광해군일기』 중초본 129권 10년 6월 20일 정축, "… 與其得罪於聖明 寧得罪於天朝 …."

31 계승범, 「조선후기 중화론의 이면과 그 유산: 명·청 관련 호칭의 변화를 중심으로」, 『韓國史學史學報』 19(한국사학사학회, 2009), 59-61.

… 하늘에는 두 개의 해가 없고, 백성에게는 두 임금이 없소. 춘추의 대일통이라는 것은 곧 천지의 상법이고, 고금에 통하는 의리요. 대명이 천하의 종주국이 되니, 바다 한 구석 해 뜨는 곳〔조선〕에서는 신복하지 않은 적이 없소. …[32]

라고 하여, 조선이 지켜야 할 의리의 최종 대상이 명 황제 곧 천자임을 분명히 했다. 이이도 조공 문제를 논하는 중에

… 신이 듣건대, 아랫사람이 윗사람을 섬길 때 편안하고 위험함에 (따라) 마음을 바꿔서는 안 되고, 성하고 쇠함에 (따라) 예를 폐해서도 안 됩니다. 이런 (원칙을) 실행함은 우리나라가 중국에 사대함이 바로 그것입니다. … 지금 (중국과는) 이소대사(以小事大)로써 군신의 분수가 이미 정해졌으므로, 시세의 곤란함과 용이함을 헤아리거나 이해관계에 거리낌이 없이 정성을 다하는 데 힘쓸 뿐입니다. …[33]

---

32 『退溪全書』 8, 「禮曹答日本國左武衛將軍源義淸」, "… 天無二日 民無二王 春秋大一統者 乃天地之常經 古今之通義也 大明爲天下宗主 海隅出日 罔不臣服 能行此者 惟我國家之事中朝 是也…."

33 『栗谷全書』 拾遺 4, 「貢路策」, "… 臣聞下之事上.不以夷險而易其心.不以盛衰而廢其禮 … 今夫以小事大 君臣之分已定 則不度時之艱易 不揣勢之利害 務盡其誠而已 …."

라고 하여, 조선이 '보편적' 중화국인 명에 대해 갖추는 사대의 예를 상황을 초월해 지켜야 할 의리로 규정했다.

이로써 볼 때, 이황과 이이의 제자들이 권력을 독점한 조선에서 명 황제의 책봉은 단순한 의례 차원을 넘어 현실적인 힘을 발휘할 수밖에 없었던 것이다. 중종이 정변을 통해 즉위한 후에도 명 황제의 책봉을 받기 위해 전전긍긍한 점이나,[34] 또 다른 정변으로 즉위한 인조(재위: 1623-1649)가 명 황제의 책봉을 받기 위해 비굴할 정도로 집착한[35] 이유는 바로 그 책봉이 자신의 정통성 확립 및 그에 따른 권력 안정에 결정적인 요소로 작용하는 조선 내부의 사정을 익히 알고 있었기 때문이다. 요컨대 천자의 책봉 여부는 조선 국내에서 실질적인 힘을 갖고 있었고, 그렇게 된 이유는 천자가 물리력을 동원해 조선의 내정에 간섭했기 때문이 아니라, 조선의 지배엘리트들이 천자의 책봉을 통해 국왕의 정통성을 인정했기 때문이다. 이런 점에서 볼 때, 왜란 중에 발생한 세자 광해군에 대한 명의 거듭된 책봉 거절은 조선과 명이 맺고 있던 조공책봉관계의 본질을 파악하는 데 매우 중요한 사례를 제공한다.

광해군은 1575년(선조 8년)에 선조의 둘째 아들로 태어났다. 어머니는 선조의 첫 후궁인 공빈 김씨(1553-1577)였다. 공빈김씨가 광해군

34 김경록, 「中宗反正이후 承襲外交와 朝明關係」; 계승범, 『조선시대 해외파병과 한중관계』, 123-139.

35 한명기, 「17-8세기 韓中關係와 仁祖反正: 朝鮮後期의 '仁祖反正 辨誣'문제」, 『韓國史學報』 13(고려사학회, 2002).

을 낳고 산후병으로 고생하다가 2년 만에 죽는 바람에, 광해군은 형 임해군(1574–1609)과 함께 의인왕후(1555–1600) 밑에서 자랐다. 의인왕후는 1569년(선조 2년)에 14세의 나이로 선조의 왕비가 되었으나 임신하지 못했다. 군들은 커가지만 대군이 없는 관계로 후계자를 정하지 못한 채 세월만 흘러가자, 신료들은 세자 책봉 문제를 조심스럽게 거론하기 시작했다. 이때 가장 물망에 오른 왕자가 광해군이었는데, 적자도 장자도 아닌 광해군이 선조의 후계자로 거론된 이유는 선조에게 대군이 없었고, 장자 임해군의 악행이 심했기 때문이다. 임해군은 수많은 궁노를 거느렸으며, 살인과 납치 등의 범죄 외에도 사노비와 관노비를 빼앗고 민간의 전택을 늑탈하는 등 폐해가 극심해 경외의 큰 불만을 사고 있었다. 임해군의 처신이 크게 문제 되자, 신료들의 관심은 자연히 다음 서열인 광해군에게 쏠렸다. 특히, 광해군은 어려서부터 다른 군들에 비해 명철하고 사려가 깊었고,[36] 성장하면서도 학문을 좋아하고 총명하다고 널리 인정받음으로써[37] 세자의 물망에 오르내렸다.

그렇지만 왕들은 대개 신하들이 먼저 후계자를 거론하는 것을 싫어했는데, 선조도 예외는 아니었다. 이에 따라 섣불리 세자 책봉 문제를 꺼낸 사람들은 선조의 노여움을 사 좌천되거나 축출되기 일쑤였

36 『公私見聞錄』, 12쪽 (세종대왕기념사업회 1983년 판 영인본의 쪽수).

37 광해군의 성품에 대해서는 『선조실록』과 『선조수정실록』에서 모두 칭찬을 아끼지 않았다. 『선조실록』 26권 25년 4월 28일 정사; 『선조수정실록』 26권 25년 4월 경인, 5월 경신, 29권 28년 3월 갑신 참조.

다. 1588년(선조21)에 서인 계열 조헌(1544–1592)은 동인을 비난하면서 세자 책봉 문제를 서인에게 맡겨야 한다고 상소했다가[38] 일축당한 바 있다. 동인 계열 부제학 윤국형(1543–1611)도 세자 책봉의 당위성과 필요성을 거듭 거론하다가 좌천당했다.[39] 1591년(선조24)에는 삼정승 이산해(1539–1609, 영의정, 북인), 정철(1536–1593, 좌의정, 서인), 류성룡(1542–1607, 우의정, 남인) 등이 세자를 속히 결정하도록 건의하기로 합의하고 실행에 옮겼다가, 정철을 비롯해 서인이 대거 축출되었다.[40]

이런 상황에서 1592년에 발발한 임진왜란은 세자 책봉 문제를 결정적으로 자극했다. 전쟁 발발 직후부터 세자 책봉을 촉구하는 상소들이 줄을 잇던 차에, 연이은 패전으로 도성을 포기하고 북쪽으로 피난해야 하는 급박한 상황이 되자, 만일의 경우에 대비해 세자를 빨리 결정해야 한다는 의논이 조정안에서 다시 강하게 일었다. 상황이 상황인지라 선조도 더 이상 신료들의 요구를 묵살할 수만은 없었다. 마침내, 선조는 누구를 세자로 책봉할 것인가를 신료들에게 물었고, 신료들은 그 결정은 왕이 내려야지 신하들이 건의할 성질이 아니라고 응답했다. 이런 식의 질문과 응답이 밤이 깊도록 이어지다가, 신료들의 강경한 태도에 밀린 선조는 결국 총명하고 학문에 힘쓰는 광해군

38 『선조실록』 22권 21년 1월 5일 기축.

39 『선조실록』 23권 22년 1월 25일 계유; 『선조수정실록』 21권 21년 4월 갑인, 23권 22년 4월 정축.

40 『선조수정실록』 25권 24년 2월 무진.

을 세자로 삼는 것이 어떻겠는가 물었고, 모든 신료들이 환영했다.[41] 이로써 광해군은 군신 간의 합의에 의해 세자로 결정되었다. 날이 밝자 광해군은 바로 책봉을 받고 백관의 하례를 받음으로써[42] 조선의 세자가 되었다. 그러나 24시간도 안 된 다음날 새벽에 선조를 따라 도성을 떠나 피난길에 나서야 했다. 세자 책봉을 국내에 알리는 교서는 여드레가 지난 뒤 평양에서 비로소 반포하였다.[43]

광해군이 세자로 결정된 과정은 그에 대한 명 황제의 책봉이 갖는 중요성을 이해하는 데 큰 도움을 준다. 적자도 장자도 아닌 일반 군들 중에서 후계자를 세워야 할 경우에 서열은 중요하지 않았다. 실제로, 광해군이 세자로 책봉될 수 있었던 바탕에는 그가 선조의 둘째 왕자라는 서열보다는 그의 성품과 능력에 대한 조정 신료들의 인정이 중요하게 작용했다. 광해군이 세자로 낙점된 이유에 대해 실록이건 개인 사서건 모두 그의 총명함과 호학의 태도 등 그의 자질과 성품이 여러 군들 중에서 가장 뛰어났기 때문이라고 설명한 반면에, 광해군의 계승 서열이 다른 군들보다 앞섰기 때문이라는 언급은 전혀 없다. 이런 점은 세자 광해군의 정통성이 유교적 종법에 있었다기보다는 왕과 신하들의 합의에 바탕을 두고 있었음을 알려 준다. 따라서 세자 광해군의 지위는 정국의 변화에 따라, 예를 들어 왕의 마음이 바뀐다거나 군신 간의 합의가 깨질 경우에는 언제라도 흔들릴 수 있었다.

---

41 『선조실록』 26권 25년 4월 28일 정사.

42 『선조실록』 26권 25년 4월 29일 무오.

43 『선조실록』 26권 25년 5월 8일 경신; 『선조수정실록』 26권 25년 5월 경신.

조선에서 세자의 지위를 튼튼하게 해 주는 요소는 크게 네 가지를 들 수 있는데, ① 왕의 후원, ② 종법 상의 정통성, ③ 신료들의 지지, ④ 명 황제의 책봉이었다. 이 네 가지 요소들은 서로 밀접한 관련이 있었다. 왕이 후원하고 종법상으로도 문제가 없는 경우라면, 신료들의 지지도 쉽게 받을 수 있었고, 황제의 책봉에도 문제가 없었다. 왕이 후원하지만 종법상 문제가 있을 경우에는 신료들의 반대에 부딪히곤 했다. 태조(재위: 1392-1398)가 막내 의안대군(이방석, 1382-1398)을 세자로 정한 탓에 발생한 1차 왕자의 난(1398)이나,[44] 소현세자(1612-1645) 사후에 신료들이 그 장자가 세손이 되어야 한다고 적극 주장하며 인조와 오래 대립각을 세운 사례 등은 좋은 예이다.[45] 왜란 당시 명 조정도 비슷한 상황을 겪고 있었다. 만력제(재위: 1573-1620)도 선조처럼 적자가 없었는데, 그는 3자인 주상순을 총애해 태자로 삼으려 했다. 그러나 장자를 태자로 세워야 한다는 예부의 반대에 부딪혀 10년 이상이나 후계자를 결정하지 못하다가, 1601년에 예부의 뜻대로 장자인 주상락(태창제, 재위: 1620)을 태자로 결정했다.

이로써 보면, 장자일 경우에는 비록 부왕의 신임을 받지 못하더라

44 1차 왕자의 난의 제일 원인은 단순한 세자책봉 문제보다는 兵權 장악 문제로 보는 것이 학계의 중론이다. 이에 대해서는 민현구, 「近世朝鮮前期 軍事制度의 成立」, 육군사관학교 한국군사연구실 편, 『韓國軍制史: 近世朝鮮前期編』(육군본부, 1968); 정두희, 「朝鮮初期 三功臣 硏究」, 『歷史學報』 75-76(역사학회, 1977) 참조. 그렇지만 세자책봉 문제도 그 한 요인이었음은 부정할 수 없다.

45 소현세자 사후의 왕위 계승 문제를 종법 차원에서 다룬 연구로는 이영춘, 『朝鮮後期 王位繼承硏究』(서울: 집문당, 1998), 179-212 참조.

도 종법을 중시하는 신료들의 강력한 후원을 받을 수 있었다. 이는 장자 출신이 아닌 세자의 지위가 불안할 수 있음도 동시에 보여준다. 그렇지만 종법상 문제가 있더라도, 명 황제는 조선의 국내 정치 상황을 인정해 책봉을 해 주는 것이 관례였다. 한 예로, 태종(재위: 1400-1418)이 양녕대군(1394-1462)을 세자에서 폐하고 셋째 충녕대군(세종, 재위: 1418-1450)을 세자로 삼고 그 책봉을 주청했을 때, 명 조정에서는 별다른 이의를 달지 않고 승인했다.

그런데 서로 밀접한 관련이 있는 이 네 가지 요소들 중에서도 가장 중요한 요인을 꼽는다면 왕의 후원이었고, 그 후원은 천자의 책봉으로 완결되어야 했다. 이런 점에서 볼 때, 부왕 선조의 총애를 받지 못한 광해군의 세자 지위는 처음부터 불안할 수밖에 없었다. 부왕의 후원이 없는 상태에서 국가 비상사태를 맞아 신료들의 지지에 힘입어 세자가 되었기 때문이다. 이런 광해군에게 큰 희망이라면, 바로 천자의 책봉을 속히 받는 일이었다. 전쟁을 계기로 조선에 대한 명의 내정간섭이 우심해진 당시 상황을 감안할 때, 천자의 책봉이 갖는 정치적 의미는 그 어느 때보다도 지대했다. 그런데 광해군은 천자의 책봉을 다섯 번이나 거절당했으며, 끝내 책봉을 받지 못했다. 이는 단지 광해군 개인의 문제가 아니라, 조선의 정국을 좌우할 정도로 심각한 후폭풍을 야기했다.

광해군은 16년(1592-1608) 동안 세자로 있었는데, 그 동안 모두 다섯 차례에 걸쳐 책봉을 청했으나 모두 거절당했다. 전쟁 중에 주청한 경우는 세 번(1594, 1595, 1595)인데,[46] 예부에 의해 번번이 거절당했다. 이런 이례적인 일이 발생한 이유는 앞서 소개했듯이 당시 명 내부의 태자 책봉 문제와 밀접하게 연동된 사안이었기 때문이다. 그렇지만 앞서 무군사 임명 절차에서 명이 보인 태도를 감안하면, 책봉 거절은 군주가 신하의 임면권을 행사하는 방식과 크게 다르지 않았다. 즉 임명권자가 임명을 거절한 셈이기 때문이다. 여기서 문제는 조선 세자의 책봉을 명 조정에서 계속 거절한 행위를 전쟁이라는 특수한 시기에 발생한 매우 예외적인 경우로 볼 것인가, 아니면 언제라도 명(책봉국, 종주국)이 자기 필요에 따라 마음만 먹으면 조선(조공국, 속국)에 대해 일방적으로 행사할 수 있는 권리로 볼 것인가에 대한 판단과 해석이다.

이런 문제는 다양한 사례 분석을 통해 해결할 수 있는데, 조선과 명의 관계에서 가장 대표적인 사례로는 태조(이성계, 재위: 1392–1398)에 대한 명의 책봉 거절, 중종(재위: 1506–1544에 대한 책봉 거절,[47] 세자 광해군에 대한 책봉 거절, 국왕 광해군(재위: 1608–1623)에 대한 책봉 거절, 인조(재위: 1623–1649)에 대한 책봉 거절[48] 등을 들 수 있다. 이 가운데 중종의 사례는 당시 명 질서가 매우 안정적일 때 발생한 것이고, 태조와 인조의 사례도 비록 아직 완벽하지 않다거나 도전을 받는 상황이기는 하더라도 명질서가 여전히 작동하던 시기의 경우이다. 광해군의 경우에는 전쟁 시기라는 특별성이 있기는 하지만, 역시 명질서가 제대로 작동하던 시기의 사례이다. 또한 위의 사례들은 상황으로 보나 시기

---

46 『선조실록』 28년 1월 15일; 28년 9월 29일; 29년 5월 20일.

47 각주 3의 김경록, Seung B. Kye 논문 참조.

48 한명기, 「17–8세기 韓中關係와 仁祖反正: 朝鮮後期의 '仁祖反正 辨誣'문제」.

로 보나 '조명시대'(1392-1644)[49] 전반에 걸쳐 비교적 고르게 분포해 있다.

그렇다면 세자 광해군에 대한 세 차례의 책봉 거절을 전쟁이라는 비상시의 이례적인 경우로 선뜻 규정하는 데 주저할 수밖에 없다. 전쟁도 끝났고(1598년), 명 내부에서 태자 책봉 문제도 종결되었고(1601년), 후금이 아직 흥기하지도(1616년) 않은 '안정기'에 추가로 발생한 두 차례의 책봉 거절 사례(1602, 1603)까지[50] 감안할 때 더욱 그렇다. 이런 점은 전쟁 시기에 발생한 연이은 책봉 거절이 이례적인 특수한 경우라기보다는 기존의 조공책봉관계에서 상황에 따라 발생할 수도 있는 사안임을 시사해 준다.

요컨대, 조선에 대한 명의 책봉 거절은 조공책봉관계에서 언제라도 발생할 수 있던 일이며, 따라서 별다른 이의 없이 사후 승인 의미의 책봉을 해준 사례가 대부분이라 해서 그것을 조공책봉관계의 본질로 쉽게 간주해서는 곤란하다. 힘이 있으되 굳이 그 힘을 사용할 필요가 없어서 (조선이 스스로 알아서 순복하고 있으므로) 사용하지 않은 것이지, 책봉이 단지 의례적이고 형식적인 절차에 불과한 요식행위는 아니었던 것이다. 임오군란(1882)을 계기로 조선의 내정에 강력히 개입한 청의 행태도 이런 틀에서 쉽게 설명할 수 있다.[51] 이런 점을 인정할

49 조선과 명이 공존한 시기를 가리키는 의미로 사용했다.

50 『선조실록』 36년 5월 16일; 37년 윤9년 26일.

51 1882년부터 1894년까지 청이 취한 조선정책의 성격에 대해서는 근대적 제국주의라는 견해와 전통적 책봉체제라는 견해가 엇갈린다. 개항 이후 청의 내정

때, 앞 소절에서 살핀 지휘권 문제를 보다 쉽게 이해할 수 있으며, 주지하듯이 일본과의 강화협상에서 조선이 배제된 이유도 쉽게 이해할 수 있다.

더 나아가, 조선의 국왕은 국내에서조차도 명 황제의 임명(책봉)을 받아야 비로소 정당성과 정통성을 인정받았다. 양반지배층이 천자를 중심으로 한 천하관을 신봉했기 때문이다. 전통시대에는 이런 관계가 보편적인 가치로, 오히려 중화의 교화를 가장 잘 받은 예의지국 내지는 소중화로 인정받았지만, 『만국공법』에 기초한 근대의 시각에서 보면 조선과 명의 관계는 의례적으로도 현실적으로도 엄연히 군신관계였다. 조공책봉관계로 나타난 조명관계의 본질은 학계에서 흔히 말하는 경제적 동기보다는 정치적 동기가 주를 이룬 상하·군신관계였던 것이다. 개항(1876) 이후 조선의 일부 지식인들이 청으로부터 독립을 주창한 이유도 바로 이런 역사적 맥락에 닿아 있었다.

간섭 시기에 속국의 개념과 관련해 외교적으로 문제가 된 조공과 책봉의 성격에 대한 연구사 정리로는 구선희, 「근대 한중관계사의 연구경향과 쟁점 분석」, 『한중일 학계의 한중관계사 연구와 쟁점』(동북아역사재단, 2009) 참조. 한편, 그 성격을 "informal imperialism" 내지는 "multilateral imperialism"으로 설명한 최근의 연구로는 Kirk W. Larsen, *Tradition, Treaties and Trade: Qing Imperialism and Chosŏn Korea, 1850–1910* (Cambridge: Harvard University Press, 2008) 참조.

4. 맺음말

임진왜란 시기 조선에 대한 명인의 고자세는 그동안 단편적으로 알고 있던 것보다 훨씬 더 심각했고 구조적이었다. 명과 비교할 때 당시 조선은 국가가 아니라고 해도 별다른 항변을 못할 정도로 그 지위가 현격히 낮았다. 조공과 책봉은 유교가치로 이념화되고 그것이 실제로 의례라는 형식으로 구체화 되어 있었으며, 그 가시적 표상인 군신관계는 단순히 의례적인 데 그치지 않고 현실의 정치무대에서 그대로 작동했다. 눈앞에 펼쳐진 의례·의전이 담고 있는 의미가 거의 그대로 실제 현실에서 작동했던 것이다. 따라서 근대의 시각으로 볼 때 조선은 독립국이 아니었으며, 당시의 시각으로 보아도 국내의 자치만 스스로 했지, 국제 외교 문제에 있어서는 명의 속국이었다.[52] 이런 군신관계는 평화가 이어지는 시기에는 특별히 문제가 되지 않았다. 조선이 스스로 조공을 거부하고 조공책봉체제에서 벗어나지 않는 한, 다른 말로 번속으로서의 기대임무에서 벗어나지 않는 한 책봉국(종주국)에서 조공국(속국)의 내정을 굳이 간섭할 필요는 없었기 때문이다.

군신관계가 정치 현실에서 그대로 작동하다 보니, 상황에 따라 명은 얼마든지 군으로 행동할 수 있었다. 이에 대해 조선은 신의 입장에서 군의 하명을 받되, 받아들이기 어려운 명령에 대해서는 사안에 따

---

52 전통시대 동아시아 문명권에서 사용된 속국의 의미가 『만국공법』 유포 이후 달라지는 현상에 대해서는 계승범, 「15-17세기 동아시아 속의 조선」, 265-276에 상세하다.

라 읍소하는 것 외에 사실상 별다른 대책이 있을 수 없었다. 『조선왕조실록』에 무수히 보이는 각종 변무 문제나 표문의 격식은 이런 현실을 여실히 보여준다. 명 황제가 조선에 보낸 조칙에서 조선 국왕의 본명을 그대로 노출시키고 여(汝)나 이(爾)로 부른 점도 같은 이치였다.

이런 군신관계가 비단 명과 조선 사이의 관계에서만 작동한 것은 아니다. 주변국에서도 정확히 알고 있었다. 전쟁 중 강화협상이 명과 일본 양국에 의해 진행되면서 조선이 사실상 '자연스럽게' 배제된 사실이나,[53] 전쟁 중에 두 차례나 참전의사를 밝힌 누르하치(1559-1626, 재위: 1616-1626)가 자신의 참전 의사를 조선의 만포가 아니라 명의 요동도사 내지는 북경에 직접 전달한[54] 것은 모두 이런 구조에 따른, 곧 이른바 명 질서 하에서 조선이 처한 위상을 정확히 인지한 데 따른 당연한 결과였던 것이다.

삼전도 항복(1637) 이후에 청이 매우 심각한 수준으로 조선의 내정에 간섭하는 과정에서 발생한 두 차례 심옥 사건에서 보듯, 조청관계의 시작 과정에서도 조선은 청에 대해 철저히 신하의 입장이었다.

---

53 홍성덕, 「丁酉倭亂 以後 明日停戰協商과 朝明關係」, 『全北史學』 18(전북대학교 사학회, 1995); 이완범, 「임진왜란의 국제정치학: 일본의 조선분할 요구와 명의 對조선 종주권 확보의 대립」, 『정신문화연구』 89(한국정신문화연구원, 2002).

54 이에 대한 상세한 논의는 계승범, 「임진왜란과 누르하치」, 정두희·이경순 편, 『임진왜란: 동아시아 삼국전쟁』(서울: 휴머니스트, 2007) 참조. 한편 만포는 압록강 중류 남쪽에 위치한 국경도시로, 정묘호란(1627) 이전까지 조선이 여진과 교통하던 관문이었다. 참고로 명과의 교통은 의주를 통해서 이루어졌다.

이런 점을 인정할 때, 19세기 후반에 일본에 대한 개항 여부를 결정할 때 조선 조정에서 이 사안을 북경과 상의하고 그 승인을 받고서야 강화도조약(1876)에 임한 일의 절차를 쉽게 이해할 수 있으며, 청이 자국 방위에 위기를 느낌에 따라 1882년부터 시작한 조선에 대한 강력한 내정간섭과 국제무대에서의 종주권 주장도 쉽게 납득할 수 있다. 조명관계의 속성이 한국사에 남긴 유산은 여기서 끝나지 않았다. 한국전쟁(1950–1953) 당시의 작전·지휘권이나 강화협상 과정에서도 왜란 때의 경험은 거의 그대로 반복되어 나타나, 한국군은 작전·지휘권을 행사할 수 없었고 심지어 정전협상 테이블에도 모습을 드러내지 않았다. 이뿐 아니라, 외세에 의한 한반도 분할 논의도 임진왜란 때 처음 시작되어,[55] 동아시아 질서의 격동기인 19세기 막바지에 러시아와 일본 사이에 비밀협상이 오간 일이나, 결국 한반도가 분할(분단)된 것이나, 분단이 여전히 진행 중인 현재의 현실은 모두 왜란 당시 조선의 국제적 위상을 한국사 전체 맥락에서 통시적으로 이해할 필요성을 잘 보여준다.

---

55 이완범, 「임진왜란의 국제정치학: 일본의 조선분할 요구와 명의 對조선 종주권 확보의 대립」.

참고문헌

『광해군일기』.

『선조수정실록』.

『선조실록』.

『연려실기술』.

『公私見聞錄』.

『栗谷全書』.

『再造藩邦志』.

『退溪全書』.

계승범. 2014. 『중종의 시대: 조선의 유교화와 사림운동』. 서울: 역사비평사.

______. 2012. 「조선시대 의병의 개념과 임진의병」. 『西江人文論叢』 33. 서강대학교 인문과학연구소.

______. 2011. 「15–17세기 동아시아 속의 조선」. 이익주 외. 『동아시아 국제질서 속의 한중관계사: 제언과 모색』. 동북아역사재단.

______. 2011. 『정지된 시간: 조선의 대보단과 근대의 문턱』. 서강대학교 출판부.

______. 2009. 「조선시대 동아시아 질서와 한중관계: 쟁점별 분석과 이해」. 동북아역사재단 편. 『한중일 학계의 한중관계사 연구와 쟁점』.

______. 2009. 『조선시대 해외파병과 한중관계』. 서울: 푸른역사.

______. 2009. 「조선후기 중화론의 이면과 그 유산: 명·청 관련 호칭의 변화를 중심으로」. 『韓國史學史學報』 19. 한국사학사학회.

______. 2007. 「임진왜란과 누르하치」. 정두희·이경순 편, 『임진왜란: 동아시아 삼국전쟁』. 서울: 휴머니스트.

______. 2006.「파병 논의를 통해본 조선전기 大明觀의 변화」.『大東文化研究』53. 성균관대학교 대동문화연구소.

구도영. 2006.「中宗代 事大認識의 변화: 大禮議에 대한 別行 파견 논의를 중심으로」.『역사와 현실』62. 한국역사연구회.

구선희. 2009.「근대 한중관계사의 연구경향과 쟁점 분석」.『한중일 학계의 한중관계사 연구와 쟁점』. 동북아역사재단.

김경록. 2007.「中宗反正이후 承襲外交와 朝明關係」.『한국문화』40. 규장각 한국학연구소.

김한식. 1977.「明代韓中關係를 둘러싼 若干의 問題: 동아시아 세계질서 속에서의 韓中關係史의 모색」.『大丘史學』12·13. 대구사학회.

민현구. 1968.「近世朝鮮前期 軍事制度의 成立」. 육군사관학교 한국군사연구실 편,『韓國軍制史: 近世朝鮮前期編』. 육군본부.

손승철. 1988.「朝鮮朝 事大交隣政策의 成立과 그 性格: 朝鮮朝 對外政策史 研究試論」.『溪村閔丙河敎授停年紀念 史學論叢』. 논총간행위원회.

손종성. 1990.「壬辰倭亂時 對明外交: 請兵外交를 중심으로」.『國史館論叢』14. 국사편찬위원회.

신석호. 1959.「조선왕조 개국 당시의 대명관계」.『국사상의 제문제』1. 국사편찬위원회.

이영춘. 1998.『朝鮮後期 王位繼承研究』. 서울: 집문당.

이완범. 2002.「임진왜란의 국제정치학: 일본의 조선분할 요구와 명의 對조선 종주권 확보의 대립」.『정신문화연구』89. 한국정신문화연구원.

이 욱. 2009.『조선시대 재난과 국가의례』. 파주: 창비.

이태진. 1985.『韓國社會史研究: 農業技術 발달과 社會變動』. 서울: 지식산업사.

정다함. 2011.「'事大'와 '交隣'과 '小中華'라는 틀의 초시간적인 그리고 초공간적인 맥락」. 『韓國史學報』 42. 고려사학회.

정두희. 1977.「朝鮮初期 三功臣 硏究」.『歷史學報』 75·76. 역사학회.

최영희. 1964.「壬辰倭亂 中의 對明事大에 대하여」.『史學硏究』 18. 한국사학회.

하우봉. 2011.「동아시아 국제전쟁으로서의 임진전쟁」.『한일관계사연구』 39. 한일관계사학회.

한명기. 2002.「17·8세기 韓中關係와 仁祖反正: 朝鮮後期의 '仁祖反正 辨誣'문제」.『韓國史學報』 13. 고려사학회.

______. 1999.『임진왜란과 한중관계』. 고양: 역사비평사.

한형주 외. 2009.『조선의 국가제사』. 한국학중앙연구원.

한형주. 2002.『朝鮮初期 國家祭禮 硏究』. 서울: 일조각.

홍성덕. 1995.「丁酉倭亂 以後 明日停戰協商과 朝明關係」.『全北史學』 18. 전북대학교사학회.

『晩雲先生文集』 부록 4右. 1999.『韓國歷代文集叢書』 456. 서울: 경인문화사.

Larsen, Kirk W. 2008. *Tradition, Treaties and Trade: Qing Imperialism and Chosŏn Korea, 1850–1910.* Cambridge: Harvard University Press.

Seung B. Kye. 2010. "Huddling under the Imperial Umbrella: A Korean Approach to Ming China in the Early 1500s." *Journal of Korean Studies.* Vol. 15. No. 1. Seattle: Society for Korean Studies.

Swope, Kenneth. B. 2009. *A Dragon's Head and a Serpent's Tail: Ming China and the First Great East Asian War, 1592–1598.* Norman: University of Oklahoma Press.

4장

대동아공영권 이념에 대한 비판적 고찰: 다케우치 요시미(竹内好), 마루야마 마사오(丸山眞男)의 비판을 중심으로*

김영수

1. 서론

이 글의 목적은 일본이 태평양전쟁 때 표방한 대동아공영권의 이념을 검토하면서, 이에 대한 다케우치 요시미(竹内好)와 마루야마 마사오(丸山眞男)의 비판을 살펴보려는 것이다.

대동아공영권은 태평양전쟁 시기 일본이 표방한 동아시아 지역공동체이자 일본의 아시아 지역패권체제로서, 이념적으로 19세기 말 20

---

* 이 논문은 『사회과학논총』 제17집(숭실대학교 사회과학연구소, 2015. 2)에 게재된 논문을 일부 수정한 것임.

세기 초 일본의 아시아 침략주의를 정당화하는 지역주의 이념이었다. 피터 두스(Peter Doos)가 "공허한 레토릭과 제스처"[1]로 평가한 바처럼, 그 이념은 오늘날의 관점에서 볼 때 매우 진부한 것이다. 하지만 오늘날 과거 역사에 대한 반성을 거부하는 일본 우파의 역사관에 맞닿아 있기 때문에, 전후 60여년이 지난 지금도 살아있는 이념이라고 할 수 있다.

이 때문에 일찍이 다케우치 요시미는 대동아공영권 이념의 한 축인 "근대의 초극은 사건으로서는 과거의 일이다. 그러나 사상으로서 그것은 과거의 것이 아니다"[2]라고 말한 적 있다. 실제로 1960년대 고도성장기 때 이미 대동아전쟁 불가피론과 긍정론이 부활하기 시작했다. 그런 정신 사조 위에서 잘못된 역사인식에 기초한 발언들이 나타났다. 예컨대 이시하라 신타로(石原愼太郎, 전 동경도지사)는 과거 일본의 아시아 침략에 대해 "침략이 아니다. 침략이라고 규정하는 것은 자학일 뿐이다. 역사에 무지한 것이다"라고 주장한 바 있다. 아시아·태평양전쟁은 불가피한 자위(自衛)전쟁이자 아시아 해방전쟁이며, 식민지배도 오히려 시혜였다고 보는 것이다.

전후 일본정치의 주류를 이루어 온 정치세력은 이런 역사관에 기초해 있다. 이 때문에 반제국주의와 아시아의 해방을 고창하고 일본

---

1 안상은, 「이데올로기로서의 대동아공영권」(서울대학교 외교학과 석사논문, 2006), 10.

2 竹内好, 서광덕·백지운 편역, 『다케우치 요시미 평론선: 일본과 아시아』(서울: 소명출판사, 2004), 67.

의 세계사적 사명을 자임했던 대동아공영권의 이념 자체는 오늘날 재고의 가치가 없다 해도,[3] 그 이념의 의미와 근원을 검토하는 것은 필요한 것으로 생각된다. 특히 다케우치 요시미는 사상적 측면에서 메이지유신 이래 일본이 경험했던 모든 아포리아가 대동아공영권의 이념에 응축되어 있다고 생각했다.

> 「근대의 초극」은 이른바 일본 근대의 아포리아(難關)의 응결이다. 복고와 유신, 존왕과 양이, 쇄국과 개국, 국수와 문명개화, 동양과 서양이라는 전통적 기본축 위에 놓여있던 대항관계가 총력전의 단계에서 영구전쟁의 이념적 해석을 강요하는 사상 과제를 목전에 두고 일거에 문제로 폭발한 것이다.[4]

2. 대동아공영권의 대외 이념 비판: 반제국주의와 아시아 해방론 비판

대동아공영권은 현실적으로 일본의 전쟁 물자 조달을 위한 경제

---

3 마루야마 마사오는 1945년 종전 후 일본 초국가주의 또는 극단국가주의의 실체에 대한 규명이 부진한 점에 대해, 그것을 "진지하게 다룰만한 가치가 없는 것처럼 생각되기 때문"이라고 지적했다(丸山眞男, 김석근 역, 『현대정치의 사상과 행동』(파주: 한길사, 1997), 45.

4 竹內好, 『다케우치 요시미 평론선: 일본과 아시아』, 136.

블록으로 구상된 것으로, 그 최종 목적은 서구를 대신하여 일본 주도의 동아시아 국제질서를 창출하려는 것이었다.[5] 하지만 일본은 반제국주의와 아시아 해방론을 대동아공영권의 정치적 이상이자 태평양전쟁의 목표로 표방했다. 이런 점에서 대동아공영권의 정치슬로건은 일견 시대정신에 부응하는 것이었다. 반제국주의는 20세기 피압박 민족의 최대 화두였기 때문이다.

대동아공영권의 이념은 19세기 중엽 서구 제국주의에 대항하기 위한 아시아연대론에서 시작되었다. 역설적이지만 일본 근대도 반제국주의 운동으로부터 시작되었다. 메이지유신의 가장 중요한 동기는 존왕양이, 즉 제국주의에 대항하여 일본의 독립을 지키려는 것이었다. 하지만 일본이 근대화에 성공하여 제국주의 국가로 성장하면서, 아시아연대론은 일본의 아시아 침략을 정당화하는 이론으로 변모하였다. 이는 크게 4단계를 거쳐 대동아공영권 이념으로 발전하였다.

첫째, 일본의 아시아연대론은 1870년대 후반부터 1880년대 전반까지 자유민권파에 의해 주장되었다. 우에키 에모리(植木枝盛)는 아시아민족이 평등한 입장에서 연대하여 구미열강에 대항할 것을 주장했다.[6] 메이지 시대의 대표적 계몽사상가인 후쿠자와 유키치(福澤諭吉)도 한중일 삼국이 단결하면 서구의 위협에 대처할 수 있을 것으로 기대했다. 그가 김옥균 등 한국 개화파의 후원자였던 것은 잘 알려져 있

---

5 Beasley, 장인성 역. 『일본근현대정치사』(서울: 을유문화사, 2000), 225.

6 박한규, 「아시아주의를 통해 본 戰前 일본의 동아시아 정체성」, 『일본연구논총』 20권(현대일본학회, 2004), 11.

다. 김옥균도 동양 3국이 단결하자는 삼화주의(三和主義)를 주창했다. 그는 후쿠자와는 물론 현양사(玄洋社) 계열의 일본 아시아주의자 도야마 미츠루(頭山滿), 오오이 겐타로(大井憲太郎)와 깊은 교분을 나눴다.[7] 미야자키 도텐(宮崎滔天)은 중국 혁명에 헌신하여 손문을 적극 지원했으며, 김옥균이 암살되자 그 유발(遺髮)과 의복 일부를 일본에 가져와 정중한 장례식을 치르기도 했다.

하지만 갑신정변이 실패하자 후쿠자와는 아시아연대론을 포기했다. 조선과 중국이 일본에 도움이 되기보다 오히려 짐이 된다고 보았기 때문이다. 갑신정변 직후 그는 이미 청일전쟁을 심각하게 고려하고 있었다.

> 중국과의 전쟁에서 패배하면 우리 일본은 지금부터 오랫동안 지나에게 능욕을 당할 뿐만이 아니라, 세계 각국에 의해서 경모(輕侮)와 침릉(侵凌)을 받고 도저히 국가의 독립을 유지할 수 없게 된다. 중국에게 이기면 우리 일본의 국위를 금세 동양에 날리고, 멀리 구미열강의 경의를 받고, 치외법권의 철거는 물론 모든 일에 동등한 문명부강국으로서 오랫동안 동방의 맹주로서 존경받게 될 것이다. 즉 일본국의 존망과 흥폐를 가르는 전쟁이다.[8]

---

7 김옥균은 오늘날 개화파 민족주의자로 알려져 있다. 하지만 암살된 직후에는 일본인과 친일파들에게 아시아연대론자로 추앙받았고, 일제 말기에는 일본의 대아시아주의의 선구자로서 선전되었다(이상우, 「식민지시대 김옥균의 문화적 재현과 그 의미」, 『한민족어문학』 58집(한민족어문학회, 2011), 332-333.

8 「戰爭となれば必勝の算あり」, 『福澤諭吉全集』 第10卷, 161.

그의 유명한 '탈아입구론(脫亞入歐論)'은 이런 정세인식 속에서 개진되었다. 중국과 조선에 더 이상 희망이 없다면, 일본의 팽창을 위해 두 나라를 희생양으로 삼겠다는 것이다. 그것은 이후 일본제국의 국시로 확립되어, 아시아 침략의 기본방침이 되었다.

하지만 황성신문은 한중일 삼국 연대에 대한 기대를 접지 않고 1905년까지 아시아연대론 혹은 동양주의를 신뢰했다. 그 근거는 삼국이 같은 지역(同住)에 살고, 문화(同文)가 같고 인종(同種)이 같다는 것이다. 이 때문에 러일전쟁 때 일본의 승리를 기원하고, 승리한 일본을 동양의 수호자로 인정하기도 했다. 그러나 을사보호조약이 체결되자 비로소 냉엄한 현실을 깨닫고 '시일야방성대곡'을 게재하여 일본을 규탄했다. 특히 "이토 히로부미(伊藤博文) 통감의 원래 생각은 다 어디로 갔는가"라며 그의 '배신'을 질책했다.[9] 안중근도 "나의 이 거사는 동양평화를 위하여 결행한 것"이라고 주장하고, 이토의 죄상 15개 중 14번째로 '동양평화를 깨뜨린 죄'를 들었다.

손문도 본래 적극적 아시아연대론자였다.[10] 1913년 그는 "동아의

---

9 Andre Shumid, 정여울 역, 『제국, 그 사이의 한국』(서울: 휴머니스트, 2009), 233–250. 이에 대해 대한매일신보는 동양주의가 "현실을 마치 외계인의 침입에 대비해 전 인류가 단결해야 하는 때로 착각하게 만든다."고 조소했다. 나라가 망하자 동양주의가 실체 없는 허구였음이 여실히 드러났다(Shumid, 『제국, 그 사이의 한국』, 251).

10 「〈在日本東亞同文會歡迎會的演說(1913. 2. 15)」, 『孫中山全集』 第3卷, 14(배경한, 「손문의 '대아시아주의'와 한국」, 『부산사학』 제30집(부산경남사학회, 1996), 155에서 재인용). 하지만 손문은 한국이나 아시아 여러 나라에는 큰 관심을 두지 않았다. 그는 한국을 중국이 상실한 영토의 일부로 이해했다. 또한 중국

평화를 유지하는 일은 실로 중일 양국의 의무"라고 주장했지만, 일본의 침략이 확대되면서 일본에 비판적으로 변했다. 하지만 1924년 일본 고베고등여자학교(神戶高等女子學校)에서 그는 여전히 일본에 대한 기대를 표명했다.

> 우리가 말하는 '대아시아주의'란 곧 문화의 문제로, 이 인의 도덕을 중심으로 하는 아시아문명의 부흥을 꾀하여, 이 문명의 힘을 가지고 패도(覇道)를 중심으로 하는 그들의 문화에 저항하는 것이다. … 당신들 일본 민족은 서구의 패도문화를 받아들이고 있으면서 동시에 아시아의 왕도(王道)문화의 본질도 갖고 있다. 일본이 앞으로 세계문화의 전도에 있어서 과연 서양 패도의 앞잡이가 될 것인가, 아니면 동양 왕도의 간성(干城)이 될 것인가? 당신들 일본국민이 잘 생각해서 신중하게 선택하는 데 달려있다.[11]

둘째, 일본이 청일전쟁과 러일전쟁에 승리하여 제국주의 국가로 부상하면서 아시아연대론은 일본제국의 아시아침략을 옹호하는 이

이 다시 강대해지면 한국과 베트남이 중국에 통합되기를 원할 것이라고 보았다. 이에 대해 배경한, 「손문의 '대아시아주의'와 한국」, 146-147 참고.

11 對神戶商業會議所等團體的演說(1924. 11. 28)」, 『孫中山全集』 第11卷, 401-409(배경한, 「손문의 '대아시아주의'와 한국」, 153-154에서 재인용). 일본에 대한 손문의 기대감은 물론 당시의 절박한 상황에서 나온 것이다. 당시 북벌이 지지부진한 가운데 그의 건강은 악화되었고, 일본은 돤치루이(段祺瑞) 정부를 지지하고 있었다. 손문은 일본의 지원이 절실한 상황이었다.

데올로기로 변질되었다. 일본은 일단 탈아입구의 국책이 결정된 뒤 1945년까지 침략을 멈추지 않았지만, 대외적으로는 아시아의 선린우호나 동양평화의 대의를 주장했다. 1910년 한일강제병합의 목적도 "상호 행복을 증진하고 동양평화를 영구히 확보"하기 위한 것이라고 주장했다.[12] 1932년 수립된 만주국의 이상은 오족협화(五族協和)였다. 일본인, 중국인, 조선인, 만주인, 몽골인이 왕도낙토(王道樂土)에서 사이좋게 살아가자는 것이다. 일본과 만주국 간 협정도 "선린 관계를 영원히 공고히 하고, 서로 그 영토권을 존중하고, 동양평화를 확보"하기 위한 것이라고 선전되었다.[13]

셋째, 일본의 세 번째 단계의 아시아 연대론은 '동아신질서'와 '대동아신질서'론이었다. 이 상황이 시작된 것은 1937년 중일전쟁부터였다. 전쟁 초에 일본은 중국을 압도했지만, 일본은 점차 수렁에 빠졌다. 1937년 12월, 난징(南京)을 점령한 일본은 중국이 곧 항복할 것으로 생각했다. 하지만 국민당 정부는 수도를 내륙 깊숙이 충칭(重慶)으로 옮기고 양자강변 한커우(漢口)로 정부기관을 이전했다. 결사항전의 표시였다.

1938년 10월, 일본은 한커우도 점령했다. 일본은 가까스로 승리

---

12 韓國併合ニ關スル條約(明治43年條約第4号) 日本國皇帝陛下及韓國皇帝陛下ハ兩國間ノ特殊ニシテ親密ナル關係ヲ顧ヒ相互ノ幸福ヲ增進シ東洋ノ平和ヲ永久ニ確保セムコトヲ欲シ此ノ目的ヲ達セムカ爲ニハ韓國ヲ日本帝國ニ併合スルニ如カサルコトヲ確信シ茲ニ兩國間ニ併合條約ヲ締結スル (『日本外交年表竝主要文書』 上卷 1965, 340).

13 『日本外交年表竝主要文書』下卷 1966, 215.

했고, 중국이 막다른 곤경에 처했다고 생각했다. 그해 11월 3일, 고노에 후미마로(近衛文磨) 수상은 '동아신질서' 구상을 발표했다. 그는 국민당 정부가 끝장났음을 선언하고 마지막까지 저항하면 궤멸시키겠다고 위협했다.

> 이제 폐하의 위엄에 의해 제국의 육해군은 능히 광둥(廣東), 우한(武漢) 3진을 공략하여 지나의 중요지역을 마무리했다. 국민당 정부는 이미 일개 지방정권에 지나지 않는다. 하지만 이 정부가 항일용공을 고집하는 한 궤멸될 때까지 제국은 결코 창을 거두지 않을 것이다.[14]

하지만, 고노에는 다시 태도를 바꾸어 일본이 진심으로 바라는 것은 중국이 일본과 함께 동아신질서 건설의 임무를 분담하는 것이라고 회유하고 있다.

> 제국이 바라는 바는 동아 영원의 안정을 확보하기 위한 신질서 건설에 있다. 이번 정벌전쟁의 궁극적 목적 또한 여기에 있다. 이 신질서의 건설은 일본·만주·지나 3국이 서로 제휴하여 정치, 경제, 문화 등 각 분야에 걸쳐 서로 돕는 연환(連環)의 관계를 수립하고 이를 근간으로 동아에 있어서 국제정의의 확립, 공동방공(

---

14 東亞新秩序(출처: Wikipedia. ja.wikipedia.org/wiki).

共同防共)의 달성, 신문화의 창조, 경제결합의 실현을 기함에 있다. 이는 실로 동아를 안정시키고 세계에 진운에 기여하는 까닭이다. 제국이 지나에 바라는 바는 이 동아신질서 건설의 임무를 분담하려고 하는 것에 있다. 제국은 지나 국민이 능히 우리 진의를 이해하여 제국의 협력에 응하기를 기대한다. 본래 국민당 정부나 누구라도 종래의 지도정책을 버리고, 그 인적 구성을 개체하여 경정(更正)의 실효를 거두어, 신질서 건설에 참여하는 것은 감히 이를 거부할 수 있는 것이 아니다.[15]

'동아신질서'의 구상은 바로 아시아연대론에서 비롯된 것이다. 청일전쟁 후 아시아연대론은 실질적으로 붕괴했기 때문에, 중국의 입장에서 고노에의 제안은 기만적인 것이다. 하지만 "동아에 있어서 국제정의의 확립"이라는 말에서 알 수 있듯이, 역설적이지만 일본도 당시의 국제질서가 부정의하다고 생각했다. 1918년 제1차 세계대전이 끝날 무렵 27세의 청년 고노에는 다음과 같이 말했다.

영·미의 평화주의는 현상을 유지하기 위한 주의 주장이며, 하등 정의 인도와 무관한 것이다. 일본의 논자들이 그들의 선전에 빠져 평화가 곧 인도라고 생각한다. 국제적 지위를 감안할 때 일본은 독일과 같은 입장이며, 현상 타파를 제창해야 한다. 그런 일

15 東亞新秩序(출처: Wikipedia. ja.wikipedia.org/wiki).

본이 영·미 본위의 평화주의에 빠져 국제연맹을 하늘의 복음과도 같이 찬양하는 태도는 실로 비굴한 것이다. 정의 인도적 견지에서 배척해야 할 것이다. … 다가올 강화회의에서 국제연맹에 가입함에 즈음하여 적어도 일본이 주장하지 않으면 안 될 선결문제는 경제적 제국주의의 배척과 황인·백인의 무차별적 대우이다.[16]

이는 1918년 1월 발표된 윌슨의 민족자결주의에 대한 비판이라고 볼 수 있다. 일본은 제국주의면서도 박탈감을 느꼈다. 스스로를 '없는 나라'(持たざる國)로 인식했고,[17] 마땅한 위치(その所)가 주어지지 않았다고 생각했다. 피식민지국가들과 동일한 피해의식이다.

그렇다고 일본이 피식민지국가들의 진정한 이해에 관심을 기울인 것은 아니었으며, 오히려 그 반대였다. 이 때문에 고노에의 구상은 당연히 성공하지 못했다. 하지만 일본은 중국의 완강한 저항에 분노하여, 국민당과 공산당을 모두 편협한 민족주의자이자 서구의 주구로 비판하고 있다. 대아시아주의자인 히라노 요시타로(平野義太郎, 1945)는 동아신질서라는 일본의 고매한 이상을 중국이 도대체 이해하지 못한다고 주장했다.

---

16 「英米本位の平和主義を排す」, 『日本及日本人』(1918. 12. 15)에 게재. 뒤에 近衛文麿, 『清談錄』(東京: 千倉書房, 1936), 231-241 所收. 야베 테이지(矢部貞治, 1986)에 따르면, 뒤에 고노에의 언행이 여러 가지로 변하고 있음에도 불구하고, 그의 생애를 일관한 기본사상이 여기에 나타나 있다. 그가 만주사변에 동조하고, 삼국동맹의 길을 걸은 것도 그 때문이다.

17 前原光雄ほか, 『大東亞共榮圈の民族』(東京: 六盟館, 1942), 17.

> 세계의 블록화 경향과 광역권의 생성, 나아가 동양적 도의인 예를 근본으로 삼는 화(和)의 원리에 기반한 공영권 사상에 반대하는 충칭(重慶) 정권은 그 실상을 보면 이해관계에 따라 이합집산하기 바쁜 국제 집단인 국제연맹의 낡은 틀을 좇고 있다. … 아시아 동포의 민족화합운동을 분열시키려는 옌안(延安) 정부 역시 필경 러시아의 주구가 되고 말 것임은 충칭이 영미에 쩔쩔매는 것과 마찬가지로 명약관화하다.[18]

일본은 1940년 왕자오밍(王兆銘) 정권을 세워 동아신질서를 위한 일본과 중국의 연대를 과시했지만, 이는 만주정권과 같은 것이다.

넷째, 일본의 네 번째 아시아연대론은 대동아공영권으로, 영국, 미국과 전면 대결하여 아시아 전역으로 침략을 확대하는 과정에서 제시된 것이다. 1938년 일본이 아시아 '신질서'라는 개념을 공식 선언한 이후 2년여에 걸쳐 세계사에 큰 변동이 발생했다. 1939년 9월 2차 세계대전 발발 이후 영국, 프랑스, 네덜란드령 동남아 식민지에 세력 공백이 발생했다. 일본은 절호의 기회로 생각하여, 미국의 중국 지원 루트를 봉쇄하고 남방 자원을 획득하기 위해 무력남진정책을 결정했다.

1940년 7월 고노에 내각은 「기본국책요강」을 발표했다. 일본은

18 竹內好, 『다케우치 요시미 평론선: 일본과 아시아』, 241.

'동아신질서'에서 '대동아신질서' 건설로 영역을 확대하며, 서구 제국주의로부터 아시아의 해방을 요구했다. 이제 일본의 야심은 아시아 전체로 확대되었다. 그 이데올로기가 대동아공영권 이념이었다.

1940년 9월, 일본은 독일, 이탈리아와 3국동맹을 체결했다. 조약 내용은 "일본은 독일과 이탈리아가 유럽에 신질서를 건설하는 것을 확인하고, 독일과 이탈리아는 일본이 아시아에 신질서를 건설하는 것을 확인한다"는 것으로, 유럽과 아시아에서 각자가 새로 획득한 이권에 대해 배타적 권리를 인정한다는 협약이다.

1941년 8월, 미국과 영국은 대서양헌장을 통해 식민주의의 포기와 피식민지국가의 독립을 약속했다.[19] 이는 연합국 공동의 전쟁목적으로 제시되었을 뿐 아니라 전후 처리의 기본틀로서, 아시아 해방이라는 일본의 대의명분에 대한 심각한 위협이었다.

이와 함께 대서양헌장은 제4항에서 "모든 국가가 동등한 조건으로 무역 및 경제번영에 필요한 세계 원자재에 접근할 수 있는 권리를 향유할 수 있게 노력한다"고 약속하고, 무력 사용의 포기와 군비 증강의 중단을 요구했다. 일본의 무력적 남진정책이 불필요하다는 것이

---

19 이와 관련된 대서양헌장의 내용은 1, 2, 3항으로 다음과 같다: 첫째, 양국은 영토 또는 그 외 어떤 확장도 추구하지 않는다. 둘째, 양국은 관련 국민들의 자유로의 표현된 의사와 부합하지 않는 어떠한 영토변경도 없기를 바란다. 셋째, 양국은 모든 국민들이 그들을 통치할 정부의 형태를 선택할 권리를 존중하며, 또 주권과 자치권을 강제적으로 박탈당한 국민들에게 주권과 자치권이 회복되기를 바란다. 원문은 Yale Law School, Lillian Goldman Law Library. Atlantic Charter. http://avalon.law.yale.edu.

다. 하지만 일본은 11월, “대동아의 신질서를 건설하기 위해 미국, 영국, 네덜란드와의 전쟁을 결의”했다.[20]

아울러 일본은 대서양선언에 대항할만한 새로운 전쟁목적을 제시해야 했다. 1943년 8월 외무성 안에 전쟁목적연구회가 설치되어 전쟁목적을 재검토하는 작업에 착수한 것은 이 때문이었다. 그러나 일본은 대서양헌장을 넘어서는 전쟁목적을 제시할 수 없었던 것으로 보인다. 일본 점령지역의 현실이 아시아 해방이라는 당초 명분과 너무 괴리되어 있었기 때문일 것이다.

일본군은 점령지역에서 군정을 실시했다. 영토적 야심이 없다고 했지만, 약속과 달리 일본은 1943년 5월 “말레이, 수마트라, 자바, 보루네오, 세레베스는 제국영토로 결정하여 중요자원의 공급지로서 극력 이를 개발하고 민심 파악에 노력”할 것을 결정했다. 오늘날의 말레이시아, 인도네시아, 싱가포르로서, 이 결정은 비밀에 붙여졌다.[21] 버마와 필리핀은 독립을 얻었지만 마지못한 결정이었고, 형식상의 독립일뿐 실질적으로는 군정이 유지되었다.

---

20 帝國は現下の危局を打開して自存自衛を完了し大東亞の新秩序を建設する爲比の際對米英蘭戰爭を決意し左記處置を採る(「帝國國策遂行要領」 昭和十六年十一月五日御前會議決定)(출처: Wikipedia-帝国国策遂行要領. ja.wikipedia.org/wiki).

21 六. 其他ノ占領地域ニ對スル方策ヲ左ノ通定ム. 但シ(ロ)(ニ)以外ハ当分發表セス.(イ)「マライ」,「スマトラ」,「ジャワ」,「ボルネオ」,「セレベス」 ハ帝國領土ト決定シ重要資源ノ供給源トシテ極力之ガ開發並ニ民心ノ把握ニ努ム. (「大東亞政略指導大綱」, 1943. 5. 31. 御前會議決定)(출처: Wikisource-大東亜政略指導大綱. ja.wikisource.org/wiki).

군정의 1차적 과제는 '치안의 회복'이었는데, 우선 중국 국민당 정부를 재정적으로 지탱해 온 동남아 화교들이 큰 피해를 입었다. 1945년 싱가포르 함락 직후 5천 명의 화교가 처형되었다.[22] 군정의 또 다른 주요목표는 석유 등 국방자원의 확보에 있었다.[23] 전쟁으로 인해 지역경제가 피폐해진 결과 1944–45년 사이에 베트남 북부에서만 100–200만 명이 아사했다. 전쟁과 점령 기간 중 아시아 지역의 인명 피해는 중국인 1,000만, 조선인 20만, 필리핀 111만, 타이완 3만, 말레이시아·싱가포르 10만, 기타 베트남, 인도네시아 등을 합해 총 1,900만 명 이상이다.[24]

아시아 민족의 반일운동이 거세지자, 이에 대처하기 위해 일본은

---

22 吉田裕, 최해주 역, 『아시아·태평양전쟁』(서울: 어문학사, 2012), 135–136.

23 「南方占領地行政實施要領」(1941. 11. 20. 大本營政府連絡會議決定), 國立公文書館 アジア歴史資料センター http://www.jacar.go.jp; 「南方経濟對策要綱」(1941年 12月 16日, 閣議報告) 國立國會図書館 リサーチ·ナビ. http://rnavi.ndl.go.jp 물자 확보를 위해 전쟁을 하는 것은 본말이 전도된 것이다. 하지만 전쟁 물자에 집착한 데는 이유가 있었다: "세계의 현상은 실력횡행의 시대이고, 국가는 자력에 의해서만 그 생존과 발전이 확보된다. … 국가가 장래 전쟁상태에 돌입하는 것을 예정하지 않고 국책을 세우는 것은 곤란하다. 이러한 국제질서의 현실을 전제로 한다면, 물자의 혜택을 받지 못한 나라가 한번 교전국이 되면 필수물자의 부족 때문에 국가적 생존에 큰 위협을 받게 되는 것을 피할 수 없다. … 이 때문에 각국은 당연히 평시든 전시든 자국의 존립에 필요한 물자확보의 수단을 강구할 필요가 있다."(前原光雄ほか, 『大東亞共榮圈の民族』(東京: 六盟館, 1942), 4–5). 국제질서의 불안정, 총력전의 등장에 따른 불안감에 사로잡혔던 것이다.

24 吉田裕, 『아시아·태평양전쟁』, 242.

대동아 정치공동체를 출범시켰다. 1943년 11월 동경에서 일본, 중국, 만주국, 타이, 필리핀, 미얀마, 자유인도 임시정부의 정상이 참석한 '대동아회의'가 개최되었다. 한국 대표는 없었고, 아시아의 대표적 민족주의자들도 배제되었다. 이때 채택된 '대동아공동선언'은 대동아공영권의 이념이 잘 드러나 있다. 하지만 이 선언에는 '대동아공영권'이라는 단어가 빠져있다. 어떤 수사학을 동원해도 현실과의 괴리를 감출 수 없었던 것이다.

> 대저 세계 각국이 각각 마땅한 위치를 얻어 서로 의지하고 서로 도움으로써 만방공영의 즐거움을 함께 함은 세계평화 확립의 근본 요의이다. 그런데 미국과 영국은 자국의 번영을 위해서는 타 국가, 타 민족을 억압하고, 특히 대동아에 대해 만족할 줄 모르는 침략과 착취를 행하여 대동아 예속화의 야망을 드러내어, 마침내 대동아의 안정을 근저부터 뒤엎고자 하였다. 대동아전쟁의 원인이 여기에 있다. 대동아 각국은 서로 제휴하여 대동아전쟁을 완수하여 대동아를 미국, 영국의 질곡에서 해방하여 그 자존과 자위를 온전히 하고, 아래와 같은 강령에 기초하여 대동아를 건설함으로써 세계평화의 확립에 기여하고자 한다. 1. 대동아 각국은 협동하여 대동아의 안정을 확보하고, 도의에 기초하여 공존공영의 질서를 건설한다. 1. 대동아 각국은 상호 자주독립을 존중하고 호조돈목(互助敦睦)의 실효를 거두어 대동아 친화를 확립한다. 1. 대동아 각국은 상호 그 전통을 존중하고, 각 민속의 창조성을 창날하여 대동아 문화를 앙양한다. 1. 대동아 각국은 호혜 아래 긴밀히

제휴하여 그 경제발전을 꾀하고 대동아 번영을 증진한다. 1. 대동아 각국은 만방과의 교의(交誼)를 두터이 하고 인종적 차별을 철폐하여 널리 문화를 교류하고, 나아가 자원을 개방함으로써 세계의 진운에 공헌한다.[25]

이 선언은 대서양헌장에 대한 반박으로 읽힌다.[26] 하지만 대서양헌장 8개 조항이 모두 구체적이고 혁신적이며 새로운 제안인데 반해, 대동아선언은 극히 추상적이고 형식적이다. 5개 조항 중 구체적인 사항은 자주독립 존중과 자원 개방뿐이다. 이 또한 새롭거나 혁신적이라기보다 진부하고 기만적이다.[27]

대동아공영권의 대외 이념은 이 시기에 이미 내적으로 붕괴되어 있었다. 1944년 2월 5일자 「대동아전쟁 목적 천명에 관한 건」이라는 일본 해군성 조사과 자료는 다음과 같이 기록하고 있다.

실제의 결과에서도 한갓 우리 국민만 희생이 되어 동아의 여러 민족의 단물을 빠는 것 같은 시책에 빠진 결과를 보고, 국민

25 『日本外交年表竝主要文書』 下卷 1966, 593-594.

26 외무성 내 「전쟁목적연구회」는 주로 대서양헌장을 참고하면서 2개월간 문안을 작성했다. 이와 별도로 대동아성은 오카와 슈메이(大川周明)와 야베 테이지(矢部貞治)에게 초안을 작성케 하여, 미국과 영국 지배의 타파를 주장하는 내용을 전문에 추가했다.

27 회의 개최 2주전에 일본 외의 다른 나라의 의견을 청취했으나 수정 의견을 모두 거절하여 단 한 글자도 반영되지 않았다.

> 일반은 '무엇을 위한 전쟁인가'에 의문을 가진다. 그런 전쟁이라면 적당히 해서 그 자리를 넘기라고 하는 태도를 갖도록 한다. … 본래 어느 나라에서 자국의 존망을 걸고 다른 나라, 다른 민족을 위해 싸울 국민이 있을까.[28]

일본이 스스로가 태평양전쟁을 아시아 해방 전쟁으로 보지 않았던 것은 일본 정부가 이 전쟁을 백인종 대 유색인종 간 대립으로 보이지 않도록 언론 검열을 실시했다는 사실에서도 알 수 있다. 그 이유는 "적의 모략 선전의 중점은 무엇보다 우리나라와 맹방과의 이간 및 일·소 개전 도발에 있다"고 보았기 때문이다. 일본 정부는 동맹국 독일과 이탈리아, 중립조약을 맺은 소련을 배려해야 했기 때문에 인종 간 해방전쟁의 논리를 공공연히 말할 수 없었다. 이처럼 대동아공영권의 해방의 이념이란 파워 폴리틱스(power politics)의 상황논리에 종속된 변수에 지나지 않았던 것이다.[29]

하지만 당시의 시대 상황에서는 대동아공영권의 이념이 지닌 허구성을 간파하기 어려웠던 듯하다. 가장 진보적 지식인으로 알려진 다케우치 요시미조차도 태평양전쟁 개전시에는 대동아공영권의 대의를 굳게 믿었다. 그는 태평양전쟁의 개전에 대해 다음과 같이 말했다.

> 역사가 만들어졌다. … 감동으로 고동치며 무지개처럼 흐르는

28 吉田裕, 『아시아·태평양전쟁』, 141-142.

29 吉田裕, 『아시아·태평양전쟁』, 41.

한 빛줄기의 행방을 지켜보았다. … 12월 8일, 선전(宣戰) 조칙이 내려진 날, 일본 국민의 결의는 하나로 타올랐다. … 동아에 새로운 질서를 베풀고 민족을 해방한다는 것의 진정한 의의는 뼈와 살에 스며들어, 바야흐로 우리의 결의다.[30]

또한 교토대학 교수로서 그 이념 구축을 주도한 대표적 지식인 니시타니 케이지(西谷啓治. 1942)는 다음과 같이 말했다.

대동아 건설이 우리나라에 있어서 식민지 획득과 같은 것을 의미해서는 안 되는 것은 물론이거니와, 또한 세계신질서의 수립이라는 것도 정의의 질서수립을 말하는 것이다.[31]

단순한 위장이 아니라 마음 속 깊이 믿는 이런 허위의식이 어떻게 가능했던 걸까? 마루야마 마사오는 그 원인이 위선보다 왜소함에서 비롯된다고 이해했다. 예컨대 히틀러는 폴란드 침공을 앞두고, "전쟁을 개시하고, 전쟁을 수행하는 데 정의 같은 것은 문제가 되지 않으며 요는 승리에 있는 것"이라고 공언했지만, 일본 군국주의자들은 "일본의 무력에 의한 다른 민족 억압은 언제나 황도의 선포이며, 다른 민족에 대한 자혜로운 행위"라고 말한다. 마루야마 마사오에 따르면, 이

30 竹內好, 윤여일 역, 「대동아전쟁과 우리의 결의(선언)」, 『다케우치 요시미선집(1): 고뇌하는 일본』(서울: 휴머니스트, 2011), 57-59.

31 안상은, 「이데올로기로서의 대동아공영권」, 24.

런 기만은 현실을 있는 그대로 말할 수 있는 '주체'로서의 용기가 없기 때문이다.[32]

태평양전쟁 개전 시 주일 미대사였던 그루(Joseph Grew, 1944)는 일본인의 자기기만과 리얼리즘의 결여에 대해 다음과 같이 말하고 있다.

> 어떤 일본인은 나에게 이렇게 말했다. "그렇습니다. … 만주의 자위(自衛)라든가 민족자결이라든가 하는 논의는 모두 거짓입니다. 그러나 일본은 만주를 필요로 합니다." 그러나 그와 같은 사람은 소수에 속할 뿐이다. 일본인의 대다수는 정말로 그들 자신을 속이는 데 놀랄만한 능력을 가지고 있다.[33]

그루에 따르면, "그렇다고 일본인이 반드시 불성실한 것은 아니다." 무엇인가 불리하면 일본인은 "자신에게 유리하게 그것을 해석하며, 그의 견해와 심리상태로 보면 그는 오로지 정직하게 그런 해석을 하고 있을 뿐"이다.[34]

---

32 丸山眞男, 『현대정치의 사상과 행동』, 139-140.

33 丸山眞男, 『현대정치의 사상과 행동』, 142.

34 마루야마 마사오에 의하면, 그 이유는 일본인은 스스로가 행위와 가치판단의 주체가 아니기 때문이다. 그것은 국가에 의해 독점되어 있다. 따라서 일본 국가는 그 자신 속에 절대적 가치를 체현하고 있다. 이 때문에, 국가의 어떤 행위도 정당화되는 것이다. 丸山眞男, 『현대정치의 사상과 행동』, 53-54 참고.

3. 대동아공영권의 대내 이념 비판: '근대의 초극'과 '세계사의 철학' 비판

대동아공영권 대내 이념은 서구주의에 반대하는 '근대의 초극'론과 일본주의를 표방하는 '세계사의 철학'론이었다. 이는 서구와의 전쟁이 단순한 전쟁이 아니라 정신적 전향을 필요로 하는 사상전이라는 생각에서 비롯되었다.

조선과 달리 일본은 별다른 저항 없이 서구를 받아들였다. 메이지 유신 초기에는 서구 사상과 유신의 주력 사이에 격렬한 사상적 충돌이 예상되었다. 그들은 존왕론자이자 일본주의자였기 때문이다. 하지만, 그 주역들은 곧 적극적인 서구 수용자로 바뀌었다. 그 결과 일본은 아시아에서 가장 먼저 서구를 '문명의 표준'으로 인정했다. '탈아입구 노선'을 정립한 사상가 후쿠자와는 스스로를 아시아와 다르다고 생각했고, 그 점을 자랑스러워했다.[35] 일본의 목표는 유럽이 되는 것으로 바뀌었고, 청일전쟁을 통해 탈아입구 노선이 옳았음을 역사적으로 입증했다.

하지만 태평양전쟁이 시작되면서 이 조류가 역전되었다. 이 시기에는 일본의 이념적·사회적 악들이 모두 메이지 시대 이래 급격히 유입된 서구문물의 탓으로 비판되었다. 예컨대 개인주의와 자유주의 같은 서구사상은 정신의 질병으로 공격받았다. 재즈 등 영미 음악 연주

35 "우리 일본의 국토는 아시아 동변(東邊)에 있지만 국민의 정신은 이미 아시아의 고루를 벗어 서양의 문명에 있다."(「脫亞論」, 『福澤諭吉全集』 10卷, 238).

가 금지되고 영어 간판이 철거되고, 영어 잡지명이이나 회사명도 개명하고 "문화와 사회에서 철저한 '일본화'가 실현되어 간 것이다. … 1944년 후반 경부터는 '귀축(鬼畜) 미영'이라는 슬로건이 신문에 등장한다."[36]

지식인들도 반서구주의를 표방하며 '자발적 정신적 동원'에 나섰다. 그 대표적인 예가 「근대의 초극」과 「세계사의 철학」이다.

> '근대의 초극'이라는 말은 전쟁 중 일본 지식인을 붙들고 늘어진 유행어 중의 하나였다. 아니 어쩌면 주문이었는지도 모르겠다. '근대의 초극'은 '대동아전쟁'과 한 배를 타고, 그것의 심벌로서의 역할을 했다. … '근대의 초극'은 지식인이 순수하게 자가소비용으로 만들어낸 언어라는 점에서 '쳐부수자'와 다르지만, 전쟁과 파시즘의 기억에 얽혀 붙어 복잡한 심경을 자아내고 있다는 점에서 그것과 동일하다.[37]

'근대의 초극'은 구체적으로 잡지 『문학계』(1942) 9·10월호에 실린 심포지엄을 의미한다. 넓은 의미에서 일본 지식인을 대표하고 있고,

---

36 吉田裕, 『아시아·태평양전쟁』, 194. 하지만 '정신적 동원'에는 한계가 있었다. 일본 대학의 과학기술 관련 졸업생은 1931–35년 전체 15%에서 1941–45년 23%로 높아졌다. "서양사상의 거부가 서양 과학까지 확대될 수 없었다."(Beasley, 『일본근현대정치사』, 239).

37 竹內好, 『다케우치 요시미 평론선: 일본과 아시아』, 65.

심포지엄의 사회자를 맡은 카와카미 테스타로(河上徹太郎)는 다음과 같이 말했다.

> 이 회의가 성공했는지 어땠는지 나로서는 잘 알 수 없다. 다만 이것이 개전 1년 사이의 지적 전율 속에서 만들어졌다는 사실만큼은 덮어둘 수 없는 사실이다. 확실히, 이제까지 우리의 지적 활동의 진정한 원동력으로서 작용해 온 일본인의 피와 그것을 지금까지 흉측하게 체계지어 온 서구의 지성이 서로 상극한다는 점에 대해 우리 지식인들은 개별적으로 명쾌한 결론을 내릴 수 없다. … 대동아전쟁이 개시되기 조금 전부터 새로운 일본정신의 질서에 대한 슬로건이 국민 대부분의 단성합창으로 구가되고 있었다. 이 단성합창의 그림자가 일체의 정신상의 노력과 힘을 짓누르려고 하고 있다. …「근대의 초극」이라는 하나의 표지등이 영롱한 빛을 내뿜으며 각자의 벽을 뚫고 들어와 모두의 눈에 비추어졌던 것, 그 때의 기쁨을 어찌 말로 형용할 수 있으랴.[38]

그는 또한 "그렇게 여러 각도로부터 살아오다가 12월 8일 이후, 돌연 우리의 감정이 하나의 덩어리로 뭉쳐져 나타난 것", "현재 우리가 싸워야 하는 전쟁은 대외적으로 영미 세력을 파멸시키는 것이지만, 내적으로는 근대문명을 야기시킨 그러한 정신의 질병을 근본적으

38 竹內好, 『다케우치 요시미 평론선: 일본과 아시아』, 81.

로 치료하는 것"이라고 말했다.[39] 12월 8일은 일본이 태평양전쟁 선전포고를 한 날이다.

카와카미 테스타로(1943)는 이듬해 『문학계』 1월호 권두에 「영광의 날」이란 글을 실었다.

> 마침내 영광의 시간이 왔다. 그뿐인가. 개전에 이르기까지 우리 제국이 보였던 당당한 태도가 이제야 조금씩 수긍이 간다. 이제까지 정부의 빈틈없는 처방과 수순, 특히 개전벽두를 알리는 찬란한 전과. 이 모두가 국민 일동의 마음을 후련하게 만들고 있다. 오늘은 일 억 국민이 다시 태어나는 날이다. … 이렇게 우리가 폐하의 어전에, 그것도 폐하를 지키는 강건한 방패로 부름 받았다. … 혼돈과 암담 속의 평화와 전쟁의 순수함, 이 중 어느 것이 더 탁하고 불결한가![40]

또 다른 필자인 아오노 스에키지(青野季吉)은 "영미를 향해 선전이 포고되었다. … 이 얼마나 거대한 구상이자 구도인가. 미국과 영국이 돌연 눈앞에서 작아진다. 우리처럼 절대 신뢰할 수 있는 황군을 가진 국민은 행복하다. 새삼스런 말이지만 일본은 위대한 국가이다"라고 말했다. 거의 모든 지식인들이 같은 감정에 휩싸였다. 잡지 『문예』의 편집부에 있던 다카스기 이치로(高杉一郎)은 "우리들은 하룻밤 사이에

---

39 竹內好, 『다케우치 요시미 평론선: 일본과 아시아』, 81, 86.

40 竹內好, 『다케우치 요시미 평론선: 일본과 아시아』, 90.

자기 마비에라도 걸린 것처럼 저항의식을 버리고 일종의 성전의식에 매달리고 있었다"고 한다.[41]

마루야마 마사오는 그 이유를 다음과 같이 말한다.

> 일본에는 예로부터 일종의 외래사상 콤플렉스가 있었고, 그에 대한 리액션으로 그러한 '외래' 사상에 대항하는 일본적 세계관이랄까, 혹은 토착적 사상을 탐구하려고 시도해왔다. 1930년대부터 갑작스럽게 일어나기 시작한 일본주의라든지 일본정신을 강조하는 경향도 역시 이런 것들의 하나의 변종이어서, 근대 일본에 영향을 끼쳐 온 구미사상을 배격하는 형태로 정치 뿐 아니라 문화, 예술의 영역에서도 다양하게 나타났다.[42]

---

41 여기에는 메이지유신 이래 일본 지식인들을 짓눌러온 정신적 열등감과 상처가 담겨있다: "일본은 근대로의 전환점에 있어서 유럽에 대해 결정적인 열등의식을 지녔다. (이것은 우수한 일본문화 때문이다). 그 뒤 맹렬하게 유럽을 뒤쫓기 시작했다. 자신이 유럽이 되는 것, 보다 나은 유럽이 되는 것이 탈각의 길이라고 여겼다. 결국 자신이 노예의 주인이 됨으로써 노예로부터 벗어나고자 했다. 모든 해방의 환상이 그 운동의 방향에서 생겨났다."(竹內好, 『다케우치 요시미 평론선: 일본과 아시아』, 49). 1876년 일본에 와서 의학을 가르친 독일인 의사 발츠(Erwin von Bälz)가 학생들에게 도쿠가와 시대를 묻자, 그들은 "도쿠가와 시대는 최악의 시대였습니다. 전부가 야만의 극치를 달린 시대였습니다. 우리들에게 과거는 없고, 오직 미래뿐입니다. 우리들의 역사는 모두 현시점에서 시작하는 것입니다."라고 대답했다 한다. 이에 대해 會田雄次, 이장호 역, 『일본인의 의식구조』(서울: 솔, 1999), 104 참조.

42 竹內好, 『다케우치 요시미 평론선: 일본과 아시아』, 113; 丸山眞男, 「政事の構造: 政治意識の執拗低音」, 『現代思想』 第22巻 第11号(東京: 青土社, 1994), 57.

「세계사의 철학」도 같은 맥락에 서있다. 한마디로 말하면 반서구주의와 일본주의이다. 「세계사의 철학」은 니시다 기타로(西田幾太郎)를 스승으로 하는 교토학파에 의해 진행되었다. 그들의 좌담회 결과는 『세계사적 입장과 일본』으로 출판되었다. 첫 번째 좌담회가 열린 것은 공교롭게도 선전포고 13일 전이었다.

> 대동아전쟁이 발발한 것은 그 교정이 채 끝나지도 않은 때였다. 우리들은 말로 표현하기 어려운 감개와 각오 속에서 우리들의 사색이 엄숙한 세계사적 현실에 의해 판가름되는 것을 지켜보고 있었다. 그러나 준엄한 국체의 정화는 고난에도 불구하고 나날이 선양하여, 바다로 육지로 황군의 위용은 전 세계 인류의 심금을 뒤흔들고 있었다.[43]

그들은 "세계 역사 속에서 일본의 사명이 무엇인가 하면 … 그것은 일본인이 일본인의 머리로 생각해야 한다는 겁니다. 나는 그렇기 때문에 지금 일본에서 세계사적 철학이 각별히 요구되고 있다고 생각합니다"라고 말하고 있다. 그 이유는 "세계 역사 속에서 일본이 현재 점하는 지위가 그렇게 만든 것"이다. 요컨대, 일본은 이제 서구를 배우고 따라가는 단계를 넘어서 세계사를 스스로 만들어가는 주체가 될 때라는 것이다. 일본 지식인들은 태평양전쟁은 그런 사명이 세계사

---

43 1차 좌담회 내용은 『중앙공론』 1942년 1월호에 게재되었다.

속에 출현한 것으로, 그것을 인식하는 것이 일본의 참다운 역사철학이었다고 생각했다.

천황폐하, 황군, 정신적 정화, 성전의식, 국체의 정화, 그리고 말로 표현하기 어려운 감개와 각오가 일본인들을 사로잡았고, 일본의 수많은 전쟁범죄는 '세계사의 사명'을 완수하기 위한 불가피하다는 인식이 널리 퍼졌다.[44] 현실은 어떠했을까? 난징대학살에 가담했던 한 일본군 병사는 "요즘 심심하던 중 중국인을 죽이는 것으로 무료함을 달랬다. 죄 없는 중국인들을 산 채로 매장하거나 장작불에 밀어 넣어 몽둥이로 때리거나 혹은 잔인한 방법으로 죽였다"라고 일기에 썼다.[45] 이런

---

44 악인이 반드시 악행을 괴로워하며 악을 행하는 것은 아니다. 솔제니친에 따르면, 인간은 악행에 앞서 먼저 그것을 선으로 받아들이고, 자기 행위의 합법성을 찾는다. 『맥베드』에서 이야고는 양심 때문에 괴로워한다. 그런 점에서 셰익스피어가 기술하고 있는 악들의 공상과 정신력은 열 사람도 죽일 수 없다. 왜냐하면 그들에게는 이데올로기가 없기 때문이다: "이데올로기! 그것은 사악한 일에 그럴듯한 정당성을 부여하고 악인에게 필요한 장기간에 걸친 강인성을 제공해 준다. 그리고 … 자신의 악행을 은폐하게 도와주고, 비난과 저주를 듣는 대신 칭찬과 존경을 듣도록 도와준다. 그래서 종교재판관은 그리스도교로, 침략자는 조국의 찬양으로, 식민주의자는 문화로, 나치스는 인종으로, 자코뱅파는 다가올 세대의 평등과 우의와 행복으로 무장했던 것이다. 바로 이 이데올로기 때문에 20세기는 수백 만 가지의 악행을 겪어야 했다."(Solzhenitsyn, 김학수 역, 『수용소군도(1)』(파주: 열린책들, 1988), 206.

45 안정애, 『중국사 다이제스트 100』(서울: 가람기획, 2012), 393. 일본군의 잔학행위가 주로 평범한 일반 사병에 의해 이루어진 이유는 무엇일까? 마루야마 마사오는 "국내에서는 비루한 인민이며 영내에서는 이등병이지만, 일단 바깥에 나가게 되면 황군으로서의 궁극적 가치와 이어짐으로써 무한한 우월적 지위에 서게 된다."고 기술하고 있다(丸山眞男, 『현대정치의 사상과 행동』, 62).

참극에도 불구하고, 일본 국민은 전쟁을 찬양하는 '단성합창'을 구가했고, 지식인은 '엄숙한 세계사적 현실'의 개막에 '지적 전율'을 느꼈다.

종전 십여 년 뒤 문학평론가 오다기리 히데오(小田切秀雄, 1958)는 「근대의 초극」와 「세계사의 철학」을 다음과 같이 비판했다.

> 태평양전쟁 통 속에서 진행된 토론, 「근대의 초극」은 군국주의 지배체제의 '총력전'의 유기적인 일부인 '사상전'의 일익을 담당했다. 그것은 근대적·민주주의적인 사상체계와 제반 생활상의 요구를 섬멸하기 위해 실행된 사상적 동반자였다.[46]

하지만 다케우치 요시미는 비판에 앞서 어떤 곤혹감을 느꼈다. 그는 태평양전쟁 때 지식인들의 태도에 대해 "지금 보면 꼭 자아비판

유태인 학살의 실무 책임자였던 아이히만은 회고록에서 자신이 단지 충실하고 근면한 친위대 대원이었을 뿐이었고, "영광스런 조국의 일원이 된다는 이상적인 감정에 고무받았을 뿐"이라고 말했다. 실제로 그는 반유대주의자도 아니었고, 히틀러의 『나의 투쟁』도 읽지 않았다. 그렇다면 자신의 직무에 충실하고, 조국에 애국하는 것이 유죄인가? 근대법의 기준으로는 유죄로 단정하기가 쉽지 않다. 이것은 새로운 유형의 악이다. 한나 아렌트(Hannah Arendt)는 세계와 타인에 대한 '무사유(thoughtlessness)'가 아이히만의 죄의 근원이라고 지적했다. 즉, "악은 도덕적 죄가 아니라 자기 일에 묵묵히 복무하는 평범한 인간의 무감각"에서 비롯된다고 보는 것이다. 이에 대해서는 Arendt, 김선욱 역, 『예루살렘의 아이히만』(파주: 한길사, 2006) 참고.

46 竹內好, 『다케우치 요시미 평론선: 일본과 아시아』, 72.

처럼 읽혀져 비참하다 못해 희극적이기까지 하다"고 술회했다.[47] 그리고 "도대체 왜 이런 일이 지식인들에게 대대적으로 일어났던 것일까? 이런 사정을 설명하는 것은 정말이지 어려운 일"이라고 고백하고 있다.[48]

이에 대한 그의 대답은 일본 문화의 무사상성이다. 「근대의 초극」에 대한 논의도 마찬가지이다.

> 나는 「근대의 초극」의 최대의 유산은 그것이 전쟁과 파시즘의 이데올로기였다는 점이 아니라, 전쟁과 파시즘의 이데올로기조차 되지 못했다는 점, 다시 말해 사상 형성을 목표로 삼았지만 사상 상실이라는 결과를 낳았다는 점에 있다고 생각한다.[49]

다케우치 요시미는 대동아공영권 이념의 현실적인 폐해 이전에, 더 심각한 문제점은 아포리아가 아포리아로서 인식의 대상으로 간주되지 못했다는 점, 강력한 사상의 주체를 탄생시키지 못했다는 점에 있다고 생각했다. 그 결과 대동아공영권의 이념이 제기했던 "모처럼의 아포리아는 안개처럼 사라지고 「근대의 초극」은 주도 전쟁사상의 해설판에 그치고 말았다"는 것이다.

---

47 竹內好, 『다케우치 요시미 평론선: 일본과 아시아』, 88.

48 竹內好, 『다케우치 요시미 평론선: 일본과 아시아』, 91.

49 竹內好, 『다케우치 요시미 평론선: 일본과 아시아』, 79.

"서구적 근대주의자"들은 내가 아는 한 "결정적 패배를 자인"하지 않았다. 왜냐하면 그들은 「근대의 초극」이라는 간판을 내걸긴 했지만, 실제로 사상투쟁을 벌이지 않았기 때문이다. 그러니 패배감을 가졌을 턱이 없다. 그리고 패배감이 없었다는 사실이야말로 오늘날 문제가 되고 있다. 다시 말해 패전에 의한 아포리아의 해소로 인해 사상의 폐허가 그 상태 그대로 동결되어 버렸다. 그러니 사상의 창조 작용이 일어날 턱이 없다. 만약 사상에 창조성을 회복하려는 시도를 제출하려면 이 동결을 풀고 다시 한 번 아포리아를 과제로서 재위치 짓지 않으면 안 된다.(竹內好, 2004: 137)

"개성이 없는 것이 일본의 개성이다."[50] 대동아공영권 이념 그 자체보다도 그 이념의 주창자들에게 진정한 사상적 결의가 결여되어 있다는 사실이 더 큰 문제라는 것이다. 문제가 문제로서 인식되지 않으면 자기성찰을 영원히 유예시키고, 그것을 극복할 수도 없기 때문이다.

---

50 竹內好, 『다케우치 요시미 평론선: 일본과 아시아』, 59.

4. 결론: 일본의 국가구조와 정신적 특성

일본의 국가구조와 정신적 특성에 대한 마루야마 마사오의 생각 또한 다케우치 요시미의 질문에 대한 하나의 답변으로 생각된다. 그는 동경전범재판에서 다케우치와 동일한 문제를 발견했다. 전범들은 모두 전쟁책임을 부인했다. 명령을 받아 실행했을 뿐이거나, 그때 상황에서는 어쩔 수 없었다는 것이다. 그렇다면 누가 전쟁의 주체이고, 누가 전쟁에 대한 책임을 져야 하는가? 「근대의 초극」과 「세계사의 사명」이 전쟁 이데올로기인가에 앞서 사상의 유무가 선차적 문제였던 것처럼, 여기서도 전범 피의자들의 행위가 전쟁범죄인가에 앞서 누가 전범인가가 먼저 밝혀져야 했다.

전쟁 주체와 전쟁 책임에 대한 인식에서 독일과 일본은 상반된다. 대부분의 독일 나치 지도자들은 무법자에 가까웠다. 이에 비해 일본 전쟁 지도자들은 최고의 수재들이었다. 하지만 팔굉일우의 세계를 건설하기 위해 헌신한 일본 전쟁 지도자들의 정신세계는 뜻밖에도 텅 비어 있다. 스스로 결단하고 행동하는 실천자로서의 주체가 존재하지 않았기 때문이다. 마루야마 마사오는 그 근원을 개인 도덕이 아니라 일본 국가구조의 특성에서 찾는다. 그는 일본제국에서는 국가와 사적 영역의 구분이 존재하지 않았다고 본다.

> 국가질서의 형식적 성격이 자각되지 않은 경우, 일반적으로 국가질서에 의해 포착되지 않은 사적인 영역이라는 것은 본래 존재하지 않는다는 것으로 된다. … 『신민의 도』(臣民の道)의 저자

는 "일상적으로 우리가 사생활이라고 부르는 것도, 필경 신민의 도를 실천하는 것이며 … 우리는 사생활에서도 천황에게 귀일하여 국가에 봉사한다는 생각을 잊어서는 안 된다."고 하고 있는데, 그런 이데올로기는 어느 것도 전체주의의 유행과 더불어 나타난 것이 아니며 일본의 국가구조 그 자체에 내재되어 있다.[51]

'사적인 것'이 자신의 내부에 있는 것이 아니라 '국가적인 것'과 합일되어 있는 것이다. 「교육칙어」는 국가가 유일한 윤리적 실체라는 사실을 공공연히 선언한 것이다. 일본의 근대 민권운동도, 기독교도 이 문제와 정면으로 대결하지 않았다. 이처럼 국가주권이 윤리성과 실력성의 궁극적 원천이며 양자의 즉자적 통일인 곳에서는 윤리의 내면화가 이루어지지 않기 때문에, 그것은 끊임없이 권력화로의 충동을 지니고 있다.[52]

윤리는 개성의 깊은 곳에서부터 우러나오는 것이 아니라 오히려 곧바로 외적인 운동으로 다가오게 된다. 국민정신총동원과 같은 것이 거기서의 정신운동의 전형적인 모습인 것이다.[53]

「근대의 초극」과 「세계사의 사명」이 순수하게 정신적 외양을 띠

---

51 丸山眞男, 『현대정치의 사상과 행동』, 50.

52 丸山眞男, 『현대정치의 사상과 행동』, 53.

53 丸山眞男, 『현대정치의 사상과 행동』, 53.

고 있다 해도 그것이 사상이 아닌 것은 그 사상이 개성의 깊은 곳에서 우러나오는 것이 아니기 때문이다. 이처럼 어떤 행위도 그 자신의 결단에 근거를 가지고 있지 않기 때문에 전쟁의 주체가 모호한 것도 당연하다. 동경전범재판에서 키난(Keenan) 검찰관은 최종 논고에서 다음과 같이 말했다.

> 전직 수상, 각료, 고위 외교관, 선전가, 육군 장군, 원수, 해군 제독 및 궁내대신들로 구성된 현재 25명의 피고 전원으로부터 우리는 하나의 공통된 답변을 들었습니다. 그것은 곧 그들 중 누구 한 사람도 이 전쟁을 일으키고 싶어 하지 않았다는 것입니다. 그것이 14년이란 기간에 걸쳐서 숨 쉴 틈도 없이 일어난 일련의 침략 행위인 만주사변, 이어서 일어난 중국전쟁 및 태평양전쟁의 어느 경우에도 그런 사정은 마찬가지였습니다. … 그들 자신이 맡고 있던 지위, 권력 및 책임을 부정할 수 없으며 또 그것 때문에 전 세계가 깜짝 놀랄 정도로 침략전쟁을 계속하고 확대해온 정책에 동의했다는 것을 부정할 수 없게 되자, 그들은 달리 선택할 길이 없었노라고 아무렇지도 않게 주장합니다.[54]

그 반면 나치 지도자는 개전 결단에 관한 명백한 의식을 가지고 있었다. 그런데 일본은 그 큰 전쟁을 일으켰음에도 불구하고 누구도

54 丸山眞男, 『현대정치의 사상과 행동』, 146-147.

전쟁을 일으켰다는 것을 인정하지 않았다. "일본의 불행은 과두세력에 의해 국정이 좌우되고 있었다는 것이 아니라, 과두세력이 그야말로 사태에 대한 의식이나 자각을 가지고 있지 못했다는 점에서 두 배로 늘어났던 것이다."[55]

하지만 마루야마 마사오는 이를 전범자 개개인의 도덕적 문제로만 생각하지 않는다. 천황조차도 자유로운 주체가 아니기 때문이다. 메이지헌법에 따르면, "일본제국은 만세일계의 천황이 이를 통치"(제1조)하고, "천황은 신성불가침한 존재"(제2조)이다. 하지만 그는 질서의 창조자(Creator Pacis)가 아니라 질서의 수호자(Defensor Pacis)이다.[56] 만세일계의 황통을 이어받고, 황조(皇祖)·황종(皇宗)의 유훈에 따라 통치하는 "천황은 종전 막바지까지 거의 주체적인 '성스러운 결단'을 내리지 않았다."[57]

이처럼 자유로운 주체가 결여된 이유는 '체제' 그 자체가 타락했기 때문이다. 일본제국에서는 국가가 모든 가치의 근원이지만 천황조차도 주체가 아니기 때문에, 모든 의지와 가치는 천황에 도달하면 안개처럼 사라져버린다. 천황도 황조신(皇祖神)에 대해 헌상하는 관계에 서기 때문에 최종적 극점으로서의 주체는 엄밀하게 말해 존재하지 않는다. 불특정한 상급자로의 무한한 소급이 있을 뿐이다. 누구도 책임이 없는 「무책임의 구조」인 것이다. 그래서 "그런 권위에 대한 의존성

55 丸山眞男, 『현대정치의 사상과 행동』, 60.

56 丸山眞男, 『현대정치의 사상과 행동』, 62.

57 丸山眞男, 『현대정치의 사상과 행동』, 169.

에서 벗어나서, 한 사람의 개인으로 돌아왔을 때의 그들은 그야말로 약하고 애처로운 존재인 것이다. 그러므로 전범재판에서 츠치야(土屋)는 새파래졌으며, 고지마(古島)는 울었다."[58]

마루야마 마사오의 견해에 따르면, 대동아공영권의 이념을 극복하기 위해서는 자유로운 주체의 확립이 필요하다. 다케우치가 말하는 사상성도 그런 의미이다. 마루야마 마사오에게 1945년이란 자유로운 주체로 거듭나기 위한 첫 출발점이었다. 종전 후 1946년 히로히토(裕仁) 천황이 인간선언을 한 것도 그런 의미이다. 모든 가치의 근원처가 아님을 선언한 것이다. 이제 천황을 비롯해 모든 국민이 스스로의 주체로 거듭나야 한다. 하지만, 동아시아 역사에 대한 일본의 인식을 보면 그 길이 쉽지 않음을 보여준다.

---

58 丸山眞男, 『현대정치의 사상과 행동』, 56.

참고문헌

박한규. 2004. 「아시아주의를 통해 본 戰前 일본의 동아시아 정체성」. 현대일본학회. 『일본연구논총』 제20권: 199-230.

배경한. 1996. 「손문의 '대아시아주의'와 한국」. 부산경남사학회. 『부산사학』 제30집: 143-165.

안상은. 2006. 「이데올로기로서의 대동아공영권」. 서울대학교 외교학과 석사논문.

안정애. 2012. 『중국사 다이제스트 100』. 서울: 가람기획.

이상우. 2011. 「식민지시대 김옥균의 문화적 재현과 그 의미」. 한민족어문학회. 『한민족어문학』. 제58집: 327-366.

장인성. 2010. 「근대 동아시아 국제사회에서의 '질서'와 '정의'」. 동북아역사재단. 『동북아역사논총』 제28호: 291-335.

近衛文磨. 1918. 「英米本位の平和主義を排す」. 『日本及日本人』; 近衛文磨. 1936. 『清談錄』. 伊藤武編. 東京: 千倉書房房.

吉田裕. 최해주 역. 2012. 『아시아·태평양전쟁』. 서울: 어문학사.

福澤諭吉. 2001. 『學問のすゝめ』. 岩波文庫 ; 靑(33)-102-3. 東京: 岩波書店.

______. 1960. 慶応義塾編纂. 『福澤諭吉全集』 第10卷. 東京: 岩波書店.

西谷啓治. 1942. 「近代の超克'私論」. 河上徹太郎ほか著. 1979. 『近代の超克』. 東京: 富山房.

石原莞爾. 2008. 『世界最終戰爭』. 東京: 毎日ワンズ.

孫文. 1981-1986. 『孫中山全集』 中國社會科學院近代史硏究所中華民國史硏究室·中山大學歷史系孫中山硏究室. 北京: 中華書局

矢部貞治. 1986.『近衛文麿』. 東京: 時事通信社.

外務省編. 1965-66.『日本外交年表竝主要文書』二冊. 東京: 原書房

前原光雄ほか. 1942.『大東亞共榮圈の民族』. 東京: 六盟館,

竹内好. 윤여일 역. 2011. "대동아전쟁과 우리의 결의(선언)."『다케우치 요시미선집(1): 고뇌하는 일본』. 서울: 휴머니스트.

______. 서광덕·백지운 편역. 2004.『다케우치 요시미 평론선: 일본과 아시아』. 서울: 소명출판사

會田雄次. 이장호 역. 1999.『일본인의 의식구조』. 서울: 솔.

内閣制度百年史編纂委員會. 1985.『内閣制度百年史』下. 内閣官房.

平野義太郎. 1945.『大アジア主義の歷史的基礎』. 東京: 河出書房

丸山眞男. 김석근 역. 1997.『현대정치의 사상과 행동』. 파주: 한길사.

______. 1994.「政事の構造: 政治意識の執拗低音」.『現代思想』第22卷 第11号. 東京: 青土社.

Arendt, Hannah. 김선욱 역. 2006.『예루살렘의 아이히만』. 파주: 한길사.

Beasley, W. G.. 장인성 역. 2000.『일본근현대정치사』. 서울: 을유문화사

Duus, Peter, Mark Peattie and Raymond Myers eds. 1998. *The Japanese Wartime Empire, 1931–1945*. Princeton: Princeton University Press.

Grew, Joseph C.. 1944. *Ten Years in Japan*. New York: Simon and Schuster.

Solzhenitsyn, Aleksandr. 김학수 역. 1988.『수용소군도(1)』. 파주: 열린책들.

Shumid, Andre. 정여울 역. 2009.『제국, 그 사이의 한국』. 서울: 휴머니스트.

東京大學東洋文化硏究所 田中明彦硏究室. データベース『世界と日本』. http://www.ioc.u-tokyo.ac.jp(검색일: 2013. 8. 20).

Yale Law School. Lillian Goldman Law Library. Atlantic Charter. http://avalon.law.yale.edu(검색일: 2013. 8. 27).

國立公文書館 アジア歷史資料センター. 南方占領地行政實施要領. http://www.jacar.go.jp(검색일: 2013. 8. 16).

國立國會図書館 リサーチ・ナビ. 南方経濟對策要綱. http://rnavi.ndl.go.jp(검색일: 2013. 8. 20).

5장

중국혁명이 동아시아에 미치는 영향

로웰 디트머(Lowell Dittmer)

중국혁명은 참여한 사람들의 숫자(대략 5억 명), 그 혁명에 의해 영향을 받은 지역(세계에서 세 번째로 큰 나라, 궁극적으로 일본, 러시아 그리고 미국에까지 걸치는) 그리고 혁명 기간(만약 우리가 "프롤레타리아 독재 아래 혁명을 계속하는 것"과 문화혁명을 포함한다면, 1911년부터 1978년까지)을 볼 때 의심의 여지없이 세계 역사 상 가장 큰 혁명이었다. 따라서 혹자는 자연스럽게 동아시아의 나머지 국가들에까지 영향을 미치는 과잉현상을 기대할지도 모른다. 그러나 이러한 국경을 넘나드는 영향들은 체계적으로 분석되어오지 못했다.[1] 그것은 의심의 여지없이 부분적으로

1 필자는 이 글에서 한 뛰어난 이의에 의존하는데 그것은 다음과 같다: Steven M. Goldstein, "The Chinese Revolution and the Colonial Areas: The View from Yenan, 193741," *China Quarterly*, No. 75 (September 1978), 594-622;

는 현재의 순수학문 분야들 사이에 존재하는 일의 분배 때문이다. 그리고 부분적으로는 그 주제가 너무 크고 불규칙하게 뻗어나가고 있기 때문이다. 그것은 중국 자체에서 일어나는 사건들뿐만 아니라 매우 긴 기간에 걸쳐 영향을 받은 다른 나라들에서의 사건들도 포함하기 때문이다. 따라서 이 시론은 선구자는 아니고 그런 점에 있어서 매우 겸허하다. 훨씬 더 많은 연구가 요구된다.

중국혁명이 지역에 미치는 영향을 이해하기 위해서는 두 가지 중요한 구별들을 명심해야 한다. 첫번째는 혁명이 성공하기 전의 혁명과 1949년 "해방" 후의 혁명 사이의 연대기적 구별이다. 혁명은 1921년 7월 상하이에서 젊은 지식인들의 작은 모임이었던 중국 공산당의 설립을 시작으로 몇 단계들을 거쳤다. 1927년에 국민당과 갈라진 후 중국 공산당(CCP)의 군국주의화, 곧바로 시민전쟁으로 이어진 일본과의 전쟁기간, 그리고 마지막으로 1949년부터 1978년까지 포스트-해방 시대에 ("프롤레타리아의 독재정권 아래 혁명을 계속하면서") 혁명운동을 유지하려한 시도이다. 가장 중요한 연대기적인 분기점은 1949년에 일어난 "해방"이다. 동아시아의 나머지 지역에 미치는 혁명의 여파는 해방 이전 시기와 신중화민국이 세워진 후 사이에 매우 다르다. 해방 이전 시대에는 그 여파는 주로 외국의 제국주의자들의 점령들에 대항한 전

그것은 저자의 미출판 박사학위 논문인 "Chinese Communist Perspectives on International Affairs, 1937-1941" (Columbia University, 1972)에서 발췌한 것이다. John Gittings, *The world and China, 1922–1972* (New York: Harper & Row, 1974)도 보라.

국민적 해방 운동에 참가한 우애적인 공산당들에 한정되었다. 이에 혁명적인 호소들은 민족주의 호소들과 초기의 국가 건설 노력들과 결합되었다. 두 번째 중요한 구별은 중국 내에 미쳤을 혁명의 충격과 충격을 받은 사람이나 국가들이 전망한 충격 사이의 구별이다.

혁명론자들은 혁명 영웅들이 혁명의 이상을 위해 바친 희생을 고려하여 혁명의 충격에 대한 인상들을 분명히 과장했을 것으로 추정되지만 초창기에는 중국공산당의 기대가 그리 크지 않았을 것이라고 보게 만드는 이유들이 있다. 첫째, 이 시기에 혁명 자체는 그 형태에 있어 변화무쌍하였다. 변화하는 위협적인 환경 속에서도 살아남기 위해 끊임없이 변화하면서 외국에 수출되어 소비(export consumption)되기 위해서 분명하게 서술된 준비된 "모델"을 이루지는 못하고 있었다. 1927년과 1931년 사이에 혁명은 성공적이지 못한 도시에서의 폭동들의 연속이었다. 예를 들어, 1930년대 초기에 폐기된 모델을 들 수 있는데 이것은 가난한 농민들을 동원하는 것과 장시성(Jiangxi)과 다른 국경지역들에서 "소비에트 연방정부들"을 형성하는 데 유리한 것이었다. 그러나 이 모델도 그 당시에는 긴 3월(Long March) 후에 보다 온건한 토지개혁과 제2차 통일전선 정책에 유리하도록 폐기되었다. 그렇게 그것은 사라졌다.

둘째, 해방 이전의 혁명은 성공하기에 매우 불확실한 상태에 있었다. 한편 해방 이후에는 성공이 기정사실화되었다. 셋째, 해방 이전에 공산주의 혁명운동은 사회에서 매장당한 초라한 무리들이 생존을 위해 투쟁하는 것이었던 반면 해방 후에는 국가 기관의 통제를 받게 되었는데 외교부와 국방부 그리고 국가 홍보기관은 철폐된 상태에 있었다. 해방 이전의 정황들은 혁명이 "승산이 적은 것"으로 보이게끔 하였다. 왜냐하면 국가 통치권은 그 목소리를 확대했을 뿐만 아니라 정치적 자원들과 국가 정책들을 가지고 그 목소리를 뒷받침하기 위한 자원들도 제공하였기 때문이다. 마지막으로, 해방 이전에 중국공산당은 해방 후보다 생존을 위한 소련의 원조와 지원에 보다 의존적이었다. 코민테른이 혁명의 세계적인 본부들이었다는 것과 모스크바가 전세계적인 혁명운동을 배후 조종하고 있었다는 것은 중국뿐만 아니라 다른 곳에서도 널리 추정된 사실이었다. 그럼으로써 중국공산당이 점점 더 후원자 혹은 성공적인 교화지도원 역할을 맡게 됐을 때 다른 그런 정파들과 중국공산당과의 관계는 그 후보다는 덜 수직적이고 보다 "우애적"이었다.

견해의 차이는 더욱 더 의미 있다. "제국주의자"의 희생과 그 "반(demi)-식민적" 위상에 대해 혁명론자들이 종종 불평함에도 불구하고 중국은 결코 20세기 내내 국가적 통치권을 잃은 적이 없었다. 그러나 19세기에 아시아의 거의 모든 나머지 국가들은 이런 저런 서방 세력의 제국주의권에 흡수되었고 소위 말하는 반(anti)제국주의 일본 군대들에 의해 정복되거나 더 가혹하게 점유되었다. 즉, 중국은 "반(semi)식민지"였던 반면 이들은 모두 "식민지들"이었다. 이것은 비록 혁명군들이 반제국주의 적대감을 중국공산당과 공유했을지라도 이들 국가들에서 제국주의가 더 강해지는 것은 제국주의를 더 퍼지게 했지만 더 다양하고 파편적인 저항을 촉진시켰다. 특히 이 나라들에는 민족주의 합법회를 위한 강한 조직적 경쟁이 있었는데 다음과 같은 질문을 제기하였다. 그들의 해방은 사회주의일까 아니면 "부르주아

민족주의"일까? 사실, 중국공산당도 국민당(GMD)의 형태로 민족주의 경쟁에 직면했지만 중국공산당, 국민당 그리고 일본 사이의 삼파전의 전투를 자신에게 유리하도록 좀 더 효과적으로 이용할 수 있었다. 다른 곳에서는 항상 그렇지는 않았다. 어떤 경우에도 공산주의 혁명은 성공을 거두기 이전에도 동아시아에서의 혁명 투쟁들 사이에서 대단한 명성과 리더로서의 역할을 성공적으로 자처했다. 그것은 그 규모와 중심적 역할 그리고 중국의 역사적 중요성 때문이었다. 중국의 역사적 중요성은 중국의 모델이 영감을 주는 중국의 예보다는 지역적 조건들에 보다 의존한 상태에서 다른 어떤 곳에서 모방되든 아니든 상관없이 중국이 해방 이후 개발도상국가권에서 제일의 성공한 공산국가로서 출자하는 데 유리하게 작용하였다.

다음의 논문은 두 부분으로 이루어져 있으며 그 뒤에 결론이 나온다. 맨 먼저 세계 혁명에 있어서 중국공산당의 역할에 대한, 중국공산당의 견해의 발달에 대한 비평이 있을 것이다. 이 절에서, 수출을 위한 혁명 모델로서 제안되었을 때도 혁명의 "목표 청중"은 중국 사람들 자신이었다. 두 번째 절에서, 우리는 동아시아의 나머지 국가들에 미친 중국혁명의 여파를 고려할 것이다. 여기서 주요한 목표 청중은 "식민지들과 반(semi)-식민지들"이었다. 이들은 지금은 그 위치에서 개발도상국으로 부상하면서 급속한 경제적, 정치적 발전의 길을 모색하고 있다.

중국 내에서의 중국혁명

중국혁명의 중요성에 대한 중국공산당의 견해는 기본적으로 최소 세 단계들을 거쳤다. 두 번째 연합전선 이전(1920년대 초기부터 1936년까지)인 첫째 단계 동안 중국혁명의 여파는 단순히 전례가 있는 정도의 것으로 파악됐다. 즉, 중국은 초원지대에 불을 붙이는 불꽃이었다. 왜냐하면 그것은 개발도상국에서는 최초의 그와 같은 혁명이었고 그 성공은 다른 "식민지와 반-식민지" 개발도상국들에서도 유사한 성공을 거두었다고 할 수 있기 때문이다. 1920년 7월의 제2차 국제공산당(Comintern) 회의에서 인도 대표인 로이(M. N. Roy)는 산업적으로 선진화된 국가들에서 자본주의자들은 중국 같은 반-식민 지역들을 착취함으로써만 그들의 운명적 존재를 연장할 수 있었다고 했다. 혁명은 이러한 지역들에 초점을 맞춰야 한다. 그럼으로써 제국주의자들이 요구되는 원자재들에 접근하는 것을 줄이고 자본주의는 빠르게 망할 것이다. 레닌은 개발도상국들에 초점을 맞추는 것에는 동의했지만 아시아에서 혁명은 유일하게 계급투쟁에 기초를 두어야 한다는 로이의 논제에는 동의하지 않았다. 그러한 나라들은 대부분의 계급의식적인 프롤레타리아를 위해서 충분한 산업을 개발하지 못했었다. 그러므로 공산주의자들은 저개발된 지역들에서 외국의 제국주의에 대항하여 전투하는 중간계급 민족주의 군대는 무조건 임시로 지원해야 했다. 결국 두 번째 회의는 혁명과 부르주아국민당들과의 협력 모두를 충고했고 각각의 비율들은 지역적 상황들에 따라서 정하도록 하였다. 모스크바는 1919년과 1927년 사이의 중국에 대해 그와 같이 재인식했고 동시에 코민테른을 대행하고 있던 북경에 있는 중국인민공화국 정부에 대사를 파견했다. 코민테른은 쑨원(Sun Yat-sen)의 국민당이 그 정부를 전복시키도록 적극적으로 격려하고 있었다. 동시에 코민테른은 중국공산당을 조직하도록 도왔는데 중국공산당의 모든 구성원들이 결국에는 그것을 혁명의 전초부대로서 점령하거나 대체할 수 있도록 하기 위해 국민당에 가입하도록 격려하였다.

이와 같이 중국혁명은 초기에 두 결정적인 특징들을 지닌 것으로 혁명자들에 의해 파악되었다. 중국혁명은 제3세계 개발도상 "식민지들과 반-식민지들" 국가에서 가장 먼저 일어날 것으로 기대되는 국민 해방 혁명이었다. 그럼으로써 혁명은 논리적으로 같은 범주의 모든 다른 구성원들에게도 가능해야 한다는 것을 증명하게 된다. 두 번째는 내용에 관해서이다. 중국은 혁명계급투쟁(즉, 폭력)을 부르주아 국민당과의 일시적인 연합전선 협력과 결합하면서 일종의 정책이원론을 대표했다. 이것은 코민테른의 전적인 지지를 받고 이루어졌고 식민지권에서의 혁명들이 끊이지 않는 연속성을 띠고 두 단계들, 즉 부르주아-민주주의와 사회주의를 거칠 것이라는 논제에 따른 것이었다. 중국 투쟁은 그러한 전략의 뛰어난 예가 되었다. 코민테른은 "식민지권에 있는 다른 공산당들에게 중국 공산당의 경험을 연구하라고 조언했다."[2] 자연스럽게 1927년에 상하이에서 장개석(Chiang Kai-shek)에

2 Kermit E. McKenzie, *Comintern and World Revolution*, 1928-1943: The Shaping of Doctrine (New York: Columbia University Press, 1964), 137; as cited in Goldstein, 598, fn. 12.

의해 시작된 국민당과의 격렬한 절연은 1927–1936 기간 동안 심각하게 연합전선 교의에 대한 신뢰성을 쇠퇴시켰고 중국공산당 리더십을 거의 섬멸시켰다. 모스크바는 그 당시 도시 반란 정책을 지지했다. 그리고 일련의 그러한 공격들이 리리잔(Li Lisan)의 리더십 아래 정당하게 이행되었지만 그 모든 것들은 성공적이지 못했다.

1936년 시안(Xian)에서의 국민당과의 화해가 있자 정책 이원론이 재개되었다. 그러한 화해는 관계의 아쉬운 역사를 고려할 때 훨씬 더 깨지기 쉽고 의심이 가는 것이었다. 코민테른의 7차 회의는 독일과 일본에 의해 공유된 반공산당 적의에 대한 모스크바의 관심에 맞게 1935년 여름 전 세계적인 반–파시스트 연합전선을 조직하기로 결정했다. 그 조직은 그 다음 해 반코민테른 조약에 형식화 되어있다. 그러나 중국공산당 리더십이 중국혁명을 다른 방향으로 취하기 시작한 것은 이 기간 동안이었다. 중국공산당 리더십은 1935년 12월 사실상의 마오쩌뚱의 리더십 아래 개최된 춘이(Cunyi) 회의 이후 그리고 이제는 샨시성–간쑤성(옌안) 기반 지역 깊은 곳에 있는 코민테른 상담(Comintern counsel)으로부터 상대적으로 고립되어 있었다. 시안(Xian)에서 장개석에 저항하는 강경노선(공개재판과 처형)을 선호한 마오는 중국공산당에게 책략의 최대 자유를 허용하는 새로운 연합전선 아래 초당적인 협력에 대한 느슨한 정의에 대해 호의적이었다. 이와 같이 중국공산당 혁명 전략의 진정한 윤곽은 점차 분명해졌다. 국민당과의 명목상의 연합전선에 숨어서 국민당에 궁극적으로 승리하는 것을 목표로 농민군대들을 동원하면서 "인민들의 전쟁"에 초점을 맞춤. 이것이 코민테른 가이드라인들로부터의 가시적인 출발이었다. 중국공산당은 그 가이드라인들을 부인하지 않았지만 다른 혁명들을 위한 모델로서 자신들이 진짜라고 감히 선전하였다. 1936년 7월 에드가 스노우와의 인터뷰에서 마오는 중국혁명에 대해 다음과 같이 논의했다. "중국혁명은 세계 상황에서 핵심요소이다. 그리고 모든 나라의 국민들 특히 식민 국가들에서 애쓰는 대중들은 그 승리를 진심으로 희망한다. 중국혁명이 전력을 다하게 될 때 많은 식민 국가들의 대중들은 중국의 예를 따를 것이며 그들은 비슷한 승리를 거두게 될 것이다."[3] 모스크바는 혁명을 반-파시스트 연합전선의 측면과 관련하여 지속적으로 규정했지만 중국은 혁명적인 상승 흐름에 초점을 맞췄다. 1939년 여름 국민당과의 관계는 악화됐고 중국공산당은 무장투쟁의 필요성과 부르주아들의 신뢰할 수 없음에 대해 불만을 나타내기 시작했다. 한편 중국공산당 전략은 우주 공간과 권력을 얻기 위한 국민당과의 증가하는 열린 경쟁에 관한 것이 되었다. 그것은 그 기지 지역을 확장시켰고 여론을 흔들려는 선전캠페인을 수행하면서 그 지역들에서의 영향을 공고히 하려고 하였다. 코민테른 주류로부터의 그러한 이탈은 지역 조건들에 적응한다는 점에서 정당화되었다. 코민테른도 그것을 지지했다. 이러한 혁신들 때문에 중국공산당은 식민지와 반(semi)-식민지 지역들에서의 국민 혁명들 중에서 "독특한 위치"를 차지한다고 자처했다. 마오쩌뚱은 중국의 특별한 특징들뿐만 아니라 다른 지역들에도 적용될 수 있는 혁명 "이론"을 창출해냈다. 중국공산당

3 Edgar Snow, *Red Star Over China* (New York: Grove Press, 1968, first revised & enlarged edition), 181.

의 독특한 리더십 역할에 대한 최고의 공적 인정은 1945년에 있었던 당의 7차 당회의에 보고했던 그의 보고서에서 이뤄졌다. 거기서 그는 자신이나 자신의 사상을 105번이나 참조했다. "마오쩌뚱의 사상은 … 모든 나라들과 특히 동방의 국민들의 해방이라는 대의에 커다란 유용한 기여들을 할 것이다." (Liu도 설계한) 개정된 당 헌법에서 마오의 사상은 "당의 모든 일들을 위한 지도 원칙"으로서 마르크스주의와 같은 토대위에 놓여졌다.[4] 나중에 스트롱(Anna Louise Strong)과의 인터뷰에서, 리우(Liu)는 다음과 같이 말했다. "마오는 마르크스주의를 새로운 조건들에 적용했을 뿐만 아니라 그것을 새롭게 발전시켰다. 그는 마르크스주의의 중국 혹은 아시아 형태를 창조했다."[5]

중국혁명이 동아시아의 나머지 국가들(그리고 세계)에 지니는 의미에 대한 중국공산당의 개념의 진화에 있어 세 번째 국면은 포스트-해방 시대에 도래했다. 이제 민족주의 선전기구 자원들을 온전히 이용하면서 중국혁명은 아시아와 세계에 대한 중국의 임무를 합리화함으로써 좀 더 순수하고 좀 더 추상적인 개념으로 섬세하게 변형되었다. 해방 이전 국면들에서 혁명은 일련의 상호 전쟁과 시민전쟁으로 사라져버리는 경향이 있었던 반면 이제 그것은 혁명적 대중들, 제국

4 "On the Party,"(May 1945), *Collected Works of Liu Shaoqi* (Hong Kong: Union Research Institute, 1969), Vol. II, 9–119; as cited in Lowell Dittmer, *Liu Shaoqi and the Chinese Cultural Revolution* (Armonk, NY: M. E. Sharpe, 1998, rev. ed.), 22.

5 Anna Louise Strong, "The Thought of Mao Tse-tung," *Amerasia* 11, No. 6 (June 1947), 161–174.

주의자 계급 적, 그리고 의존할 수 없는 임시 (민족주의자) 동맹으로 이루어진 삼각기둥의 "연합전선"이라는 이상적인 형태가 되었다. 1947년 마오는 먼저 신생 양대 사회주의와 자본주의 "두 캠프" 사이의 "중간 지대"를 언급했다. 그러면서 그는 중국혁명 모델이 특별한 적절성을 지닐 것이라고 예언했다. 그 후 10년가량 동안 이 모델은 중국으로 하여금 소련연방과 공산주의 블록의 나머지 국가들을 "마지못해(lips to teeth)" 포옹하도록 했다. 동시에 중국은 미국에 의해 주도되는 제국주의 계급 적에 대항하는 연합전선의 형태로 아직은 사회주의가 아니지만 전도유망한 개발도상 세계와 전략적 동맹관계를 맺은 상태에 있었다. 애초에는 모스크바의 축복을 받은 이 모델의 경우 중국은 혁명의 임무가 제국주의와의 식민지 관계를 단절하고 그러한 관계들을 우선 민족주의 비동맹과 궁극적으로는 사회주의 캠프로 유인하면서도 아시아와 아프리카의 새로운 국가들과의 동맹(ties)관계를 형성하는 것이라고 보았다. 이러한 새로운 국가들에서 정부는 우선적으로 민족주의자였으며 사회주의가 아니지만 사회주의에 공감하지 않은 것은 아니었다. 그러므로 정부의 권위가 온전히 강화되지 않은 새로운 국가에서 "혁명"을 추진하는 것은 섬세한 과업이었다.[6] 그리고 중국의 접근은 국가의 주권과 불간섭을 강조하는 (1956년에 제8차 회의에서 당 법규와 모든 후속적인 당 법규에 새겨진) "평화로운 공존의 다섯 가지 원칙들"과 또 다른 한편으로는 격렬한 혁명(과 혁명 운동의 지원)의 필요성에 대한 강

---

6 Peter Van Ness, *Revolution and Chinese foreign policy: Peking's support for wars of national liberation* (Berkeley, University of California Press, 1970) 참조.

력한 주장 사이에서 애매한 것이었다. 중국이 베트남, 알제리 혹은 쿠바 같은 제3세계에의 좀 더 급진파적 접근을 통해 명백히 얻는 것은 소련을 충분히 불안하게 하는 것이었다. 소련은 그 사이 프랑스나 이탈리아 같은 조직화된 산업 프롤레타리아를 자랑하는 선진 국가들에서의 의회를 통한 혁명의 길을 촉진시키는 데 있어 거의 진전을 보이지 못하고 있어서 모스크바는 중국과의 혁명적 업무를 담당하는 부서를 폐지하였고 제3세계에서의 혁명을 촉진하는 데 열중하기도 했다. 혁명을 촉진하는 이 경쟁은 1960년대 초 시작된 중국-소련 사이에 균열이 일어나도록 기여했다. 소련과의 관계가 소원해짐에 따라 중국은 공산주의 블록을 적대적인 대다수와 급진적인 소수로 쪼개고 모스크바가 "평화로운 공존"을 포용하는 것을 비난하는 한편 개발도상세계에서 격렬한 혁명을 선택하도록 더 집요하게 주장하기 시작했다.

이것은 타협하지 않는 글로벌 계급투쟁의 문화혁명 외교 정책에서 절정에 달했다. 이 모델 혹은 비전은 린비아오(Lin Biao)에 의해 1965년에 출판된 그의 2만 개의 단어 팸플릿인 *Long Live the Victory of the People's War!*에 완전히 표현되어 있다. 이 팸플릿은 아시아, 아프리카 그리고 남미에서의 빈곤층의 "떠오르는 힘"을 "세계의 농촌 지역들"에 비유했다. 한편 서양의 부유한 나라들은 "세계의 도시들"에 비유되었다. 결국 "도시들"은 중국의 혁명적인 시민전쟁의 모델을 따라서 "농촌 지역들"에서의 혁명들에 의해 둘러싸일 것이다.[7] 린은 중국이 다른

7 Lin Biao, *Long live the victory of people's war! In commemoration of the 20th anniversary of victory in the Chinese people's war of resistance against Japan* (Peking,

나라를 위해 싸울 것이라고 장담하지 않았다. 그래서 외국의 혁명가들은 주로 "자존"에 의존하도록 충고를 받았다. 새로운 혁명 골격은 "세 세계들"의 골격이었다. 즉, 미국과 소련 둘 다에게 패권적 강대국이라는 역할을 부여하면서 프랑스나 일본같이 공감하지만 신뢰할만하지 않은 중간 세력들을 가리키는 두번째 세계, 그리고 1974년 UN에서의 연설에서 등소평에 의해 상세히 설명된 바대로 중국이 주도하는 개발도상의 제3세계의 혁명적인 국제 프롤레타리아.[8] 그러나 동시에 두 강대국들에 맞서는 이 도발적인 자세는 국제적으로나 국내적으로 지속되지는 않았다. 이 사실은 중국이 1972년 리처드 닉슨에게 중화인민공화국을 방문하도록 초대를 한 것을 보면 암묵적으로 인정되기도 하였다. 제3세계 모델과 미국과의 새로운 친교관계의 확립 사이의 명백한 이념적인 양립불가능성은 미국을 순전히 전략적인 것으로 정당화하면서 조용히 무시되었다. 마침내 등소평과 그의 동료들이 1978년 11차 당회의의 3차 전당대회에 등장한 것과 그의 "개혁과 개방" 정책의 도래와 함께 혁명적 모델은 점차 체계적으로 해체되었다. 서서히 조짐이 보이는 공산주의와 자본주의 사이의 글로벌 계급 전쟁은 더 이상 불가피하지 않았다. 소련은 더 이상 사회주의 제국주의 파워가 아니었고 중국은 더 이상 혁명의 수출에 몰두하지 않을 것이며

Foreign Languages Press, 1965).

8 Deng Xiaoping, "Firmly Support the Just Demands of the Third World" [Jian jue zhi chi di san shi jie di zheng yi yao qiu], address to the UN General Assembly (Hong Kong: Hong Kong san lian shu dian, 1974).

앞으로 그 주요 무역 상대국들과 "평화와 발전"을 추구하면서 진심에서 우러난 업무적인 관계를 이끌어 갈 것이다.

동아시아 대중의 전망

중국혁명의 국내 영향은 본질적으로 중국 내에서 중국공산당의 위상과 중국공산당 내에서의 마오쩌뚱의 평판을 높이는 것인 반면 다른 아시아 국가들에 미친 그 영향은 매우 달랐다. 이들 각각의 국가들은 자기 나라의 내부적인 정치, 경제적 상황들에 기초하여 중국혁명에 대한 서로 다른 견해들을 지녔다. 해방이전 시기에는 일본을 제외한 이 모든 나라들은 아직 다양한 서구 국가들의 식민지들이었고 제2차 세계대전 동안 그들 대부분은 해방되었고 그리고 나서는 본질적으로 일본의 소위 말하는 대동아 공영권의 일부분으로서 재식민지화되었다. 일본의 점령은 (일본이 비시 프랑스 정권과 협력을 한 프랑스령의 인도차이나를 제외하고는) 제국주의 군대들을 몰아냈으며 이 나라들 안에 독립의 열망을 일깨웠다. 독립은 일본이 패배하고 일본의 점령군들이 철수하자마자 거의 도달한 듯했다. 이전의 식민국가로서 미국은 자연스럽게 이 열망에 공감했지만 1940년대의 냉전의 발발은 그 공감을 가로막아버렸다. 중국혁명은 그 당시에는 공산주의 블록에게는 극적인 승리로 간주되고 미국의 물질적, 이념적 관심에게는 중대한 후퇴로 보였는데 서구의 제국주의를 완전히 종식시키는 데 훨씬 더 공감하는 정부에 힘을 가져다 주었다. 중국혁명은 이것이 궁극적으로 공산주의 혁명으로 이끄는 과정의 첫 단계로 바라보았다. 미국의 외교 정책 설립에 종사하는 보다 외교적으로 세련된 사상가들 중 일부는 중국과의 책략적인 동맹을 공산주의 블록을 분열시키는 길로 간주하는 한편 미국 내 여론의 성향은 보수적이며 반-공산주의였다. 결말은 중국의 "손실"에 대한 중국 내의 비난 놀이와 동아시아 지역에서의 미국과 중국 사이의 오래된 반목이었다.

그러므로 다른 동아시아 국가들의 중국혁명에 대한 입장을 결정하는 두 주요 요인들 중 첫째는 국내에서의 혁명적 혹은 원(proto)-혁명적 군대들과 보다 보수적인 유권자들 사이의 힘의 균형이었다. 그리고 두번째는 미국과 소련이라는 두 강대국들과 비교하여 이러한 부상하는 국가들의 입장이었다. 미국은 제2차 세계대전으로 인해 비교할 수 없이 강한 힘을 지닌 위치로 부상했고 소련은 나치 침략에 의해 큰 타격을 받았지만 그럼에도 불구하고 파시즘(소련은 파시즘에 지대하게 기여했었다)의 패배의 전리품 분할에 있어서 주요한 소득을 얻으며 생존한 결과 미국의 패권에 도전으로 떠올랐다. 이러한 두 범주들에 기초하여 동아시아 국가들은 분석적 목적을 위해 다음과 같은 세 범주들로 나눠질 수 있다. (1) 미국과 동맹을 맺고 국내의 힘들을 정렬하는 국가들은 중국혁명에 대해 공감하지 않았다. 그 나라들은 중국혁명을 위협으로 간주했다. 그 위협에 의해 냉전 반-공산주의 블록에 통합되는 그러한 위협이다. (2) 국내의 힘의 균형과 국제적 헌신이 뒤섞여 불확실한 국가들. 그리고 (3) 국내의 힘의 균형 그리고/혹은 소련과의 동맹이 중국혁명에 대한 더 큰 공감 분위기와 공산주의 블록과의 지속적인 관계들에 대한 관심을 촉진시킨 국가들.

일본은 첫번째 범주의 가장 명백하고 중요한 예로 간주될 수 있다. 이 범주는 한국, 대만, 그리고 싱가포르를 포함하기도 한다. 전후의 일본에서 국내의 힘의 균형은 본질적으로 신봉건적이었다. 비록 공산주의와 사회주의 당들 모두가 전쟁 발발 전에 등장했지만 미국이 가져온 민주주의에 의해 부활하였고 조직화된 노동자는 이전의 군사적 독재정권에 의해 잔혹하게 억압되었고 노동자는 전후 경제에서는 비교적 잘 길들여진 어용 노조들로 조직화되었다. 좌익은 일본 국회에서 시끄럽지만 희망 없는 작은 소수파로 남았다. 전후 일본 정치의 본질적 사실은 일본은 미국에 패배하고 군사적으로 점령되었다는 것이었다. 미국과 일본은 영구적인 미국의 전진 기지 제공을 포함하여 장기적인 상호 안보동맹을 맺었다. 이 모든 것들은 일본의 외교 정책들을 제한하였다. 일본의 외교 정책은 전후의 요시다 독트린 아래 모든 잠재적 무역 상대국들에 우호적인 입장을 취하는 한편 닉슨의 방문 후까지 중화민국을 인정하지 않았다. 일본은 (전쟁을 금지하는 9조항을 존중하여) 수동적이기는 했지만 한국전쟁과 베트남전쟁에서 미국 군대의 매우 중대한 전진 기지였다. (비록 마오쩌뚱이 당시에는 중-일 관계의 정상화에 열을 올리면서 침략을 면제해주었을 뿐만이 아니라 중국공산당 승리에 기여한 점에 대해 고마움을 표하기도 했지만) 일본이 중국 침략에 대한 죄의식에 의해 어느 정도 시달렸는지 모르지만 일본의 중국혁명에 대한 태도는 이와 같이 비교적 비판적이었다.[9] 중국혁명이 일본에 미친

---

9 "Without your Imperial Army's invasion the Chinese people would never have been able to unite in resistance and the CCP would never have been able to

큰 충격은 전후 시기 초에 시작됐지만 지속적인 여파를 미쳤다. 전체적인 힘의 재균형과 중국혁명에 의해 대표되는 냉전의 개시에 대한 미국의 과잉 반응은 민주주의화와 당시 미국 주둔군의 보호 아래 진행 중이던 역사적 화합 과정의 갑작스런 전복과 "역주행"을 촉발시켰다. 그러한 역주행에서 전쟁에 대한 일본의 책임의식에 대해 일본사람들이 어떻게 생각하는지는 일본의 냉전 참여(그리고 세계에서 첫번째 핵 공격에 희생자가 되었음)에 비춰 암묵적으로 용서되었다.

두번째 범주는 국내와 국제적 힘들의 균형을 감안하면 보다 더 혼합된 상황이다. 필리핀은 그러한 경우들의 대표적인 것으로 간주될 수 있다. 그러한 경우들은 미얀마, 말레이시아 그리고 캄보디아도 포함한다. 이러한 경우들에 있어서 국내의 계층구조는 중국의 혁명 경험에 대한 긍정적 평가의 그럴듯한 근거를 제시하였다. 그러나 대부분의 경우들에 혁명적 유권자는 인종적으로나 경제적으로 제한되면서 중국공산당에 의해 매우 효과적으로 채택된 민족주의 호소를 중국에서 동원하는 것을 어렵게 만들었다. 그럼으로써 말레이시아, 미얀마 그리고 인도네시아에서 중국 모델은 외국에 있는 화교 소수민족에게 호소력을 가지는 데 국한되는 경향이 있었다. 반면 남태국과 필리핀에서는 무슬림 소수민족에게 국한되는 경향이 있었다. 한편 이 모

---

seize power," he told a visiting delegation from the Japanese Socialist Party in 1964. Mao Zedong, "Jiejian Riben shehuidang renshi de tanhui" [Discussions with members of Japan's Socialist Party], in *Mao Zedong sixiang wansui*[Long live Maozedong Thought](Beijing: n.p., 1969), 533.

든 경우에 있어서 국제적 힘들이 아시아의 냉전에서 "죽의 장막"의 그릇된 편에 섬으로써 국제적 힘들의 동맹은 혁명 경쟁에 훨씬 덜 호의적이었다.

필리핀은 1898년에 스페인-미국 전쟁의 전리품으로서 미국의 유일한 동아시아 식민지가 되었다. 필리핀 반란인들은 스페인-미국 전쟁 바로 직전에 스페인에 대항한 독립 전쟁에 참여했었다. 미국은 이 전쟁을 스페인에 대항한 그들 전쟁의 일부분이라고 용기를 북돋았지만 평화정착 과정에서의 합병 직후 그들의 독립을 지원하는 것을 재고했으며 15년간의 반란에 휩쓸리면서 식민지를 획득하게 된 스페인-미국 전쟁보다 훨씬 더 큰 대가를 치르게 되었다. 결국 반란자들을 제압한 후 미국인들은 (한 의사당은 선거에 의해 뽑히고 또 다른 의사당은 임명된) 자문입법부와 임명된 지사를 지닌 후견정부를 설립하였다. 이 모든 것은 궁극적인 민주적인 독립을 위해 다도해를 준비하기 위해 마련된 것이었다. 의회와 행정부의 보통선거를 허락하고 완전한 주권을 위한 시기를 정한 새로운 헌법은 1935년에 채택되었다. 완전한 주권은 일본의 점유 정권을 타파하기 위한 혈투 후에 1946년에 예정대로 정당하게 승인되었다. 미국인들은 새로운 교육시스템(영어)과 건강관리 시스템을 만들었다. 그러나 미국의 점유도 뒤따르는 필리핀 공화국도 토지개혁을 시행하지 않았고 대단한 경제적 불평등과 부패가 있었다. 그러한 부패는 아시아 이웃 국가들의 경제적 기적에 필리핀이 참여하는 데 발목을 잡았다. 1930년 필리핀공산당(Partido Komunista ng Pilipinas, PKP-1930)이 그들이 외국의 봉건 지배에 저항한 끝나지 않은 무장혁명을 재개하기를 희망하면서 비밀리에 설립되었다. 그러한 희망은 유산과 1899년의 필리핀-미국 전쟁의 사실상 존재하는 지속과 그 당시 소련에 의해 진척된 현대적 수정주의에 대항한 싸움을 참고한 것이다. 국내적으로는 마르코스 정권의 부패, 대외적으로는 중국의 문화혁명에 의해 영감을 받아 당이 필리핀공산당(CPP)으로 1968년 재건되었다. 1969년 3월 29일 신인민군이 설립되었고 1973년 4월 24일에는 (필리핀)국민민주전선이 설립되었다. 필리핀공산당은 당시 중국공산당 시민 전쟁전략의 명백한 경쟁으로서 "연장된 인민 전쟁"을 개시했다. 그것은 궁극적으로 2단계 혁명을 매개로 "인민 혁명 정부"를 세우는 것을 목적으로 하는 것이었다. 국민민주혁명이 일어났고 이어서 사회주의 혁명이 뒤따랐다. 필리핀공산당은 지도적 이데올로기로 마르크스주의-레닌주의-마오쩌뚱주의를 고수했으며(아직도 고수하고 있다) 마오쩌뚱주의를 마르크스주의-레닌주의가 가장 높은 수준으로 발달한 것으로 간주한다. 그리고 마르크스주의자-레닌주의자 당들과 조직들의 마오쩌뚱주의자 국제회의에 참가한다. 그러한 조직들은 중국공산당에 의해 오래전에 버림받은 조직이다. 약 4만 명의 사상자를 낸 필리핀 공화국 정부에 대항한 43년 동안의 전쟁 후에 필리핀 신인민군의 공산당은 (1980년대에 한창일 때는 28,000개까지 달했지만) 지금은 불과 5,000개의 간부회를 지닌 가장 쇠퇴한 상태에 있다. 2002년 미국과 유럽연합에 의해 테러단체로 규정되고 아직 필리핀 정부에게 심각한 위협으로 보이는 필리핀공산당-신인민군은 당파적 분열과 기우는 사기에 의해 시달리고 있어서 더 이상 중국의 지원을 받지 못하고 있다.

중국혁명이 호의적으로 수용될 법한 두 경우들은 북한과 베트남이다. 북한의 경우 이 점에 있어서 거의 이상적으로 보이는데 거기에는 많은 이유들이 있다. 중국에 인접한 한국의 지리적 조건과 (한국 민중이 반-일본, 친-중 성향을 띠게 만드는) 일본의 침략을 두 번 받았고 오랫동안 일본의 지배를 받은) 속국으로서의 역사적 배경. 더욱이 북한의 미래 지도자 자신의 사회주의화는 중국과 밀접한 연관이 있다. 김일성은 1912년 한국 만경봉에서 김성주로 태어나서 장로교 가정에서 키워졌다. 그는 그의 외할머니가 개신교 목사였다고 주장하고 그의 아버지는 미션스쿨에 갔었고 장로교회의 장로였으며 그의 부모는 종교 공동체에서 매우 활발한 활동을 폈다고 주장한다. 공식 기록에 따르면 김의 가족은 식민지배 동안 초기의 항-일 활동에 참여하였고 1920년에는 만주로 이주했다. 만주에서 김은 8년 동안 중국학교에 다녔고 (최소 하나의 기록에 따르면 그의 한국어 실력보다 더 좋은) 중국어를 유창하게 말하는 것을 배웠다. 비록 그의 혁명적인 젊은 시절에 대한 후속적인 이야기들이 북한의 성인전기와 구별하기 어렵지만 김은 분명히 젊은 청년으로서 항-일 투쟁에 참여하였고 1931년에 중국 공산당에 가입했다. 같은 해 일본은 만주를 점령했다. 일본이 만주를 침략하고 병합했을 때 한국인들과 중국인들로 조직된 강력한 게릴라 저항세력이 나타났다. 1930년대에 일본인들과 싸우는 게릴라들이 족히 200,000명이 넘었는데 이들은 느슨하게 연결되어 있었고 강도들과 비밀 결사들을 포함했다. 잔인하지만 효과적인 일본의 대게릴라전 캠페인이 있은 후에 1930년대 중반까지는 그 수는 몇 천 명으로 줄었다. 김일성이 출현한 것은 이러한 환경에서였다. 1935년에 김은 중국공산당이 지휘하는 게릴라단체인 북동 반일본 연합군의 일원이었다. 김은 같은 해에 제2분대의 제3파견대의 정치위원으로 봉직하도록 임명되었다. 웨이가 1941년 3월 8일 사망할 때까지 약 160명의 군인들의 직속 상관인 웨이쩽민은 강셍에게 직접 보고했다. 김은 1937년 24세의 나이에 "김일성의 부대"로 알려진 집단에서 몇 백 명을 통제하는, 제6분대의 사령관으로 임명되었다. 그가 6월 4일에 보천보에서 습격을 감행한 것은 그가 이 부대를 지휘할 때 일어났다. 일본인들은 김이 가장 효과적이고 위험한 한국 게릴라 지휘자라고 간주했다. 그리고 그를 잡기 위해 일-한 특수 대게릴라 부대를 형성했다. 1938년 김은 제1군대의 제2작전 지대의 사령관으로 임명되었지만 1940년 말까지 그는 유일한 제1군 지휘관으로 살아있었다. 일본 군대에 쫓기면서 김과 그의 군대 중 남은 사람들은 아무르 강을 건너서 소련으로 도망했다. 그는 카바로브스크 인근 캠프로 보내졌다. 거기서 한국의 공산당 게릴라들은 소련사람들에 의해 재훈련되었다. 김은 그 당시 소련 붉은 군대에서 소령이었으며 거기서 제2차 세계대전이 끝날 때까지 봉직하였다. 소련 붉은 군대는 1945년 8월 얄타회담 결의안과 테헤란회담 결의안에 따라서 일본에게 전쟁을 선포하였다. 그것은 미국이 히로시마와 나가사키에 핵폭탄을 투하한 직후이다. 그리하여 붉은 군대는 8월 15일 거의 저항에 부딪히지 않고 평양에 진입하였다. 이 시점에 스탈린은 그가 새로운 정부의 수장 역할을 할 누군가를 필요로 한다는 것을 깨달았다. 그래서 그는 라브렌티 베리아에게 가능한 후보자를 추천해 달라고 요청하였다. 베리아는 김을 스탈린에게 추천하기 전에 몇 차례 그를 만났다. 김은 8년간의 망명생활 후에 8월 22일 한국으로 돌아왔다. 소련 지도자들은 그를 저항 영웅으로 한국 사람들에게 소개하였다. 9월 소련은 김을 임시 인민 위원회의 수장으로 추대하였다. 김의 한국어 실력은 매우 보잘 것 없어서 그가 도착한 지 3일 후 공산당 회의에서의 연설을 위해 소련내무부(MVD)가 그를 위해 준비한 연설문을 읽기 위해 상당한 코칭을 필요로 했다. 이때에 그는 공산당의 수뇌가 아니었다. 공산당 본부는 아직 미국이 점령한 남한에 있는 서울에 있었다.

마오처럼 김일성의 권력은 "총"으로부터 나왔다. 그는 중국 게릴라 군에서의 군사적 경험과 소련의 전문적인 군사 훈련을 받았다. 그래서 그는 권력을 장악하자마자 신속히 전문적인 한국 군대를 설립하였다. 한국인민군(KPA)은 중국공산당과 (소련 자문위원들과 장비와) 동맹관계에 있었고 게릴라 핵심부대와 일본사람들과의 전쟁과 후에 민족주의 중국 군대들에 대항한 전투 경험을 습득한 제대 군인들로 형성되었다. 1950년 한국 전쟁의 발발 이전에 조세프 스탈린은 한국인민군을 현대적인 중장비 탱크들, 트럭들, 대포들 그리고 작은 무기들로 장착하였다. 김은 공군도 형성하였다. 그것은 처음에는 전-소련 프로펠러 전투기와 습격기를 장착했었다. 후에 북한 조종사 지망자들은 MiG-15 제트기를 비밀 기지에서 훈련하기 위해 소련과 중국으로 보내졌다. 비록 본래의 계획들은 1948년 5월에 유엔의 후원을 받은 전 한국민 선거를 불러일으켰지만 남한은 대한민국 공화국으로서의 국가를 선포했고 김을 수상으로 하는 조선민주주의인민공화국이 9월 9일 공표되었다. 10월 12일 소련은 김의 정부를 한반도에서 유일한 합법적인 정부로 인정하였다. 공산당은 북한 노동당(김은 북한 노동당의 부의장이었다)을 형성하기 위하여 신인민당과 통합되었다. 1949년에 북한 노동당은 김이 당의장으로 있는 대한민국 노동당(WPK)이 되기 위하여 남한의 상대와 통합하였다. 1949년까지 공산주의자들은 북한에서의 그들의 권위를 강화해왔다. 모든 당과 민중 조직들은 조국의 통일을 위한 민주주의 전선의 구성원들이었다. 민주주의 전선은 노동당이 지배적이었던 민중적 전선이다. 이 시기 즈음에 김의 첫 동상이 등장하였고 그는 그 자신을 "위대한 지도자"(위대한 수령)로 부르기 시작했다. 1926년의 장개석처럼 김은 전쟁에 참여하겠다는, 즉 남한을 침략함으로써 나라를 통일하기 위하여 즉각적인 결정을 내림으로써 그의 지도력을 공고히 하였다. 그는 모스크바와 북경의 마지못한 동의를 얻어 1950년 6월 25일 남한을 침략하였다. 침략은 탱크, 포 그리고 소련에 의해 제공된 항공기에 의해 용이해졌다. 중국은 더글라스 맥아더 장국의 지휘아래 유엔군이 인천에서 대담하게 그들의 측면 공격을 감행함으로써 김과 그의 정부로 하여금 처음에는 신의주로 결국에는 중국으로 북으로 도망치게 만든 후 얄루 강가에 도착하기 전까지는 간섭하거나 지원하지 않았다. 비록 중국의 인민군들의 간섭이 명확히 북한을 패배와 국외추방으로부터 구했지만 김과 중국 정부 사이의 관계는 전적으로 조화롭지는 않았다. 그 당시에 대한 중국과 러시아의 공문서들을 보면 유엔과 미국의 개입 후에 김의 통치 아래 더 이상의 전투가 한국을 성공적으로 통일할 가능성이 매우 적어졌기 때문에 김은 점점 더 필사적으로 휴전협정을 수립하고자 했다고 폭로한다. 한국인민군은 대부분 전선의 해안들에 제한되어 있는데 중국 군대가 전선의 중심을 차지하는 중국이 그의 나라에서 전투의 다수(majority)를 떠맡는 것에 김도 분개하였다. 마침내 중국군대는 휴전협정이 맺어진 훨씬 후인 1958년까지 북한에 남아있었다. 과도한 중국의 영향을 두려워하여 김은 냉전 내내 중국과 소련 사이의 균형을 추구하였다. 그를 지원하는 것의 대부분은 소련과 동유럽 인민공화국으로부터 왔다. 반면 (에너지를 제외하고) 그의 무역의 대부분은 중국과 이루어졌다. 1960년대의 중-소 분쟁 동안 김은 후루시초프의 개혁안을 "개혁주의자"로 비판하면서 중국의 편에 섰다. 동시에 북한의 경제 근대화 접근방법은 마오의 인민당원 혁신을 지양하면서 수직적인 계획과 중공업을 강하게 강조하는 스탈린 모델을 충실히 고수하고자 했던 것으로 보인다. 북한은 "민중"의 속박을 풀어주면서 불편한 심기를 가졌다. 그러므로 김은 백화 혹은 위대한 프롤레타리아 문화 혁명으로서의 마오주의 실험에 불평을 표했다. 이것은 마오를 격노하게 해서 그는 김의 지도력을 비난하고 미국과의 화해를 시작하였다. 그러나 김은 페레스트로이카와 글라스노스트에 대한 고르바초프의 실험에 대해서도 불만스러워했다. 이 혐오는 1990년 소련이 남한을 인정하는 것에 의해 악화되었고 그 다음 해에 옐친이 레닌주의 시스템을 거부하는 것에 의해 더욱 더 악화되었다.

이와 같이 비록 소련의 강한 영향에 의해 균형이 잡히기는 했지만 중국혁명이 북한에 미친 영향은 놀라울 정도였다. 김일성과 그의 가족 숭배(북한에는 김일성의 동상이 대략 500개가 있었다)는 명확히 중국(과 스탈린주의) 인물 숭배에 기인한다. 상징주의도-김의 별명인 일성은 "태양이 되다"를 의미하고 김은 "국가의 태양"으로 찬양되었다-마오 숭배를 일깨웠다. "주체"라는 개념은 비록 그 이상을 의미하기는 하지만 중국의 zeli gengsheng 혹은 자존이라는 개념에서 관념적으로 파생된 것으로 보인다. "주체"는 김일성주의의 핵심 개념이 되었고 중국에서 마오쩌뚱주의가 적용된 것보다 더 철저히 적용되었다. 그것은 북한이 조선왕조에 의해 창시된 "은자의 왕국" 복합체로 돌아가는 결과를 초래했다. 또 다른 핵심 개념인 "천리마"(날아다니는 말)는 경제근대화의 노력의 대대적인 박차를 암시하는데 중국의 대약진과 유사함을 지닌다. 천리마는 1956-1961년 동안의 5개년개획(또한 천리마 운동이라고 알려졌다)에서 유래하는데 그것은 중국의 대약진과 거의 동시에 일어났다. 중국공산당에서처럼 김은 "현장 지도"를 주기 위해 공장이나 농장을 방문하면서 인민에 가까워지는 것을 포함하는 대중적 리더십의 스타일을 추구하였다. 조선노동당은 당에 농민 대중들을 포함함으로써 소련의 정통성을 벗어났다. 그것을 북한은 "선봉" 당보다는 "모임"이라는 용어를 쓴다. 이 시기에 대부분의 조선노동당 멤버들은 이전의 정치적 경험이 전혀 없는 빈농들이었다. 또 다른 한편으로는 의미심장한 차이점들도 있어서 그러한 차이점들은 시간이 흐르면서 늘어난 것으로 보인다. 중국에 있었던 것 같은 반-지식인층 편견(중국 국기는 망치와 낫 사이에 작가의 붓을 삽입하고 있다)은 북한에는 결코 없었다. 그것은 아마도 그 많은 지식인층들이 전쟁 기간 동안 남쪽으로 도망한 상태에서 그들이 필요했기 때문일 것이다. 북한의 군사전략은 전격전-스타일 공격형으로서 탱크와 포들에 매우 의존적인데 그것은 마오주의 "인민전쟁"보다는 김의 소련에서의 훈련에서 기인한다. 그리고 핵무기제조기술을 확보하겠다는 김의 오랜 집착은 마오가 폭탄을 "종이로 만든 호랑이"라고 치부해버린 것과 대조를 이룬다. 김이 핵무기를 포기하고 핵 비확산조약에 서명한 북한의 약속을 이행하도록 만들기 위한 중국의 노력을 김이 (소련과 서방과 협력하면서) 교활하게 오랫동안 회피한 것은 말할 것도 없다. 그 관계의 큰 아이러니들 중 하나는 소련의 붕괴와 북한의 대기근이 과거 그 어떤 때보다 더 중국에 경제적으로 의존적으로 만들었음에도 불구하고 1990년대 초부터 북한 모델은 중국의 모델과 통합되지 않았고 북한의 유일한 동맹인 중국의 외교적 상위를 수용하지 않았다. 사실 국내 정책들과 외교 정책들 둘 다 달라졌다. 김은 애초에는 중국의 개혁을 "수정주의"라고 비난했다. 그리고 중국의 강한 격려와 센첸, 상하이, 그리고 다른 개혁 전시 도시들의 방문을 위한 초빙에도 불구하고 김일성은 고집스럽게 중국의 "개혁 개방" 모델을 북한 경제에 적용하는 것을 거부해왔다. 조선노동당의 이념적인 교의들을 김일성의 지도아래 더 정교화하는 것은 독립적으로 생각해 낸 것 같다. 즉, "선군" 혹은 "군 우선"의 개념은 중국의 혁명적 경험과 아무 상관이 없다.

호치민도 그 혁명적 커리어를 형성하는 과정에서 중국혁명과 많은 문화적 연합적 유대관계를 가졌었다. 호치민은 1890년 호앙트루의 농촌 마을에서 태어났다. 그의 아버지는 유교학자이자 교사였고 후에는 작은 농촌 마을에서 제국의 행정장관이었다. 그가 유년시절 공부한 것들 중에는 (보다 형식적인 학급에서 이루어지기 전에는 그의 아버지와 이루어졌는데) 중국 서예도 포함되었다. 그것은 유교를 진지하게 학습하는 데 필수였다. 그의 아버지의 요청으로 호는 프랑스 교육을 받았고 후에(Huê)에서 프랑스 학교인 리세(lycée)에 다녔다. 그것은 그의 훗날의 제자들인 농(Pham Van Dong)과 지압(Vo Nguyen Giap)의 모교이다. 식민지의 행정사무직을 얻는 데 실패하고 그는 외국으로 가기 위해

학교를 떠났다. 프랑스 기선에서 부엌 도우미로 일을 하며 그는 1911년 12월 마르세이유에 도착했다. 프랑스 식민 행정학교에 지원했지만 성공하지 못한 후 그는 1911년부터 1917년까지 선박에서 하인 일을 하며 여비를 마련하여 미국, 이탈리아, 영국 그리고 프랑스를 포함하는 세계 여행을 하기로 결심했다. 프랑스에서 그는 프랑스 사회주의당에 가담했는데 그 당을 대신해서 베르사유 평화회담에서 프랑스 인도차이나에서의 베트남 사람들의 시민권 인정을 청원했지만 무산되었다. 1920년 프랑스 사회주의당 투르의 의회에서 민(Minh)은 대표로서 제3차 인터내셔널에 찬성표를 행사했으며 프랑스 공산당(FCP)의 창립 멤버가 되었다. 이 기간 동안 그는 베트남 민족주의 단체를 운영하면서 저널 기사와 단편 소설 쓰는 방법을 배웠다. 1923년 호(Ho)는 파리를 떠나 모스크바로 향했다. 거기서 그는 코민테른에 의해 고용되었고 동부의 임금노동자들의 공산주의 대학에서 공부했으며 1924년 6월에는 제5차 코민테른 의회에 참가하였다. 그는 1924–1926년 처음으로 중국을 방문한 것으로 보인다. 그 때 그는 광저우(Guangzhou)에 "청년 교육반"을 조직하였고 이따금씩 왐포 육군 사관학교에서 칸톤에 사는 젊은 베트남 사람들에게 사회주의 강의를 하였다. 이들 젊은이들은 몇 년 후 베트남에서 일어난 새로운 친공산주의 혁명운동의 씨앗들이 되었을 것이다. 1930년 초 홍콩에서 호는 두 베트남 공산당들을 베트남의 하나의 통일된 공산당으로 통합하기 위해 그 당들의 대표들과 가진 회담에서 의장직을 수행했다. 체포, 비행, 그리고 더 많은 여행을 한 후 그는 중국으로 돌아오도록 허락되었다. 중국에서 그는 중국공산당 붉은 군대의 고문으로 일했다. 호는 그 당시 일본과 비시 프랑스(협력주의자) 연합에 저항하는 베트남독립동맹(Viet Minh)의 독립운동을 이끌기 위해 베트남으로 돌아왔다. 그는 제2차 세계대전 동안 미국 전략 지원사무소(OSS)에 의해 긴밀히 그렇지만 비밀리에 지원을 받으며 베트남 점령에 대항해 싸우는 많은 성공적인 군사 행동들을 감독하였다. 전쟁 말미에 미국의 루즈벨트 대통령은 처음에는 프랑스인들이 그들의 식민지에 대해 다시 통치하게 되는 것을 원치 않았고 장개석에게 통치하도록 요청했다. 장은 처음에는 거절했지만 독립을 기다리는 동안 질서를 유지하기 위해 군대를 파견하는 데 동의했다. 1945년 9월 200,000 대만 병력의 군대는 하노이에 도착했다. 호는 공산당을 해산시키고 베트남이 인도차이나 연방과 프랑스 연합에서 자주국가로 인정되도록 하는 거래를 하기 위해 그들의 사령관인 류한(Lu Han)과 타협을 하였다. 프랑스인들과 호의 베트남 독립동맹 양측을 위한 협정의 목적은 장의 군대를 서둘러 베트남에서 철수시키는 것이었다. 호가 1946년 다음과 같이 밝혔듯이. "중국인들이 마지막으로 왔을 때 그들은 천년동안 머물렀다. 프랑스인들은 외국인들이었다. 그들은 약하다. 식민주의는 죽어가고 있다. 백인은 아시아에서 끝났다. 그러나 만약 중국인들이 여기 머문다면 그들은 결코 떠나지 않을 것이다. 나로 말하면 내 남은 인생동안 중국인들의 똥을 먹는 것보다 5년 동안 프랑스인들의 똥 냄새를 맡는 것이 더 낫다."[10]

10 Andrew Forbes, "Why Vietnam loves and hates China," *Asia Times Online* (26 April 2007), 2.

호는 중국국민당(KMT)군이 속히 떠나게 하기(그리고 국내의 민족주의 경쟁 상대들을 완패시키기) 위해 프랑스 식민군대와 협력했다. 그러나 이것은 협정이 깨지기 전에 이루어지지 않았다. 프랑스군이 하노이에서 하이퐁을 폭격한 것이 프랑스는 베트남에서 독립 국가를 허락할 의지가 없다는 호의 의심을 확인시켜주었다. 1946년 12월 19일 호는 프랑스연방을 향해 전쟁을 선포하였다. 그것은 제1차 인도차이나 전쟁의 발발을 의미했다. 1950년 2월 호는 소련이 그의 정부를 인정한 후에 스탈린과 마오쩌뚱과 함께 모스크바에서 만났다. 그들은 모두 중국이 베트남독립동맹을 후원할 책임이 있을지 모른다고 생각했다. 마오의 모스크바 밀사는 8월에 중국이 6-7만 명의 베트남독립동맹군을 가까운 미래에 훈련시킬 계획을 가지고 있다고 진술했다. 1954년 프랑스 연방군이 중국인 고문들과 (미국이 프랑스에 큰 원조를 제공함으로써) 중포를 포함한 군사적 원조가 중요한 역할을 담당한 디엔비엔푸(Dien Bien Phu) 전쟁에서의 참패 후 프랑스는 1954년 제네바 평화회담에서 베트남독립동맹과의 전쟁을 포기하도록 강요당했다. 토종의 베트콩(Viet Cong)에 의한 게릴라전으로 시작해서 1970년대의 대대적인 보병부대와 대포의 교전으로 절정에 달한 제2차 인도차이나 전쟁은 1960년대 초 발발했다.

중국의 혁명 경험이 베트남에 미친 여파는 깊었다. 중국통에 따르면 중국은 모두 합쳐 3만 명의 인원을 베트남에 보냈다. 대부분 반-항공기 포기술자들과 전쟁 기술자들이었다. 1965년과 1969년 사이에 중국인민해방군(PLA) 23소속, 95여단과 83대대가 베트남에 있었다. 이들은 1707 미군 전투기를 고장 내고 1,608대를 훼손시킨, 미국인들을 상대로 한 2153 AAA에 참여한 것을 포함해서 다양한 전투 활동에 참여하였다. 1965년과 1972년 사이에 베트남에서는 총 1,100명의 중국인민해방군들이 살해되었고 매장되었고 4,200명이 부상당했다. 중국이 1962년과 1966년 사이에 베트남에 준 물자원조는 대부분 아무런 대가성 없는 것으로서 270,000개의 돌격용 자동소총과 700톤의 폭약, 남부에 있는 베트콩을 위한 200,000벌의 유니폼들을 포함해서 200억불어치였다. 중국의 공식문서들도 "적으로부터 포획한 아주 적은 양을 제외한 거의 모든 남베트남자유전선의 장비와 군수품 공급이 중국으로부터 무료로 왔다"고 주장한다. 라오스에는 대부분 1969년부터 1973년까지 (AA배터리와 PLA공업기술군대의 방어에 최대 21,000부대를 포함) 7만 명의 중국인민해방군에 달하는 군대도 있었고 1978년까지는 마지막 중국 군대들은 철수 되었다.[11] 역사적인 관계도 가까웠지만 호가 기억하듯 중국은 거의 1,000년 동안 그 나라를 점령했고 베트남의 독립은 어렵게 획득되었고 비상한 주의가 기울여졌다. 혁명군 전략에 관하여 말하면, 마오주의 "인민 전쟁" 책략 경쟁이 일부 있었다. 특별히 남부에서의 2차 베트남 전쟁의 초기 베트콩 단계 동안에 그러했다. 그러나 베트남민주공화국(DRV) 국방장관이자 1차와 2차 베트남 전쟁에서 공산주의 군사령관이었던 지앱(Vo Nguyen Giap) 대장은 "현대 인민전쟁"이라고 부르기를 선호했는데 그는 중국의 전략적 자문을 믿고 따르지 않았다. 소련의 군사적 지원과 장비의

---

11 Xiaoming Zhang, "China's Involvement in Laos during the Vietnam War, 1963–1975," *Journal of Military History* (October 2002) 참조.

도움으로 그는 베트남 인민군을 형성해서 대규모의 전통적인 군대로 전환하고 고전적인 포위공격으로 디엔피엔푸의 결정적 전쟁을 감행했으며 일관성 있게 게릴라전에 대단위 공격을 가하는 것을 선호했다.[12] 그는 소련의 전략적 조언은 물론 소련의 무기류와 장비 공급 덕분에 그렇게 할 수 있었다. 소련의 무기류와 장비 지원은 1972년 후에 중국의 군사적 지원보다 더 규모가 커졌다. 왜냐하면 하노이는 평양처럼 소련과 중국 모두의 지원에 의존하였다. 처음에는 그렇게 하는데 아무런 마찰이 없는 것으로 지각되었고 후에는 그 둘 사이에 균형을 유지하려고 시도하였다. 하노이가 선택해야만 할 만큼 논쟁이 심해졌을 때 그들은 소련 편에 서는 것을 선택했으며 그것은 북경을 대노하게 했다. 남부에서 승리를 거두고 국가의 재통일을 거두자마자 중-베트남 관계는 급속도로 악화되었다. 그 관계는 남부 탈환 후에 생산 수단의 사회주의화와 관련하여 소수민족인 중국인 "보트 피플"의 강제적인 추방이민에 의해 악화되었으며 파라셀(Paracel)과 스프래틀리(Spratley) 섬 배치는 물론 국경선을 둘러싼 영토분쟁에 의해 복합적으로 얽혀있었다. 이 모든 것은 1979년 봄 짧지만 포악한 중-베트남 전쟁에서 정점에 이르렀으며 아픈 유산을 남기게 되었다. 그러나 베트남은 1980년대 초 "사회주의로의 전이" 직후 경제가 거의 붕괴된 후에 국내에서는 도이모이(Doi Moi)로 알려진 중국의 경제 개혁 전략을 1986

12 Pierre Asselin, "New Perspectives on Dien Bien Phu," *Explorations in Southeast Asian Studies,* Vol 1, No. 2 (Fall 1997) 참조. http://www.hawaii.edu/edu/cseas/pubs/explore/v1n2-art2.html.

년에 채택하였으며 전반적으로는 성공적인 결과를 가져왔다.

이 두 경우들이 예증하듯이 중국혁명은 성공을 거두기 훨씬 전에 아시아 전역에 걸쳐 상당한 영향을 미쳤다. 중국이 20세기 전반에 걸쳐 계속되는 혁명의 소용돌이 속에 있는 한편 그것은 아시아의 중앙에 자리 잡고 있었고 1930년대 후반까지 혁명적 여세를 성취했다. 그리고 혁명이 어떤 수단으로도 아직 성공적이지 않았다는 사실은 어떤 낭만적인 호소력을 지니게 했다. 그러나 비록 중국공산당이 확실히 그 이야기와 임무를 선전하는 데 관심이 있었고 그렇게 하기 위해 모든 가능한 기회를 포착했지만 이것은 우선하는 것의 리스트에 우위를 점하지 않았다. 이 리스트의 꼭대기에는 생존이었고 만약 외국으로부터 온 혁명동지들이 그 시나리오에 적합할 경우 그들은 환영받을 수 있었다. 대부분의 경우들에 그들의 혁명들은 중국혁명만큼 그렇게 선진적이지 못했으므로 이들 방문 혁명가들은 그들 나름 생존에 더 사로잡혀있었다. 그들은 필수적으로 미래 혁명 모델을 찾고 있지 않았다. 그들은 그것을 이미 마르크스와 레닌에게서 발견했었다. 그들이 가장 간절하게 필요로 했던 것은 보다 실질적인 원조–일시적인 피신처, 무기, 자금이었다. 그리고 중국은 이 기간 동안 이 도움의 이차적인 원천이었다. 첫번째는 모스크바였다. 모스크바는 첫번째이자 유일한 성공적인 공산주의 혁명의 고향이며 공산주의 인터내셔널과 젊은 혁명론자들이 훈련을 받은 이스트대학의 임금노동자들의 본부였다. 해방 후에 중국혁명 모델을 대중화하려는 중국의 시도는 훨씬 더 강한 군사 지원 국가 프로그램과 혁명적인 "국가 해방" 운동들의 지지로 아시아와 제3세계 나머지 국가들에 걸쳐 더 강력해졌다.[13]

결론

중국혁명은 전 세계에, 중국과 동아시아에서의 이웃 국가들에 상당한 파장을 일으켰다. (지금까지는 도시의 노동자계급과 급진파 지식계급에 한정되었던) 프롤레타리아의 마르크스주의 정의를 소작인과 "연합전선" 내의 중간계급과 같은 성질의 부분들을 포함하기 위하여 확장시키는 주요한 혁신과 더불어 그것은 레닌주의 지하조직을 그러한 운동들을 위한 표준적인 조직적 패러다임으로 강화시켰다. 1949년 해방 이전에 비록 중국공산당의 자원들이 매우 한정되었지만 그것은 호의적인 여론을 촉진시키고자 하는 시도와 만약 유사한 혁명 운동들에 용기를 불어넣을 수 있다면 하는 시도에서 동료 혁명가들과 동정적인 좌파들을 세계로부터 숨겨주었다. 해방 이후에 중국공산당은 그 외교 정책과 경제적 자원들을 혁명적 경험을 수출하는 데 초점을 맞추기 시작했다. 그러나 중국의 혁명 경험에 대해 탄복과 외국에서의 경쟁을 촉진시키는 데 있어서의 성공은 중국 정부의 후속적인 정책들과

---

13 E.g., the highest proportion of GNP the developed countries gave as foreign aid barely exceeded 0.5 percent, and the US figure at the turn of the millennium was far below 0.01 percent. Under Mao, China's foreign aid reached 6.92 percent (in 1973), the highest amount (as a proportion of GNP) the world has ever known. China Today, ed., *DangdaiZhongguodeduiwaijingjihezuo*[China Today: Economic Cooperation with Foreign Countries], (Beijing: Zhongguoshehuikexuechubanshe,1989), 68. For an excellent analysis see Peter Van Ness, *Revolution and Chinese foreign policy: Peking's support for wars of national liberation.*

수용하는 국가들에서의 상황 둘 다에 의해 제한을 받았다. 비록 대약진의 전체적 규모가 나중에까지도 알려지지 않았지만 대약진의 실패는 자연스럽게 그러한 선전용 노력을 꺾는 효과를 가져왔다. 또 다른 한편으로는 대프롤레타리아 문화혁명은 처음에는 혁명 평판에 긍정적인 여파를 가져왔다. 그러나 그것은 국제적인 혁명 노력들은 급진파와 중도파로 나누어지는 데 기여하여 둘 다에 손해를 끼쳤다. 혁명 동력을 받도록 의도된 국가들에서의 국내 상황은 필리핀이나 말레이시아부터 시작해서 인도네시아, 프랑스 인도차이나에 이르기까지 경우에 따라 달랐다. 필리핀이나 말레이시아에서는 지속되었다가 결국은 헛된 폭동을 초래하였고 인도네시아에서는 그 당시 수하르토 사령관이 이끈 1965년의 군사반란에 의해 섬멸된 블록에 끼지 않은 가장 큰 공산당이 성장하는 데 기여했다. 프랑스 인도차이나에서는 공산주의 혁명가들이 새롭게 등장하는 세 나라들 중 두 나라에서 권력을 쥐고 공고히 하였다.

결론으로 네 번의 아이러니들이 언급할 가치가 있다. 첫째, 중국혁명은 비록 확실히 큰 국제적 의미를 지니는 실제 사건이지만 처음에는 매우 신축성이 있었고 "구성된" 개념으로 나타났다. 그것이 성공하기 전에, 즉 해방 이전에 그것은 세 측면들로 이루어져 있었다. 첫째, 기울어있는 유권자의 충원. 둘째, 적들과 (연합전선을 이루면서 1936년 시안에서처럼 혹은 1945년 청칭에서처럼) 잠재적 동맹과의 외교와 교섭 행동. 셋째, 무기에 의한 전쟁. 세 번의 큰 전쟁이 있었다. 첫째는 1927－1931년의 도시에서의 폭동이 일어났을 때의 전쟁, 둘째는 1931－1934년에 지앙시(Jiangxi)에서의 소련의 방어를 위한 전쟁. 세 번째는 1946-1949년의 시민전쟁에서의 전투. 각각의 전쟁에서 서로 다른 책략들을 쓰면서 중국공산당은 처음의 두 전쟁에서 패배했지만 살아남았고 세번째 전쟁에서 승리를 거두었다. 그것은 결정적인 것이었다. 확실히 혁명의 호소력은 여럿 중에서도 붉은 군대에 복무할 군인들을 충원하는 데 유용했다는 것이다. 그러나 세 전쟁들 중에서 결정적인 것은 빈틈없는 군사적 전략이었다. 혁명적 경험을 해방 이후 재건하는 데 있어서 그리고 특별히 그것을 대프롤레타리아 문화혁명에 재연하려 시도하는 데 있어서 혁명의 군사전략적 측면은 전망이 떨어지는 것이었다. 연합전선의 크기가 명예를 실추시키는 것이었듯. 통치자들과 통치를 받는 사람들 사이의 격렬한 분열 그리고 격렬한 반권위주의 적의는 이제 최상위를 차지했다. 혁명의 이 극적인 재개념화는 비혁명적 단체들과의 관계들을 양극화하는 경향이 있었다. 그러한 그룹들은 중국의 이웃 나라들 사이에 국내의 힘과 국제적 힘의 균형을 감안할 때 신중한 것으로 드러나지 않았다.

둘째, 중국공산당을 위한 전 세계적인 리더십을 주장하는 데 있어서 중국혁명의 상징적 중요성은 회고할 때 국외에서 보다는 국내적으로 보다 성공적이었다. 중국 내에서 이러한 주장은 아시아의 중심적이고 자연스런 지도자로서의 중국에 대한 예상된 관념에 호소함으로써 당의 선봉적인 역할에 대한 주장들을 강화시켜온 것으로 보인다. 그리고 그것은 당 내에서 마오쩌뚱이 그가 보다 이념적으로 정통한 "되돌아온 학생" 당내 반대자들에 대항하여 혁신적인 혁명 전략의 핵심작가로 부상하는 것을 수월하게 했다. 반대자들의 권력 요구는 코민테른 선에 충실하게 고수하는 것에 기초했다. 국외에서는 전

세계의 새로운 "식민적 그리고 반식민적(semi-colonial), 봉건적 그리고 반봉건적" 국가들을 통 털어 혁명을 중국공산당의 리더십을 위한 정당화로 사용하는 것은 북한과 베트남에서의 두 명백히 성공 스토리들만을 자랑할 수 있었다. 그리고 이러한 경우들조차도 우리가 봐 온 바와 같이 중국 경험의 여파는 한정되었다. 그래서 어느 국가와도 신뢰할 수 있는 충성도의 관계를 초래하지는 못했다. 그러나 별모양의 기록보다도 못한 외국에서의 이러한 기록에도 불구하고 중국이 중국의 혁명 "모델"의 국제적 확산과 동일시하는 것은 국내적으로 선전된 것이었으므로 상당히 과장된 것인데 그러한 동일시는 국내에서 중국공산당 정권을 위한 "병생하는 합법화"로 기능했다.[14]

셋째, 중국의 혁명 경험은 해방 후 시대에 혁명의 "초원지대 불"을 퍼지게 하기 위한 보다 집약되고 힘찬 시도가 진행되던 기간 동안보다 해방 전 시대에 더 큰 외교 정책 여파를 미쳤던 것으로 보일 수 있다. 왜냐하면 1949년 이전 시기에 중국공산당은 그 혁명적 커리어를 통 털어 성취해야 할 혁명 전이를 성취했는데 (북한과 프랑스 인도차이나에게로의) 혁명 전이가 유일하게 오래 지속된 것이었다. 해방 후 시대에 중국은 많은 노력을 가리킬 수 있지만 그와 같이 성공적으로 완성된 혁명 성공 스토리들은 없다. 이것은 다소 놀라운 것이다. 왜냐하면 혁명을 퍼뜨리기 위한 해방 후의 노력은 고문들, (중국의 여전히 중도적인

14 This was particularly true after Liberation, when Beijing celebrated the visit of every leftist leader not only in the State-controlled media but with parades and other such choreographed fanfare.

GDP를 감안할 때) 상대적으로 아낌없는 외국의 원조, 그리고 무기류를 포함하는, 훨씬 더 많은 자원들을 가지고 집중되고 추구되었다. 의심의 여지없이 성공이 미미한 이유의 일부는 냉전의 시작과 서양, 특히 미국의 반공산주의 노력의 동원이었다. 미국은 항상 성공적이지는 않았지만 거의 항상 혁명적 전진에 에너지가 넘치고 변통력이 풍부했다. 그러나 중국혁명 모델을 담금질하거나 수사학적으로 극화하는 것은 선전 수단으로서는 극히 효과적일지라도 양극화에 기여하기도 했다.

넷째, 중국혁명 경험이 나머지 세계에 영향을 미치는 데 있어 강대국들의 가장 중요한 타깃 청중으로 의도된 식민지역과 반식민지역들보다는 강대국들에게 더 영향을 미쳐온 것 같다. 즉, 비록 힘의 균형을 유라시아 지방의 국가들을 공산주의로 통제하는 것으로 옮긴 중국이 "손실" 때문에 아직 비틀거리고 있지만 중국의 혁명 경험은 미국에 영향을 미쳤다. 그러한 영향 결과 다가오는 반세기동안 세계를 양극화시킬지도 모르는 공산주의 "위협"에 대한 대대적인(회고해 보면 지나친), 국제적으로 통합된 반응이 증가하였다. 소련에서 그것은 세계혁명의 이념적인 리더십을 불법적으로 사용하기 위하여 중국의 혁명적 혁신들을 사용하는 것에 대한 불안을 조장했다. 그것은 중-소 분열에 기여했다. 일본에서 그것은 그 나라의 군국주의 과거와의 화해를 방해했으며 중국의 미래 해상 야망을 지속적으로 방해하는 일-미 안보 동맹관계를 포함하여 "역주행"의 기폭제가 되었다. 제3세계에서는 이미 언급했듯이 북한과 프랑스 인도차이나에서만 소득이 있었고 둘 중 어느 경우도 중국에게 지속적으로 이익이 된다는 것을 증명하지 못했다. 사실 누군가는 인민 전쟁의 국제적 개요에 있어서 세계 "도시들"을 에워싸는 세계 "농촌마을"에 대한 마오의 비전의 실패는 부분적으로 중국 스스로 이러한 노력들을 포기한 때문이라고 주장할 수 있다. 그러나 나는 중국의 포기가 그들의 실패를 야기했다고 말하기 보다는 중국이 실패했기 때문에 중국은 이러한 운동들을 포기했다고 말하는 것이 더 정확하다고 생각한다.

(번역: 이자연)

참고문헌

Asselin, Pierre. 1997. "New Perspectives on Dien Bien Phu," *Explorations in Southeast Asian Studies,* Vol 1, No. 2. http://www.hawaii.edu/edu/cseas/pubs/explore/v1n2-art2.html.

Deng Xiaoping. 1974. "Firmly Support the Just Demands of the Third World" [Jian jue zhi chidi san shi jie di zheng yi yao qiu]. address to the UN General Assembly. Hong Kong: Hong Kong san lian shu dian.

Dittmer, Lowell. 1998. *Liu Shaoqi and the Chinese Cultural Revolution.* Rev. ed. Armonk, NY: M. E. Sharpe.

Forbes, Andrew. 2007. "Why Vietnam loves and hates China." *Asia Times Online.*

Gittings, John. 1974. *The world and China, 1922–1972.* New York: Harper & Row.

Goldstein, Steven M. 1978. "The Chinese Revolution and the Colonial Areas: The View from Yenan, 193741." *China Quarterly.* No. 75.

Lin Biao. 1965. *Long live the victory of people's war! In commemoration of the 20th anniversary of victory in the Chinese people's war of resistance against Japan.* Peking, Foreign Languages Press.

Mao Zedong. 1969. "Jiejian Riben shehuidang renshi de tanhui" [Discussions with members of Japan's Socialist Party]. in *Mao Zedong sixiang wansui*[Long live Maozedong Thought]. Beijing: n.p..

Ness, Peter Van. 1970. *Revolution and Chinese foreign policy: Peking's support for wars of national liberation*. Berkeley, University of California Press.

Snow, Edgar. 1968. *Red Star Over China*. New York: Grove Press(first revised & enlarged edition).

Strong, Anna Louise. 1947. "The Thought of Mao Tse-tung." *Amerasia* 11. No. 6.

Xiaoming Zhang. 2002. "China's Involvement in Laos during the Vietnam War, 1963-1975." *Journal of Military History*.

2부 새로운 양상과 전망

6장

동아시아에서 배상과 화해 문제:
21세기 미해결 과제

요시다 쿠니히코(吉田邦彦)

1. 서론: 배상 연구의 목적

배상[1] 연구의 목표와 목적을 밝혀보겠다. 그것은 다음 질문과 관

1 '배상'이라는 개념은 엄격하지 않고 그 의미는 흐릿하다. 보통 기본적인 인권을 침해하고 인종 갈등과 관련된 대규모 불법행위, 대개 전형적으로 전쟁 또는 주로 국제적 맥락에서지만 국내에서 벌어진 다른 비인간적인 잔혹한 행위에 대한 치료책을 의미한다. 예를 들어서, 한 사전은 그것을 '상처나 잘못, 특히 전쟁에서 가해진 피해나 국제 의무 위반에 대한 보상'으로 정의 내린다(Bryan Garner, *Back's Law Dictionary*. 4th pocket ed. (West, 2011), 645).
그것은 자주 국제 인권법과 관련해서 사용된다. 유엔총회는 1989년 이후 테오 반 보벤의 유엔 소위원회와 쉐리프 바시우니의 유엔 인권법의 지속적인 노력 끝에 2005년 12월에 국제인권법의 잔인한 위반과 국제 인도주의법의 심각

련이 있다. 첫째, 적대적인 국가/집단 사이의 관계를 화해시키기 위해서 증오의 사이클을 어떻게 바꿀 수 있는가?[2] 정상화된 관계를 건설

한 위반의 희생자를 위한 치료와 배상 권리에 대한 기본 원칙과 가이드라인을 채택했다. 유엔의 노력에 대해서는 다음 참조. Hans van Houtte et al., "The United Nations Compensation Commission," in Pablo De Greiff ed., *The Handbook of Reparations* (Oxford U.P., 2006), 321.

많은 아메리카 대륙간 국제 배상 사건이 있다. See, e.g., Jo M. Pasqualucci, *The Practice and Procedure of the Inter-American Court of Human Rights*. 2nd ed. (Cambridge U.P., 2013), 188. 최근의 논문(예를 들어서, Cecily Rose, "An Emerging Norm: The Duty of States to Provide Reparations for Human Rights Violations by Non-State Actors," 33 *Hastings Int'l & Comp. L. Rev.* 307 (2010); Thomas Antkowiak, "An Emerging Mandate for International Courts: Victim-Centered Remedies and Restorative Justice," 47 *Stan. J. of Int'l Law* 279 (2011))에 따르면 아메리카 대륙 법원은 유럽 법원보다 희생자의 배상에 더 주의를 기울인다.

그러나 나는 '배상'을 21세기 불법행위(tort)법의 가장 중요한 분야 중 하나로 위치시키고자 노력할 것이다. 이상하지만, 배상 소송은 수많은 중요한 논쟁이 있음에도 불구하고 미국 법학계에서조차 일반 불법행위법 사례집에 포함되지 않는다. 예를 들어서 다음을 보라. Richard Epstein & Catherine Sharkey, *Cases and Materials on Torts*. 10th ed. (Wolters Kluwer, 2012); *Happer, James and Gray on Torts*. 3rd ed., Vol. 5. (Wolters Kluwer, 2008. §29. 3, 711)는 '배상'이라는 용어를 사용하지 않으면서 주변화된 방식으로 국가면책 원칙에 대한 예외로 국제사례를 다루고 있다. 그러나 '2차 대전 이후 보편적인 인권의 보호의 맥락에서 '배상'' 개념은 국가 간 '전리품'으로부터 진실과 화해 뿐 아니라 판결을 위한 정의와 도덕의 이상화된 개념으로 변화했다. 이 점에서 대해서 다음 참조. David Eng, "Reparations and the Human" (unpublished paper, 2012), 11-12. 국제 인권 원칙의 형성에 대해서는 다음 참조. James Nickel, *Making Sense of Human Rights*. 2nd ed. (Blackwell, 2007), 7; Lynn Hunt, *Inventing Human Rights* (Norton, 2007), 32, 201(감정의 중요성).

할 수 있는 과정은 무엇인가? 증오의 사이클의 좋은 예를 위해서는, 2010년 3월 남한 순시선의 침몰과 2010년 11월 연평도 포격과 관련된 남북한 사이의 최근의 긴장을 생각해 보라.

한국을 벗어나면, 그리스 비극 신화(예: 트로이 전쟁)부터 9월 11일 뉴욕 세계무역센터 테러 공격, 이라크, 아프가니스탄 폭격, 최근의 키르기스스탄(2010년 5월), 북아프리카, 특히 이집트(2011년 1-2월) (무바라크 정부의 붕괴), 리비아(2011년 2월~), 시리아(2011년 3월~)에서의 소요 등이 있다.

아시아에서는 중국 측 다이아오와 일본 측 센카쿠 근처에서 발생한 선박 사고(2010년 9월)와 그리고 일본의 점유 선언 및 이후의 국유화(2012년 4월)와 관련된 중국과 일본 사이의 고조된 긴장, 그리고 독도와 관련된 일본과 한국의 오래된 긴장 및 일본의 울릉도 방문 거부(2011년 7월) 등을 생각해 보라.

두 번째 질문은 배상이 화해 및 평화 구축과 어떤 관계가 있는지에 대한 것이다. 배상은 막대한 불법행위를 해결하기 위한 조건이다. 불법행위 법(tort law)의 목적은 보통 세 가지 방식으로 고려된다. 사후의 금전적 보상, 사전적 불법행위의 방지, 불법행위에 대한 처벌/제재. 그러나 또 다른 중요한 기능이 있는데, 비록 통상의 법적 행위에 비해

2 이 관점을 위해서 다음을 보라. Martha Minow, *Between Vengeance and Forgiveness: Facing History after Genocide and Mass Violence* (Beacon Press, 1998); Martha Minow Ed., *Breaking the Cycles of Hatred: Memory, Law, and Repair* (Princeton U.P., 2002); Elizabeth Spelman, *Repair: The Impulse to Restore in a Fragile World* (Beacon Press, 2003).

주변화 되어 있지만, 그것은 속죄다. 금전적 배상과 대비되는 '사죄'의 중요성은 특히 배상의 맥락에서는 소홀히 여겨졌다. 그것이 바로 이 지역에서 수많은 법적 해결책이 성공하지 못하는 이유다.

배상 논쟁과 관련해서, 위에서 언급한 관점들을 얻는 데 있어서 나는 법학 논문의 수가 정점에 이르렀던 21세기 전환기의 미국 학계로부터 많은 것을 배웠다. 그러나 법학계 내에서 배상 연구, 특히 사죄에 대한 논의는, 후에 이 글에서 논의하겠지만, 사회학자, 심리학자 등 사이에서 학제 간 관심을 끌었음에도 불구하고, 지난 10년간 줄어든 것 같다.[3] 배상에 대한 이야기는 어떤 의미에서 집합적 인종/민족의 논쟁이며, 피부색깔에 중립적인 정치를 강조하는 보편적인 탈인종 시대에 시의성을 잃었다.[4] 나는 그렇게 생각하지 않는다. 비판적 인종이론과 그것의 후계자인 LatCrit이론은 계속 주도적이었고, 미국 법

---

3 For the moment, e.g., Nicholas Tavuchis, *Mea Culpa: A Sociology of Apology and Reconciliation* (Stanford U.P., 1993); Aaron Lazare, *On Apology* (Oxford U.P., 2005); Nick Sith, *I was Wrong: The Meanings of Apologies* (Cambridge U.P., 2008).

4 E.g., Naomi Klein, "Minority Death Match: Jews, Blacks, and the "Post-Racial" Presidency," *Happer Magazine* (Sept 2009), 53. 미국 대법원에 대한 영향에 관해서는 다음 참조. Mario Barnes et al., "A Post-Race Equal Protection," 98 *GEO. L. J.* 967 (2010). 학계는 일반적으로 이 경향을 비판적으로 조사한다. 다음 참조. Sumi Chuo, "Post-Racialism," 94 *Iowa L. REV.* 1589 (2009) (dangers of post-racialism); John Powell, "Post-Racialism or Targeted Universalism," 86 *DENV. U. L. REV.* 785 (2009) (인종 개념의 중요성).

학계[5]에서 최근 가장 강력한 이론들이었다. 그래서 나는 인종/민족을 의식한 구제책, 그 중에서 특히 배상의 성공하지 못한 도전이 최근의 분명한 무시에도 불구하고 계속 추구되어야 한다고 생각한다.

2. 전 세계 배상 사례

1) 유럽과 아프리카

예를 들어서, 국제적으로, 다음과 같은 사례들이 있다. ① 노예노동/학살, 은행계좌 압수, 보험금 지급 거부, 재산 약탈과 관련된 홀로코스트 연구,[6] ② 아파르트헤이트(1994년 폐지) 이후 남아프리카의

---

5 다음 참조. Ian Haney Lopez, "Race, Ethnicity, Erasure: The Salience of Race to LatCrit Theory," 85 *CAL. L. REV.* 1143 (1997); Elizabeth Iglesias, "International Law, Human Rights and LatCrit Theory," 28 *U. MIAMI INTER-AMERICAN L. Rev.* 361 (1996-97); do., "Democracy, Identity, Communicative Power, Inter/National Labor Rights and the Evolution of LatCrit Theory and Community," 53 *U. MIAMI L. REV.* 575 (1999); Francisco Valdes, "Theorizing 'Outcrit' Theories," 53 *U. MIAMI L. REV.* 1265 (1999); Athena Mutua, "Introductive Classcrits: From Class Blindness to a Critical Legal Analysis of Economic Inequality," 56 *BUFF. L. REV.* 859 (2008). See also, Francisco Valdes et al. eds., *Crossroads, Directions, and a New Critical Race Theory* (Temple U.P., 2002).

6 E.g., Michael Bazyler, *Holocaust Justice: The Battle for Restitution in America's Courts* (NYU Press, 2003); Bazyler et al. eds., *Holocaust Restitution: Perspectives*

새로운 국가 건설(예를 들어서, 1995년 '국가 통합과 화해 증진을 위한 법률'에 의한 진실과 화해 위원회[TRC]),[7] ③ 코소보와 다른 유고슬라비아 국가들의 비극과 국제 사법재판소의 법적 해결, ④ 1990년대 르완다 학살과 후유증, 유사한 법적 해결, ⑤ 호주 케빈 러드 수상의 과거 원주민 차별 정책, 예를 들어서, 1870년대부터 1970년대까지 동화 정책의 일환으로 아이들을 부모로부터 강제로 분리시키고('잃어버린 세대'), 캔버라의 영토를 정복하고, 인간 사냥 또는 다른 잔인한 살해를 한 것에 대한 사죄(2008년 2월).

2) 미국 사례

미국의 사례는 다음과 같다. ⑥ 제2차 세계대전 중 일본계 미국인의 억류에 대한 배상은 미국에서 중요한 배상 사례다.[8] 1942년에 프랭클린 루즈벨트 대통령의 행정명령 9066에 의해서 약 12만 명의 일본계 미국인이 황량한 산악 지역에 있는 16개의 캠프(예를 들어서, 캘리

---

on the Litigation and Its Legacy (NYU Press, 2006).

7 E.g., Prescilla Hayner, *Unspeakerable Truths: Facing the Challenges of Truth Commissions* (Routledge, 2002); Francois Du Bois et al. eds., *Justice and Reconciliation after Post–Apartheid South Africa* (Cambridge U.P., 2008).

8 E.g., Peter Irons, *Justice at War: The Story of the Japanese American Internment Cases* (U. California P., 1983); Greg Robinson, *By the Order of the President: FDR and the Internment of Japanese Americans* (Harvard U.P., 2001); Eric Yamamoto et al., *Race, Rights and Reparation: Law and the Japanese American Internment* (Aspen, 2001), 96.

포니아에 있는 만자나르 강제수용캠프(재배치 센터))로 강제 이주 당했다. 1988년 로날드 레이건 대통령은 의회의 사죄를 포함해서 일인당 2만 달러의 배상금과 125억 달러의 교육 자금 등 총 140억 달러에 달하는 배상을 골자로 하는 일본계 미국인 화해 법안에 서명했다.

⑦ 미국 원주민, 특히 인디언과 하와이 원주민에 대한 토지 지급과 금전적 보상 또한 대표적인 사례다. 하와이 원주민[9]의 경우 그들의 왕국은 1893년 클리블랜드 대통령에 의해서 붕괴되었고, 여왕과 2만 9천 명의 하와이인들의 반대에도 불구하고 1898년 맥킨리 대통령에 의해서 병합되었다. 그들은 분리된 장소로 소개되었고, 토지는 미군의 지원 아래 접수되었으며, 그들의 문화는 종속당했다. 20만 에이커의 땅이 1921년 신탁을 통해서 반환되었지만, 불하된 토지는 어떤 주요 인프라도 없이 저개발 되었다.

그러나 1993년에 미국 정부는 식민과정에서 초래한 손해를 인정하고 의회가 사죄를 하기로 했다. 1999년에 클린턴 행정부는 하와이 원주민의 많은 증언을 들은 다음 도덕적 책임을 인정하고 하와이 원주민의 자결 원칙을 보장하는 화해 보고서를 발간했다. 이후 1980년대 말부터 2000년대 사이에 원주민에게 카후라웨(Kahoolawe) 섬 반환, 6억 달러의 배상, 원주민의 건강, 교육, 주택을 위한 재정 지원을 포함한 일련의 법이 제정되었다. 비록 부시 정부 시절에 후퇴가 있었지만, 미래에 상황은 나아질 것이다.

---

9 나음 참소. Eric Yamamoto, *Interracial Justice: Conflict and Reconciliation in Post–Civil Rights America* (NYU Press, 1999), 60, 210.

⑧ 노예제에 대한 수많은 논쟁이 존재하는데,[10] 이 역시 반대를 불러일으킨다. 1921년 툴사(Tulsa) 사건에 대한 2003년의 제소는 노예제 배상에 대한 상징적인 제소였다. 비록 각하되었지만 소규모 배상(micro-reparation)을 포함한 긍정적인 논쟁이 뒤를 이었다.

한편, 미국 배상 논쟁의 편파성 또는 일방주의를 주목해야 한다. 1945년 히로시마 나가사키 원폭과 동경 융단 폭격 뿐 아니라 베트남전, 이라크전, 아프가니스탄전에 대한 책임 논의가 부족하다. 다르게 말하면, 미군이 관련된 전쟁 책임에 대한 논의가 여전히 적다.

더군다나, 미국에서 원주민에게 가했던 과거의 많은 부정의가 많은 미국인들에게 잊혀졌다. 예를 들어서, 미국 7대 대통령인 앤드류 잭슨(1829-1837)은 미군과 한국군이 제주 양민 학살을 저지를 때 채택했던 초토화 정책을 사용했다. 그래서 세미놀(Seminole) 인디언들을 아이, 여자 포함에서 무차별적으로 학살했고(세미놀 전쟁 1817-1818, 1835-1842, 1855-1858), 체로키 인디언들의 강제이주(The Trail of Tears)를 야기했던 인디언 제거법(1830)을 도입했다. 이 잔인한 전쟁으로 플로리

10 E.g., Mari Matsuda, "Looking to the Bottom: Critical Legal Studies and Reparations," 22 *Harv. Civil Rights–Civil Liberties L. Rev.* 323 (1987); Randal Robinson, *The Debt: What America Owes to Blacks* (Plume, 2000); Roy Brooks, *Atonement and Forgiveness: A New Model for Black Reparations* (U. California P., 2004); Alfred Brophy, *Reparations: Pro and Con* (Oxford U.P., 2006). See also, Kaimipono David Wenger, "Injuries Without Remedies: "Too Big to Remedy?" Rethinking Mass Restitution for Slavery and Jim Crow," 44 *LOYOLA OF LA L. Rev.* 177, at 227 (2010).

다의 세미놀의 인구는 약 6천 명에서 2–3백 명으로 급격하게 줄었다.[11] 그러나 현재 미국 시민들은 과거 그의 심각한 불의에도 불구하고, 20달러 지폐에 그려진 그의 얼굴을 자주 쳐다보면서 존경을 표하는 것 같다.

3. 아시아 배상 사례(1부): 아시아 맥락에서 일본과 관련된 배상 사례

비록 일본이 제2차 세계대전 이후 헌법 제9조의 전쟁 금지 조항을 가진 평화적인 국가로 알려져 있지만, 우리는 일본이 한 때 동아시

---

11 플로리다 세미놀 인디언 학살에 대해서는 다음 참조. Jerald Milanich, *Florida's Indians: From Ancient Times to the Present* (U. P. Florida, 1995), 179, esp. 180, 181, 182. 플로리다 세미놀 인디언의 유명한 추장인 Osceola–그의 이름은 마이애미 대학의 아름다운 캠퍼스의 명칭으로 더 유명하다–는 1835년에 2차 세미놀 전쟁(1835–1842)에서 미군에 승리했다. 그러나 그는 후에 정전 협상을 위해서 St. Augustine에 초대되었는데 속임수였다. 그는 즉시 포박되어서 찰스턴 교도소로 보내졌다. 1838년에 교도소에서 그가 죽은 후에 머리는 잘라져서 서커스 공연에서 잠시 전시되었다(Alejandro Portes & Alex Stepick, *City on the Edge: The Transformation of Miami* (U. Cal. P., 1993), 62–70; Jan Nijman, *Miami: Mistress of the Americas* (U. Pa. P., 2011), 141). See also, T. D. Allman, *Finding Florida: The True History of the Sunshine State* (Atlantic Monthly Press, 2013), 84, esp. 89(잭슨의 오래된 목표는 플로리다를 백인 우월주의자들의 노예주로 탈바꿈 시키는 것이었다. 잔인한 인종주의는 오랜 영향을 남겼다).

아의 과거 부정의의 핵심 행위자였고, 배상 노력은 성공적이지 못했거나 빠져 있었으며, 이웃 나라들과의 역사적 화해라는 목표를 달성하는 데 턱 없이 모자랐다는 것을 잊지 말아야 한다.

구체적인 사례는 수없이 많다. 노예 노동, 중국 침략 때 학살, 무차별 폭격, 그리고 세균전 등.

1) 홋카이도의 한국과 중국인 노예 노동 사례[12]

가. 사실

홋카이도의 현재 관광지로서 목가적인 이미지와 다르게, 이전에 이곳에는 유바리(Yubari)라 불리는 수많은 석탄광이 있었다. 제2차 세계대전 중에 그런 석탄광이나 일본군의 비밀 공항에는 수많은 외국인 노동자들, 특히 한국과 중국의 강제 노역자들이 있었다.

제2차 세계대전 종전 직전에 약 15만 명의 한국인 노동자들이 홋카이도에 살았는데, 현재 홋카이도의 한국인 거주자는 6천 명이다. 짐작건대 70만 이상의 한국인이 그 당시에 강제/노예 노동을 위해서 일본으로 이주 당했다. (그러나 한반도나 사할린에는 더 많은 강제 노동자들이 있었다는 것을 알아야 한다.) 일본의 135개의 노예 노역장 중 58개가

12 Kunihiko Yoshida, *Property, Housing Welfare and Reparation Problems in the Multi–Cultural Age(Tabunka Jidai to Shoyuu Kyojuuhukusi Hoshou Mondai)* (Yuhikaku Pub. Co., 2006) chap. 7.

홋카이도에 있는 중국인 강제 노역자들에게 배정되었다. 4만 명 중 약 1만6천 명의 중국인 노동자들이 홋카이도로 이주 당했다.

1930년대 말부터 1940년대까지 일련의 공식 정부 결정문이 있다. 한국인 노역자들에게는 3가지의 결정이 내려졌는데, 그 내용은 다음과 같다. ① 첫째, 1939년 7월 반(半)–자원 모집 형태의 파견, ② 둘째, 1942년 2월 공식 조달 형태의 파견, ③ 셋째, 1944년 9월 공식 징집 형태의 파견. 중국인 노역자들에게는, ④ 첫째, 1942년 11월의 이주, ⑤ 둘째, 1944년 2월 시설에 대한 결정이 내려졌다.

그들의 노동 환경은 일반적으로 비참했고 '보가쉬라'(Bogashira)라고 불리는 감독관들이 폭력적으로 관리했으며, 강도는 지역에 따라 달랐다. 특히 중국인 노예 노동자들의 상태는 더 나빴다. 14살에 유바리 근처의 가구타(Kakuta)에 있는 노예 노동을 경험한 광저우대학 의대 원로교수인 펭(Feng)씨의 증언(2008년)에 따르면, 그들은 거기 머무는 수 년 동안 목욕을 한 번도 할 수 없었다. 사망자 비율은 평균적으로 17.5%였는데, 지역에 따라 훨씬 높았다. 예를 들어서, 아키타 현(縣)의 하나오카는 42.4%, 도치기 현의 아시오 구리 광산은 42.4%, 홋카이도의 무로란 일본 철강회사는 30.3%였다.

나. 소송

많은 소송이 주변의 피해국으로부터 제기되었다. 특히 중국인 노예 노역자들을 위한 일본 변호사들의 네트워크가 조직되었는데, 부분적으로는 일본 외무성이 발간한 중국인 강제 노역자에 관한 1993년의 공식 보고서에서 밝혀진 내용들 때문이었다.

그러나 그들의 법적 노력은 대부분 성공적이지 못했다. 대표적인 사건이 니시마츠 건설회사가 히로시마에서 중국인 강제 노역을 시킨 것에 대한 일본 대법원의 2007년 4월 27일 판결(니시마츠 판결)이었다. 그 판결은 1972년 중일 공동 선언의 포기 조항의 해석 때문에 법적 배상을 거부했다. 중국정부는 그런 해석을 강하게 반대했다. 한편, 일본 대법원이 일본 건설회사의 도덕적 책임의 중요성을 강조하고 그 회사로 하여금 자발적으로 배상을 하도록 촉구한 것은 주목할 만하다.

유사한 판결이 2011년 2월 18일에 야마가타 현의 사카타의 독(dock)에서 일하던 중국인 노예 노동자에 대해서 일본 대법원 semi-판결(사카타 semi-decision)에서 내려졌는데, 1억5천만 명의 희생에 대한 사과 요청을 1972년 공동 선언의 포기 조항을 들어서 거부한 것이다. 그러나 하급 법원, 특히 지방법원은 일본 정부와 회사(사카타 운송 회사)의 안전 수칙 의무 조항의 위반을 인정했으며, 놀랍게도 센다이 고등법원은 2009년 11월에 당시에 희생자들이 육체적, 정신적으로 겪었던 엄청난 피해를 감안해서 자발적인 보상책을 이행하라고 일본정부와 회사에 권고했다. 이 판결이 일본 정부의 도덕적 책임을 보여준다는 것에 주목해야 한다.

관련된 사회사는 배상을 하기에는 재정적으로 넉넉하지 못하기 때문에 이 문제에서 정부의 책임감이 훨씬 중요하다. 그러나 일본정부도 사카타 운송회사도 화해를 위한 어떤 행동도 취하지 않았다. 사카타시는 전통적으로 해상 무역으로 유명하고, 회사 도시 같아서 지역 상인들이 장악하고 있다. 그래서 배상을 담당한 변호사들이나 지

지자들은 사카타의 보수적인 커뮤니티에서 배척당했다. 현실은 국제적 화해와는 거리가 멀다.[13]

다. 해결[14]

따라서 니시마츠 회사에 의한 중국인 강제 노역과 관련된 막대한 배상 결정이 2010년에 연달아서 이루어진 것은 놀라운 일도 아니다. 나는 니시마츠 결정이 2000년 카시마 회사의 하나오카 결정에 비해서 잘 되었다고 생각하는데 그 이유는 다음 사항을 포함하고 있기 때문이다. 책임뿐 아니라 과거 비극적 사건 인정, 진지한 사과, 금전적 보상(히로시마 경우에는 2억5천만 엔, 니가타 경우에는 1억2천8백만 엔)—미일 국제 캠프 사건에서 결정된 일인당 2백만 엔의 배상에 비해서 희생자당 70만 엔의 보상은 크지 않았음에도 불구하고 의미가 있다.

한편, 하나오카 결정은 카시마 회사가 결정 이후 5억 엔의 신용 펀드 조항에도 불구하고 배상을 거부하고, 사과의 진정성이 부족하

---

13 사카다 사건의 상세한 내용은 다음 참조. Kunihiko Yoshida, "Challenges for the Chinese Slave Labor Reparations: Some Reflections After Visits at Sakata and Tangshan,"(Chuugoku–jin Kyouseirenkou–roudou Mondai no Genkon no Kadai: Sakata/Touzan Houmon wo Kien to site) 113 *Quarterly J. On China* 54 (2013).

14 이 주제에 대해서 특히 다음 참조. Kunihiko Yoshida, *Urban Welfare, Disaster Recovery, War Reparations and a Critical 'Rule of Law'(Toshikyojuu Saigaihukkou Sensouhoshou to Hihanteki Hou no Shihai)* (Yuhikaku Pub. Co., 2011), chap. 7.

다는 점에서 지도자 장춘(Geng Chun)을 포함한 희생자 측의 심각한 비판을 야기했다.

라. 유해[15]

강제 노역 희생자의 유골과 관련해서, 우리는 한국 노역자들의 경우 관심을 받지 못했고, 대부분이 홋카이도에서 여전히 외면당한 채 버려져 있다는 것을 알아야 한다. 1970년 중반 예외적으로 송환 노력이 있기는 했다.

반대로 중국인 노역 희생자의 유골은 1950년대에 송환되었고, 대부분 현재 텐진의 추모관에 안장되어 있다. 그리고 일본군과 관련된 한국인 희생자의 유골은 일본 노동복지성이 운영하는 동경 메구로의 유텐 사원을 통해서 한국에 송환되었다.

이러한 큰 난관 속에서 NGO들, 가장 주목할 만한 것은 홋카이도 포럼(2002년 설립)이 강제 노력 희생자들의 유해를 송환하는 풀뿌리 운동을 시작했다. 지금까지 무로란, 아카비라, 그리고 슈마리나이의 유해가 송환되었다. 2005년 이후 그들은 또한 1940년대 일본군의 가장 큰 공항 터 중 하나인 북홋카이도의 아사지노의 공동묘지에 버

15 이 이슈에 대해서 다음 참조. Yoshida, *supra* note 12, Chap. 8 Section2; do., "The Remains Issues of the Korean Slave Laborers in Asjino Airport in Northern Hokkaido: From the Civil Law Perspective,"(Hokkaido Asajino Hikoujou Kyouseiroudou no Kankoku-Chosenjin Ikotu Mondai) 68 *War Reparations Rev.* (Sensou Sekinin Kenkyuu) 2 (2010).

려둔 거의 40구의 유해를 발굴했다. 그곳은 1200명 이상의 한국인이 그 당시에 가혹한 노예 노역에 동원되었던 곳이다. 1943년 19세의 나이에 그곳에서 일했던 지옥돈 씨의 증언에 따르면, 그들의 일터와 비참한 막사는 외부로부터 차단되어서 지역 주민들이 노예 노역의 실상을 보거나 알 수 없었다고 한다. 그러나 발굴 이후 NGO 단체 회원들이 배상하기 위해서 발굴된 유해의 신원을 파악하고 친척을 찾는 데 큰 어려움을 겪었다.

마. 미지급된 급여

외국 노동자들 중 일부는 좋은 급여를 받기 위해서 일본에 왔다. 그럼에도 불구하고, 그들의 급여는 명목상일 뿐 지금까지 거의 아무것도 지급되지 않았다. 예를 들어서, 2009년 12월 99엔을 받은 양씨의 경우는 웃음이 나올 뿐이다. 일본의 사회보장국은 그녀가 65년 전 미츠비시 철강회사에 의해서 나고야에서 고용되었을 때 납부한 연금 할부금을 되돌려 주려고 노력했다. 2009년 부산과 울산에서 있었던 미팅에서 아사지노 공항의 노예 노역 생존자들 모두 명목상 또는 미지급된 급여에 대해서 불만을 제기했다.

다른 한편, 관련된 회사가 보관해둔 조건부 날인 금액은 재환산하지 않고도 2억 엔에 달했다. 1946년 또는 1956년에 법무성이 발표한 공지에 따르면, 정부 관리가 행동의 제약과 유사한 "처방"(prescription) 원칙은 미지급된 막대한 급여에는 적용되어서는 안 된다고 주장했다고 한다. 그러나 1960년대 중반 한일조약 이후 그 조건부 날인된 돈은 이상하게도 1965년 정부의 특별 법령에 의해서 일본의 국유 재산이 되어버렸다. 나는 1965년 조약에 의해서 금지된 법적 조치를 인정하지만, 도덕적 배상의 차원에서 일본 대법원이 내린 니시마츠 판결에 따라 미지급된 급여를, 물론 재환산해서, 노예노역자들에게 지급해야 한다고 주장한다.

2) 일본군 위안부(성노예)[16]

가. 문제의 발견

아시아 전체에서 총 20만 명의 여성이 '위안부'로 끌려갔다고 추정되지만, 윤정옥 이화여대 원로교수와 그녀가 설립한 '한국 정신대 문제 대책위원회'라는 NGO의 헌신적인 노력 덕분에 논쟁은 뒤늦게 1990년대부터 시작되었다. 위안부(성노예) 박물관이 2012년 봄 설립되었고, 전시물은 위원회에서 박물관으로 옮겨졌다.

---

16 Elazar Barkan, *The Guilt of Nations: Restitution and Negotiating Historical Injustices* (Norton, 2000) Chap. 3 Sex Slaves; Yoshida, *supra* note 14, Chap. 5. 이 주제에 대해서 나는 2012년 3월 27일에 서울대학교에서 "한국과 일본의 배상과 화해: 위안부 여성 문제를 중심으로"라는 제목으로 홋카이도 대학과 서울대학의 공동 심포지엄을 개최했다. 다음 참조. "The Comfort Women Reparations' Agenda: Reasons Why They Are Unsuccessful and Ways to Overcome the Obstacles—with Reference to Reparations and Reconciliation in East Asia," 6 *Peace Island Journal* (2012), 93–101.

위안부 여성들과 그들의 친척들은 유교 윤리의 영향을 받은 한국 사회에서 그들의 비참한 과거를 공개적으로 말했을 때 낙인찍히고 차별받을 것이기 때문에 나서는 데 시간이 오래 걸렸다. 따라서 위안부 문제는 1965년 한일조약 체결 과정에서 논의의 주제가 아니었다. 한국 위안부 여성의 숫자가 가장 크지만, 위안부 여성들은 대만, 중국, 필리핀 등 다른 나라에서도 징발되었다. 성병을 피하기 위해서 유교적 정절과 신뢰가 있는 한국 여성이 선호되었다. 다른 한편, 우리는 심지어 제2차 세계대전 후에도 한국전쟁과 베트남전에서 한국군이 성 노예를 제공했으며, 이것은 동아시아의 계속된 부정적 유산이라는 것을 알아야 한다.

나. 소송

첫 번째 위안부 소송은 1991년 12월 김학순씨에 의해서 제기됐고, 이후 많은 사람들이 뒤따랐다. 피해 여성들은 소송에서 다음 사항을 추구했다. 과거 불명예스러운 사건에 대한 인정, 반공식적인 매춘을 조직한 일본 정부의 공식적, 법적 책임, 그리고 공식적 사죄.

그러나 대부분의 소송은 성공적이지 못했는데, 예외적으로 1998년 4월 27일 야마구치 지방법원(시모노세키 지법원)이 제2차 세계대전 종전 이후 오랫동안 위안부 여성에 대한 배상 입법을 통과시키지 못한 것에 대해서 30만 엔의 손해를 인정하는 판결을 내렸다. 예를 들어서, 일본대법원은 2003년 3월 25일(semi-)판결(위에서 언급한 시모노세키 건에 대한 상급심 판결), 2003년 3월 28일(손신도 사건) 재판, 2004년 11월

29일 재판 등 모든 재판에서 위법 행위의 존재를 인정했음에도 불구하고 국가 면책 원칙, 행동의 제한 등을 언급하면서 법적 구제를 거절했다.

다. 아시아 여성 펀드

다른 한편, 그럼에도 불구하고 도미치 무라야마 수상의 개인적 사죄 표명 후에 위안부 문제에 죄책감을 느끼는 일본 시민들의 성금을 모아서 아시아 여성 펀드(AWF)가 1995년에 설립되었다. 그러나 이 펀드는 정부 기구가 아니고, 수상의 개인적 사죄의 편지를 포함하고 있지만 일본정부의 법적 책임의 부인에 기초하고 있다.

사실 아시아 여성 펀드는 많은 위안부 여성들, 특히 대부분 한국 여성들에 의해서 조직적으로 거부당했다. 왜 그들이 성금 제공에 만족하지 않는지 이해할 수 있을 것이다. 다른 한편, 그들은 기치 미야자와 수상이 1992년 한국을 방문한 이후 매주 수요일에 서울 주재 일본 대사관 앞에서 1000여 차례 이상 일본 정부의 태도에 항의하는 집회를 열어왔다.

라. 위안부 여성을 분노케 했던 일본 수상의 최근 정치적 행동과 이후 미국 의회의 비난 결정

위안부 여성과 관련해서 일본정부에 대한 국제적 비난은 21세기에 고조되었다. 예를 들어서, 미국 의회에서 마이클 혼다 하원 의원-

그의 가족은 제2차 세계대전 중에 위에서 언급한 국제 캠프를 경험했다—이 일본정부로 하여금 성노예에 대한 역사적 책임을 인정하고 공식적 사죄를 하도록 촉구하는 제안을 2007년 1월에 제출했다.

이런 배경에서, 아베 정부는 반박을 시작했다. 예를 들어서, 타로 아소 전 외무상이 미국 의회에서 위안부 여성들의 증언은 사실과 다르다고 주장했고, 지금 다시 수상이 된, 당시 아베 신조 전 수상은 위안부 여성 모집의 강제성을 부인하고 그들이 자발적으로 매춘에 참여했다고 주장했다. 아베의 가족이 많은 한국인 노예 노역자들을 고용해서 석탄광 회사를 운영했고, 아베의 조부가 제2차 세계대전 중 정치지도자로서 외국인 노예 노동을 조직한 통상산업성 장관 신수케 기시였으며, 전후 수감되었지만, 이상하게도 후에 수가모 형무소에서 석방돼서 1960년대 수상을 역임했다는 사실을 알아둬야 한다.

일본 의회 내의 자민당 지도자들의 보수적인 발언은 전 세계의 비난을 야기했다. 그래서 아베 수상은 2007년 3월에 미국을 방문해서 개인적인 사과를 표명했으나, 이전의 발언은 일절 철회하지 않았다. 그런데 우습게도 조지 부시 대통령은 "저는 따뜻한 마음으로 그의 사과를 수용합니다."라고 응답했다. 피해 여성은 하나도 없는 자리에서 두 국가의 보수적인 지도자 사이의 이 이상한 정치 드라마는 피해 여성의 감정을 더욱 악화시켰다.

혼다 의원의 비난 제안은 일본 자민당과 민주당의 일부 의원들이 6월 30일자 《월스트리트 저널》에 보수적인 정치 광고를 게재하고, 미국 의회의 결정을 방해하기 위해서 부끄럽게도 많은 돈(4천만 엔)을 써서 로비를 했음에도 불구하고 2007년 7월 30일에 통과되었다. 캐나다, 네덜란드, 유럽연합 같은 다른 많은 나라들도 뒤따랐다. 그리고 일본에서도 풀뿌리 수준에서, 즉 삿포로시를 포함한 지방정부에서도 유사한 운동이 있었다는 것을 잊지 말아야 한다.

그러나 정치적, 외교적 협상은 정권 교체 후에도 여전히 교착상태에 있다. 심지어 민주당 간사장인 가츠야 오카다 전 외무상 장관이 한국 위안부 여성들과 사죄 차원의 모임을 가지려고 노력했으나 허사였다.

그러나 다른 한편, 한국 측에서 혁신적인 판결이 최근 내려졌다. 2011년 8월 30일 한국의 헌법재판소는 한일 조약의 포기 조항이 위안부 여성 문제도 포함하는지의 여부에 대한 법적 의견이 갈리고, 외교/정치 협상이 한국에서 우세했던 부정적 해석에 따라서 이루어져야만 했기 때문에 위안부 여성 문제에 대한 한국 정부의 외교적 무심함은 피해자들의 기본 인권을 침해하고 있고, 그래서 헌법을 위반한다고 판결을 내렸다. 20만의 한국인 위안부 여성 중 생존자가 60명으로 급격하게 줄어들고 있는 것을 감안할 때 정치적, 법적 해결책이 즉시 나와야 한다.

3) 원자폭탄에 의한 한국인 희생자에 대한 배상[17]

그러나 예외적으로 주목할 만한 한국인 배상 사례가 있다. 그것

---

17 Yoshida, *supra* note 14, Chap. 6. See also, do., "Japan–Korea Reparations Issues and Civil Law,"(Nikkan Hoshou Mondai to Minpo)(2), 576 *Window of Den*(Shosai no Mado) (2008), 27.

은 1945년 8월 히로시마와 나가사키 원자폭탄에 의한 한국인 희생자 배상 사례다.

가. 사실

일본의 원자폭탄 희생자의 1/10이 한국인이었고, 현재 그들 중 겨우 1/10(2,300명)만이 생존해 있다는 사실은 잘 알려져 있지 않다. 그들은 한국의 중남부 지역, 즉 대구와 특히 합천에서 히로시마 지역으로 이주해왔다. 합천은 '한국의 히로시마'라고 불리고 있고, 한국인 원자폭탄 희생자를 위한 요양원이 위치해 있다. 또한 내가 2008년 방문했을 당시 900명의 원자폭탄 희생자들을 위한 추념관이 있었다. 그들은 합천에서 적절한 치료를 받지 못하고 비참하고 희망 없이 죽었다. 추념관 사당에서 희생자들을 기리기 위해서 요양원 환자들과 만난 것은 기억에 남을만한 경험이었다.

그 당시 원자폭탄 건강 치료와 관련된 특별 법령을 대체하는 정부의 402호 공지는 '희생자의 일본 거주'를 요구했기 때문에 한국인 희생자들은 원자폭탄 환자를 위한 특별 치료를 받을 수 없었다. 심지어 한국인 사회에서 그들(한국인 희생자들)은 차별을 당했고, 원자폭탄 희생자를 위한 어떠한 특별 치료도 받지 못한 채 버려져서 숨어 지냈다. 1945년 원자폭탄 투하 이후 30년 넘게 한일 두 나라로부터 어떤 의료적 도움도 받지 못하는 비참한 상황이 지속됐다.

나. 원자폭탄 희생자를 위한 특별 건강 치료 법령과 한국인 희생

자들의 원천적 배제(공지 402호)

원자폭탄 희생자를 위한 치료 법령은 원래 일본인 희생자들에 초점을 맞췄고, 원자폭탄 특별 무료 치료 자격요건을 명시한 관련 정부 공식 공지 402호(2003년 폐지)는 '일본 거주'를 요구했다. 따라서 일본을 떠난 한국인 희생자들은 원자폭탄 관련 질병을 위한 특별 치료를 받을 기회를 잃었다.

정부 관료들은 한국인 희생자들의 자격 요건을 제한하기 위한 근거로 원자폭탄 환자들을 위한 특별 치료는 양국에서 사회복지 문제라고 주장했다. 그들은 한국 정부가 치료를 제공해야 한다고 강조했다! 이론적으로 원자폭탄 희생자들에 대한 일차적 책임은, 국제법 차원에서는 1951년 샌프란시스코 평화 조약(1952년 발효)으로 미국에 대한 배상권은 포기되었음에도 불구하고, 미국에 있다는 것이 내 의견이다.

그러나 다른 한편, 일본 정부가 한국인 희생자들에게 전혀 책임이 없다고 말하는 것은 쉽지 않다. 왜냐하면 한국인 희생자들 중 일부는 위에서 언급했듯이 히로시마 만에 있는 미츠비시 철강회사에 노예 노역자로 끌려와서 원자폭탄에 의해 부상당하고 사망했기 때문이다. 이런 경우에 일본 정부와 일본 회사가 이차적 책임이 있다.

다. 관련 법령의 비판적 해석

입법, 행정부의 원래 부정적 입장에도 불구하고 일본 사법부가 최근에 전향적인 접근을 하고 국제적으로 한국인 원폭 피해자들을 포함한 보호조치를 확대한 것은 주목할 만하다.

그것은 이미 1970년대 중반에 시작됐다. 일본 대법원의 1978년 3월 30일 결정은 관련 법령 입안자들의 원래 입장과 다른 비판적 해석을 발전시켰다. 동경대학의 원로교수인 시게미츠 단도 대법관과 다른 사람들의 해석에 의해서, 그 법령은 전쟁 배상의 순간을 포함시켰고, 한국인 피해자들도 동등하게 보호 받도록 했다. 이 판결에서 대법원은 원폭 피해자들의 노트(특별 공공 의료보험정책)를 제출하도록 명령했고, 한국인 피해자들이 일본에 불법적으로 와서 잠시 머물렀음에도 불구하고 의료 수당을 허용했다. 이것은 정말 혁명적인 해석이다.

일본을 떠나서 고향인 한국에 돌아간 희생자들에 대한 의료 수당을 중지, 거부를 명령하는 1974년 402호 고지와 관련해서, 일련의 주목할 만한 결정들이 최근에 내려졌다.

첫째, 2001년 12월 5일 오사카 고등법원은 402호 고지가 불법이라고 판결함으로써 402호 행정 명령을 따라서 한국인 피해자들에게 의료 수당 제공을 중지시켰던 행정 조치를 취소시켰다. 2003년에 402호 행정 고지가 폐지됐다는 것을 기억하라.

둘째, 402호 고지에 의해서 중단되었던 과거 의료 수당을 요구하는 소송에서 대법원의 2007년 2월 6일(브라질 사건)과 2008년 2월 18일(한국 사건)의 판결에서 단기 처방의 적용을 거부하고 과거에 거부됐던 의료 수당의 소급 지급을 명령했다.

셋째, 402호 고지에 의해서 의료 수당 지급이 중단된 한국인 희생자들과 심지어 402호 고지의 존재 때문에 의료 수당 신청 기회조차 박탈당했던 희생자들이 제기한 손해 배상 청구에서, 2007년 11월 1일 대법원의 판결(히로시마 미츠비시 노예 노역자 사건)은 일본 정부가 그들 모두의 고통과 피해에 대해서 배상하라고 명령했다. 이것은 정확히 정부의 부담(정부 배상)이며, 비록 원폭과 관련되었지만 이 판결은 정말 중요하다. 이런 전향적인 해석으로부터 유사한 상황에 있는 한국인 희생자들에 대한 추가 보호 조치 움직임이 지속되고 있다.

4) 난징 대학살: 잊힌 홀로코스트[18]

가. 학살의 잔인성

중일 관계와 관련된 배상으로 옮겨보자. 1930년대부터 40년대까지 중국 본토에 대한 일본의 침략은 많은 비극과 희생자를 야기했다. 그것 중에서 1937년 12월부터 1938년 2월까지의 난징 대학살은 그 잔인성과 희생자의 규모에 있어서 가장 논쟁적이고 악명 높은 비극이었다. 난징 대학살 박물관에 학살된 사람의 숫자가 적혀있는 기둥이

---

18 전반적인 내용은 다음 참조. Iris Chang, *The Rape of Nanking: The Forgotten Holocaust of World War Il* (Basic Books, 2007); Zhu Chengshan et al. eds., *Collective Drawings of Exhivitions of Memorial Hall of the Victims in Nanjing Massacre by Japanese Invaders* (Great Wall Pub. Co., 2008). 시아 슈친의 명예훼손 사건에 대해서 다음 참조. Kunihiko Yoshida, "Some Thoughts at the Tragic Site of Nanjing Massacre,"(Nankin Jiken Atochi deno Guukan) 95 *Quarterly J. On China* (Kikan Chuugoku) 49 (2009).

있다. 30만 명. 많은 일본 역사학자들이 희생자의 숫자가 30만 이하라고 주장한다. 예를 들어서, 주류 역사학자들은 약 20만이라고 주장하고, 보수적인 역사학자들은 수만 명일 거라고 변호한다. 이들의 주장하는 숫자가 맞더라도 이 대학살은 끔찍하다.

그리고 일본 군인들이 난징 시민을 죽인 잔인하고 미친 방법은 내 상상을 넘어선다. 예를 들어서, 칼로 '백 명을 연달아 죽이기', 용기를 측정하기 위해서 민간인 아이들을 칼로 찌르기, 수천 명을 줄로 서로 엮어서 양쯔강 변에서 태우기.

나. 일본인들은 잊은 학살

그러나 다른 한편, 나와 특히 요즘 젊은이들을 포함한 대부분의 일본인들은 역사 전문가들 사이에서는 상세하게 논의되고 있음에도 불구하고, 난징 대학살에 대해서 자세히 배울 기회가 거의 없었다. 그것은 부분적으로 때때로 의도적으로 대학살을 부인하고 무시하는 극보수 집단이 야기하는 소란 때문이다. 그들은 이 비극의 역사적 교훈을 강하게 반대하고 또한 일본 정치인들에게 영향력을 발휘하게 되었다. 그들의 전략은 학문적으로 말도 안 되지만, 실용적으로나 전략적으로는 성공적이다. 결과적으로, 진정한 의미의 역사 화해를 질식시키고 있다.

어쨌든 일반 시민들의 역사 지식에서 두 나라 간에 큰 격차가 있다. 비록 난징 박물관이 중국 학생들의 유명한 견학 장소 중 하나이지만 그곳을 방문하는 일본 젊은이의 숫자는 여전히 매우 제한적이다. 대부분의 일본 젊은이들은 여전히 이 잔인한 대학살을 모르고 전혀 관심을 가지고 있지 않다.

다. 배상과 비방 소송, 그리고 지속되는 피해

첫째, 난징 대학살과 관련된 소송에 대해서 말하자면, 배상 소송은 리시우잉(李秀英, 1919~2004)이 제기했다. 그는 1937년 12월에 일본인 군인에게 37곳을 찔렸지만 굴루(鼓樓) 병원의 윌슨 박사의 도움을 운 좋게 받아서 현재까지 생존해 있다. 2007년 5월 9일 대법원의 (semi-)판결은 하급심을 인정해서 국가의 책임 면제 주장을 각하하고 중국 민법 적용을 거절했다.

둘째, 명예훼손 소송은 잘 알려져 있다. 명예훼손을 한 역사책에서 다른 사람으로 묘사한 것과 관련해서, 위에서 언급한 리씨의 명예훼손 소송과 시아 슈친(夏淑琴, 1930~)씨의 맞고소에 대해서, 대법원의 2004년 1월 20일 결정(리씨 사건)과 2009년 2월 5일(시아씨 사건)은 각각 150만 엔과 4백만 엔의 손해배상금을 지급하라고 결론이 났고, 두 사건 모두에서 사죄 요구는 각하했다.

시아씨는 나에게 2008년 8월 동난징의 그녀의 아파트에서 그녀의 유명한 비극적 사건을 이야기해줬다. 그녀에 따르면, 일본 군인들이 1937년 12월에 그녀의 집을 습격해서 아홉 식구 중 일곱 명을 그 자리에서 죽이고 그녀의 어머니와 언니는 그녀가 보는 앞에서 강간했다. 그 때 그녀 나이 7살이었다. 시아 슈친씨와 4살이었던 그녀의 여동생만 살아남았다. 난징 대학살 박물관에는 그녀의 비극에 대한 특별 전시실이 마련되어 있다. 비록 그녀가 피해를 입었지만, 그녀의 재판은 일본 변호사들 사이에서 성공적인 사례로 여겨지고 있다. 그런데 그녀는 결과에 대해서 만족하지 못하는 것 같았다. 그녀가 가장 원하는 것은 재판정에 나타나지 않은 명예훼손을 한 그 보수 역사학자의 진실된 사과였다. 그런 의미에서 그녀의 피해 의식은 여전히 계속되고 있다! 눈물을 흘리며 그녀의 이야기를 듣다가 나는 심지어 법적으로 성공한 판결도 여전히 화해라는 목적에는 한참 못 미친다는 것을 깨달았다.

셋째, 다른 한편, 진보적인 역사 기술은 보수 집단으로부터 명예훼손 소송을 당했다. 대법의 2006년 12월 22일 (semi-)판결(가츠이치 혼다 사건)은 진보적인 기술을 지지해준 반면에, 2000년 1월 21일 대법원의 (semi-)판결(사부로 아즈마 사건)은 난징 시민들을 죽이는 방법으로 가방을 태우고 수장시키는 '위험한 장난'은 거짓이라는 보수주의자들의 주장을 인정했으며, 그 보수주의 단체(대학살의 가해자들)에 손해배상을 명령했다! 도대체 판사들은 난징 대학살에 대해서 무슨 이중적인 역사적 지식을 가지고 있는 것인가?

5) 1932년 핑딩샨(平頂山) 대학살[19]

푸슌 근처의 핑딩샨 마을은 1932년 9월 중순 특별 공휴일에 공격을 받았다. 그곳의 대학살은 제2차 세계대전 중에 일본 군인들이 저지를 일련의 대학살의 시초였는데, 중국에서 발생한 가장 끔찍한 대학살 중 하나였다. 부인들과 아이들을 포함해서 약 3천 명의 주민들

전부를 사진을 찍는다고 공터에 모이도록 했다. 그러나 그들은 카메라로 위장한 총에 맞았고, 예외 없이 칼에 찔려 죽었다. 핑딩샨 박물관에 모아 둔 어머니와 이이들의 유해가 눈물을 자아낸다.

핑딩샨 대학살에서 살아남은 수십 명 중 단지 5명만 현재 생존해 있다. 내가 2011년 4월 쿤밍에서 만난 팡수룽씨는 가장 주목할만한 여성 생존자였는데, 그녀의 어린 남동생이 칼에 찔려 죽은 다음 그녀 앞에서 던져졌다. 어머니와 다른 형제들은 총과 칼에 죽임을 당하고 부상당한 아버지와 여동생과 함께 그 비극에서 살아남은 양 유펜(梁玉芬)씨는 2010년 9월 푸션에서 내게 이야기를 해줬다.

비록 배상 소송은 대법원의 2006년 5월 16일 semi-판결로 최종 각하되었지만, 변호사들은 화해를 위한 풀뿌리 노력을 지속했다. 하급 법원 판사들의 도덕적 배상 제안은 동경 고등법원의 2005년 3월 13일 판결 기록부터 초점을 맞춰야 한다.

19 Kunihiko Yoshida, "Legal Studies of War Reparation Regarding Japanese Invasion in China and the Sino-Japan Friendship-Building,"(Chuugoku Shinryaku no Sensou Higai Hosyou Hougaku Kenkyuu to Nichuu Yuukou) 105 *Quarterly J. On China* (Kikan Chuugoku) 21, at 23 (2011).

6) 충칭 폭격[20]

가. 사실과 독특성

다음 사례는 세계에서 첫 번째 대규모 무차별 폭격이다. 충칭(1937년부터 1945년까지 중국의 임시 수도) 폭격은 1937년 게르니카 폭격보다 훨씬 규모가 컸고, '하늘로부터의 난징 대학살'이라 불린다.

폭격은 1938년 12월에 시작돼서 1943년까지 약 5년 반 동안 계속됐고, 가장 주목할 만한 폭격은 1939년 5월 3일과 4일의 폭격이었고, 1941년 6월 5일이 Steps 방공호의 참극이었다(공군의 폭격은 1938년 12월 2일 일왕의 명령에 따라 시작됐다). 충칭은 200차례 이상 폭격 당했고, 5만 이상이 사망했으며, 가옥의 90% 이상이 파괴되어서, 50만에서 60만 명의 시민들이 집을 잃었다. 일본에서 우리는 1945년 3월 동경 대폭격, 1945년 8월 히로시마와 나가사키에 원폭을 경험했는데, 그것 또한 무차별 폭격이었으며, 1907년 육상전투 헤이그 조약, 1923년의 공중전 조약, 1977년 희생자의 보호를 위한 국제 군사 충돌에 관한 제네바 협약에 추가된 프로토콜 등의 국제법 위반이었다. 그러나 충칭 폭격은 실제 전장에서 멀리 떨어진 도시의 일반 시민들을 공격하는 장기간의 무차별 융단 폭격의 효시였다. 충칭은 우한으로부터 서쪽으로 800km, 난징으로부터 서쪽으로 1200km 떨어져 있다! 이는 위에서 언급한 국제법에 명백하게 위반된다. 폭격기 공격의 목표는 저항을

20 Yoshida, *supra* note 14, Chap. 8.

막는 것이었다. 1938년부터 1941년까지 청두(成都), 1939년의 레샨(樂山), 1941년 손팡(松潘)의 산악 지역에 대한 간헐적인 폭격 또한 주목할 만하다.

나. 희생 피해의 지속

2009년 10월과 12월에 충칭과 시촨성의 몇몇 도시에서 50여 명의 부상자들을 인터뷰하고 나서 나는 그들의 피해가 계속되고 있다는 것에 안타까웠다. 그들 중 많은 사람들이 얼굴, 머리, 다리 등에 상처가 있었고, 여전히 통증이 있었으며, 심지어 몇몇은 여전히 몸 안에 탄환의 일부가 박혀 있었다.

그들의 육체적 피해에 더해서 그들의 가족과 친척의 많은 사람들이 동시에 죽었고, 특히 융단 폭격에 의해서 레샨에서 재산 피해를 입은 사람들은 갑자기 재산이 사라져버렸다.

다. 뒤늦은 소송과 지연 사유

충칭과 시촨성의 다른 지역 폭격에 대한 배상 소송은 최근인 2006년에야 시작됐고, 지금까지 판결이 나오지 않았다. 소송 지연 사유는 다음과 같다.

첫째, 충칭은 장개석과 다른 국민당〔KMT〕 정치 집단의 본거지였는데, 제2차 세계대전 이후 대만으로 이주해버렸다. 그 당시 국민당과 현 중국 공산당 정부 사이에 정치적 긴장이 있었기 때문에, 대만과 중국 정부는 충칭의 피해자들을 보호하는 데 관심이 없다.

둘째, 충칭은 경제도시이며, 시 관료들을 포함한 정부 관료들은 소송이 양국 사이에 경제적으로 우호적인 관계를 해칠까 걱정하고 있다. 중국 정부가 국가적 차원에서 배상을 포기한다는 내용의 1972년 12월 중일 공동 선언의 포기 조항에도 불구하고, 중국정부는 1990년대 중반부터 피해자가 개인적으로 배상 소송을 할 수 있다고 공식적으로 주장했지만, 이 또한 충칭 시정부를 포함한 중국 정부의 충칭 폭격 소송에 대한 무관심을 설명해준다.

셋째, 충칭 폭격 소송의 원고들은 일반적으로 가난하고, 정치적으로 무력하거나 조직화하기에 너무 많다. 그래서 국제 소송을 제기하는 데 시간이 오래 걸렸다. 그들은 정부의 도움이 전혀 없어서 소송을 위한 재정적 지원을 얻는 데 어려움을 겪었다. 그러나 레샨 사건에서는 원고와 정부 사이에 좋은 협력으로 폭격 소송에서 레샨의 피해자들이 많이 참여할 수 있었다.

라. 일본인에게 잊힌 폭격과 극복 방법

다른 한편, 일본인들은 이런 소송에도 불구하고 난징 대학살에 비해서 충칭 폭격에 대해서는 무지하다. 충칭과 다른 지역 폭격에 대한 역사적 지식이 일본에서 부족하다. 현대사 교과서에서 전혀 가르치지 않기 때문에 특히 젊은이들이 그렇다. 예를 들어서, 아시안컵 축구 대회가 2004년 열렸을 때, 일본대표팀은 충칭 시민들로부터 비난에 직면했는데, 선수들은 시민들의 분노의 배경을 이해 못하는 것

같았다.

그것이 바로 우리가 이 비극에 대한 화해로 나가는 데 일차적 장애물이다. 중일 현대사에 대한 이런 지식 격차를 어떻게 극복해야 할까?

이 맥락에서, 나는 충칭 소송의 교육적 역할을 강조해야 한다고 생각한다. 또한 충칭 소송에 관해서 국가 면책 원칙은 재고되어야 하며, 비록 소송에서 각하되었다 하더라도, 법원 밖에서의 자발적이고 정치적인 해결책이 재고되어야 한다. 이런 방향으로 나가기 위해서 정확한 역사 지식은 필수적이다.

7) 731부대 생체실험과 또 다른 비참한 공습(세균전[생물전])[21]

가. 사실

의료 전문가들로 구성된 731부대(이시이 부대)는 1938년에 하얼빈 외곽에 생체실험 연구소를 세웠다. 그들은 바이러스와 박테리아/생물학전에 대한 지식을 발전시키기 위해서 '마루타'라고 불리는 살아 있는 사람을 대상으로 정신 나간 생체해부 실험을 했다. 이 비인간적인

21 인간 생체 실험에 대해서는 다음 참조. Seiichi Morimura, *Devil's Satiation* (Akuma no Housyoku) vol.1 (Koubunsya, 1981), vol. 2 (Koubunsya, 1982); Sheldon Harris, *Factories of Death* (Routledge, 1994). 그리고 페스트전의 법적 문제에 대해서는 다음 참조. Yoshida, *supra* note 19, at 21–22, 24.

실험으로 3천 명 이상의 사람들이 죽었다고 전해진다.

그리고 그들은 개발한 박테리아를 사용해서 또 다른 짓을 하기 시작했다. 731부대는 1940년 9월부터 페스트균과 다른 바이러스를 저장성과 후난성 공중에서 퍼뜨렸다. 후난성 창데(常德)의 희생자 수가 최악이었다. 그 지역에서 공중에서 페스트균 살포로 7643명이 죽었다. 1941년 11월 창데는 페스트균 공습을 당했고, 1943년 11월에는 10만 명의 일본군이 포위 공격을 해서 완전히 파괴되었다. 또 다른 비극적 사례는 항쩌우(杭州)로부터 남쪽으로 50km 위치한 저장성의 총샨 마을인데, 아래에서 언급할 세균전 소송의 지도자의 고향이었다. 마을 인구의 1/3인 거의 4백 명이 1942년 9월 페스트균 공습으로 죽었다.

나. 관련된 의료 전문가들의 무책임

731부대와 관련된 의료, 생물학 전문가들은 동경 국제재판에서 그런 비상식적인 행동과 그로 인한 58만 명 정도로 추산되는 사망에 대해서 기소당하지 않았다. 생물학전 연구 데이터와 교환을 대가로 이시이 부대는 미국으로부터 관련된 생물학자들에 대해서 비밀스럽게 면제를 얻어냈다. 미국은 그 정보가 가치 있다고 생각했고, 다른 나라들, 특히 소련이 이 데이터를 손에 넣는 것을 원하지 않았다.

어쨌든, 참으로 이상하게도, 관련된 의료 전문가들은 제2차 세계대전 후에 법적, 윤리적으로 아무런 책임도 지지 않고 일본 의료 기관에서 중요한 역할을 계속 할 수 있었다. 예를 들어서, 마사지 키타노는 녹십자라는 선도 제약회사를 이끌었다. 녹십자사가 오염된 혈액 제품을 만들어서 일본 내에 심각한 에이즈 문제를 일으켰던 것은 아이러니다.

731부대의 생체실험과 관련된 법적 배상 주장은 국가 면책 원칙과 행동의 제약 조항에 의해서 각하되었다(2005년 5월 9일 대법원 semi-판결과 동경 고등법원 4월 19일 판결).

다. 세균전 소송

페스트균전 배상소송은 1997년 마지막으로 제기되었고, 원고들은 일본정부의 불법에 대한 책임을 요구했다. 왜 소송을 하는 데 오랜 시간이 걸렸는가? 중국정부가 최근인 1990년대 중반에 이르러서야 개인의 소송을 공식적으로 허가했기 때문이다. 또한 페스트 바이러스로 감염된 사람들이 몸이 변형, 변색되고 냄새가 심하게 날 정도로 비참하게 죽어서, 희생자들이 친척의 병을 공개적으로 말하는 것을 오랫동안 원하지 않았기 때문이다.

덧붙이자면, 일본정부의 반응을 주목해야 한다. 정부 관료들은 사실에 관해서는 아무것도 언급하지 않고 다만 원고들의 법적 주장들을 공격했다.

그러나 일본 대법원의 판결은 다음과 같았다. 2007년 5월 9일 대법원 semi- 판결, 2005년 7월 19일 동경 고등법원 판결, 2002년 8월 27일 동경 지방법원 판결. 모두 원고들의 주장을 기각했는데, 첫째는 1947년 정부 책임법이 만들어지기 전에 국가 면책 원칙, 둘째는 1972

년 중일 조약(중일 공동선언)에 의한 개인 책임소송 폐지에 의해서였다.

덧붙여서, 흔히 그렇듯이 중국 대륙에서의 세균전은 대부분의 일본인들, 특히 젊은이들 사이에서는 잘 알려지지 않았다. 다른 한편, 무고한 페스트 희생자들과 그들의 친척들의 축적된 비극은 너무나 커서 그들은 현재 상황에 전혀 만족하지 못한다. 그래서 이런 상황에서는 화해는 아직 멀었다.

4. 아시아 배상 사례(2부): 일본 국내 배상 사례

다음으로, 우리는 일본 국내의 배상 사례를 다룰 것이다. 비록 미나마타병 사건과 다른 공공 불법 사건 같은 많은 대규모의 불법 사례들이 있지만, 여기서 나는 인종 갈등이나 지역 차별과 관련된 사건들, 특히 홋카이도 원주민인 아이누 사건과 한센병 환자 차별을 다루겠다.

1) 아이누 비극과 숨겨진 배상 청구[22]

가. 서론: 아이누 공동 재산 문제

첫 번째 주제는 홋카이도 원주민인 아이누의 재산 분쟁인데, 그들의 공유지를 50여 년 전에 빌취한 것에 대한 대가로서 최근에 금전적 보상 과정과 관련됐다(1997년 아이누 문화 강화법의 부칙 조항 3조). 그 과정에서는 배상이 포함됐다. 이 과정과 관련해서 행정 소송이 제기됐는데, 아이누 원고는 그 과정이 너무 짧기 때문에 무효라고 주장했다. 그러나 그들의 요구는 법원에서 기각되었다(2002년 3월 7일 사포로 지방법원의 판결과 2004년 3월 27일 사포로 고등법원, 2006년 3월 24일 대법원 판결을 참고하라).

나. 법 문제를 근거로 아이누 재산 강탈

그들의 재산 역사는 비극적이다. 아이누는 전통적으로 북일본, 기본적으로 홋카이도의 유목민족이었다. 넓은 지역을 차지하고서, 그들은 물고기 잡기와 사냥으로 자신들만의 공동재산을 형성했고, 주변의 생태계에 높은 관심을 기울였다. 그러나 그들은 홋카이도에 소위 현대식 개인주의적 사유재산 시스템의 도입으로 인한 메이지 유신 이후 지속되는 어려움을 견뎌냈다.

첫째, 메이지 시대 일련의 토지 규제(1872, 1877, 1886, 1897년), 홋카

---

22 Yoshida, *supra* note 12, Chap. 7; do., "Reparation Issues of Ainu People: A Critical Analysis of the Recent Commission's Report from Civil Law Perspective," 28 *Nomos* (Kansai Univ.) 19 (2011), which has been expanded with some addition in do., *Reparations for the Indigenous Ainu and Civil Law* (Sapporo Free School, 2012). See also, do., "Property Law Policy for the Indigenous Ainu in Japan and the Unresolved Issue of Reparations," in Nam-Kook Kim ed., *Multicultural Challenges and Sustainable Democracy in Europe and Asia* (Korea Univ., 2012).

이도의 대부분의 미점유 토지는 사유 재산이 되었고, 반면에 아이누의 토지는 몰수되어서 국가 토지로 지정되었다. 그리고 나서 정부는 열정적으로 국가 재산을 일본 본토에서 이주한 사람들에게 분배했다(1886년 홋카이도 토지 불하법 6조와 1897년 홋카이도 미개척지 분할법). 설상가상으로, 아이누의 전통 사냥과 물고기 잡기는 법으로 금지되었고, 이로 인해 심각한 기아가 발생했다. 이것은 아이누 영토 정복에 다름 아니다! 조셉 싱어가 미국 재산권[23]의 기원에 대해서 지적했듯이, 원재산권은 "정복"과 유사한 문제가 있는 방식으로 강제적으로 박탈되었고, 첫 소유자의 권리(로크)를 적절하게 보호하는 데 실패했다.

둘째, 메이지 정부는 1889년 홋카이도 전(前) 원주민 보호법으로 불리는 법령을 활용해서 아이누로 하여금 정착농업을 하도록 권장했다. 이 법은 1887년 일반 불하법(다웨스법)을 모델로 하고 있는데, 그것은 미국 정부가 토지 지급을 통해서 원주민을 재산을 가진 시민으로 탈바꿈시키려는 시도였다.[24]

일본법은 다음 의미에서 차별적이었다. 첫째, 불하된 토지는 대부분 척박했던 불하된 토지는 경작이 15년 이내에 종료된다는 엄격한 조건(1조3항) 하에서 제공된 것이었다. 크기는 법에 의해서 49590m²로 정해졌다. 다른 한편, 1897년 법에 따르면, 일본 본토에서 온 사업가들에게 준 토지는 아이누에게 불하된 토지보다 일인당 100배, 회사

23 Joseph Singer, "*Starting Property,*" 46 *St. Louis Uinv. L. J.* 565, at 567 (2002).

24 다음 참조. Richard Siddle, *Race, Resistence, and the Ainu of Japan* (Routledge, 1996) 69.

당 200배나 컸다. 둘째, 불하된 토지에 관해서 양도와 융자 대출이 금지되었고, 나중에 홋카이도 주지사(Director General)의 허가에 의해서만 허용되었다(2조와 1937년 개정조항). 이 기준은 미국 연방 주택국(FHA)이 1930년대와 50년대 사이에 실시한 차별적 주택금융정책인 "redling"과 여러 면에서 비슷했다. 그리고 똑같이 아이누에게 불리한 영향을 미쳤다. 그들은 금융 신용을 획득할 방법이 전혀 없었다.

더군다나, 몇몇 아이누 마을, 특히 아시카와의 치카부미에서는 법령의 실행이 1930년대 중반까지 연기되었다(1934년 아시카와시 前 원주민 토지 제공법). 그 이유는 어느 정도는 아이누 공동체가 7사단 기지와 근접해 있었기 때문이었다. 설상가상으로, 불하된 토지의 4/5는 홋카이도 주지사가 공유지(공동 재산)로 관리했고, 따라서 자주 학교, 도로 건설, 군수용 공장 등으로 사용되었다. 그런 강탈에 대한 이름뿐인 금전적 보상은 처음에 언급했듯이 지금 뜨거운 논쟁거리다.

다. 아이누인의 사회적, 정치적 문제

아이누의 비극적인 재산 역사에 대한 이 간략한 검토만으로도, 여기 눈치 빠른 청중들은 최근의 소송의 기저에는 배상 문제가 숨어 있다는 것을 발견할 것이다. 그러나 놀라울 정도로 어려운 과제에 직면해 있지만, 우리는 법의 역할이 실제는 제한적이라는 것을 깨닫는다.

다르게 말하면, 아이누 문제에서 필요한 정치적, 사회적 지원은 정의를 실현하기에는 부족하다. 예를 들어서, ① 많은 아이누인들은 점점 더 가난이 악화되고 있는데, 저임금 직업, 전형적으로 일용직에 종사하면서 하루 벌어 하루 먹고 살거나 자주 사회 보장에 의존한다. ② 아이누는 일반적으로 정치적 힘이 약해서 이중 맹검(double-blinded)의 딜레마에 빠져있다. 예를 들어서, 많은 아이누는 니부타니댐 건설 법원(1997년 3월 27일 사포로 지방법원의 결정)에 의해 불법으로 판결이 났음에도 불구하고, 댐 건설은 아이누가 전통적으로 존중하는 문화 유적의 일부와 사루 강변의 생태계를 파괴했다- 같은 단기 일거리로 먹고 사는 것으로 귀결된다. ③ 과거 차별과 핍박 뿐 아니라 동화정책 때문에 아이누의 인종적 정체성 또는 인종 의식은 여전히 낮으며, 그들의 정치 리더십은 거의 부재한다. 더군다나, ④ 아이누 문화 진흥법의 제정 이후 아이누의 요구는 역설적으로 그들의 상태가 더욱 악화됨에도 불구하고 비정치화되는 것 같다. ⑤ 미국과 달리 일본 사법 교육 체계에는 아이누를 지원할 무료법률상담 제도가 존재하지 않는다는 점을 덧붙여야 한다. 민법학자들은 인종 차별 같은 눈에 보이지 않는 문제에 대해서는 일반적으로 무관심하다.

라. 아이누 배상 문제 재고: 최근 위원회 보고의 비판적 분석

우리는 최근의 획기적인 사건이 2007년 9월 13일의 국제연합 원주민 권리선언이라고 말할 수 있는데, 일본정부도 동의했다. 정부는 아이누인들의 역사와 현재의 아젠다를 재고하기 위한 단체를 조직했고, 보고서가 2009년 7월에 발간되었다. 그러나 이 보고서에 많은 심각한 문제가 있다. 내가 앞에서 언급했듯이, 홋카이도 정복과 재산 압수 그리고 아이누인들에 대한 이어지는 동화와 차별이 그들의 비극의 핵심 이슈였다. 그럼에도 불구하고 민법학자들, 특히 재산법과 배상 전문가 중 어느 누구도 위원회에 포함되지 않았고, 보고서는 의도적으로 아이누 배상을 거부하거나 회피했다.

무엇보다도 최근에 과거 역사의 부정의에 대한 주요 치료책으로 사과에 초점이 맞춰지는 사과의 시대임에도 불구하고, 아이누의 토지 정복과 이어지는 차별과 동화정책에 대한 사과가 전혀 언급되지 않았다.[25]

둘째, 충분하지 않음에도 불구하고 아이누의 비극적 재산의 역사를 기술하고, 주변화된 아이누의 상태에 대해서 홋카이도 정부뿐 아니라 일본 정부의 책임을 인정하는 것은 어쨌든 좋다. 그러나 보고서는 추상적으로 책임을 흐리고 배상적 접근에 반대되는 복지 접근을 채택하고 역차별을 지적함으로써 전향적인 재분배적 배상을 거부하고 있다. 그래서 아이누인들에 대한 복지정책을 위해서 예산 삭감을 효과적으로 멈출 수가 없다.

---

25 E.g., Mark Gibney et al. eds., *The Age of Apology: Facing up to the Past* (Univ. of Pa. P., 2007) 2(국가의 사죄는 국가 책임에 대한 법을 근본적으로 바꿀 것이다), 8(사죄는 정치적 결과를 가져올 것이다. 그래서 피해자의 원한, 고통, 복수에 대한 열망을 누그러뜨리고, 가해자들에게 과거 피해를 입힌 것을 진정으로 이해하고 진정한 참회의 감정을 생기게 할 것이다). 또한 다음 참조. Mark Gibney and Eric Roxstrom, "The Status of State Apologies," 23(4) *Human Rights Quarterly* 911 (2001); Barkan et al, *infra* note 34 (2006), at 7–8(협상의 강력한 도구로서 사죄).

셋째, 아이누 공동재산 압류와 이름뿐인 금전적 보상과 관련해서 아무 문제도 지적하지 않고 다만 별 이득이 없는 배상 과정을 지지했다.

이렇게 아이누 정책은 여전히 편향됐고, 일본에서 아이누와의 인종적 갈등과 관련된 배상과 화해는 진정한 의미에서 해결되지 않았다. 아이누인들을 위한 보고서가 만든 뛰어난 제안은 '이오루'(Ioru)라고 불리는 마을 박물관을 건설하는 것이었다. 그것은 수십억 엔을 들여서 남 홋카이도 시라오이에 있는 종교적 기념관의 건설이자 아이누 박물관의 확장이었다. 설상가상으로, 그것은 배상과 화해의 철학이 기본적으로 부족하기 때문에 홀로코스트 박물관이나 아파르트헤이트 박물관과는 전혀 다르다.

그렇다면 우리는 어떻게 일자리 창출, 교육, 건강, 주거 같은 아이누인들의 다양한 복지 문제를 배상의 관점에서 극복할 수 있는가? 아이누인들을 위한 배상은 아이누인들과 아프리카계 미국인들이 모두 오래된 차별과 재산 압수로 인한 제도적 불이익을 경험했다는 점에서 짐 크로(Jim Crow) 법체계의 지속적인 차별에 관련된 노예제 배상과 유사하다. 제한된 예산 내에서 그들의 다양한 아젠다는 각 주제의 실용적 필요성에 따라 우선순위를 정해야 한다. 일반적으로 말해서, 아이누 예산은 아이누 주로 원주민의 복지 필요를 위해서 확대되어야 한다.

그들의 현대 지적 재산권에 따라 유전적 자원과 전통 지식의 착취에 대해서도 원주민들에게 배상하는 것은 절실하게 필요하다.

마. 아이누인 유골과 유해 도난과 다른 문화 재산 문제

일반적으로 말해서, 기념관 자체는 배상 차원의 일이지만 손에서 놓아서는 안 된다. 그러나 심각한 문제가 이 프로젝트에 잠복해 있다. 첫째, 기념관 건설은 아이누 마을뿐만 아니라 가까운 사체와 영혼과 교통한다는 아이누의 전통 관습과 철학에 맞지 않는다. 둘째, 이 프로젝트를 통해서 위원회 위원들은 대부분이 홋카이도 대학의 저장고에 있는 유골과 유해를 과학자들이 다시 연구에 이용하도록 시라오이 종교 부지로 옮기려는 계획을 가지고 있다.

홋카이도 대학 저장고에 있는 유골과 유해에 대해 좀 더 설명해 보겠다. 놀랍게도, 무덤에 있던 많은 아이누인들의 유골과 유해가 홋카이도 대학, 동경대학, 여타 대학의 인류학자들에 의해서 도굴 당했다. 가장 악명 높은 사람이 20세기 홋카이도 대학의 사쿠자에몬 고다마(1895–1970)였다.[26] 그런 의미에서, 각 대학의 유골과 유해는 심각한 불의와 학자들의 책임의 상징이다. 따라서 대학으로부터 유골과 유해를 옮기려는 위원회 보고서의 제안은 심각한 불의와 관련되 책임을 모면하고 아이누인 유해에 대한 학문적 폭력을 재개하는 것을 허용하는 것이다. 우리는 칼, 신성한 대리석과 팔찌, 옷 같은 아이누인들의 문화적 재산이 약탈당해서 가해자의 박물관에 전시된다는 것을

26 일본에서의 이러한 심각한 불의에 대해서 다음 참조. Tetsuya Ueki, *The Violence of Academic Science: How come the Ainu Bones and Remains Were Excavared and Stolen(GAKUMON NO BOURYOKU)* (Syunpu Co., 2008), 82.

잊어서는 안 된다.

지역적 차원에서 풀뿌리 배상을 강조하는 세계적 추세와 비교해서 이 제안은 비교법의 관점에서 시대에 뒤떨어졌다. 예를 들어서, 우리는 노예제 문제에 관심을 쏟는 예일, 프린스턴 같은 미국의 유수의 대학들이 지금 과거의 불의에 직면해서 풀뿌리 차원의 세심한 배상을 수행하고 있다는 것을 알아야 한다.[27] 더군다나, 미국에서 주목할 만한 것이 미국 인디언들의 유골과 유해와 관련해서 원주민 묘지 보호와 배상법(NAGPRA)이 1990년에 만들어져서 많은 대학과 박물관들이 유골과 유해를 반환하려고 노력하고 있다.[28] 미국 행정부가 비록 국내법에는 맞지 않지만 1970년의 유네스코 조약을 존중해서 민간인이 소유한 문화재를 압수해서 원 소유 국가에 반환하는 데 우호적이라는 것도 지적할 필요가 있다.[29] 그러나 100구가 넘는 아이누인들의 유골과 유해를 가지고 있는 홋카이도 대학은 유골의 반환에 대해서 관련된 아이누 후손들과 직접적인 협상을 거부해서 2012년 9월에 소

27 Brophy, *supra* note 10, at 49–50. 풀뿌리 차원에서 소규모 배상에 관해서 다음 참조. Wenger, *supra* note 10, at 217.

28 다음 참조. Devon Mihesuah ed., *Repatriation Reader: Who Owns American Indian Remains?* (U. Nebraska P., 2000); Kathleen Fine–Dare, *Grave Injustice: THE American Indian Repatriation Movement and NAGPRA* (U. Nebraska P., 2002) esp. 117.

29 E.g., Andrew Adler & Stephen Urice, "Resolving the Disjunction Between Cultural Property Policy and Law: A Call for Reform," 64 *RUTGERS L. REV.* 117 (2010).

송이 제기됐다.[30]

유골과 유해 배상과 관련해서, NAGPRA의 실행은 공동체주의적 접근을 하고 있다는 것을 알아야 한다. 개별적으로 후손의 확인이 불가능할[31] 경우 해당 종족이 소유권을 갖도록 하는데, 이것이 바로 키네우수 원고들이 주장하는 것이다! 그러나 홋카이도 대학과 아이누 정책 위원회는 도굴한 아이누 유해에 대해서 개별 접근을 고수해서 단지 일부분(1.4%)만 관련된 후손에게 돌려주고 나머지는 새로 건설된 국립박물관으로 이전할 것이다.[32] 일본의 아이누 위원회가 NAGPRA를 표면적으로 모방했음에도 불구하고 양국의 배상에는 얼마나 현저한 차이가 있는가!

---

30 원고는 소송에서 관련지들의 유골과 유해를 자신 또는 우라카와에 있는 자신의 키네우수 공동체 돌려줄 것을 요청했다(아이누 말로 'kotan'). 그러나 나는 홋카이도 대학의 학자들이 무덤에서 유골을 훔친 과거 행동에 대한 배상도 처방의 가능성에도 불구하고 추진해야 한다고 생각한다. 왜냐하면 홋카이도 대학은 반환의 책임을 피하려고 유골과 유해의 소유권을 가까운 미래에 건립될 국립 박물관으로 이전하려고 필사적으로 노력하고 있기 때문이다.

31 *Native American Grave Protection and Repatriation Act (NAGPRA)* sec. 3, 25 U.S.C. 3002(a). 또한 다음 참조. Sherry Hutt et al., *Cultural Property Law: A Practitioner's Guide to the Management, Protection, and Preservation of Heritage Resources* (American Bar Assoc., 2004), 27.

32 최근의 보고서에 따르면, 홋카이도 대학이 가지고 있는 1,027구를 포함해서 전체 1,633구의 아이누 유해 중에서 단지 23구만 개별적으로 신원이 확인되거나 자손이 밝혀졌다. 다음 참조. Hokkaido Shimbun, April 23rd, 2013.

2) 한센병 환자 차별에 대한 배상[33]

가. 일본 나병 환자 차별

일본은 나병 환자를 관리하는 데 있어서 수치스러운 역사를 가지고 있다. 입법(1907, 1931, 1953년 나병 방지법)을 통해서 환자들의 주거는 공적으로 분리되었고 그들의 삶은 극도로 규제를 받았다. 그들은 북으로는 아오모리로부터 남으로는 오키나와에 위치해 있는 13개 국립 요양원 중 하나에 입소해야만 했다(6조). 그들은 요양원 외부에 나가는 것이 불허되었고, 안에서의 삶은 심하게 통제받았다(5, 16, 28조(제재)). 그들은 또한 불임시술을 받거나 낙태를 해야만 했다(1948년 우생학 보호법 3조 1항 3세칙, 14조 1항 3세칙).

그런 법령들은 1950년대 중반부터 나병에 대한 국제 의학 협의회가 차별 조치를 중지하라고 권고했음에도 불구하고, 1996년 3월 폐지될 때까지 거의 1세기 동안 지속되었다.

---

33 예를 들어서 다음 참조. Yoshida, *supra* note 12, Chap. 5, Section 2; do., "Some Thought Squaring with the Residents in Sanatoriums at Oku and Nagashima in Okayama,"(Nyuusyosya to mukiatte no Guukan: Oku-koumyouenn Nagashima-aiseien wo tazunete) 518 *Maple Journal* (Kaede(Oku-komyouen)) 6 (2007).

나. 놀라울 정도로 전향적인 배상 진전

최근의 보편적인 사법 소극주의 가운데 하나의 놀라운 예외가 구마모토 하급심에서 나왔다. 그 판결은 최근의 나병 방지법의 폐지(2001년 5월 11일 구마모토 지방법원의 결정에 의해서)로부터 기간을 계산함으로써 행동에 대한 법적 걸림돌을 제거했다(일본 민법 724조). 결과적으로, 차별받은 나병 환자 원고들에게 총 1억 엔 이상의 손해배상을 지급했는데, 일인당 8백만~1천4백만 엔이 돌아갔다. 고이즈미 정부가 이 판결에 항소를 금지함으로써 법원의 판결은 한센 환자들에 대한 정부의 배상으로 이어졌다는 점에서 매우 중요하다(2001년 한센병 환자의 요양원 입소 및 거주에 대한 배상법).

다. 배상법의 후유증

그러나 2001년 배상법은 한국과 대만에 있는 요양원에서 차별받은 한센병 환자들에는 동등하게 적용되지 않아서, 2개의 소송으로 이어졌다. 무차별적 적용을 요구하는 한국의 사례는, 비록 전남 여수의 남쪽에 위치한 소록도 요양원의 입소자들이 거친 대우를 받고 심지어 그 당시에 노예노동에 동원되었음에도 불구하고, 대만의 사건과 달리, 법원(2005년 10월 25일 동경 지방법원 판결)에서 기각되었다. 비난이 팽배했고, 배상은 2006년 법 개정에 의해 결국 해외 환자들에게까지 확장되었다.

2001년 입법 이후 한센병 문제 재조사 위원회가 2002년 10월에 설립되었고, 위원회 위원들은 각 요양원의 입소자와 거주자들의 상태를 면밀히 관찰한 다음, 특히 주목을 끈 낙태 문제를 지적하는 두꺼운 보고서를 2005년 3월에 드디어 완성했다.

그 때 한센병 문제에 대한 기본법은 요양원 거주자들의 분리, 차별 상태를 정상화하기 위해서 2008년 6월에 제정되었다.

소록도를 포함해서 몇몇 요양원을 방문한 다음, 나는 그곳의 거주자들을 만났다. 그러나 진정한 의미에서 화해하고, 정상적 관계를 건설하는 것, 말하자면, 환자들과 그들을 둘러싼 사람들 사이에 과거의 차별적 관계를 금전적 보상을 떠나 정상으로 돌려놓는다는 것이 생각보다 훨씬 어렵다는 것이 드러났다. 이런 경우에 진정한 화해를 달성하기 위해서 필요한 것이 무엇인가?

5. 법적, 이론적 분석: 법적 장애물과 그것을 극복하는 방법[34]

1) 결과: 판례 분석

만약 당신이 앞 장에서 일본과 관련된 대규모 불법 사례에 대한

34 자세한 버전은 다음 참조. Kunihiko Yoshida, "Reparations and Reconciliation in East Asia as a Hot Issue of Tort Law in the 21st Century: Case Studies, Legal Issues, and Theoretical Framework," 11 *JOURNAL OF KOREAN LAW* 101 (2011).

분석을 따라간다면, 화해와 배상의 정도가 특히 한국 원폭 피해자의 경우를 제외하고 국제적, 인종적 갈등의 경우에 매우 제한되었다는 것을 이해할 것이다.

특히 ① 대부분의 경우에 배상을 위한 법적 요구는 기각되었다. 더군다나, ② 예를 들어서, 난징 대학살, 충칭 폭격, 생물학전 같은 대규모 학살의 역사적 사실이 대분의 일본인들, 특히 일본 젊은이들에게 알려지지 않았고, 이것은 우리가 아시아에서 '역사적 화해'라고 불리는 것을 추구할 때 심각한 장애물이다. 따라서 ③ 2007년 니시마츠 대법원 판결 이후 제한된 중국인 노예 노동자들 해결 사건을 제외하고 도덕적 배상에 관한 논쟁은 많지 않다.

다른 한편, ④ 역사적 비극을 부인하고 무시하려고 시도하는 극보수(극우) 운동은 학문적으로는 비록 말이 안 되지만, 목소리를 높이고, 막강하고, 로비의 측면에서 정치인들에게 전략적으로 영향력이 있다. '자이토쿠카이' 같은 극보수 집단은 활동적이고, 소수 인종(예를 들어서, 간사이 거주 한국인 학생들, 추부 지역의 일본계 브라질 노동자들)을 위협하고, 괴롭히고 쫓아내려고 한다는 사실을 강조했다.

2) 화해를 향한 세계적 추세와 일본의 고립 대비[35]

그러나 일본의 입장은 역사적 화해라는 세계적 추세에서 고립되어 있다. 내가 이 글의 서두에서 전 세계의 많은 배상 사례에 대해서 언급했듯이, 지금은 많은 갈등에도 불구하고 역사적 화해를 지향하는 '사죄의 시대'와 '도덕적 변화'가 지속되고 있다.

배상은 민법과 국제법, 특히 국제 인권법의 교차점에 위치하고 있다. 화해를 향한 이런 도덕적 변화의 배경에서, 법적 배상이 증가하고 있고, 따라서 판결도 재검토되어야 한다. 그러나 도덕적 배상도 또한 전체론적으로 강조되어야 한다.[36]

자주 언급되듯이, 도덕적 배상과 관련해서 독일과 일본 사이에는 비록 양국 모두 법적 배상은 성공적이지 못했지만 두드러진 차이가 있다. 그것은 정말 의아한 일이다. 일본은 선진국이자 평화 지향적 국

---

35 다음 참조. Barkan, supra note 16 (2000); Barkan et al. eds., *Taking Wrongs Seriously: Apologies and Reconciliation* (Stanford U.P., 2006). 그건 그렇고, 세계적으로 배상에 대한 '도덕적 변화'의 배경으로 아브라함 교수는 냉소적이고 예리하게 베스트팔렌 이후 세계 자본주의 세계는 민주적 형태의 부재로 인해서 시민권을 위한 더 큰 기회와 이익을 주민에게 제공하지 않으며, 국제 인권법 레짐은 정치적 수칙이라기보다는 윤리적 수칙으로 밀려났다고 주장했다. See, David Abraham, "The Boundaries and Bonds of Citizenship," in Marc Rodriguez et al. eds., *Migration in History: Human Migration in Comparative Perspective* (U. Rochester P., 2007), 217–218.
아브라함 교수의 이론에 따르면, 배상에 대한 그의 견해는 민주적 재분배를 위한 전통적인 국민국가의 정치적 힘은 세계적으로 신자유주의 자본주의의 전파로 인해서 약해졌고, 윤리적 배상에 대비되는 정치적, 법적 배상은 피고의 국가의 정치적, 민주적 힘을 요구하기 때문에 달성하는 것은 어렵기 때문에 비관적이다. 그러나 나는 배상에 대한 법적 도덕적 원칙을 재고하려는 노력은 또한, 비록 불완전하지만, 정치적, 법적 열망뿐 아니라 윤리적 열망을 추구하는 민법 측면에서도 요구되어야 한다고 생각한다. 독일을 제외한 미국, 유럽연합, 중국 등 같은 선진국은 인도주의적 배상의 영역에서 선도적인 역할을 해야 한다.

36 이 점에서는 다음 참조. Brooks, *supra* note 10, at 141 (2004).

가라고 불리면서 왜 배상과 관련된 소송을 진행시키지 못하는가?

이런 체계적 문제, 즉 이웃 나라들에서 빠짐없이 잔혹한 행동을 했음에도 불구하고 화해를 향한 체계적 움직임이 부족한 결정적 이유를 일본 헌법이 작성된 과정에서 발견할 수 있다. 쇼이치 코세키[37] 교수에 따르면, 더글라스 맥아더(1880~1964)는 일본 헌법의 9조 전쟁 조항을 완전히 삭제하자고 제안했을 때, 그의 진정한 의도는 일본을 통합시키는 일왕제를 유지하기 위해서 사람들의 관심을 세계적으로 유명한 조항으로 관심을 돌려서 전쟁 책임 문제, 특히 일왕의 책임 문제를 숨기는 것이었다. 나는 이 은폐가 현재 상황의 시초라고 생각한다.

일왕의 책임과 관련된 논쟁은 1950년대 말 이미 타부가 되었다. 예를 들어서, 마사오 마루야마 명예교수마저 그 당시에 언급을 중지했을 정도였다. 그러나 일왕의 책임은 제쳐놓더라도 국가의 책임은 분리해서 이론적으로 논의될 수 있고, 또 논의되어야만 한다.

3) 법적 장애: 왜 법적 요구가 많은 사건에서 각하되었는가?

앞의 절에서 우리는 배상을 위한 법적 요구가 한국 원자탄 희생자 사건과 한센병 환자 사건을 제외하고 대부분의 사건에서 각하되었다는 것을 알 수 있다.

---

37 Shouichi Koseki, *Why the Art. 9 of Japanede Constitution was Drafted?(Kenpou 9 Jou wa Naze Seitei saretaka) (Iwanami Booklet)* (Iwanami, 2006).

법적 배상이 쉽게 이루어지지 않는 이유는, ① 시간의 경과와 증거부족, ② 시간 경과와 관련된 법적 원칙(처방과 행동의 제약), ③ 시간 경과와 관련된 다른 문제, 특히 미지급 급여의 재환산의 필요성, ④ 국가 면책 원칙, ⑤ 국제 조약의 포기 조항 때문이다.

그러나 우리는 각각의 이유가 비판적으로 검토될 수 있다는 것을 알아야 한다. 예를 들어서, 처방과 관련해서 피고는 법적 책임을 면하기 위해서는 법적 처방 기구에 '의뢰'(refer)해야 한다. 그러나 홀로코스트나 난징 대학살 같은 숨겨진 대규모 불법행위 사건에, 우리는 피고의 '의뢰'권은 제한되어야 한다고 주장할 수 있다. 사실, 우리는 홀로코스트 관련된 국제 조약을 가지고 있다! 더군다나 계산 시작 시점은 위에서 언급한 소송과 관련된 어려움을 고려했을 때 연기될 수 있다. 예를 들어서, 중국에서 평범한 희생자들은 중국 정부가 공식적으로 1990년대 중반에 개인이 소송할 수 있다고 허가했을 때에야, 국가적 수준이 아니라 풀뿌리 차원에서 고소할 수 있는 가능성을 깨닫게 되었다. 우리는 대량 불법 행위의 시점이 아니라 그 시점부터 처방 기간을 계산할 수 있었다.

국가 면책 원칙도 피고가 일본 정부일 경우, 예를 들어서, 위안부, 난징 대학살, 충칭 폭격, 생물학전 같은 사건에서 법적 방어 수단으로 자주 인용되었다. 그러나 정부 책임을 풍부하게 인정하는 시대에 이런 시대에 뒤떨어진 원칙에 의존하는 것은, 내 의견에는 공공정책에 반하는, 괴상한 일이다.

국제 조약에서 포기 조항의 해석은 가장 중요한 이슈 중 하나가 되었고, 최근에 많은 주목을 끌었다. 위에서 언급한 2007년 니시마츠 사건에서 대법원의 판결은 정부의 배상 권리뿐 아니라 개인의 배상 권리도 조약에 의해서 무효화되었다는 방어 논리를 채택해서 법적 배상의 요구를 기각했다. 그러나 그런 포기 조항은 공공정책에 반하고, 일본 민법의 기준에서 무효다. 국제법을 해석할 때 다른 입장을 채택해도 된다는 것인가?

결론적으로 우리는 법적 배상은 부분적이고 때때로 많은 우연적 요소에 의존한다는 것을 깨달아야 한다. 물론 우리는 관련된 법적 원칙을 심각하게 재고해야 하지만, 비록 법적 배상이 중요하더라도 과거 비극에 대한 만병통치약은 아니며, 화해를 위한 유일한 해결책도 아니라는 점을 인식해야 한다.

4) 다양한 배상 치료책: 법적 또는 도덕적 배상/책임

가. 배상 기능의 확대

치료 기능의 확대는 다음처럼 치료의 종류의 증가로 이어진다. 금전적 보상이 불법에 대한 유일한 기능일 때 금전적 손해는 일본 민법 722조가 지시하는 것처럼 유일한 해결책이다. 그러나 만약 불법에 대한 치료의 기능이 불법 행위자가 불법을 인정하고 책임을 지겠다는 보상의 기능을 포함하는 데까지 확대된다면, 치료의 종류는 금전적 보상 외에 다음을 포함할 것이다. 가해자와 가해 국가가 과거 불의를 인정하는 것이 중요하기 때문에 ① 역사교육, 또는 ② 기념관 건립, ③ 희생자 앞에서 사죄라는 상징적 행동(예를 들면, 조지 부시가 아니라 위안부 여성 앞에서), ④ 친척에게 유해 반환, 또는 ⑤ 희생자의 상처 난 감정의 위로와 과거 불의에 대한 용서가 중요하기 때문에 비극과 학살을 위한 의식.

이런 의미에서 배상 소송의 교육적 기능은 더 강조되어야 한다. 예를 들어서, 충칭 폭격이나 세균전의 경우에서처럼 정권이 바뀐 후에 조차 사실을 밝히는 데 무관심한 정부의 행동은 강하게 비판받아야 한다.

나는 많은 변호사들과 심지어 희생자들을 위한 활동가 또는 대변자들이 지나치게 치유에 대한 관습적인 생각, 즉 우리가 '금전적 피해 중심주의'라고 부를 수 있는 치유에 초점을 맞추고 있다고 생각한다.[38] 이런 비판적인 시각에서, 당신은 하나오카 소송의 원고 지도자가 그의 변호사들이 피해 중심적 해결을 위해서 일처리를 하는 것에 분노하고, 모든 한국 위안부 여성들이 아시아 여성 펀드의 제안을 거절한 이유를 이해할 수 있다. 거기에는 법적 책임의 인정이 포함된 진실한 사죄가 부족하다.

나. 도덕적, 법적 배상의 비교

이 단계에서, 법적 배상과 도덕적 배상을 비교하고 각각의 특성을 살펴보자. 물론 둘 다 서로 연결되어 있고, 결과도 중첩된다. 전통적

---

38 브룩스 교수(*supra* note 10 (2004))는 이것을 '보상 모델'과 대비되는 '물법 모델'이라고 부른다.

으로 두 개의 책임을 분리해서 이해하는 것과 비교된다. 내 의견으로는, 비록 도덕적 책임이 최근까지 비-법적 책임으로 간주되었음에도 불구하고, 도덕적 책임이 법적 책임의 기반이 된다.

그러나 양자 사이에는 몇 가지 차이점이 있다. 법적 보호는 부분적이고, 도덕적 책임은 더 전체주의적이고 기본적이다. 법적 책임은 더 공식적이고 법적 배상은 강제될 수 있는 반면에, 도덕적 배상은 자발적으로 행해진다. 이런 의미에서 전자는 진지한 후회 없이 행해질 수 있는 반면에(하나오카 해결 직후 카시마 회사의 피고가 한 진실하지 않은 말을 생각해 보라), 후자는 도덕적 반성과 후회를 전제로 하기 때문에 더 근본적이다.

다. 배상의 상이한 분류법: 상징적 배상 대 경제적 배상

유명한 배상 정치학의 대변자이자 사회학자인 존 토르피(John Torpey)[39]의 분류법에 따르면, 배상 사건은 기념적/상징적 배상사건과 반-제도적/경제적 배상 사건으로 분류된다. ① 전자는 홀로코스트 배상, 미일 억류 배상, 위안부 배상, '도둑맞은 세대'/'기숙학교' 배상, 노예 노동 배상을 포함한다. ② 후자는 노예제와 짐 크로우에 관련된

39 John Torpey ed., *Politics and the Past: On Repairing Historical Injustice* (Rowman & Littlefield Pub., Inc., 2003), 10. See also, do., "Making Whole What Has Been Smashed: Reflections on Reparations," 73(2) *JOURNAL OF MODERN HISTORY* 333 (2001).

배상, 아파르트헤이트 이후 배상('검은 경제 강화'), 그리고 다른 원주민 배상 토르피가 올바로 묘사하고 있듯이, 심지어 전자의 경우에도 홀로코스트 배상과 미일 억류 배상이 보여주듯이 배상에 대한 강한 필요가 있다. 이런 의미에서 금전적 배상과 반대되는 상징적 배상의 필요성은 위에서 언급한 도덕적 배상의 중요성과 관련된다. 그러나 다른 한편, 우리는 실제의 경우 토르피의 분류가 때때로 중첩된다는 사실을 인정해야 한다. 예를 들어서, 내가 한국 위안부 생존자들을 만났을 때, 많은 분들이 미지급된 급여에 대해서 불만을 표시했다. 그래서 토르피의 분류에도 불구하고 나는 이 사건은 두 가지의 상세한 분석이 필요하다고 생각한다.

5) 이론적 틀: 배상과 화해의 절차

나의 이론적 주장을 더 명확하게 하기 위해서, 나는 배상과 역사적 화해의 이론적 틀을 다음과 같이 보여줄 것이다.

(I) 사실 찾기 → (II) 과거 불의와 역사적 책임 인정 → (III) 배상과 사죄 → (IV) 희생자의 용서

앞 단계가 뒤의 단계의 전제가 된다는 것을 주목하라.

이 표는 화해의 일반적 과정을 묘사적으로 보여준다. 그래서 (IV)는 필연적으로 (III)으로부터 나오지 않는다. 왜냐하면 (IV)는 자발적으로 해야 하기 때문이다.[40] 그러나 진정한 (I), (II), (III)이 없으면, 진정한 화해인 (IV)가 없다. 다르게 말하면, (I), (II), (III)은 진정한 화해를 위한 필요조건이지만 충분조건은 아니다.

이 이론적 틀을 가지고, 당신은 일본이 진정한 화해로 나가는 데 얼마나 잘못 했는지 쉽게 이해할 수 있다. 예를 들어서, 위안부 여성 문제에서 전 수상인 아베와 다른 내각 각료들은 강제성뿐 아니라, 심지어 위안부 여성에 의해서 수많은 증언이 있음에도 불구하고, 악명 높은 위안부 시설의 존재조차 부인했다. 이런 배경에서 당신은 아베가 조지 부시에게 한 사죄 표현이 희생자들에게 얼마나 공허하게 들렸을지 상상할 수 있다. 폭격 사건 같은 다른 사건에서 일본 정부 관료들은 단지 법적 논의만 공격함으로써 사실 문제를 다루는 것을 피했다.

---

40 예를 들어서, 아파르트헤이트에 대해서 남아공의 진실과 화해 위원회(TRC)에서 취한 사면적 접근은 가해자들의 진실된 고백과 과거 행위에 대한 책임 인정을 불러일으키는 한에서만 효과적이라는 점을 인식해야 한다. 그러나 다른 한편, 이 제도가 강요될 경우에는 피해자 측에서 불만이 있을 수 있다. 유대교적 맥락에서 이 문제에 대해서는 다음 참조. Robert Rosen, "The Victimizer's Path to Forgiveness: A Jewish Perspective," in Arvind Agrawal et al. eds., *PEACE, JUSTICE AND DEVELOPMENT* (Hart P., 2013)(forthcoming)(가해자들은 용서의 어려움을 과소평가해서는 안 된다).

6) 역사적 책임의 상속 문제[41]

우리는 한국 식민지화나 중국 침략 같은 과거의 불의가 발생한지 65~100년이 지났기 때문에 세대가 바뀔 때 철학 문제를 살펴봐야 한다. 즉 대부분의 범법자들이 사망했기 때문에 우리가 역사적 책임을 상속, 승계해야 할지의 문제다. 이것은 위대한 철학자들이 서로 불일치하는 핵심 문제다.

예를 들어서, 칸트주의 배상 이론가인 로이 브룩스(Roy Brooks)는, 비록 양심에서 나오는 도덕적 배상을 강조함에도 불구하고, 칸트적 개인주의 도덕적 책임 개념의 영향 아래, 역설적으로 개인적 차원에서의 상속을 거부한다. 그러나 심지어 브룩스도 국가적 차원에서의 도덕적 책임은 상속되고 지속된다는 것을 인정한다. 역사적으로 1972년 중일 공동 선언 때 마오쩌뚱 자신이 미래 세대에게 무거운 배상의 짐을 물려주는 것을 걱정해서 일반 일본 시민들의 전쟁 배상을 거부했다.

다른 한편, 데이비드 밀러(David Miller)와 마이클 샌델(Michael Sandel)은 유행하는 개인주의 도덕 철학을 의도적으로 반대하고, 자신들의 공동체주의적 시각에서 역사적 잔혹과 대규모 불법행위에 대한 개인적 차원의 책임의 상속 가능성을 인정한다. 그들은 심지어 공동체

---

41 다음 참조. David Miller, *National Responsibility and Global Justice* (Oxford U.P., 2008), 135; Michael Sandel, *Justice: What's the Right Thing to do* (Penguin Books, 2010), 208, 223. Brooks, *supra* note 10, at 152–153과 비교하라.

의 관점에서 개인적으로 도덕적 책임을 지는 것에 긍정적인 태도가 칸트가 책임의 근대적 개념을 제안하기 이전에 아리스토텔레스 이후 '선'(the good)에 대한 오래된 철학적 개념과 일치한다고 주장한다.

이제 당신은 얼마나 큰 법률적 이슈가 배상 논쟁에 잠복해 있는지, 그리고 법학 외부의 저명한 철학자들 사이에서도 강조되었는지 이해하게 될 것이다. 어쨌든 개인적 차원에서 책임의 상속에 대한 논쟁을 제쳐 두면, 이론적으로 국가적, 회사적 차원에서의 도덕적 책임과 배상을 부인하는 사람은 거의 없다. 이런 의미에서 위에서 언급한 배상 과정은 뚜렷한 반대 없이 수용가능하다.

6. 마무리 발언

1) 일본에서 배상에 대한 논쟁이 부족한 이유

마지막으로, 내가 위에서 언급한 화해와 배상의 이론적 틀에 따르면 우리는 일본이 역사적 화해라는 목적을 달성하는 데 상당히 뒤처져 있다는 사실을 마주해야 한다. 결론적으로, 나는 지난 65년 동안 전쟁 배상과 관련해서, 마사오 마루야마[42] 교수의 용어를 빌리면,

---

42 Masao Maruyama, "The Structure of Political Decision-Making,"(Maturigoto no Kouzou) in *The Selection of Works by Masao Maruyama(MARUYAMA MASAO SHUU)* vol. 12 1982~1987 (Iwanami Pub. Co., 1996) (originally in

'무책임한 시스템'이라는 구조적 문제를 가지게 된 이유를 분석할 것이다.

첫째, 일왕의 전쟁 책임 논의는 이미 1960년대에 타부가 되었다. 1950년대 중반 마루야마 교수의 비판적 발언과 비교해 보라. 더글라스 맥아더 자신이 일본 헌법 9조의 전쟁 금지 조항을 제안했을 때 일왕의 책임을 숨기려고 시도했다는 점을 상기해보라.

둘째, 냉전 시대에 미국이 취한 "역방향"(reverse course)이라고 불리는 것이 매우 부정적 역할을 했다. 대부분의 A급 전범은 1950년대에 수가모 형무소에서 풀려났다. 그들은 도덕적 책임에서 면제되었는데 이는 잘못이다. 미국은 냉전 시기에 정책을 바꿔서 그런 도덕적 악화를 받아들였다.

감옥 출소라는 결과에서는 유사함에도 불구하고, 그곳의 전범들에게 잔혹성을 고백하고 도덕적 책임을 인정하라고 요구한 중국 북동부의 푸산 교도소에서의 '렌주이'(사죄) 행위는 보상의 관점에서 매우 다르다.

대부분의 일본인들은 전쟁 책임의 도덕적 측면을 잊었고, 도덕적 책임과 법적 책임을 동일시하는 좁은 정의의 개념으로 이것을 인식한다. 그래서 책임과 배상을 소홀히 하는 조직적 구조는 여전히 정치인들과 일반 시민들 사이에서 지속되는데, 그들 중 다수가 범법자들의 자손이다. 많은 국가들과의 배상과 관련해서 포기 조항의 외교적으

1985).

로 성공한 달성은 불행하게도 일본인들이 배상을 통한 도덕적 보상의 필요성을 무시하게 만들었다.

셋째, 보수적인 자민당의 장기간 지속은 배상에 대한 부정적 입장을 고착화시키는 원인이었다.

자민당의 주요 의원들이 전쟁 범죄자의 친척들이라는 것을 기억하라! 배상 절차가 양심의 문제로서 모든 사람이 따라야 함에도 불구하고, 극우 압력단체의 전략적이고 비과학적인 주장에 의해서 정치적 논쟁의 초점이 되었다는 것은, 이 분야에서 세계적으로 도덕적으로 강화되는 것과 비교할 때, 일본에게 불행이다.

넷째, 이 주제에 대해서 젊은 세대의 두드러진 무관심도 심각한 원인이다. 그들은 배상의 상속을 거절해야 한다고 주장하는 경향이 있다. 그러나 내가 위에서 언급했듯이, 당신은 이제 그런 칸트주의적 주장이 편향적이고, 도덕적 배상의 필요성을 배제할 수 없다는 것을 이해할 것이다. 덧붙여서, 20세기 과거 불의에 대한 교육의 부족도 사태를 악화시켰다.

2) 미래를 위한 도전

배상과 화해와 관련해서 우리가 직면한 아젠다와 도전은 대단하다! 예를 들어서, 중국과 이웃 나라들 사이의 역사 지식의 커다란 차이, 지난 65년 동안 조직적인 배상 회피, 지금까지 상당한 경제 원조에 대한 모호한 해석. 왜 그것은 배상으로 행해지지 않았는가? 마지막으로, 이런 상황을 극복할 다른 방법이 있는지 살펴보자.

첫째, 역적 불의에 대한 교육을 증가시키는 것은 중요하다. 내가 언급했듯이 이것은 배상 절차의 첫 번째 단계와 관련이 있다. 박물관과 기념관은 이 점에서 중요한 역할을 한다.

둘째, 배상과 관련된 정책 변화가 시급한 아젠다가 되어야 하지만, 정치적 변화에도 불구하고, 부분적으로는 주요 양당에 보수적인 의원들이 있기 때문에, 내각은 항상 배상 절차에 있어서 걸림돌이었다는 것은 수치다. 우리는 일본의 현재 상황을 고려할 때 다시 화해 절차를 올바로 이해하는 것이 중요하다는 것에 주목해야 한다.

이와 연결해서, 많은 반향을 일으킨 토루 하시모토 오사카 시장의 최근 발언을 생각해보자.[43] 그의 의견은 두 가지 점에서 문제가 있다. 첫째, 그는 당시의 부도덕한 성적 기준에 근거해서 위안소를 정당화한다. 그러나 그것을 받아들일 수는 없다. 둘째, 그는 희생자들의 많은 증언에도 불구하고 일본군이나 다른 관련된 사람들에 의해서 강제되지 않았다는 2007년 위안부에 대한 아베 정부의 공식 입장 표명을 쉽게 따르고 있다. 그것은 또한 한국인들, 특히 생존한 희생자들이 참기 어려운 일이다. 다른 한편, 그는 희생자들에 대한 사죄와 배상의 필요성을 강조한다. 그는 또한 1960–70년대 오키나와에서의 성폭력과 베트남전에서의 위안부와 관련해서 미국, 한국 같은 다른 나

43 E.g., Hiroko Tabuchi, "Women Sent To Brothels Aided Japan, Mayor Says," *THE NEW YORK TIMES*, May 14th, 2013, A7. 하시모토는 나중에 첫 번째 사안, 즉 전쟁 당시의 위안소 정당화에 대해서는 입장을 바꾼 것 같다(*Japanese Politician Reframes Comments on Sex Slavery, The New York Times*, May 28th, 2013, A5).

라들에 의한 배상의 필요성도 강조한다. 그의 마지막 주장에 대해서는 나도 동의하고, 그의 사죄는 앞에서 서술한 나의 화해 절차로 판단하건대 백악관에서 조지 부시에게 아베가 사죄한 것처럼 과거 불의를 부인하기 때문에 공허하게 들리는 반면, 국제적 배상은 다면적으로 행해져야 한다. 나는 또한 일본 젊은이들을 포함해서 많은 도덕적으로 악화된 사람이 있다는 것을 받아들여만 한다. 그들은 과거 불의에 대한 지식이 부족하고 피해자의 감정과 도덕적 책임에 대한 민감성이 떨어지기 때문에 위안부와 관련해서 사죄의 필요성을 부인한다. 그것은 배상에 대한 도덕적 무시와 과거 불의에 대한 교육의 부족의 장기간의 조직적인 악순환의 결과다.

셋째, 종교 집단 사이에 양심 회복 같은 배상을 향한 풀뿌리 운동과 자발적인 희생자 유해 반환, 그리고 배상 문제에 관한 국가들 사이의 청년 네트워킹, 배상과 화해를 추구하는 관련자들 사이의 협상을 위한 NGO의 노력 등이 있다. 이런 점에서 홀로코스트, 하와이 원주민 배상, 노예제 배상에서 미국[44]에서 제안된 소규모 배상은 동아시아 문제에도 확대되어야 한다. 이런 맥락에서 아이누인들에 대한 배상의 필요성은 21세기 환경적으로 진보적인 생각을 고려할 때 소규모 배상으로서 풀뿌리 차원에서 인식되어야 한다.[45]

더군다나, 관료들과 풀뿌리 운동 사이의 협동이 물론 이상적이다.

---

44 Wenger, *supra* note 10, at 217 (2010).

45 이 점에 대해서 다음 참조. Kunihiko Yoshida, *supra* note 22, at 33-35, 39-41.

홋카이도의 아사히가와에 이웃한 도시인 히가시가와에서의 노예 노동 사건의 역사적 화해를 추구하는 최근 운동은 매우 예외적이다. 천 명이 넘는 한국인이 1940년대 중반에 그곳의 관개수를 데우기 위한 인공 연못을 건설하는 데 강제로 동원되었지만, 그것과 관련된 끔찍한 진실은 최근까지 300여명의 중국인 노예노동자들에 관한 유명한 사실과 그 희생자들을 위한 많은 기념물 뒤에 숨겨져 있었다. 그러나 2000년대 중반 이후 한국의 강제노동 조사 위원회의 놀라운 노력 덕분에 그 비극이 세상에 드러났고, 빈번한 상호 방문이 풀뿌리 차원에서 시작되었다. 놀랍게도 지역의 회사 뿐 아니라 시루 마츠오카 시장과 지방 공무원들도 지역의 역사적 불의에 관한 화해에 긍정적인데, 이는 일본에서 매우 예외적이다.[46]

3) 인종 갈등 배상의 세계화와 국제화에 대한 희망

내가 앞에서 논의했듯이 우리는 인종 배상에 대한 미국의 논의의 일방성과 편향성을 알아야 한다. 미일 억류 사건, 하와이 원주민 사

46 히가시가와 지방정부와 지방 시민들의 풀뿌리 수준에서의 협력에 대해서 한국 신문에서 최근에 깊이 있게 보도 되었다. 《한겨레》 2010년 8월 10일자, 1, 8-9면. 히가시가와에서 중국인 노예 노동에 대해서는 다음 참조. Shizuo Kanamaki, *The Matter of Chinese Slave Labor: A Report about the Labor Site of Higashikawa, Hokkaido* (CHUGOKUJIN KYOUSEIRENKOU JIKEN: HOKKAIDO/HIGASHIKAWA JIGYOUJOU NO KIROKU) (2nd ed.)(Miyama Pub. Co., 1976), 64.

건, 미국 인디언 사건, 노예제 사건 등을 포함한 위에서 언급된 모든 사례는, 미국 같은 다인종, 다문화 사회에서는 국내 배상 문제도 어느 정도 국제적으로 보임에도 불구하고, 국내 배상 사례들이다. 그리고 히로시마, 나가사키 원폭, 베트남전[47]에서 미군에 의한 Agent Orange 살포, 아프간, 이라크 전 등의 미국이 관련된 국제 배상은 지금까지 배상 논쟁에서 거의 언급되지 않았다.

다른 한편, 홀로코스트 배상은 제한된 국제 배상 사례의 하나로 간주될 수 있다. 예[48]를 들어서, 대출(3조3천1백65억 엔), 기부(1천5백10억 엔), 그리고 기술 원조(1천6백18억 엔) 등 2007년까지 축적된 총 약 6조 엔의 중국 관련 일본 정부 개발원조(ODA)는, 일본이 비록 이 논문에서 설명한 배상 절차를 따르지 않았다 하더라도, 국제 재정 배상의 간접적 방법으로 볼 수 있다.[49]

---

47 이 주제에 대해서 다음 참조. Goro Nakamura, *Agent Orange in the Battlefield* (SENJOU NO KAREHAZAI)(Iwanami Pub. Co., 1995). 그 다큐멘터리 제목은 다음과 같다. "Questions from the next Generations of Vietnamese and Americans: Looking for Traces of Agent Orange (Karehazai no Konseki wo mitsumete-Amerika/Betonamu no Jisedai karano Toikake) (NHK ETV), aired on January 30th, 2011, has also attracted attentions.

48 이 데이터에 대해서는 다음 참조. http://www.mofa.go.jp/mofaj/gaiko/oda/shiryo/kuni/08_databook/pdfs/01-04.pdf. 대출은 올림픽이 처음 중국에서 개최되었던 2008년에 최근의 경제 성장 때문에 폐지되었다.

49 See, Pierre Hazan, *Judging War, Judging History: Behind Truth and Reconciliation* (Stanford U.P., 2010) chap. 2. 이 책은 한편으로는 국제적 정의와 국제관계의 법제화 과정을 강조하는 국제 신칸트 유토피아와 또 한편으로는 국민국가에 기초하고 2001년 9·11사태 이후 신자유주의 세계화의 압력 아래에

각 국가의 민족주의는 큰 장애물이며 국제 배상은 힘들 것이다. 우리는 보수적 운동은 생명력이 질기다는 것을 인정해야 한다. 그러나 나는 배상은 세계화, 유럽연합 같은 다국가 연합의 시대, 21세기 도덕적 강화의 시대에 국제적 수준으로 확대되어야 한다고 생각한다.

이런 맥락에서, 각각 5만 명 이상의 섬 주민과 3백 명의 민간인, 1천 명의 정치범이 한국군과 미국군에 의해서 살해된 1948–54년 제주 학살과 1950년의 노근리 학살 같은 한국의 국제 사례, 그리고 국제적 배상을 위한 노력은 배상 논의의 국제화를 불러올 수 있다. 노근리 비극과 관련해서 미국정부는 2001년에 한미 정부의 상호 양해 성명과 클린턴 대통령의 유감 표명 하에 한국전 민간인 희생자를 추모하는 기념관과 장학금 프로그램을 약속했지만, 사과와 보상은 거절했다. 희생자 친척들 또한 이 제안[50]을 거절했다. 그것은 정말 21세기의 시급한 주제다.

최근의 또 다른 국제 사례는 83명을 죽게 만든 매독 연구에서 죽어가는 여인을 재감염시킨 결정을 포함해서 1946년부터 1948년 사이에 과테말라에서 행해진 미국의 인간 생체 실험의 폭로였다.[51] 오바마

있는 신 홉스주의 정치적 기회주의 사이의 긴장을 기술하고 있다. 위의 책, 59–62.

50 See, e.g., Takao Matsumura, "The Massacre of No Gun Ri, Korea in 1950," *(Kankoku Nogunri niokeru Gyakusatsu)* in Matsumura et al. eds., *The Social History of Mass Slaughters in the 20th Century*(TAIRYOU GYAKUSATSU NO SHAKAISHI: SENRITSU NO 20 SEIKI)(Minerva Pub. Co., 2007), 119.

51 다음 참조. The Associated Press, *Panel Reveals New Details of 1940's Experi-*

대통령은 이 악명 높은 사실에 대해서 이미 과테말라 대통령에게 반(半) 공식적으로 사과했고, 국제 배상절차가 예상된다.

노예제 배상 또한 국제화될 수 있다. 90% 이상의 인구가 아프리카계 흑인이고 역사적으로 설탕 농장의 노예 노동과 관련된 자메이카에서 노예제 배상 위원회는 최근(2012년 11월) 그들의 노예 노동이 기여한 신세계와 구세계 사이의 거대한 경제적 격차에 대해 영국에게 수조 달러의 국제 배상을 요구할 것인지를 조사하기 위해서 다시 모였다.[52]

(번역: 신철희)

---

ment, *THE NEW YORK TIMES*, August 29th, 2011.

52 See, The Associated Press (David McFadden), "Jamaica Revives Slavery Reparations Commission: Historians Say Slave Labor Made a Vast Difference to the New and Old World. In Jamaica, Most Were Forced to Work on Sugar Plantations," *The Miami Herald*, November 2nd, 2012, 7A. 2004년에 라스타파리인들(Rastafarians)의 연합(자메이카 흑인들)이 이미 영국과 노예무역에 관련된 다른 유럽 국가들에게 라스타파리인들이 아프리카에 재정착할 수 있도록 725억 파운드를 지급하라고 요구했다. 그러나 영국 정부는 수 세기 전의 잘못에 대해서는 책임질 수 없다면서 그 주장을 거부했다.

참고문헌

Abraham, David. 2007. "The Boundaries and Bonds of Citizenship." in Marc Rodriguez et al. eds., *Migration in History: Human Migration in Comparative Perspective.* U. Rochester P..

Adler, Andrew & Stephen Urice, 2010. "Resolving the Disjunction Between Cultural Property Policy and Law: A Call for Reform." 64 *RUTGERS L. REV.* 117.

Allman, T. D. 2013. *Finding Florida: The True History of the Sunshine State.* Atlantic Monthly Press.

Antkowiak, Thomas. 2011. "An Emerging Mandate for International Courts: Victim–Centered Remedies and Restorative Justice." 47 *Stan. J. of Int'l Law.*

Barkan, Elazar. et al. eds. 2006. *Taking Wrongs Seriously: Apologies and Reconciliation.* Stanford U.P..

Barkan, Elazar. 2000. *The Guilt of Nations: Restitution and Negotiating Historical Injustices.* Norton.

Barnes, Mario et al. 2010. "A Post–Race Equal Protection." 98 *GEO. L. J.* 967.

Bazyler, Michael. 2003. *Holocaust Justice: The Battle for Restitution in America's Courts.* NYU Press.

Bazyler, Michael. et al. eds. 2006. *Holocaust Restitution: Perspectives on the Litigation and Its Legacy.* NYU Press.

Bois, Francois Du et al. eds. 2008. *Justice and Reconciliation after Post–Apart-*

heid South Africa. Cambridge U.P..

Brooks, Roy. 2000. *Atonement and Forgiveness: A New Model for Black Reparations.* U. California P..

Brophy, Alfred. 2006..*Reparations: Pro and Con.* Oxford U.P..

Chang, Iris. 2007. *The Rape of Nanking: The Forgotten Holocaust of World War II.* Basic Books.

Chuo, Sumi. 2009. "Post-Racialism." 94 *Iowa L. REV.* 1589.

Eng, David. 2012. "Reparations and the Human." unpublished paper.

Epstein, Richard & Catherine Sharkey. 2012. *Cases and Materials on Torts.* 10th ed. Wolters Kluwer.

Eric Yamamoto et al.. *2001. Race, Rights and Reparation: Law and the Japanese American Internment.* Aspen.

Eric Yamamoto. 1999. *Interracial Justice: Conflict and Reconciliation in Post-Civil Rights America.* NYU Press.

Fine-Dare, Kathleen. 2000. *Grave Injustice: THE American Indian Repatriation Movement and NAGPRA.* U. Nebraska P..

Garner, Bryan. 2011. *Back's Law Dictionary.* 4th pocket ed. West.

Gibney, Mark et al. eds. *The Age of Apology: Facing up to the Past.* Univ. of Pa. P..

Gibney, Mark and Eric Roxstrom. 2006. "The Status of State Apologies." 23(4) *Human Rights Quarterly* 911.

Goro Nakamura. 1995. *Agent Orange in the Battlefield.* Iwanami Pub. Co.,

Hayner, Prescilla. 2002. *Unspeakerable Truths: Facing the Challenges of Truth Commissions.* Routledge.

Hazan, Pierre. 2010. *Judging War, Judging History: Behind Truth and Reconciliation.* Stanford U.P..

Hiroko Tabuchi. 2013. "Women Sent To Brothels Aided Japan, Mayor Says." *THE NEW YORK TIMES*, May 14th, 2013.

Hunt, Lynn. 2007. *Inventing Human Rights*. Norton.

Hutt, Sherry et al. 2004. *Cultural Property Law: A Practitioner's Guide to the Management, Protection, and Preservation of Heritage Resources*. American Bar Assoc..

Iglesias, Elizabeth. 1999. "Democracy, Identity, Communicative Power, Inter/National Labor Rights and the Evolution of LatCrit Theory and Community." 53 *U. MIAMI L. REV.* 575.

______. 1996–97. "International Law, Human Rights and LatCrit Theory." 28 *U. MIAMI INTER–AMERICAN L. Rev.* 361.

Irons, Peter. 1983. *Justice at War: The Story of the Japanese American Internment Cases*. U. California P..

Lazare, Aaron. 2005. *On Apology*. Oxford U.P..

Klein, Naomi. 2009. "Minority Death Match: Jews, Blacks, and the "Post–Racial" Presidency." *Happer Magazine* (Sept).

Kunihiko Yoshida. 2013. "Challenges for the Chinese Slave Labor Reparations: Some Reflections After Visits at Sakata and Tangshan." (Chuugoku–jin Kyouseirenkou–roudou Mondai no Genkon no Kadai: Sakata/Touzan Houmon wo Kien to site) *Quarterly J. On China* 54.

______. 2011. *Urban Welfare, Disaster Recovery, War Reparations and a Critical 'Rule of Law.' (Toshikyojuu Saigaihukkou Sensouhoshou to Hihanteki Hou no Shihai)* Yuhikaku Pub. Co..

______. 2011. "Legal Studies of War Reparation Regarding Japanese Invasion in China and the Sino–Japan Friendship–Building." (Chuugoku Shinryaku no Sensou Higai Hosyou Hougaku Kenkyuu to Nichuu

Yuukou) *Quarterly J. On China*.

______. 2011. "Reparations and Reconciliation in East Asia as a Hot Issue of Tort Law in the 21st Century: Case Studies, Legal Issues, and Theoretical Framework." *JOURNAL OF KOREAN LAW* 101 (2011).

______. 2009. "Some Thoughts at the Tragic Site of Nanjing Massacre." (Nankin Jiken Atochi deno Guukan) *Quarterly J. On China* 49.

______. 2006. *Property, Housing Welfare and Reparation Problems in the Multi–Cultural Age(Tabunka Jidai to Shoyuu Kyojuuhukusi Hoshou Mondai.* Yuhikaku Pub. Co.

Lopez, Ian Haney. 1997. "Race, Ethnicity, Erasure: The Salience of Race to LatCrit Theory." 85 *CAL. L. REV.* 1143.

Masao Maruyama. 1996. "The Structure of Political Decision–Making." (Maturigoto no Kouzou) in *The Selection of Works by Masao Maruyama.* vol. 12. 1982~1987. Iwanami Pub. Co..(originally in 1985).

Matsuda, Mari. 1987. "Looking to the Bottom: Critical Legal Studies and Reparations." 22 *Harv. Civil Rights–Civil Liberties L. Rev.* 323.

Mihesuah, Devon ed. 2000. *Repatriation Reader: Who Owns American Indian Remains?* U. Nebraska P..

Milanich, Jerald. 1995. *Florida's Indians: From Ancient Times to the Present.* U. P. Florida.

Miller, David. 2008. *National Responsibility and Global Justice.* Oxford U.P.

Minow, Martha. ed. 2002. *Breaking the Cycles of Hatred: Memory, Law, and Repair.* Princeton U.P..

Minow, Martha. 1998. *Between Vengeance and Forgiveness: Facing History after Gengcide and Mass Violence.* Beacon Press.

Mutua, Athena. 2008. "Introductive Classcrits: From Class Blindness to a

Critical Legal Analysis of Economic Inequality." 56 *BUFF. L. REV.* 859.

Nickel, James. 2007. *Making Sense of Human Rights.* 2nd ed. Blackwell.

Nijman, Jan. 2011. *Miami: Mistress of the Americas.* U. Pa. P..

Pasqualucci, Jo M. 2013. *The Practice and Procedure of the Inter–American Court of Human Rights*. 2nd ed. Cambridge U.P..

Portes, Alejandro & Alex Stepick. 1993. *City on the Edge: The Transformation of Miami.* U. Cal. P..

Powell, John. 2009. "Post–Racialism or Targeted Universalism." 86 *DENV. U. L. REV.* 785.

Robinson, Randal. 2000. *The Debt: What America Owes to Blacks.* Plume.

Robinson, Greg. 2001. *By the Order of the President: FDR and the Internment of Japanese Americans.* Harvard U.P..

Rose, Cecily. 2010. "An Emerging Norm: The Duty of States to Provide Reparations for Human Rights Violations by Non–State Actors." 33 *Hastings Int'l & Comp. L. Rev.* 307.

Rosen, Robert. 2013. "The Victimizer's Path to Forgiveness: A Jewish Perspective." in Arvind Agrawal et al. eds., *PEACE, JUSTICE AND DEVELOPMENT.* Hart P..

Sandel, Michael. 2010. *Justice: What's the Right Thing to do.* Penguin Books.

Seiichi Morimura. 1981–82. *Devil's Satiation* (Akuma no Housyoku) vol. 1, 2. Koubunsya.

Shizuo Kanamaki.1976. *The Matter of Chinese Slave Labor: A Report about the Labor Site of Higashikawa, Hokkaido.* 2nd ed. Miyama Pub. Co..

Shouichi Koseki. 2006. *Why the Art. 9 of Japanede Constitution was Drafted? (Kenpou 9 Jou wa Naze Seitei saretaka).* Iwanami.

Siddle, Richard. 1996. *Race, Resistence, and the Ainu of Japan.* Routledge.

Singer, Joseph. 2002. "*Starting Property.*" 46 *St. Louis Uinv. L. J.* 565.

Sith, Nick. 2008. *I was Wrong: The Meanings of Apologies.* Cambridge U.P..

Spelman, Elizabeth. 2003. *Repair: The Impulse to Restore in a Fragile World.* Beacon Press.

Takao Matsumura. 2007. "The Massacre of No Gun Ri, Korea in 1950." *(Kankoku Nogunri niokeru Gyakusatsu)* in Matsumura et al. eds. *The Social History of Mass Slaughters in the 20th Century.* Minerva Pub. Co..

Tavuchis, Nicholas. 1993. *Mea Culpa: A Sociology of Apology and Reconciliation.* Stanford U.P..

Tetsuya Ueki. 2008. *The Violence of Academic Science: How come the Ainu Bones and Remains Were Excavared and Stolen (GAKUMON NO BOURYOKU).* Syunpu Co.

Torpey, John ed. 2003. *Politics and the Past: On Repairing Historical Injustice.* Rowman & Littlefield Pub., Inc.,

Valdes, Francisco. 1999. "Theorizing 'Outcrit' Theories," 53 *U. MIAMI L. REV.* 1265.

Valdes, Francisco et al. eds. 2002. *Crossroads, Directions, and a New Critical Race Theory.* Temple U.P..

Wenger, Kaimipono David. 2010. "Injuries Without Remedies: "Too Big to Remedy?" Rethinking Mass Restitution for Slavery and Jim Crow." 44 *LOYOLA OF LA L. Rev.* 177.

Zhu Chengshan et al. eds., *Collective Drawings of Exhivitions of Memorial Hall of the Victims in Nanjing Massacre by Japanese Invaders.* Great Wall Pub. Co..

7장

중국의 부흥과 동아시아에서의 지역 안보에 미치는 영향: 그 역할은 어떻게 지역 안보질서의 변화를 증가시킬 것인가?

주 펑(朱鋒)

들어가기

중국의 부상과 그것이 동아시아의 지역 안보에 미치는 영향에 대한 뜨거운 논쟁이 오랫동안 있어왔다. 비관론자들은 중국의 부상은 불가피하게 전통적인 중앙 왕국(Central Kingdom)으로 하여금 중국에 유리하게 힘을 사용하도록 몰고 가서 지역 안보 구조가 헤게모니 위상을 위한 미–중 경쟁의 악몽 같은 시나리오에 봉착하게 될 것이라고 주장하는 경향이 있다. 이 시나리오는 일종의 새로운 냉전의 "도래"를 암시하고 그 지역을 위험에 빠뜨릴 것이다. 낙관주의자들은 중국이 점점 더 자유세계 질서에 편입하고 있는 점에 비춰 볼 때 현상유지력으로 작용하고 있다고 믿는 경향이 있다. 그러므로 핵심적인 도전은 어떻게 세계 질서에 완전히 통합되느냐, 다시 말해서, 길들이느냐는 아직 다루기 어려운 상태로 남아있다. 중국의 입장에서 볼 때 어떤 논쟁들이 더 발전적이고 관계가 있는 것으로 느껴지든 핵심 도전은 주로 편협한 중국이 자유세계질서를 견뎌낼 수 있는지 없는지의 현실에 놓여있을 수 있다. 중국의 부흥은 불가피하게 새로운 "중국"으로 이끌었다. 세계의존적인 중국과 정치적으로 변화하지 않은 중국 사이에 어정쩡한 긴장이 믿을 수 없을 정도로 나타났다. 예측가능한 미래에 국내 정치시스템을 변형시키고 그 내부적 통치권을 재건하려는 중국의 고투는 국제적으로 장타를 날리고자 하는 노력보다 더 만만치 않은 것이라는 것을 증명할 것이다. 중국의 오래된 불안정에 대한 걱정은 항상 그 안보 노력들을 결정하는 본질적 요소이다. 그 부분에 관해서는,[1] 내부성과 외부성의 과정과 패턴은 중국의 국가 행동들을 재편성하기 위해 보다 필수불가결하고 강렬해질 것이다. 가정컨대 분석의 두 수준, 즉 (1) 중국의 국내 혁신 그리고 (2) 미국, 일본, 한국같이 그 지역에서의 주도적인 역할을 담당하는 나라들과의 상호작용들은 중국의 외교정책과 지역 질서 변화에도 결정적인 요인으로 작용할 것이다.

중-미 관계는 의심의 여지없이 북경의 견해, 정체성, 그리고 정책 선호에 불을 붙이기 위해 보다 중요한 변수이다. 워싱턴과 북경 사이

1 Andrew Nathan and Andrew Scobell, *China's Search for Security* (New York: Columbia University Press, 2012).

에 잔존하는 다양성에 관계없이 자유세계 질서의 안정과 진전을 유지하는 데 있어서의 그들의 관심은 중국이 2001년 이 질서의 린치핀인 WTO에 가입한 이후 진정한 동력을 얻기 시작했다. 미-중 관계가 너무 비중이 커져서 실패하지 않을 것이라는 견해도 과거 보다 더 확신을 주는 것도 결코 아니다. 그러나 중국의 미래에 대해 답변들보다는 질문들이 더 남아있다.[2] 문제는 중국인들 중 많은 사람들은 미국의 중국에 대한 정책이 중국의 미래를 형성하는 데 중요한 요소라고 믿는다는 것이다. 여기서 핵심이 되는 도전은 중국을 이 질서에 포함시키는 길을 찾는 것이 아니라 두 강대국들이 이 질서의 바람직한 상황과 실현가능성을 협력적으로 고양시키기 위한 길을 찾는 것이다.

정체성, 힘, 그리고 지역 질서의 "중화화(Sinicization)"

이 차이들은 극히 분명하다. 이 책의 중요한 목적은 그러한 차이들을 명확히 가려내어 설명하는 것이다. 흥미롭게도 영어에는 중국의 세계관을 묘사하기 위한 두 동의어들이 있다. 하나는 "중화화된"이고 다른 하나는 "중국의"이다. 우리는 주권, 국제안보, 그리고 세계 질서를 바라보는 중국의 방식은 매우 "중국적"으로 남아있지만 "중화화"는 더 이상 적절하지 않음을 볼 수 있다.[3]

---

2 David Shambaugh, ed., *Charting China's Future: Domestic and International Challenges* (London and New York: Routledge, 2012), 1.

3 The notion of Sinicization largely alludes to Chinese way to approach the world

"중화화" 관점은 국제 질서에 가입한 "후발주자"라는 중국의 경험에서 기인한다. 1840년 아편전쟁 이전에 중국 사람들은 베스트팔렌 국민국가(nation-state) 시스템에서 산 것은 아니고 공물 시스템을 중심으로 한 동아시아 수직적 질서에서 살았다. 많은 정도로 이 "중화화된" 입장은 중국의 전통과 문화로부터 유래한다.[4] 이것은 2000년 동안 형성된 국가적 인식이다. 이것은 세계 질서에 대한 중국 철학 사상에 기초한다. 그리고 중국인들이 익숙해있는 사회구조를 반영한다. 고대 중국에서 이 인식방법은 "천하체계(all-under-heaven system)"라고 불렸다. 이 "천하"라는 세계관에 대해 중국사람들은 일정 부분 향수를 느낀다. 중화주의를 상기시키는 국면이다. 그러나 우리는 이 "천하체계"가 모두 사라졌다고 믿는다. 이 중국의 세계 질서는 지리적 인식

---

exclusively based on ancient Chinese experience, identity and legacy. But China's modernization process, initially started off from its defeat by the British troops in 1840, has been struggling for China's adaptation and integration into the world community. Ancient history-accumulated legacy eventually vanished. For the differentiation of these two concepts, please see Jonathan D. Spence, *Search for Modern China* (New York: W.W. Norton and Co., 1999).

4 As for the scholarly exploration of Chinese "Sinicized" view of the world order, please refer to John K. Fairbank, ed., *The Chinese World Order: Traditional China's Foreign Policy* (Cambridge: Mass.: Harvard University Press, 1968); Hok-Lam Chan, *Legitimation in Imperial China: Discussions under the Jurchen–Chin Dynasty, 1115–1234* (Seattle and London: University of Washington Press, 1984); and D. R. Howland, *Borders of Chinese Civilization: Geography and History at Empire's End* (Durham & London: Duke University Press, 1996).

이나 "인종적" 요소들에 기초를 두고 있지 않았다. 그 질서에서의 위치를 결정한 것은 중화 문명과의 관계와 그것을 받아들이냐였다.[5] 아편 전쟁 이후 중국의 역사는 이 질서의 붕괴를 목격했고 서구화를 마주쳤을 때 중국이 매우 "문명화되지 않았으므로" 중국의 역사는 시대에 뒤지게 되었다. 그러나 중국의 거대한 크기와 중국이 풍부한 문화를 가지고 있다는 것은 기정사실이다. 중국의 세계 질서관은 매우 "중국적"으로 남아 있다 – 완전히 "중화화된" 견해가 아니라 과거로부터 물려받은 관념적인 유산들을 지니고 있다. 현 시대의 중국에서 중국의 세계질서관을 "관시 시스템"(관계 시스템)이라고 부르는 것이 더 정확할 것이다.

중화화된 세계관으로부터 "중국적"이 되는 것으로의 전이는 중국의 현대, 민주주의 시스템을 향한 중국의 진전의 반영이다. 오늘날의 중국은 서구 문명의 "헌신적 학생", "열성적인 참가자" 그리고 서구 중심적인 국제 체계를 "적극적으로 건설하는 사람"이지만 항상 중국적인 선택을 지니고 주저하는 사람이다. 지난 30년 동안 지속된 중국 경제 개혁 성공의 근본적인 이유는 중국이 친숙하지 않은 시스템에 보다 광범위하고 깊게 적응하기 위해 기꺼이 변화하고자 한 것이다. 중국은 그러한 친숙하지 않은 시스템의 손에 굴욕을 당했지만 새롭게 강화된 중국은 그 안에 통합되어야 한다. 중국은 서양을 정직하게 "추종하는 자"는 아닌 것같이 보인다. "글로벌한 신장에 있어서의 중

5 John K. Fairbank, ed., *The Chinese World Order: Traditional China's Foreign Policy,* 2

국의 패러다임 전환은 지각변동적이지만,"[6] 중국의 국내 변화는 아직 끝나지 않았다. 북경은 그 정치적 발전을 관리하기 위해 권위주의적인 시스템에 보다 더 익숙해 있다. 중국의 세계질서에 대한 기본 인식은 관시의 건설과 양성을 둘러싸고 조직화된 국제 질서에 대한 중국의 욕망에서 생겨나는 독특한 특징들을 아직 보유하고 있다. 그러나 이 중국적인 특징을 지닌, 세계를 조망하기 위한 접근은 변화 불가능한 것은 아니다. 그리고 이 중국적 "특성"은 중국의 거대한 국내와 정치적인 역동성을 감안할 때 "세계를 지배"할 수 있을 것이다.[7]

그러나 관시 시스템에 대한 중국의 선호는 국내에 좀 더 성숙한 민주주의를 성취할 때까지 지속할 것이다. 중국의 대외관계들이라는 어휘에 있어서, 서양에서 종종 갑자기 등장하는 "민주주의적 국가들"과 "비민주주의적 국가들", "착한 국가들"과 "악한 국가들" 등 같이 서로 다른 "국가 범주들" 사이의 구별들은 존재하지 않는다. 중국이 그 대외관계들을 관리하기 위해 사용하는 기본 모델은 일차적으로 해당 국가와의 관계가 얼마나 가까운가를 고려하기 위한 것이다. 중국은 이들 국가들의 국내 정치 시스템들이나 그들의 국제 행동을 노골적으로 관찰하지 않는다. 중국의 평가는 그 국가가 기꺼이 중국과 좋은 관계를 유지하고 상호적으로 이익이 되는 협력관계를 유지하기

---

6 Jean-Pierre Lehmann, "A Turning Point for China," *The Yale Global*, 1 (October 2012), at http://yaleglobal.yale.edu/content/turning-point-china/

7 As for an overstated argument, please see Martin Jaques, *When China Rules the World* (London: Alln Lane, 2009).

를 원하는가 아닌가에 달려있다. 그러나 이것은 중국이 그 대외관계에 있어서 "도덕성의 감각"을 전혀 지니지 않는다는 것을 의미하지 않는다. 비록 이 문제가 많은 논쟁의 초점이 되어왔지만 UN에서의 중국의 투표기록은 일반적으로 말해서 중국이 전후시기에 국제 사회를 지향해왔다는 것을 나타내준다. 그것은 인도주의적인 중재뿐만이 아니라 공통의 인권 중요기획들의 이행에 있어서 일정 부분 역할을 담당해왔다. 예를 들어 이란의 핵문제에 있어서도 중국은 UN과 유럽과 좋은 외교적인 협력을 유지해왔다. 그러나 미국에 비하면 중국은 명확히 그 외교 정책 실행에 있어서 윤리적 문제들의 중요성에 대해 매우 "중국적인" 견해를 가지고 있다. 이것은 국제 인권 체제들에 대한 중국의 입장에 구체화되어 있을 뿐만이 아니라 중국이 국제 문제들에 있어서 "부도덕" 현상을 어떻게 다루는지에도 나타나 있다. 이것의 좋은 예는 시리아 문제에 서방의 군사개입에 대한 중국의 강한 반대이다. 사실 중국이 국제 제도들에 참여한 예는 찾아볼 수 있는데 중국은 "사회주의화"의 불가피한 과정을 포용함으로써 점증적으로 국제적인 표준들을 받아들일 수도 있다는 것을 보여주었다.[8]

세계 질서를 "관시 시스템"으로 보는 중국의 인식 이면에는 물론 중국의 외교적 실용주의가 깔려있기도 하다. 냉전의 종식 후 중국의 사회주의적 이념과 일당 체제는 종종 중국을 국제 사회에서 이방인같이 보이게 만들었다. 중국의 국내의 정치적 관행과 가치지향점은 분

---

8 Alastair Iain Johnston, *Social States: China in International Institutions, 1980–2000* (New York: Princeton University Press, 2007).

명히 글로벌 민주주의화라는 보다 넓은 추세로부터 벗어난다. 이것은 부상하는 중국이 종종 그 인권 상황, 보도 검열, 개인의 자유의 부족, 그리고 일련의 다른 문제들에 대한 국제적 비판에 직면한다는 것을 의미한다. 중국의 민주주의화 과정의 침체가 중국의 국제적 평판을 저해하고 중국의 "부드러운 힘"을 약화시킬 뿐만이 아니라 부상하는 중국이 항상 비판의 표적이 되고 국제적인 체제에서 비난받을 것이라는 것을 의미한다는 것을 북경은 잘 이해하고 있다. 민주주의화는 중국에서 긴 여정이며 보편적인 인권 가치들의 신장을 중국의 외교 정책의 중요한 국면으로 포함하는 것은 어려울 것이다. 그러므로 "관시 시스템"에 기초한 세계 질서를 옹호하는 것은 중국 정부의 실질적인 요구에 들어맞는다. 그런데 이것은 현재 그 외교 정치 가치들에 있어 국내 정치의 정통성을 결여하고 있다. 그러므로 중국의 세계관에 있어서 "관시 시스템"은 매우 실용주의적이며 영구적인 것이지만 지속적인 것은 아니다. 그것은 중국 내의 엄격성을 반영하는 일종의 "담론 역사주의(narrative historism)"이다.[9] 이것은 중국의 지도자들이 1990년대에 "국제 관계들의 민주주의화"의 이념을 제안하고 21세기에 그들의 "조화로운 세계" 정책을 신장한 이유이기도 하다.[10] 그러나 중국

9 F. R. Ankersmit, *Historical Representation* (Stanford: Stanford University Press, 2001), 123-148.

10 For the in-depth analysis of China's enduring struggle to reflect on changed relations with the world, please see David Lampton, *The Three Faces of China: Might, Money and Minds* (Berkeley: University of California Press, 2008).

의 세계관이 그 문화와 전통 혹은 그 외교관계들에 있어서의 실용주의에 기초하고 있든 아니든 상관없이 진정한 문제는 점점 더 영향력을 가지는 중국에 의해 옹호되는 "관시 시스템" 세계 질서가 어느 정도로 중국에 의해 옹호되는 "표준 시스템"과 충돌할 것인가이다. 미래 세계 질서는 미국과 중국에 의해 대표되는 두 서로 반대되는 질서에 대한 견해들 사이의 마찰을 가져올 것인가? 필자는 조심스럽게 이 문제에 대한 낙관주의적 대답을 내놓는다.

의심의 여지없이 중국은 세계 질서에 대한 그 나름의 "중국적" 인식을 가지고 있다. 중국이 아직까지 현존하는 세계 질서를 바꾸고 도전할 만큼 충분한 힘을 지니지 못했기 때문이라면 이 "중국적" 세계관은 수 십 년 동안 국제사회를 방해하지 않았었다. 역사적으로 중국은 비-중국적 이웃들에게 그 세계 질서에 대한 인식을 강요하기 위해 중국이 지닌 힘과 문화적 우월성을 사용했다. 중국은 국제 사회에 적응하기 위해 일상생활면에서 변화해왔다. 점점 더 타격을 가하고 있는 중국은 이 적응 과정으로부터 물러나 세계 질서에 도전하기 시작할 것인가? 중국은 한 때 가난과 불행의 형상화, 즉 식민주의 글로벌화의 희생자로 간주되었는데 21세기 초에 지각변동의 글로벌 효과를 지닌 경제 대국으로 부상했다. 비록 중국이 그들의 세계 질서에 대한 인식을 다른 나라들에게 강요하려 하지 않지만 그 변화한 힘과 이익들에 있어서 중국의 요구는 세계 질서가 중국에 어떤 변화를 가한다면 세계 질서는 중국이 바라는 것들에 잘 맞아떨어질 수 있다는 것을 깨닫게 할 것인가? 필자는 이 거대한 이야기는 너무 간단하다고 주장한다.

미래의 중국에 대한 낙관주의적 평가들은 두 가지 사실들에 의존한다. 첫째는 아직 중국의 국제적 행동을 괴롭히는 문제들에 관계없이 필자는 최소한 중국이 지속적으로 그리고 생산적으로 변화하고 있다는 것을 보여주었다. 이 변화는 중국의 이익에도 이롭거나 중국을 위해 존경이나 영향력을 얻고자 하는 욕망을 가지고 일어났을 뿐만 아니라 더 중요한 것은 중국을 오늘날의 자유로운 국제 시스템에 더욱 더 맞추도록 만든다는 것이다. 국가 자본주의는 중국의 현재의 경제 모델의 중심축이 되었다. 그러나 이러한 종류의 국가 자본주의 모델은 중국 내부로부터도 많은 비판과 반대에 직면해왔다. 야오 양이 이 글에 대한 기고에서 논박하듯 "중국 정부가 소유한 경제가 점유한 시장점유율은 중국의 정치적 상황에 의존한다." 그러나 중국의 국내 정치 상황은 확실히 변화의 과정을 겪고 있다. 중국의 세계 전체와의 관계들은 물론 중국의 부상에 있어서 미국의 역할이라는 요소에 대한 중국의 견해들이 지금과 같이 다원론적이고 논쟁에 휩싸인 적은 없었다. 중국은 권위주의적인 시스템으로 남아있지만 이미 공공사회도 포용한다.

얼마나 오랫동안 중국의 현재의 "국가 자본주의"가 유지될 지는 두고 봐야 할 것이다. 우리는 중국의 국내 상황에 있어서의 끊임없는 변화와 개혁이 불가피하다는 것을 확신할 수 있다. 이익 단체들의 이념과 보수적 성향들에 대한 중국 공산당의 통제는 물론 민족주의의 증가에도 불구하고 중국 정부와 당은 정치적 개혁을 선동하라는 실존적 압박에 직면하고 있다. 만약 그들이 그렇게 하지 않는다면 낡은 시스템에 대한 증오와 불만이 현실적 위험이 될 것이다. 보다 넓은 의미에서 중국의 현대화 전략은 중국이 현실적이고 구속력 있는 시장 경제와 개인의 자유 그리고 튼튼한 국내 권력 저지 장치들을 갖추지 않는다면 결코 성공하지 않을 것이다. 중국에서의 뜨겁고 쓴 논쟁은 이제 "국가 자본주의"가 얼마나 믿을 수 있는지에 관한 것이 아니라 시진핑 정부가 진정성 있는 개혁주의 방향으로 국가를 재정비하는 것이 얼마나 가능한가에 관한 것이다. 대담한 개혁들만이 중국의 막대한 잠재력과 에너지를 속박에서 완전히 자유롭게 할 수 있을 것이며 중국을 제1세계로 돌입하게 추진시킬 것이다.[11]

사실 사람들이 점점 더 한 나라에서 다른 나라로 자유롭게 여행할 수 있고 정보의 방송이 더 이상 영토 안으로 국한되지 않는 글로벌화의 시대에 중국이 자유세계 질서로 통합되는 속도는 줄어들기 보다는 늘어나고 있다. 에너지와 자연 자원 문제는 이러한 것의 분명한 예를 제시한다. 중국의 대규모 에너지와 자연 자원 산업은 안전하고 믿을만한 자연 자원과 에너지 자원 공급자들을 확보하기 위해 점점 더 국제 시장으로 움직이고 있다. 이 과정에 중국이 이 공급들을 얻거나 담보하기 위해 군사적 조치를 취하려 한다는 것을 암시하는 예는 하나가 아니다. 동중국해와 남중국해에 있는 이웃 나라들과 중국의 영토 분쟁들을 위한 잠재적 동기들 중 하나는 자연 자원과 에너지

---

11 Edward Wong, "Amid Calls to Open China's Politics, Party Digs in," *New York Times* (November 11, 2012); Keith Bradsher, "China's Gripon Economy Will Test New Leaders," *New York Times* (November 10, 2012); Michael Pettis, "Reform or Perish," *Foreign Policy* (November 7, 2012).

자원이라는 것이 사실이다. 그러나 오늘날 중국의 의사 결정 과정에 있어 자연 자원과 에너지 자원 동기들은 도전받을 수 없는 주권 원리들을 능가하지는 않아왔으며 이웃 나라들과의 이러한 영토분쟁을 위한 중국의 직접적인 동기는 확실히 아니다. 중국의 에너지 회사들이 충분한 구매력을 지니고 있는 한 중국이 국제 시장으로부터 에너지 자원을 충분히 얻어내리라는 중국의 전망들은 확실히 실현될 수 있을 것이다.

두 번째 사실은 비록 국제 시스템이 현재 중국의 부상 이후 힘과 부의 재분배의 심오한 과정을 거치고 있지만 미국이 주도하는 "서방 진영"은 국제 시스템에서 아직 매우 강하고 힘과 부의 중심적 위치를 계속해서 차지하고 있다. 이것은 특히 미국과 중국 사이의 비교들에서 명백하다. 비록 중국이 지난 30년 동안 급격한 경제 성장과 군사적 현대화에 있어 큰 성공을 거두었다 할지라도 이것은 결코 미국과 중국 사이의 힘의 불균형을 변화시키지는 않았다. 미국은 아직도 그 정치적 시스템의 성숙과 경제적, 재정적 경쟁력에 있어서 중국보다 훨씬 앞서 있으며 과학과 기술적 혁신과 그 동맹 시스템에 있어서는 훨씬 더 그러하다. 아이켄베리(G. John Ikenberry)가 지적했듯이 중국은 오늘날의 미국 주도적인 자유 국제 질서에 쉽게 참여할 수 있다. 그러나 중국이 그것을 변화시키는 것은 매우 어려울 것이다. 더욱더 중요한 것은 중국이 서방 세계에 통합되는 진행 중인 과정에 있어서 미국이 담당하는 역할은 다면적이다. 다른 문제들에는 물론 국제 시스템에 경제적, 재정적, 국제 안보와 조절 설치 문제에 있어 미국은 중국의 경쟁자이다. 그러나 동시에 협력자이기도 하다. 왜냐하면 이러한 문제들에 대해 가능한 한 많이 협력하는 것은 미국과 중국에게 이익이 되기 때문이다. 이것은 또한 현존하는 국제 질서의 안정과 건설적인 조절장치를 유지하는 한편 안정, 두 나라들 사이의 협력과 번영을 가져온다는 것을 보장하는 데 도움이 될 수도 있다. 미국은 중국이 현존하는 자유 국제 질서에 어떻게 참여할 것인지를 결정하는 데 가장 중요한 "안내자"이다.

제2차 세계대전 이후 미국만큼 중국에 깊은 영향을 미친 나라는 없었다. 중국의 개혁과 개방은 1972년 닉슨의 중국 방문으로 거슬러 올라갈 수 있다. 상세히 말하면 40년 전 미국과 중국의 실용주의의 만남이었는데 붉은 중국이 반고립된 상태를 종식시키는 시작점이 되었다. 이것은 또한 중국이 이상주의적 국제주의에 반대되는 "정상적인 입장"을 가지고 그 발전과 국가적 이익을 조망하기 시작하는 점차적인 과정의 시작이기도 했다. 21세기에 이 관계를 직면하는 거대한 도전은 어떻게 미국이 중국으로 하여금 오늘날의 국제 질서에 더 적응하도록 안내해 가느냐, 어떻게 두 나라가 세계의 안정과 번영을 위해 "공통의 공익"을 준비하기 위해 협력하느냐 그리고 이 기초 위에 더 나은 국제 질서를 건설하느냐이다.

지역을 지배할 중국적 방식은 없다

중국의 문화와 전통은 "중국적 입장"을 생산해왔다. 그것은 또한 불가피하게 "중국적" 외교 관계 실행을 창출해왔다. 그러나 이것은 미래 지역적 질서를 둘러싼 "미국화"와 "중화" 사이의 충돌이 결정적으로 확실하다는 것을 의미하지는 않는다. 미국의 지역적 우세가 2차 세계대전의 종식 이래 자유로운 지역적 질서를 궁극적으로 지탱하고 있다는 것을 감안하면 미국의 지역적 우세는 도전 받지 않는다. 중국의 부상은 그 역동성에도 불구하고 사실 워싱턴과 북경 사이의 힘의 불균형을 좁히지 못할 것이다.

중국의 국내 정치에 있어서의 변화와 그 사회적, 경제적 구조에 있어서의 변화는 "중화"의 규모를 축소할 뿐만 아니라 중국의 국제 행동에 있어서 긍정적 변화를 가져올 지도 모른다. 이것은 중국의 행동이 국제 표준들에 좀 더 밀접하게 부합되도록 만들 것이다. 동시에 미국과 중국 사이의 상호작용의 효과적인 관리는 중국에 맞서 전략적으로 균형을 유지하는 미국의 능력을 신장하는 한편 미국이 중국에 미치는 건설적인 영향을 극대화하기도 할 것이다. 미래의 국제 질서는 미국과 중국 사이의 경쟁과 협력 모두를 수용할 수 있을 뿐 아니라 국제 사회의 공통적인 기대에 부응하는 미-중 관계를 성장시킬 것이며 전 세계에 걸쳐 안정과 번영을 성취하는 데 도움이 될 것이다. 우리가 확신할 수 있는 것은 미-중 관계가 안정을 유지하는 한 두 나라는 오해가 있을 경우 군사적 충돌을 피하면서 그들의 논쟁을 처리할 수 있으며 미국은 중국이 국내적으로 개혁을 거치는 동안 긍정적인 외부 힘으로 작용할 것이라는 것이다.[12] 이제 문제는 어떤 종류의 미-

12 Warren I. Cohen, *America's Response to China: A History of Sino–American Relations*. Fifth Edition (New York: Columbia University Press, 2010).

중 관계들이 세계 질서의 안정에 이로운 것인가 아니면 오히려 현존하는 자유 국제 질서는 미-중 관계가 안정적인 발전을 이루도록 허락할 것인가이다.

중국은 자유 국제 질서와 어울리지 않는 아이디어와 전통들을 가지고 있지만 그것들은 절대적이지 않고 변화하고 있다. 중국의 외부적인 생각들과 야망들은 깊이 뿌리박혀 있으면서도 그 국내 정치 경제 상황에 의해 강요된다. 긴 기간에 걸쳐 중국이 힘을 행사하고 국제 질서에 영향을 미치기로 결정한 방식은 자기 자신의 시스템에 일어나는 변화들의 미래에 의해 상당부분 조정될 것이다.

미국 요인은 중국이 자유 국제 질서에 통합됨에 따라 중국에게는 밝은 안내자일 뿐만 아니라 동시에 중국이 피할 수 없는 전략적 압박의 원천이기도 하다. 미국의 전략적 관심과 국내 정치 때문에 미국의 중국에 대한 정책은 자주 흔들리고 있고 미국의 중국에 대한 견해는 자주 변화하기 쉽다. 이것은 중국이 중국에 대한 미국의 정책들과 미국의 중국과의 관계에 있어서의 목적들을 평가할 때 큰 불일치도 있을 것임을 의미한다. 결과적으로 중국의 국내 개혁 과정은 단순하게 미-중 협력을 진척시키지 않고 확실히 어느 정도 미-중 협력을 방해하고 두 나라들 사이에 상호 신뢰가 증가하는 것을 막는 과정이기도 하다. 만약 미국과 중국이 조심스럽고 합리적인 정책들을 내놓을 수 없다면 두 나라는 경쟁을 넘어 반목을 극복하는 것을 어렵게 생각할 수도 있다. 그렇게 하는 데 실패하는 것은 자유 국제 질서에 있어서의 안정과 그 미래의 발전을 위협할 지도 모른다.

이 글에서 제안된 이 문제에 대한 대답에는 두 나라의 완전히 다른 최근의 역사적 경험들을 포함한다. 미국과 중국의 서로 다른 경험들에 대한 정확한 기술은 우리가 두 나라들 사이의 질서 문제에 대한 경쟁의 기원들을 이해하는 데 도움이 되며 나아가 왜 미국 주도의 자유 국제 질서에 있어서의 급격한 변화가 있는 시기에 중국이 왜 그렇게 어려워졌는지를 설명하는 데 도움이 된다.

비록 미국이 희망하는 바가 베르사유 평화 회담에서 꺾이고 결과적으로 1919년부터 1941년에 걸쳐 고립주의 시기에 접어들었지만 미국은 현대 역사 내내 서방세계의 일원이 되었다. 제2차 세계대전 발발 후 미국은 매우 빠르게 자유세계의 지도자가 되었고 희망이 되었다. 제2차 세계대전 이후 시기의 미국은 훨씬 더 많은 정도로 국제 질서의 설립자이자 수호자였다. 미국은 유일한 초강대국일 뿐만 아니라 진정한 의미의 권력이었다. 그러나 또 다른 한편으로 중국은 서방 제국주의의 글로벌화 전략의 확산의 결과로 국제 시스템에 강제로 끌어들여졌다. 중국이 국제 시스템에 "가입"하는 과정은 중국이 모멸과 침략을 겪은 과정이었다. 그러므로 중국은 제2차 세계대전 이후 미국이 창출해낸 자유 국제 질서에는 후발 주자이다. 더욱 더 중요한 것은 중국은 중국이 현재의 국제 질서에 가입하는 과정에 대해 항상 어떤 의미의 역사적인 부당함을 지녀왔다는 것이다. 1949년 이후 반세기 이상 중국은 "혁명적인 중국"과 "발전하는 중국"이라는 서로 다른 두 단계를 겪어왔다. 1949년과 1979년 사이에 존재한 중국은 혁명을 수출한 중국, 국제 시스템에는 "반역자"였다. 그러나 1979년부터 현재까지 등샤오핑 사상의 지도 아래 존재해온 중국은 공산주의 이데올로기를 포기하기 시작하고 그 고립주의를 끝내고 경제를 개혁하고 있고 스스로를 세계에 통합하는 중국이다. 비록 이 두 중국이 완전히 다르다고 할지라도 오늘날의 "발전하는 중국"은 아직도 아주 최근에서야 혁명적인 시기를 벗어난 중국일 뿐이다. 중국은 다양한 다른 측면들뿐만 아니라 그 체계, 전략, 정책들, 태도, 사회 구조에 있어서 외부 세계와의 관계에 있어 큰 변화를 겪어왔지만 이 뉴 중국 브랜드는 이 엄청난 변화에 대처하기 위해 필요한 모든 준비를 아직 마치지 못했다. 외부 세계와 자유 국제 질서에 대한 인식에 있어서 역사적 부당함을 아직 의식하는 것이 중국이다. 그리고 아직 그 주류 이데올로기를 완전히 업데이트하지 못한 것이 중국이다. 결과는 역사적 고통, 기억, 통치 정통성의 결여 그리고 국내적 취약성, 이 모든 것들이 합쳐져 국제적 위상의 극적인 상승과 인상적인 군사적 현대화에도 불구하고 중국의 불안감을 가중시킨다는 것이다.[13] 그러므로 미국과 다른 서방 국가들이 중국이 부상하는 동안 중국을 어떻게 대할 것인지의 문제는 서방이 부상하는 중국의 새롭게 발견된 힘 혹은 예봉을 환영하든 안 하든 중국에 아직도 많은 논쟁과 혼란을 야기하는 문제이다. 1978년 미-중 관계의 전략적 편의는 북경이 개혁과 개방의 여정을 펼치는 데 도움을 주었다. 정치적 개혁의 속도를 내기 위해 중국은 비슷한 워싱턴과 북경 사이의 새로운 편의를 필요로 하는가? 적어도 미-중 관계

---

13 Zheng Wang, *Never Forget National Humiliation: Historical Memory in Chinese Politics and Foreign Relations* (New York: Columbia University Press, 2012); Susan Shirk, *The Vulnerable Superpower* (Berkeley: University of California Press, 2009).

의 건강한 성격은 중국의 정치 개혁–중국의 민주주의화의 은유–을 위한 커다란 버팀목이 될 것이다. 그러므로 미국의 중국을 향한 정책은 중국 정부보다는 오히려 중국인들에게 더 호소하는 것이어야 한다. 왜냐하면 점점 더 정보화된 중국 대중들은 부패, 불평등, 부정에 진저리가 나 있어서 정부로부터 더 나은 행정을 막을 수 없을 정도로 요구하고 있기 때문이다. 중국에 대한 미국 정책의 정교함이 지금보다 더 요구된 적은 없었다.

중국의 부상은 불가피하게 미국을 포함한 국제 사회의 눈에 "중국 문제"의 가시화된 심각성이 증가하게 했다. 아직도 안정성의 기반으로서의 힘의 균형에 의존하는 국제 체계에서 중국의 부상이 가져온 힘의 변화는 중국에 불안을 느끼게 하는 것이 확실하다. 많은 중국 사람들은 2011년 1월 발표된 아시아–태평양을 위한 미국의 "재균형화" 전략을 중국을 "포함" 혹은 "둘러싸기" 위한 미국 전략의 강화로 전망했다. 중국의 부상의 과정은 이론과 실제 모두에 있어서 미–중 관계가 점점 더 불화를 겪는 과정이었다. 한편으로 미국은 그 군사적 동맹체계와 부상하는 그 불안요소들을 대비하기 위해 중국에 맞서 균형을 유지하기 위해 최전방 군사배치들을 강화할 필요가 있다. 게다가 점증하는 중국의 힘으로 인해 많은 아시아–태평양 국가들은 안보 확보를 위해 점점 더 미국 의존적이 되었다. 그러므로 아시아–태평양에서 미국 신용과 의존가능성은 미국이 그 리더십을 글로벌하게 그리고 지역적으로 자극을 불어넣기 위해 필수적일 뿐만 아니라 아시아–태평양 지역에 대한 미국의 증가하는 경제적, 전략적 의존성을 위해서 그리고 강력한 중국이 미국의 전략적 자산들에 악영향을 미치는 것을 막고자 하는 미국의 결정을 위해서도 매우 바람직하다. 또 다른 한편으로는 세계 시장에서 그리고 천연 자원과 에너지 자원에 대한 중국 수요가 계속적으로 확장한 데 이어 세계에서 중국의 상업적, 국제적 영향은 끊임없이 증가해오고 있다.

동시에 미국이 그 무게를 파급하는 중국에 응답해야 하는 위급함은 끊임없이 늘어나고 있다. 미-중 관계는 이미 전통적인 쌍방의 문제들을 넘어섰고 지정학적 경제와 전략지정학적 경쟁은 점점 더 이러한 관계들에 있어서 하나의 요소가 되었다. 아시아-태평양 지역에서 미-중 관계에 있어서의 이 변화는 매우 명백하다. 전통적으로 지적 재산권 보호 문제와 시장 접근 문제는 물론 타이완, 티벳 그리고 신지앙(Xinjiang) 문제들로 대표되는 인권과 종교적 자유의 문제들은 미-중 관계에 있어서 걸림돌로 작용해왔다. 오늘날 미-중 관계에 있어서 눈에 띄는 문제들은 중국이 점증적으로 독단적이 되는 것을 막으려는 미국의 시도는 물론 글로벌 경제와 무역 시스템, 이웃 나라들과의 중국의 영토 분쟁 문제들에 있어서 두 나라의 "재균형" 문제로 변화하였다. 중국의 견해로는 미국이 동남아시아 국가들의 중국과의 영토 분쟁에 있어 그 나라들을 도울 것인지의 문제 외에 또 다른 문제는 미국이 중국의 군사 확장에 맞서기 위한 정책들을 소개할 것인지 아닌지 이다. 미국의 중국에 대한 정책은 점점 더 복잡해지기 시작했다. 최소한 미국은 중국의 부상이 미국의 수위에 악영향을 미칠 것과 이 때문에 균형 혹은 아마도 중국에 대한 봉쇄 정책조차 가져와야 한다는 요구가 더욱더 강해지고 있다고 걱정하고 있다. 과거에는 중국과 미국 사이의 직접적인 군사적 충돌의 발발의 위험은 대만 문제를 둘러싸고 있었을 뿐이다. 그러나 오늘날은 북한 문제, 남중국해 분쟁, 이아오유/센카쿠 열도 긴장 그리고 미국의 중국 해안 감시 모두가 곧 바로 중국과 미국 사이의 군사적 충돌로 이끌 가능성이 있는 문제들이다.

미국, 중국 그리고 지역 질서의 미래

아시아-태평양 지역에서 중국과 미국 사이의 전략지정학적 그리고 지리경제적 경쟁의 출현은 자유 국제 질서의 지속가능성에 대해 의문을 던지지 않고 중국의 국내 정치의 불협화음에 초점을 맞추는 것으로 보인다. 부상하고 있는 중국에게 있어서 힘 체계의 균형은 효과적으로 재구성되었고 미국의 "아시아의 회전축 되기" 운동은 미래에 "중국을 재형성"하고자 시도함으로써 점점 더 증가하는 불확실성들을 방어하는 데 목적이 있다. 북경은 우선적으로 그 군사적 현대화를 가속화함으로써 대답하였다. 비대칭적 무기 경쟁은 그 지역에서의 기폭제가 된 것으로 보인다. 중국이 영토 분쟁에 휩싸이는 것과 함께 이 곤경은 "중국의 군사적 계기가 오고 있는지" 아닌지에 대한 전략적 불안을 촉발해왔다.[14] 만약 중국이 "힘과 전략에 대해 존경을 받고자" 시도한다면 워싱턴과 북경 사이의 관계가 세계를 뒤흔들 수도

---

14 James Dubins, "The War with China," *The Survival* (July/August 2012), 3-10.

있다.

중국의 민족주의 정서는 전례 없는 극치에 도달한 한편 미국에 대한 오늘날의 인식을 갖게 되면서 지금보다 더 중국 사람들이 분열된 적은 결코 없었다. 미국이라는 요소는 그 지역에 있는 중국의 이웃나라들과의 중국의 경쟁 관계들은 물론 중국이 현재 포함되어 있는 많은 영토 분쟁들과 결합되어 있다. 중국의 지도자들은 안정적인 미-중 관계를 추구하는 기본 정책을 유지해왔으며 미국과의 지역적 협력을 추구하였다. 그러나 정부도 이아오유/센카쿠 열도와 남중국해 분쟁에 있어서 중국의 주권과 영토적 이익을 확고하게 보호하고 있음을 보여주고 중국 사람들의 민족주의 정서에 확실한 정도로 화답할 필요가 있다. 그러므로 중국 정부는 이러한 실질적인 정치적 요구들에 대처하기 위해 영토 분쟁들에 대한 단호한 정책들을 사용해왔다. 결과는 비록 중국의 지도자들이 미국과의 협력을 증가시키기를 원한다고 할지라도 그들은 이러한 국경 안보 문제들에 미국이 포함되어 있는 문제를 해결해야 한다. 그러므로 실제로 중국은 종종 미국과의 비협력 정책을 선택한다. 남중국해 문제는 분명한 예이다. 중국의 비협력, 중국의 단호한 태도와 중국의 전략적 의도들이 항상 분명하지는 않다는 사실은 다양한 다른 문제들과 함께 중국이 군사 위험을 감수할지도 모른다는 미국의 우려를 증가시켰다. 이 때문에 미국은 중국 국경지역에서 중국에 맞서 저지하고 균형을 유지하려는 새로운 기획들을 늘려왔다. 그러나 이러한 행동들은 실제로는 미-중 전략적 관계의 복합성과 경쟁을 증가시켰고 중국에 있는 강경파들에게 반미주의에 대한 변명을 만들어 주었다.

이러한 "반응"과 "재반응"의 과정은 중국이 종종 현존하는 세계 질서에 대해 모순적인 태도를 지녀왔다는 것을 의미했다. 또 다른 한편으로는 중국의 끊임없는 경제 성장과 국제적 영향력은 중국이 이러한 기회를 사용하여 "규정들을 준수하고" "평화적인 부상"을 유지함으로써 스스로 현존하는 세계 체계에 통합하기를 요구한다. 그러나 또 다른 한편으로는 북경은 그 지역적 정책들을 선택하는 데 있어서 비록 정부가 선택하는 정책들이 중국과 미국 사이의 신뢰를 감소시키는 결과를 가져올지라도 국내 대중에 잘 받아들여지는 정책들을 선택해야 한다는 것을 무시할 수 없다. 문제는 어느 정도로 워싱턴과 북경이 그들의 행동들을 자제하고 서로 소통하고 협력하는 길을 찾을 수 있을 것인가이다. 잘 관리된 경쟁을 통해 그들 모두에게 큰 이익을 가져오는 한편 협력을 통해 미국과 중국은 현존하는 국제 질서의 안정을 강화할 수 있을 것이다.

맺음말

미-중 관계는 오늘날 세계에서 가장 중요하지만 가장 복잡한 쌍방 관계이다. 두 나라들이 현존하는 자유 국제 질서를 만드는 데 있어 가장 기여할 수 있는 길은 세계의 안정과 번영을 위해 "공통의 선"을 마련하기 위한 협력적이고 통합된 접근을 채택하는 것이다. 그러나 두 나라의 서로 다른 역사적 경험들과 국내의 정치적 요구들은 종종 정책들을 둘러싼 논쟁과 서로에 대항하는 전략적 예방 조치를 채택하는 결과를 가져오기도 한다. 다중적인 자유롭고 열리고 포괄적인 국제 질서는 의심의 여지없이 미-중 관계의 안정에 이로울 것이다. 현재 긴급한 도전은 미국이 중국의 국내 개혁에 기여하는 정책들을 추구할 것인가이다. 이것은 중국의 가속화된 개혁은 중-미 협력을 원활하게 할 수 있기 때문에 이로울 것이다.

당분간 중국의 내부 개혁의 운명은 결코 이 보다 더 불확실할 수는 없을 것이다. 중국 공산당의 정치국 상임위원회의 가장 권력이 센 두 요직을 차지하게 된 시진핑과 리쿼창은 그들이 바람직하다고 생각하는 방향으로 충분히 중국의 체제가 움직이도록 하기 위해 그들의 능력과 대중적 인기를 보여줄 필요가 있다. 그러나 그들은 어느 정도로 미국과의 협력을 저해하는 중국의 민족주의와 적대주의 외교정책을 강조함으로써 그들의 정치적 지도력을 형성할 것인가? 이 질문은 비슷하게 워싱턴을 위해서도 제기될 수 있다. 어느 정도로 미국의 제조 산업기초에 다시 생명을 불어넣고 수출을 늘리려는 미국의 야망이 중국을 희생양으로 만드는 대가를 치를 것인가? 우리는 미-중 관계가 두 나라 각각의 국내 안건들에 의해 그늘지게 되었다는 것을 안다. 그러나 중국의 새 대통령 시진핑은 버락 오바마 대통령보다 훨씬 더 어려운 일을 떠맡고 있다.[15] 실제로 중국은 중국의 변화를 이끌고 그 탈출을 지도한 등샤오핑 같은 역사적 인물의 출현을 더 요구하는 위치에 있다. 등샤오핑은 중국의 오래 지속된 가난과 곤란한 고립에 의해 몰린 상태에서 거대한 국가가 나아갈 방향을 지휘했고 중국의 경제적 도약의 기초를 놓았다.[16] 오늘날 중국 지도자들은 등샤오핑의 바통을 이어받아야 하고 중국의 국내 정책들을 심각할 정도로 개혁하기 위한 결단을 지속시켜 나가야 한다. 그럼으로써 중국은 낡은 권위주의 체제를 민주적인 것으로 바꾸는 진정으로 성공적인 개혁을 공고히 해 나갈 수 있을 것이다. 그러한 역사적인 개혁 없이 중국의 세계 질서에의 기여는 확실시 되지 않을 것이다.

미국이 정치적, 경제적, 군사적, 재정적으로 부상하는 중국을 수용할 수 있을지 없을지, 중국이 민족주의 정서를 통제하고 국내의 힘의 불투명성을 제거하고 군사적 투명성을 제고하고 중국 스스로 더 명백하고 덜 모순적인 국제적 이미지를 창출해내어서 부드러운 힘의 영향력을 확장시켜나갈 수 있을지 없을지는 앞으로 지켜보아야 할 두 막중한 문제들이다.

이러한 문제들은 많은 정도로 미래에 두 나라 사이의 관계의 방향과 결과적으로 자유 국제 질서의 향방을 결정할 것이다. 부상하는 중국을 "유치하는 것(accommodating)"은 쉽게 일어날 수 있는 일이 아니다. 미국과 중국의 군대들은 모두 "적을 필요로 한다." 그러나 비록 이것이 이익 단체들의 실질적인 요구일지라도 그것은 매우 위험한 추세이다. 미-중관계의 미래는 각 국가의 정부에 의한 세련되고 조심스러운 정책의 시행에 달려있다. 그것은 선의와 상호 신뢰를 강조하기

---

15 Kenneth Lieberthal, "Xi Jinping's challenges: Why China's new president has a much tougher job than Barack Obama?" *Foreign Policy Blogging* (November 7, 2012).

16 Ezra F. Vogel, *Deng Xiaoping and the Transformation of China* (Cambridge: Belknap Press of Harvard University Press, 2011).

위한 국내의 모든 자원과 정치적 자원을 총동원하는 능력을 요구할 것이다.

동시에 미국과 중국은 양립성과 칭찬을 발판으로 장기적 전략을 세우고 추구할 필요가 있다. 이러한 전략의 핵심은 두 나라의 힘을 단순히 비교하는 것이 아니라 "글로벌한 서민층"에게 국제적 평화, 안정 그리고 번영을 제공하기 위한 합동의 포용력을 찾아야 한다. 한편 그들의 전략적 경쟁은 착실하게 "연계매매", 즉, "낙관"과 "최악 상황 대비" 범위에 안주하고 있을 수 있다. 더 중요하게, 워싱턴과 북경은 두 나라 사이의 경쟁은 단순히 그들 각각의 국제적 지지자들을 동원하기 위해 사용되어서는 안 된다는 것을 깨달아야 한다. 대신에 그들은 현존하는 국제 체계가 건강하게 발달하는 맥락에서 양자 관계를 발전시켜야 한다. 미국은 계속해서 국제 사회에서 주도적인 역할을 담당할 것이며 중국에 맞서 균형을 유지하는 데 관여하는 다른 나라들을 설득하는 능력이 증가할 가능성이 크다. 그러나 동시에 중국은 미국이 미치는 해를 피할 자신감을 가져야 하며 부상의 여지를 더 찾아야 한다. 마지막에 만약 미국이 약해져서 중국에 맞서 균형을 유지하기 위해 "열린, 경쟁적, 자유" 국제 체계를 손상시킨다면 미국도 다른 나라들로부터 점점 더 반대에 직면할 것이다. 두 나라는 협력을 위한 자극을 받고 있으며 어느 한 나라도 다른 나라를 완전히 지배할 수는 없다.

(번역: 이자연)

참고문헌

Ankersmit, F. R. 2001. *Historical Representation.* Stanford: Stanford University Press.

Bradsher, Keith. 2012. "China's Gripon Economy Will Test New Leaders." *New York Times* (November 10).

Cohen, Warren I. 2010. *America's Response to China: A History of Sino–American Relations.* Fifth Edition. New York: Columbia University Press.

Dubins, James. 2012. "The War with China." *The Survival* (July/August).

Fairbank, John K. ed. 1968. *The Chinese World Order: Traditional China's Foreign Policy.* Cambridge: Mass.: Harvard University Press.

Jaques, Martin. 2009. *When China Rules the World.* London: Alln Lane.

Johnston, Alastair Iain. 2007. *Social States: China in International Institutions, 1980–2000.* New York: Princeton University Press.

Lieberthal, Kenneth. 2012. "Xi Jinping's challenges: Why China's new president has a much tougher job than Barack Obama?" *Foreign Policy Blogging* (November 7)

Nathan, Andrew and Andrew Scobell. 2012. *China's Search for Security.* New York: Columbia University Press.

Pettis, Michael. 2012. "Reform or Perish." *Foreign Policy* (November 7).

Shambaugh, David. ed. 2012. *Charting China's Future: Domestic and International Challenges.* London and New York: Routledge.

Shirk, Susan. 2009. *The Vulnerable Superpower.* Berkeley: University of California Press.

Spence, Jonathan D. 1999. *Search for Modern China.* New York: W.W. Norton and Co..

Hok-Lam Chan. 1984. *Legitimation in Imperial China: Discussions under the Jurchen–Chin Dynasty, 1115–1234.* Seattle and London: University of Washington Press.

Howland, D. R. 1996. *Borders of Chinese Civilization: Geography and History at Empire's End.* Durham & London: Duke University Press.

Lampton, David. 2008. *The Three Faces of China: Might, Money and Minds.* Berkeley: University of California Press.

Lehmann, Jean-Pierre. 2012. "A Turning Point for China." *The Yale Global* (October). http://yaleglobal.yale.edu/content/turning-point-china/

Vogel, Ezra F. 2011. *Deng Xiaoping and the Transformation of China.* Cambridge: Belknap Press of Harvard University Press.

Wong, Edward. 2012. "Amid Calls to Open China's Politics, Party Digs in." *New York Times* (November 11).

Zheng Wang. 2012. *Never Forget National Humiliation: Historical Memory in Chinese Politics and Foreign Relations.* New York: Columbia University Press.

8장

21세기 동북아 국제정치에서 지역주의와 민족주의의 충돌

케네스 퀴노네스(Kenneth C. Quinones)

1. 서론

동북아시아는 광범위한 지역적 경제 통합과 수십 년 동안의 성숙한 안보 협력에도 불구하고 분열된 지역으로 남아있다. 경쟁하는 정치적 현상인 민족주의와 지역주의가 동북아시아의 미래를 형성하려고 대결을 펼치고 있다. 냉전의 이념적 대결의 종식에 의해 길러진 지역주의, 경제 번영, 통합, 그리고 안보를 위한 공동 추구가 중국, 남북한, 일본을 안보와 경제, 그리고 아마도 정치적 협력의 미래로 견인하고 있다.[1] 동시에 민족주의는 이러한 과정을 방해하고 있다. 또한 동북아의 상이한 정치, 경제 시스템이 상황을 복잡하게 만들고 있다. 일본과 남한은 민주 시스템을 발전시킨 반면에, 중국과 북한은 권위적인 정치 시스템을 유지하고 있다. 유사하게, 일본과 남한은 더욱 더 자본주의 경제 시스템을 선호하는 반면에, 중국과 북한은 사회주의를 선호하고 있다. 우리는 이러한 상황의 원인을 분석하고 동북아시아의 공식적인 지역주의 구조의 등장에 대한 전망을 평가할 것이다.

2. 지역주의

지역주의의 목적은 소수의 국가 집단을 공유된 목적을 함께 추구하도록 연결시켜주는 것이다. 협력은 유럽연합과 동남아시아 국가연합(ASEAN)처럼 지역적으로 집중화된 다자적 동의와 공식적 구조를 통해서 공식화된다.[2] 이러한 협정은 특정한 공유된 목표를 더욱 효과적이고 효율적으로 달성하려는 희망에서 자원을 더 잘 동원하고 우선순위를 조율하기 위해서 회원국들이 자발적으로 주권을 공동출자하거나(pool their sovereignty), 적어도 자제할 것을 요구한다. 의견 차이를 해결하기 위해서는 대결보다는 외교가 강조되어야 한다. 경제적 경쟁은 인정되지만 지역적으로 합의한 규칙에 의해서 통제되어야 한다. 이상적인 지역주의는 안보, 경제 통합, 정치적 협력, 인도주의적 필

---

1 Baogang He and Takashi Inoguchi, "Introduction to Ideas of Asian Regionalism," *Japanese Journal of Political Science* 12 (2) (August 2011), 165–177.

2 Hans Kohn, "Nationalism–Identification of State and People," *Britannica Online Encyclopedia*. www.britannica.com.

요 등을 포괄하는 공통된 관심사를 집단적으로 해결한다. 성공적인 지역주의는 모든 회원국에게 공평하게 이익을 주어야 하며, 그렇지 않을 경우 시스템은 기능을 잃고 붕괴하게 된다.

지역주의는 국가의 권력을 동시에 억제하기도 하지만 강화시키기도 한다.[3] 강한 국가는 지역주의를 자신의 주권을 잠재적으로 억제하는 것으로 보고 그 영향을 최소화하려고 시도한다. 작은 국가도 역시 지역주의를 주권에 대한 잠재적 위협으로 보고 회원지위와 단극주의(unilateralism) 사이에서 균형을 추구하는 경향이 있다. 이것은 중간에 있는 국가들은 지역주의를 통해서 지역 이슈와 지역 경제에 그들의 영향력을 극대화할 수 있다고 보기 때문에 지역주의를 선호하는 경향이 있다는 것을 의미한다.

동북아시아에서 지역주의

아시아에서 지역주의는 1968년부터 시작해서 점차 동남아시아와 동북아시아로, 그리고 태평양 지역으로 지지를 획득해가고 있다. 아시아의 지역주의는 동남아시아 국가 연합(ASEAN)의 설립과 함께 시작했다. 유럽연합처럼 아세안은 지역의 안보 협력체인 동남아시아 조약기구(SEATO)로 시작했다.[4] 1989년 아시아 태평양 경제협력 기구

---

3 Baogang He and Takashi Inoguchi, "Introduction to Ideas of Asian Regionalism," 169.

4 Baogang He and Takashi Inoguchi, "Introduction to Ideas of Asian Regional-

(APEC)가 뒤를 이었다. 이 기구의 주요 동력은 경제였고, 모체는 미국이었다. 동북아시아의 경제적 활력을 목격하고 아세안은 일본, 한국, 중국을 포함한 ASEAN+3으로 1997년에 확대했다. 일본은 동아시아 정상회의(EAS)로 이름을 바꾼 ASEAN+7(일본, 한국, 중국, 인도, 호주, 뉴질랜드)을 제안했는데, 이것은 여전히 ASEAN의 확장이다.[5] EAS는 2010년에 미국과 러시아를 포함시켰다. 2006년에는 환태평양 동반자회의(TPP)가 설립되면서 APEC의 원래 목적이 약간 바래졌다. 2010년까지 TPP는 호주, 캐나다, 칠레, 멕시코, 페루, 필리핀, 한국, 미국을 포함시켰다. 일본은 2013년 초에 회원가입을 신청했다. TPP의 어젠다는 태평양 지역의 경제 교역의 자유화를 놀라울 정도로 증진시키는 것이다.[6]

동아시아의 지역주의는 그 지역의 문화유산, 역사, 안보의 성격, 경제적 활력에 의해서 형성되었다.[7] 그래서 동아시아 지역주의는 유럽

---

ism," 166.

5 National Bureau of Research (USA), "A Brief History of the EAS." www.nbr.org.

6 Baogang He and Takashi Inoguchi, "Introduction to Ideas of Asian Regionalism," 167; Moon Chung-in, "Economic Regionalism," *Online Encyclopedia*. www.britannica.com.

7 Kevin G. Cai, "Regional Economic Integration in East Asia," Chapter 5, *The Politics of Economic Regionalism: Explaining Economic Integration in East Asia* (New York: Palgrave Macmillan, 2010), 91–131; Ezra Vogel, "Regionalism in Asia: Why We should Stick with Existing Structures," *East Asia Forum* (March 30, 2010).

연합의 지역주의와 구별되는 경로를 따라서 발전하고 있다.[8] 아래에서 검토하게 되겠지만, 19세기와 20세기 초 일본과 이웃나라인 중국과 한국 사이의 관계의 역사는 일본에 대한 깊은 불신을 야기했다. 한국 전쟁과 한국의 지속적인 적대적인 국가로의 분열은 이 지역에서의 번영을 위협한다. 비록 일본, 중국, 한국은 세계 경제의 선도국에 속하지만 그들의 주요 투자와 교역 상대는 지역 바깥에 있다. 이들은 지역 경제보다는 글로벌 경제를 더 지향하고 통합되어 있다. 각 국가의 크기와 자원은 거대한 중국으로부터 작은 한국, 섬나라 일본까지 극적으로 다양하다. 이러한 요소들이 삼자 협력을 조심스럽고 긴장된 과정으로 만든다. 일본과 한국의 수십 년에 걸친 자유 무역의 노력이 여전히 성과가 없는 것에서 명백하게 드러나듯이, 유럽연합과 다르게, **주권의 공동 출자**에는 거의 진전이 없었다. 또한 일본과 한국에 대한 미국의 영향이 여전히 현저하게 남아 있어서, 중국은 미국, 일본, 한국과 협력하는 것을 겁내며 큰 의혹을 갖고 있다.[9]

---

8 Baogang He and Takashi Inoguchi, "Introduction to Ideas of Asian Regionalism," 170.

9 Amitav Acharya, "ASEAN's Dilemma: Courting Washington without Hurting Beijing," *Asia Pacific Bulletin,* No. 133. www.EastWestCenter.org/APB; and Meidyatama Suryodiningrat, editor, Jakarta Post, "ASEAN Regional Forum 2011: China and the United States," *Asia Pacific Bulletin,* No. 127 (August 4, 2011); John Lee, "China Still has a Long Way to Go," *Asia Pacific Bulletin,* No. 134 (October 24, 2011).

3. 동북아시아 지역주의의 몇 가지 장애물

중국, 북한, 일본, 남한의 상이한 정치적, 경제 시스템은 이 지역의 협력을 진전을 더욱 복잡하게 만들고 있다. 유럽연합과 아세안은 대체로 유사한 정치, 경제 시스템을 공유하고 있다. 이 두 지역의 대부분의 국가는 다양한 형태의 대의 정부를 선호한다. 소련의 붕괴 이후 가입한 새로운 회원국들을 포함해서 대부분의 유럽연합 국가들은 민주주의를 선호한다. 유럽의 성숙한 민주주의 국가들은 입헌군주국이거나 인민이 선출한 대통령이 통치한다. 최근에 가입한 회원국들은 대체로 민주주의의 성숙도가 다양하다. 동남아시아에서도 유사하게 선호하는 정부형태가 필리핀, 태국, 말레이시아, 호주 같은 대부분의 회원국에서 발견되는 것처럼 민주주의다. 비록 자애로운(benevolent) 것으로 일반적으로 인식되지만, 베트남만 권위주의 정부를 유지하고 있다. 유럽연합과 아세안의 회원국들 또한 다양한 정도의 사회주의로 특징지어지는 자유 시장 경제를 선호하고 있다.

동북아시아의 상황은 지역 통합의 가장 성숙한 유럽과 동남아시아와 매우 다르다. 정치적으로 중국과 북한은 정부가 광범위하게 경제활동을 관리하는 것을 선호하는 경제 시스템에 의해 유지되는 매우 중앙 집중적이고 권위적인 정치 시스템을 가지고 있다. 이런 권위적인 정부는 국민의 우선순위나 관심사에 민감할 필요가 없으며, 지역적 협력을 우선순위 삼아야겠다고 생각할 때는 지역적 협력을 증진시킬 정책을 비교적 쉽고 빠르게 추진할 수 있는 정치적 리더십이 가능하다. 이것은 특히 중국에는 사실이다. 비록 중국은 "시장 경제"를 발전시키고 있지만 정부의 관리는 여전히 깊이 퍼져있다. 만약 중국 공산당의 과거 요소가 지역과 국제의 경제 파트너와 경제적 통합을 방해한다면, 정치 리더십이 어떠한 이념적, 경제적 저항도 쉽게 무마할 수 있다.

북한의 경우 중국과 극적으로 다른데, 그것은 권위적인 정치 시스템 때문이 아니다. 차이는 민족 주권의 보존을 우선시하는 강한 민족주의, 말하자면, 주체를 강조하는 북한의 정치 이데올로기에 있다. 민족 주권에 집착하는 것은 분명히 지역 통합 움직임을 크게 방해한다.

일본과 한국의 정치, 경제 시스템은 북동 아시아의 이웃과 극명하게 대비된다. 그들 정부는 지역 통합을 증진시키는 정책을 집행할 때 권위주의적인 이웃들보다 더욱 조심스럽게 움직인다. 최근 두 정부가 자유 무역 협정을 체결하는 문제에 있어서 이러한 태도가 분명했다. 한국이 유럽연합, 미국, 환태평양 동반자 협정 체결을 추진하려고 하자 이익집단, 특히 농부와 자동차 노동자들의 반대가 일었다. 점점, 좀 어렵게 이 저항은 극복됐다. 일본이 2013년에 TTP 협상에 참여하자 특히 쌀 재배자들이 한국과 비슷하게 반대했다. 일본의 TTP 가입을 주도하는 아베 신조 수상은 국내의 저항은 잠잠해질 것이라고 낙관했다.

그래서 일본의 제국주의 과거와 영토 분쟁에 대한 불만에 뿌리내린 비교적 강한 민족주의에 더해서 이 지역의 상이한 정치, 경제 시스템은 지역 협력의 증진을 더욱 어렵게 만들고 있다. 그러나 이러한 만만치 않은 장벽은 동북아시아에서의 지역 협력의 증진을 멈추거나 되돌리지 못했다.

4. 동북아시아 지역주의의 탄생

반대로, 중국, 일본, 한국이 1999년 삼자 지역 협회(trilateral regional organization)를 만들려고 협력하기 시작한 이후 점진적인 진전이 있었다. 이 노력은 필리핀에서 ASEAN+3 정상회담과 협력 하에 시작됐다.[10] 2003년 동북아시아 3개국은 3자협력(Tripartite Cooperation) 기구 설립을 위한 공동 선언을 했다.[11] 재무, 외교 장관들의 연례 회담이 뒤를 이었다. ASEAN+3 정상회담의 틀을 벗어난 3국 정상의 첫 회담이 일본 후쿠오카에서 2009년 10월에 개최됐다. 2010년 북경, 2011년 제주에서 정상회담이 이어졌다. 반테러, 교통, 지적재산권, 통신, 도량형, 환경, 재난 관리 등에 협력을 약속하는 양해각서를 체결했다.[12]

---

10 People's Republic of China (PRC) Foreign Ministry, "White Paper–China–Japan–ROK Cooperation (1999–2012) (May 10, 2012), www.fmprc.gov; Byun See-won, "The China–South Korea–Japan Triangle: The Shape of Things to Come?" *Asia Pacific Bulletin,* No. 115 (June 6, 2011), ww.EastWestCenter.org/APB.

11 PRC Ministry of Foreign Affairs, "China–Japan–ROK Cooperation 1999–2010," www.fmprc.gov; and Japan Ministry of Foreign Affairs, "Fifth Japan–China–ROK Trilateral Summit," (Summary) June 27, 2012 and, "Joint Declaration on the Enhancement of Trilateral Comprehensive Cooperative Partnership," Beijing, China, May 13, 2012, www.mofa.go.jp.

12 Second Trilateral Summit: "Joint Press Conference by Prime Minister Yukio Hatoyama of Japan, Premier Wen Jiabao of the PRC and President Lee Myung-bak of the ROK. October 10, 2009. "Joint Statement on the Tenth Anniversary of Trilateral Cooperation," Beijing, China, October 10, 2009;

2012년 3월 아시아 문제에 대한 첫 3자 정책 회담이 북경에서 개최됐고, 2012년 5월 13일에 북경에서 5차 3개국 정상회담이 열렸다.[13]

2012년 5월말에 3개국은 일본과 중국 사이의 센카쿠 열도/다 분쟁, 한국과 일본 사이의 독도/다케시마 분쟁을 처음으로 언급했다.[14] 이어서 3개국 협력은 더 이상 진전되지 못하고 멈춰버렸다. 중국 외교

"Joint Statement on Sustainable Development among the PRC, Japan and ROK," Beijing, China, October 10, 2009. Third Trilateral Summit: "Joint Press Release of the 3rd Trilateral Summit Meeting; ROK, Japan and PRC," Jeju, ROK, May 30, 2010. "Trilateral Cooperation VISION 2020," Jeju, ROK, May 30, 2010; "Memorandum on the Establishment of the Trilateral Cooperation Secretariat by the Governments of Japan," PRC and ROK, May 30, 2010; "Joint Statement on Standards Cooperation Among ROK, Japan, PRC," Jeju, ROK, May 30, 2010; "Joint Statement on Strengthening Science and Innovation Cooperation among ROK," Japan and PRC, Jeju, ROK, May 30, 2010. Fourth Trilateral Summit, "Summit Declaration," Tokyo, Japan, May 22, 2011; "Japan to Host the 4th Japan–China–ROK Trilateral Summit Meeting," Tokyo, Japan, May 13, 2011; "Cooperation on Nuclear Safety, Tokyo," Japan, May 22, 2011; "Cooperation toward Sustainable Growth through Promotion of Renewable Energy and Energy Efficiency," Tokyo, Japan, May 22, 2011. "Cooperation on Disaster Management," Tokyo, Japan, May 22, 2011.

13 Fifth Trilateral Summit, "Fifth Japan–China–ROK Trilateral Summit (Summary), Beijing, China, June 27, 2012, and "Joint Declaration on the Enhancement of Trilateral Comprehensive Cooperative Partnership, Beijing, China, May 13, 2012. www.mofa.go.jp.

14 Japan–PRC Summit Meeting (Summary)," Beijing, China, May 31, 2012. "Japan–ROK Summit Meeting (Overview), Beijing, China, May 28, 2012. www.mofa.go.jp.

부가 역사와 섬 소유 분쟁에 이름 붙였듯이, "민감한 이슈"가 2013년 6월 이후 3자 협력을 어느 정도로 방해할지 여부는 지켜봐야 하겠지만, 이 분쟁이 협력의 진전을 방해할 것은 분명하다.

5. 민족주의

민족주의는 19세기에 정치적으로 성숙한 18세기 유럽의 개념이다.[15] 민족주의는 정치지도자들과 유권자들의 민족의 특정한 이슈와 우선순위에 관심을 갖는 것에 초점을 맞춘다. 민족주의의 핵심은 민족 주권 사상인데, 이것은 국가들의 행동을 규제하기 위한 국제법을 만들기 시작할 때 형성된 또 다른 유럽의 개념이다. 주권은 각 국가가 국제법에 복종할지 여부를 최종적으로 결정할 수 있는 "타고난 권리"를 소유했다는 것을 의미했다. 이웃 국가 및 국제법과 협력은 국가의 자원을 경쟁국들과 공유해야 하기 때문에 국가가 우선순위를 해결하는 능력을 약화시킨다고 여겨졌고 또 여전히 그렇게 여겨지고 있다. 이러한 시각의 21세기 초의 사례는 다자주의보다는 단극주의(unilateralism)가 낫다고 여기는 조지 W. 부시 미국 대통령의 세계관인데, 그는 자신의 외교정책에 있어서 지역과 국제 조직의 중요성을 주변화시

---

15 Hans Kohn, "Nationalism–Identification of State and People," *Britannica Online Encyclopedia*. www.britannica.com.

키는 것을 선호하기 때문이다.[16] 북한도 다자주의보다는 단극주의를 선호하는 국가의 또 다른 예인데, 이는 무엇보다 민족주의와 자결을 우선시하는 *주체*사상의 결과이다.[17]

동북아시아의 민족주의

문화와 역사는 유럽의 민족주의와 구별되는 특성을 부여함으로써 동북아시아의 민족주의를 정의 내렸다.[18] 일본 민족주의는 19세기에 태어나서 천황 중심의 이데올로기로 발전했는데, 제2차 세계대전(태평양 전쟁)이 끝나서야 신뢰를 잃었다. 19세기 일본 민족주의는 유교의 가치, 특히 Bushido나 사무라이 전사의 도와 천황을 신화적인 조상인 태양의 여신과 연결시키는 신도의 신화의 융합 형태로 국가에 대한 충성심을 숨기고 있었다.[19] 이 민족주의는 많은 유럽의 민족주의

---

16 C. Kenneth Quinones, "Dualism in the Bush Administration's North Korea Policy," *Asian Perspective* (April 2003).

17 C. Kenneth Quinones, "Beyond Collapse–Continuity and Change in North Korea," *International Journal of Korean Reunification Studies* (January 2003).

18 Baogang He, *op. cit.* Ezra Vogel, "Regionalism in Asia: Why We should Stick with Existing Structures," *East Asia Forum* (March 30, 2010).

19 Ryusaku Tsunoda, Wm. Theodore DeBary, and Donald Keene, *Sources of the Japanese Tradition. Vol. II.* (New York: Columbia University Press, 1969); Marius Jansen, *The Making of Modern Japan* (Cambridge, MA: Harvard University Press, 2000); David Earl, *Emperor and Nation in Japan–Political Thinkers of the Tokugawa Period* (Seattle, Washington, University of Washington, 1964); and

와 마찬가지로 인종주의를 속에 감추고 있었다. 많은 유럽의 주요 제국들이 자신들의 제국주의와 비(非) 유럽인들을 착취하는 것을 합리화하기 위해서 인종적 우월성을 강조한 반면에, 일본의 19세기 말, 20세기 초 민간과 군대 지도자들 중 일부는 일본의 인종적 우월성이 특히 한국을 중국으로부터 분리시켜서 "근대" 지식을 소개해줌으로써 이웃 국가를 "계몽"시키는 사명을 주었다고 주장했다. 뒤에 상술하겠지만, 유사한 감정이 일본의 전후 "우익"과 "좌익" 정치인들 사이의 지속되는 정치 갈등에 분명하게 드러난다. 한국과 중국 민족주의는 비슷하게 시작했다. 두 나라의 민족주의는 대체로 20세기 초 일본 제국주의에 대한 대응으로 태어났고, 반 일본 감정이 중심에 남아있다. 이 주제도 뒤에 더 상세하게 다룰 것이다.

6. 지역주의 대 민족주의

냉전을 포함해서 양차대전의 파괴성은 유럽의 정치 지도자들로 하여금 제국주의적 충동과 민족주의적 경쟁을 다룰 더 나은 방법을 찾을 필요가 있다는 것을 설득했다. 19세기 초 국제법을 탄생시킨 이상주의는 각 국가들이 군사적 힘으로 경쟁국을 굴복시키고 거대한 제국을 건설하려고 하는 의도를 가지고 있었기 때문에 주권국가들의

Donald Keene, *The Japanese Discovery of Europe, 1720–1830* (Stanford: Stanford University Press, 1969).

행동을 다루는 데 있어서 절망스럽게도 실패했다. 첫번째 노력이었던 국제연맹은 민족주의 지도자들이 통치하는 주권국가들을 국제법으로 관리할 수 있다는 이상주의적 신념을 유지했다. 그러나 제2차 세계대전은 국제법이 군사력 앞에서 무력하다는 것을 가르쳐주었고, 국제연합이 유럽에서 소련의 팽창에 직면해서 비틀거렸을 때 곧 다시 배울 수 있었다.

냉전은 군사력에는 군사력으로 대응할 필요성을 분명하게 해줬다. NATO가 유럽에 등장한 이후 현실주의가 국제법의 이상주의를 대체했으며, 미국은 유엔 안전보장이사회를 '미군'의 한반도 배치를 정당화하는 데 이용했다.

동북아시아 지역주의는 한국전쟁 중에 안보 협력의 형태로 인식되었다. 미국과 소련은 동북아시아에서의 영향력을 강조하고 한반도에서 제2의 한국전쟁이 발발하지 못하도록 경쟁적으로 조약 시스템을 만들었다. 미국의 'hub and spokes' 동맹 시스템은 미국과 한국의 군대가 일본의 미국 기지 유치와 보급 지원 하에 한국전쟁의 재발을 억제하는 데 중점을 두도록 했다. 한반도의 북쪽에는 유사한 조약 시스템이 북한과 소련, 중국 사이에 체결되었다. 이러한 상황은 북한 경제는 소련과 중국과 연결되는 반면에, 한국과 일본 경제는 미국과 연결되었기 때문에 지역 협력과 경제 통합의 진전을 방해했다. 따라서 NATO가 냉전 시기에 유럽 국가들 사이에서 북돋았던 협력은 유럽연합을 위한 장을 마련한 반면에, 한반도 중심의 냉전의 양극화된 조약 시스템은 지역 협력의 진전을 막았다.

1990년 냉전의 종식되면서 비로소 동북아시아에서 경제 통합이

가능해졌다. 그러나 먼저 미국과 일본은 냉전 시대의 공산주의 '봉쇄' 전략, 다시 말하면, 국제 공동체로부터 중국과 북한을 외교, 경제적으로 고립시키는 전략을 폐기해야만 했다. 다음으로, 중국 경제는 국제 교역에 참여할 수 있는 능력을 발전시킬 필요가 있었는데, 이것은 미국이 1972년 이후로 중국을 봉쇄하는 것으로부터 개방시키는 것으로 외교 정책을 수정하는 것에서 처음 등장한 과정이었다. 국제 공동체로부터 외교, 경제적으로 고립시키는 대신에, 미국은 일본 및 다른 국가들과 함께 중국을 국제 시장체제로 받아들임으로써 경제 개혁을 도왔으며, 이 과정은 1990년 이후 점차 분명해졌다.

1990년 이후 동아시아는 지역의 국가들 사이에 평화, 번영, 안정을 우선순위로 공유하는 전례 없는 합의를 발전시켰다. 이것은 안보 협력과 경제 통합이라는 두 개의 주요 영역에서 지역 통합을 장려했다. 역설적으로, 1991년 대륙간 탄도 미사일과 핵무기를 개발함으로써 스스로 "핵우산"을 건설하려는 북한의 결정은 즉시 동북아시아 국가들이 한반도를 비핵화하는 것을 새로운 공동의 목표로 삼도록 만들었다. 1992년 남북 비핵화 공동선언의 형식으로 마련된 남북한 사이의 양자 노력과 1994년 최초의 북미협정은 이 문제가 양자적으로 해결될 수 있다는 것을 보여준다. 그러나 2002년까지 상황은 그렇지 않은 것이 명백해졌다. 중국은 이 지역의 최초의 다자간 안보 포럼인 6자회담을 구성, 개최함으로써 남북한과 더불어 세계 4대 강국(미국, 러시아, 중국, 일본)이 북한 대량 살상무기 프로그램을 평화적이고 외교저인 수단으로 끝내려는 공동의 목표를 위해서 모이도록 만들었다.[20] 처음에는 진전이 좀 있었지만 회담은 지연되었고, 2009년 이후로 중지되었다. 그럼에도 불구하고 중국, 미국, 러시아, 한국은 가능하면 빨리 회담을 재개하고 싶어 한다. 비록 평양이 때때로 회담을 재개할 준비가 됐다고 의사 표명을 하지만, 다른 당사국들은 북한이 핵무기 프로그램을 폐기하고자 하는 진정성을 분명하게 보여주지 않는 한 미온적이다.

동시에 북한을 제외한 이들 국가들은 번영을 위한 공동의 목표를 추진하기 위한 지역 기구를 만들려고 노력하고 있다. APEC의 효율성을 증진시키려는 노력도 지속하고 있다. 그러나 APEC의 효율성은 논의에 분명하게 드러나는 지속적인 강한 민족주의 감정과 모든 결정에 만장일치가 필요하다는 규칙에 의해서 심각하게 제한을 받고 있다. 3개국은 ASEAN의 동아시아 정상회의(EAS)에 적극적으로 참가하고 있다. TPP 회원이 되는 것도 마찬가지로 지역 협력을 증진시킬 것이다. 또한 앞에서 논의했지만, 일본, 한국, 중국은 경제 통합을 증진시키려는 목적의 3자 포럼이 결국 성공을 이끌어 낼 것이라고 낙관하고 있다.[21]

---

20 Park Jong-chul, "Korea's Perspective on the Linkage of Economic and Security Cooperation in Northeast Asia," Korea Institute for National Unification, Online Series (September 2006), www.kinu.or.kr; Soon Paik, "Toward a Northeast Asian Security Community: Implications for South Korea's Economy," Korea Economic Institute, 2009.

21 Kurt Tong, Acting Senior Official for APEC, Bureau of East Asian and Pacific Affairs, "East Asia and the Pacific: The Future of APEC, Testimony before the House Foreign Affairs Subcommittee on Asia, the Pacific and the Global Environment" (October 14, 2009); ASO Taro, Foreign Minister of Japan, "Work-

냉전 동맹의 제한과 이데올로기 경쟁으로부터 해방된 일본, 한국, 중국은 우선순위에 대해서 굳건하게 동의하지만, 지금까지 일본의 제국주의적 유산과 각 국가의 강한 민족주의 감정은 계속해서 경제와 안보 영역 모두에서 지역 협력의 진전을 가로막고 있다.

7. 역사의 짐

적어도 동아시아에서 역사는 정치다. 이 격언은 저명한 미국인 중국 역사학자인 존 킹 페어뱅크(John King Fairbank)가 "중국 세계질서"라고 명명한 것이 고대에 형성될 때로 거슬러 올라간다. 이 지역의 질서는 고대 중국의 한 왕조(기원전 221-기원후 200) 시기에 처음 등장했다. 중국은 자신을 "중국(中國)"이라고 여겼고 주변국들, 특히 한국, 베트남, 중앙아시아 유목민들에게 조공을 강요했다. 법이 아니라 유교 윤리가 국가 간 관계를 결정했다. 유교 윤리는 또한 중국 황제들, 곧 천자(天子)의 자의적인 권력의 주장에 제한을 가했다. 천자의 역할은 덕스럽고 자애로운 통치를 통해서 모든 백성 사이에 조화를 조장하고 유지하는 것이었다. 미덕과 도덕을 정의 내릴 성경이나 코란이

---

ing Together for a Stable and Prosperous East Asia-Address, Center for Strategic and International Studies, Washington, DC" (May 3, 2006), www.mofa.go.jp; Takashi Terada, "A Golden Opportunity for Japan's Regional Integration Policy: TPP, RCEP and CJK," *Association of Japanese Institutes of Strategic Studies–Commentary*, No. 173 (March 26, 2013). www.jiia.or.jp/en_commentary.

없었기 때문에 중국 관료들은 황제의 권력을 제한하는 방법으로 역사 기록을 보존하는 것에 의존했다. 유교 고전과 왕조의 역사 기록은 통치자의 행동을 위한 상세한 전례이자 "헌법적" 지침이 되었다. 덕스러운 통치자는 그의 행동이 통치 영역의 안팎에 사회 조화를 증진시키는 사람으로 정의되었다. 역사 기록에 의하면, 만약 천자의 행동이 사회 조화를 깨뜨려서 신민에 대한 덕과 애정이 부족하다고 여겨지면 그 통치자는, 공자의 제자 맹자가 썼듯이, 홍수와 기근의 형태로 자연의 힘을 보일 능력을 가진 조상의 분노를 살 위험에 처하며, 이는 신민의 반역을 초래할지도 모르는 일이었다.

오늘날 많은 사람들은 동아시아의 유교 유산은 타당성과 적실성이 부족하다고 곧바로 주장할 것이다. 그러나 역사 기록과 통치자의 행동은 이 지역, 특히 중국과 한국의 정치 문화에 여전히 중요한 요소로 남아있다고 반박할 수 있을 것이다. 역사 기록에서 드러나듯이 한 국가의 과거 행동은 그 국가와 지도자의 과거 행동이 사회적 조화를 북돋았는지 아니면 방해했는지를 평가하는 데 핵심 요소가 된다. 그것에 따라서 그 국가와 지도자는 덕을 가지고 있는지의 여부가 판가름 나며, 거기에 따라서 존경 또는 비난을 받게 된다. 이 유교의 정치적 원칙은 중국과 남북한이 일본의 20세기 제국주의를 비판하는 데 지속적으로 반영되어 있다.[22] 중국과 주변국 사이의 최근의 불화

---

22 PRC Foreign Ministry "Some Sensitive Issues" (May 8, 2002), www.fmprc.gov; ROK, "1st Vice Foreign Minister Summons Japanese Ambassador to the ROK over the Issue of Japan's Wrong Perception of History" (April 25, 2013), www.

를 넓게, 역사적 맥락에서 봐야 동북아시아의 지역 협력을 방해하는 역사와 영토에 대한 지속되는 분쟁을 보다 분명하게 알 수 있다. 일본의 다케시마(독도)와 센카쿠열도에 대한 영유권 주장은 국제법에 기초하고 있는데, 이것은 18세기 후반, 19세기에 등장한 유럽 제국 사이의 관계를 조정하기 위한 유럽식의 해결방안이었다. 일본의 메이지(1868-1912) 지도자들은 제국주의 행태와 국제법을 받아들여서 먼저 중국 세계질서에 대항했고, 그 다음에 1894년과 1945년 사이에 동아시아에 대한 종주권을 행사했다.[23]

오늘날 중국과 남북한은 일본의 제국주의적 유산을 국제법이 아니라 유교의 덕 개념에 따라서 평가한다. 일본의 제국주의와 중국과 한국의 영토 점령은 유교 윤리에 의하면 덕과 자애가 부족한 부적절한 것으로 여겨졌다. 일본은 역사 기록을 왜곡한다고 비난을 받는데, 이것은 역사를 다시 써서 그렇다기보다는 일본 정치인들이 제국주의 일본의 잘못에 대한 수많은 사과에도 불구하고 계속해서 일본 제국주의가 일본을 유럽 제국주의로부터 보호하기 위해서 필요했다고 주장하기 때문이다.[24]

---

mofat.ko.go; *Chosun Ilbo,* "Japan, Korea Move to Ease Tensions" (January 5, 2013), www.english.chosun.com; *Daily Yomiuri,* "Textbook Change Raises Questions" (April 1, 2007).

23 Japan Ministry of Foreign Affairs, "Basic View on the Sovereignty over the Senkaku Islands" (April 2013), and "Fact Sheet on the Senkaku Islands" (November 2012), www.mofa.go.jp.

24 See Daily Yomiuri: "Abe Explains 'Comfort Women" Stance to Bush" (April 5,

8. 덕 대(對) 합법성

양측 모두 서로 다른 언어로 말하고 있다. 근원적인 문제는 일본이 역사 기록을 왜곡하려고 노력했는지, 또는 제국주의 일본의 행태가 국제법에 얼마나 부합하는지가 아니다. 중국과 남북한에게 더 중요한 관심은 일본 제국주의가 덕에 기반 했느냐 아니면 자국의 이익을 위해서 주변국을 착취했느냐이다. 중국과 한국은 유교의 문화적 유산을 반영해서 제국주의 일본의 행동은 정당화될 수 없고, 이기적

2007), 1; "Abe Sorry Over 'Comfort Women' Issue" (April 22, 2007); "Abe Expresses Apology to 'Comfort Women'" (April 28, 2007), 1; "South Korea Raises 'Comfort Women' Issue" (September 26, 2011), 1; and *BBC News (news.bbc.co.uk.):* "Wartime 'Sex Slaves' Get Compensation" (April 27, 1998); "No Compensation for Japan Sex Slaves" (December 6, 2000); "Japan Overturns Sex Slave Ruling" (March 29, 2001); "Japanese Cabinet Donates to WWII Fund" (July 2, 2002); "Japan to end WWII Sex Slave Fund" (January 24, 2005); "Japan WWII Sex Slave Redress Call" (March 12, 2005); "Japan Anger at US Sex Slave Bill" (February 19, 2007); "Abe Questions Sex Slave 'coercion'" (March 1, 2007); "Japan PM Apology on Sex Slaves" (March 2, 2007); "Japan's Divisive 'Comfort Women' Fund" (April 10, 2007); Also see *Chosun Ilbo* (www.english.chosun.com): "Korea Slams Japanese PM's 'Comfort Women' Denial" (August 28, 2012); "China, Korea Criticize Japanese Ministers' War Shrine Visit" (October 19, 2012); "Most Japanese Want Abe to Visit Militarist Shrine" (January 22, 2013); "Abe Denies Japan Invaded Asian Neighbors" (April 24, 2013); "Abe Bewails 'Threats' from Asian Neighbors" (April 25, 2013); "Seoul Expresses 'Strong Regrets' Over Abe's Remarks" (April 26, 2013).

이며, 덕이 부족했다고 판단했다. 중국과 한국은 일본이 과거에 대해서 사과해야할 뿐 아니라 제국주의를 정당화하려는 시도를 중지하고 획득한 영토에 대한 영유권 주장을 포기해야 한다고 강조한다. 일본은 과거의 주변국에 대한 잘못을 반복해서 사과했지만, 유럽 제국주의의 위협의 과점에서 과거의 잘못을 정당화하려는 시도도 지속하고 있다. 분쟁중인 영토에 대해서도 일본은 점유권 주장이 국제법에 부합하기 때문에 논쟁의 대상이 아니라고 주장한다.

일본과 주변국 사이의 견해 차이는 각국의 민족주의에 깊이 뿌리박고 있다. 중국과 한국에게 일본 제국주의는 "반(反)일본" 정서를 민족주의의 핵심 요소로 만듦으로써 민족주의 감정을 형성했다. 중국이나 한국 사람이 일본의 시각을 받아들이는 것은 정의상 자신의 민족주의를 부인하는 것이다. 일본 사람에게도 마찬가지다. 일본인들의 민족주의 감정은, 일본의 의도가 주변국을 착취하는 것이 아니라 일본을 방어하는 것이었다고 믿기 때문에, 제국주의 일본에 대한 중국인과 한국인의 평가를 받아들이려는 듯한 모습을 보이는 것조차 피하게 만든다.

9. 결론: 지역주의에 대한 방해물

1990년 냉전의 이데올로기 경쟁의 종말로 이데올로기에 대한 관심이 사라지자 민족주의가 부활했다. 역사상 처음으로 동북아시아 국가들은 평화, 번영, 안정이라는 공유된 목표를 달성하는 데 에너지를 쏟는 데 합의했다. 이들은 공통 목표가 지역 협력을 통해서 가장 잘 달성될 수 있다고 생각한다. 그러나 상이한 정치, 경제 시스템이 사태를 복잡하게 만든다. 그러나 더 큰 장애물은 민족주의 주변에 몰려있다. 중국과 남북한에게 반(反) 일본 감정은 핵심적인 특성으로 남아있다. 그것은 19세기 말과 20세기 전반부에 일본 민족주의에 대한 경험에 뿌리를 내리고 있다. 덕에 대한 유교적 정의에 따라서 국가와 그 지도자들을 판단하는 유교 유산과 경향을 감안했을 때, 중국과 남북한은 일본과의 화해를 여전히 주저하고 있는데, 이는 일본의 참회의 행동을 통한 진정한 자책을 보여주느냐의 여부에 달려있다.

그러나 일본의 민족주의는 공식적인 사죄를 통해서 중국과 한국을 달래려는 정치지도자의 노력을 무디게 만들고 있다. 금전적 보상을 사용해서 화해를 추구하는 것과 관련해서 일본정부는 국제법을 인용해서 모든 주장을 거부한다. 유사하게, 일본은 제국주의 시절 주변국으로부터 획득한 분쟁 지역에 대한 주권을 주장하는데, 이때도 자신의 주장에 대한 정당화 근거로 국제법을 인용한다.

결과적으로 민족주의는 동북아시아의 지역 협력에 가장 강력한 장애물로 남아있다. 북한의 핵 프로그램 같은 상호 안보 과제에 있어서의 협력과 무역과 투자를 통한 경제 통합은 계속해서 지역 협력에 대한 욕구를 길러줄 것이다. 그러나 이 지역의 최근 역사적 과거에 기초한 민족주의적 감정은 먼 미래까지 지역주의를 방해할 것처럼 보인다.

결국 동북아시아의 당사국들이 이 난관을 해결할 수 있다. 문제가 해결될 때까지 중국, 일본, 한국은 지역 협력의 미래를 만들기 위해서 노력하면서도 과거를 두고 계속 갈등할 수밖에 없다. 동북아시아 행위자들의 감정적으로 충만한 민족주의 정서를 고려했을 때, 지역 협력이 등장하는 것을 열망하는 미국과 러시아 모두 개입을 최소화하는 것이 최선이다.

(번역: 신철희)

참고문헌

Acharya, Amitav. "ASEAN's Dilemma: Courting Washington without Hurting Beijing." *Asia Pacific Bulletin,* No. 133. www.EastWestCenter.org/APB.

Aso Taro. 2006. "Working Together for a Stable and Prosperous East Asia – Address, Center for Strategic and International Studies, Washington, DC" (May 3). www.mofa.go.jp.

Baogang He and Takashi Inoguchi. 20110. "Introduction to Ideas of Asian Regionalism." *Japanese Journal of Political Science* 12 (2) (August).

Cai, Kevin G. 2010. "Regional Economic Integration in East Asia." *The Politics of Economic Regionalism: Explaining Economic Integration in East Asia.* New York: Palgrave Macmillan.

Chosun Ilbo. 2013. "Japan, Korea Move to Ease Tensions" (January 5). www.english.chosun.com.

Daily Yomiuri. 2007. "Textbook Change Raises Questions" (April 1). etc.

Earl, David. 1964. *Emperor and Nation in Japan – Political Thinkers of the Tokugawa Period.* Seattle, Washington, University of Washington.

Jansen, Marius. 2000. *The Making of Modern Japan.* Cambridge, MA: Harvard University Press.

Japan Ministry of Foreign Affairs. "Basic View on the Sovereignty over the Senkaku Islands" (April 2013) and "Fact Sheet on the Senkaku Islands" (November 2012). www.mofa.go.jp.

Keene, Donald. 1969. *The Japanese Discovery of Europe, 1720–1830.* Stanford:

Stanford University Press.

Kohn, Hans. "Nationalism–Identification of State and People." *Britannica Online Encyclopedia*. www.britannica.com.

Lee, John. 2011. "China Still has a Long Way to Go." *Asia Pacific Bulletin*, No. 134 (October 24).

Moon Chung-in. "Economic Regionalism." *Online Encyclopedia*. www.britannica.com.

National Bureau of Research (USA). "A Brief History of the EAS." www.nbr.org.

Paik Soon. 2009. "Toward a Northeast Asian Security Community: Implications for South Korea's Economy." Korea Economic Institute.

Park Jong-chul. 2006. "Korea's Perspective on the Linkage of Economic and Security Cooperation in Northeast Asia." Korea Institute for National Unification, Online Series (September). www.kinu.or.kr.

Quinones, C. Kenneth. 2003. "Dualism in the Bush Administration's North Korea Policy." *Asian Perspective* (April).

______. 2003. "Beyond Collapse–Continuity and Change in North Korea." *International Journal of Korean Reunification Studies* (January).

PRC Foreign Ministry. 2002. "Some Sensitive Issues" (May 8). www.fmprc.gov.

ROK. 2013. "1st Vice Foreign Minister Summons Japanese Ambassador to the ROK over the Issue of Japan's Wrong Perception of History" (April 25. www.mofat.ko.go.

Ryusaku Tsunoda, Wm. Theodore DeBary, and Donald Keene. 1969. *Sources of the Japanese Tradition*. Vol. II. New York: Columbia University Press.

Suryodiningrat, Meidyatama. ed. Jakarta Post. 2011. "ASEAN Regional Forum 2011: China and the United States." *Asia Pacific Bulletin,* No. 127 (August 4).

Takashi Terada. 2013. "A Golden Opportunity for Japan's Regional Integration Policy: TPP, RCEP and CJK." *Association of Japanese Institutes of Strategic Studies–Commentary*, No. 173 (March 26. www.jiia.or.jp/en_commentary.

Vogel, Ezra. 2010. "Regionalism in Asia: Why We should Stick with Existing Structures." *East Asia Forum* (March 30).

9장
미국 대외정책의 관습과 21세기 미중관계의 전망*

이현휘

> 인간의 행위를 직접적으로 지배하는 것은 이념이 아니라
> 물질적 이해관계 내지 이념적 이해관계라고 할 수 있다.
> 그러나 '이념'에 의해 창출된 '세계관'이 마치 철도의
> 전철수(switchmen)처럼 이해관계의 역학이 지배하는
> 행위의 거시적 방향을 결정지은 경우도 매우 많았다.
>
> –막스 베버

21세기 미중관계의 장기적 추세는 어느 쪽으로 전개될 것인가? 세계 최강대국 미국과 강대국으로 부상하는 중국이 갈등을 거듭하다가

---

* 이 논문은 『미국사연구』 제29집(2009), 157-198에 수록된 논문을 거의 그대로 옮긴 것이다. 이 논문을 2017년 현재 이곳에 다시 수록하는 까닭은 두 가지 의미가 있다. 첫째, 2009년에 시도한 미중관계의 미래의 예측을 2017년 현재의 시점에서 검증한다는 것, 둘째, 그런 검증을 무난히 통과했다고 판단할 경우 다시 2017년 이후 전개될 미중관계의 미래를 예측한다는 것이 각각 그것이다. 이 논문을 이곳에 다시 게재하는 것을 허락해준 한국미국사학회에 감사의 말씀을 드린다. 아울러 이 논문의 원고를 읽고서 좋은 논평을 해주신 경성대학교 권용립 교수님께도 감사의 말씀을 드린다.

이른바 신냉전(new cold war)으로 전락할 것인가, 아니면 협력의 기조를 꾸준히 유지하면서 정치적 평화와 경제적 번영의 길을 개척할 것인가? 이 문제에 대한 답변은 미국과 중국 모두에게 결정적으로 중요한 의미를 갖는다. 미국은 신냉전의 상황에서 미국의 패권에 가장 강력하게 도전할 수 있는 세력으로 중국을 꼽는다. 반면 중국은 강대국으로 부상하는 데 필요한 시간과 여건을 결정적으로 제약할 수 있는 세력으로 미국을 꼽는다. 따라서 미국과 중국은 미중관계의 장기적 추세를 정확하게 포착하고, 그것을 바탕으로 자국의 대전략(grand strategy)을 수립하기 위해 끊임없이 노력하고 있다. 미국의 경우 21세기 미중관계의 역학을 진단하려는 논쟁을 10여년 이상 계속하고,[1] 그 주제와 관련된 책자와 논문을 방대하게 쏟아낸 것도 그 때문이다.

21세기 미중관계의 향방은 미국과 중국뿐만 아니라 한반도의 운명에도 대단히 중요한 의미를 갖는다. 한반도는 주변의 두 강대국이 패권 경쟁에 돌입할 때 심각한 안보 위기에 처하고, 강대국 간의 패권이 교체할 때 전쟁의 소용돌이에 휘말린 역사를 갖고 있기 때문이다. 게리 레드야드는 약 2000여년에 걸친 동북아 국제정치의 역사를 거시적으로 개관하면서 한반도의 독특한 안보 환경을 다음과 같이 통찰한 바 있다.

> 역사상 한반도에서 발생하는 국제정치 문제는 기본적으로 만

---

1 Peter Hatemi and Andrew Wedeman, "Oil and Conflict in Sino-American Relations," *China Security* 3:3 (2007), 95.

주와 중국 간의 각축을 배경으로 성립한 것이었으며, 따라서 동아시아의 여타 국제정치 무대에서는 확인할 수 없는 특별한 문제를 안고 있었다. 중국이 북방 유목민을 침략한 시기는 오직 양의 국면(the Yang phases－중국의 팽창 시기를 의미함〔필자〕)으로만 국한되었다. 마찬가지로 북방 유목민이 중국을 침략한 시기는 오직 음의 국면(the Yin phases－북방 유목민의 팽창 시기를 의미함〔필자〕)으로만 국한되었다. 이와는 달리 한반도는 양의 국면과 음의 국면을 가리지 않고 침략을 당했다. (북방 유목민과 중국이 각축하는 형국에서 오직 여진족만이 한반도를 침략하지 않았다. 이는 고려가 여진족을 상대로 갈등을 적절하게 조정하고, 또 그들을 돈으로 매수했기 때문이었다. 물론 이 문제로 고려 내부에서 정치적 갈등이 없었던 것은 아니었다.) 따라서 중국이 북방의 유목민으로부터 모두 3차례의 침략을 당했던 것과 달리, 한반도는 모두 6차례의 침략을 당했다. 이중 3차례는 중국으로부터, 그리고 다른 3차례는 북방 유목민으로부터 받았다. 중국이나 북방 유목민이 한반도를 침략했던 까닭은 한반도 그 자체를 전쟁의 일차적인 목적(the prime object of action)으로 설정했기 때문이 아니었다. 한반도는 어디까지나 그들의 부차적인 목적(a secondary object)이었다. 전쟁의 주역은 언제나 만주와 중국이었다. 만주와 중국 어느 쪽에서 승기를 잡던지 간에 각자가 원하는 방식에 따라 한반도의 복속을 요구했다.[2]

---

2 Gari Ledyard, "Yin and Yang in the China－Manchuria－Korea Triangle," in Morris Rossabi, ed., *China among Equals: The Middle Kingdom and Its Neigh-*

bors, 10th–14th Centuries (Berkely: University of California Press, 1983), 339.

동북아 국제정치사에서 장구하게 관철된 한반도의 안보 환경을 참작할 때 21세기 미국과 중국이 패권 경쟁에 돌입할 경우 한반도는 또다시 심각한 안보 위기에 처할 가능성이 높다고 전망할 수 있다. 한반도에 삶의 터전을 둔 우리가 미국과 중국 못지않게 미중관계의 장기적 추세를 예리하게 추적해야 하는 까닭이 바로 여기에 있다.

21세기 미중관계의 역학을 정확하게 이해하는 것이 우리에게 중요한 까닭이 또 있다. 한국의 많은 학자들은 주로 한미관계의 시각에서 미국을 바라보고, 한중관계의 시각에서 중국을 바라보며, 미중관계 그 자체를 연구 대상으로 삼는 경우는 그렇게 많지 않다. 그러나 한미관계의 시각에서 미국을 바라보면 미국의 대외정책을 제대로 이해할 수 없고, 한중관계의 시각에서 중국을 바라보는 경우에도 중국의 대외정책을 제대로 이해할 수 없다는 사실에 유의할 필요가 있다. 왜 그런가? 알프레드 노스 화이트헤드는 "인간의 사회학적 기능을 설명하려는 모든 이론은 반드시 그 인간이 추구하는 '목적'을 설명의 본질적 요소로 수용해야만 한다"고 강조한다.[3] 그러면서 "어떤 정치가도 국제 사회의 다양한 국가들과 그 국가들 내부에서 활동하는 정치가들 사이에서 제각기 통용되는 애국심의 유형을 어떤 식으로든 평가하지 않고서는, 즉 정치가 자신의 의식 속에서 그것을 암묵적으로나 명시적으로 평가하지 않고서는 국제관계 문제를 적절하게 처리할 수 없

---

bors, 10th–14th Centuries (Berkely: University of California Press, 1983), 339.

3 Alfred N. Whitehead, *Modes of Thought* (1938, New York: The Cambridge University Press, 1956), 213.

을 것이다"고 예시한 바 있다.[4] 다시 말해서 어떤 국가의 대외정책을 제대로 이해하려면 가장 먼저 그 국가가 추구하는 대외정책의 '목적'을 정확하게 포착해야 한다는 말이다. 그런데 레드야드의 통찰에 따르면 한반도는 주변 강대국에서 추구하는 대외정책의 일차적인 목적이 아니라 부차적인 목적, 즉 '수단'이었다.

화이트헤드와 레드야드의 통찰을 미중관계와 한반도의 역학에 적용해 보면, 미국의 대한반도 정책은 그 자체가 목적으로 설정되는 것이 아니라 미국의 대중국 정책을 효과적으로 수행하기 위한 수단으로 설정된다는 것을 의미하며, 마찬가지로 중국의 대한반도 정책도 그 자체가 목적이 되는 것이 아니라 중국의 대미국 정책을 효과적으로 수행하기 위한 수단이 된다는 것을 알 수 있다. 요컨대 미국과 중국이 각각 수행하는 대한반도 정책은 미중관계의 역학에서 파생된 '종속변수'가 된다. 따라서 한미관계의 시각에서 미국을 바라볼 경우 미국 대외정책의 수단만 보일 뿐 목적은 보이지 않게 되며, 한중관계의 시각에서 중국을 바라보는 경우에도 중국 대외정책의 수단만 보일 뿐 목적은 보이지 않게 된다. 미국 대외정책의 목적은 한미관계의 시각 '밖에서' 존재하는 중국이며, 중국 대외정책의 목적 역시 한중관계의 시각 밖에서 존재하는 미국이기 때문이다. 그렇다면 우리가 미국의 대한반도 정책을 제대로 이해하기 위해서는 한미관계 시각을 '미국의 대중국 정책과 한반도'의 시각으로 수정하고, 한중관계의 시각

---

4 Whitehead, *Modes of Thought*, 213.

역시 '중국의 대미국 정책과 한반도'의 시각으로 수정할 필요가 있다. 이처럼 수정된 시각에서 미중관계와 한반도의 역학을 다시 보면 미중관계의 역학은 미국과 중국이 각각 수행하는 대한반도 정책의 '전제'가 된다는 사실을 알 수 있다.

조나단 스펜서는 북핵문제를 다루는 작금의 6자 회담에서 중국이 수행하는 역할은 약 400여 년간 지속된 역사적 전통(historical lineage)의 연장선상에 서있는 것이지만, 많은 학자들이 그런 전통에 '몽매'하다고 지적했다. 즉 중국이 1592년 임진왜란, 1894년 청일전쟁, 1950년 한국전쟁에 참전한 까닭은 모두 한반도를 점령하기 위한 것이 아니라, 중국을 겨냥한 일본과 미국의 침략을 각각 저지하기 위한 것이었는데, 중국이 6자 회담에 참여하는 까닭 역시 마찬가지라고 강조했다.[5] 새뮤얼 김 또한 1994년 1차 북핵 위기 때 중국은 미국의 북한 폭격 계획을 중국의 심각한 안보 위협으로 간주했으며, 따라서 미국에게 폭격 대신 협상을 강권했다고 지적한다. 그러면서 "중국은 북한이 중국과 미국 사이에서 중요한 완충지대로 존속하기를 원했다"고 해석했다.[6] 스펜스와 새뮤얼 김의 통찰을 고려할 때 북핵 문제는 북미관계나 북중관계의 시각이 아니라, 중국의 대미국 정책과 한반도 내

5 Jonathan D. Spence, "The Once and Future China," *Foreign Policy* 146 (2005), 44–46.

6 Samuel S. Kim, "The Dialectics of China's North Korea Policy in a Changing Post–Cold War World," *Asian Perspective: A Journal of Regional and International Affairs* 18:2 (1994), 28.

지 미국의 대중국 정책과 한반도의 시각에서 적절하게 이해할 수 있으며, 또 그런 이해는 미중관계의 역학 그 자체에 대한 이해를 전제로 삼을 때 적절하게 성취할 수 있는 것이었다.

이 논문은 21세기 미중관계의 장기적 추세를 전망하려는 하나의 시도이다. 먼저 에드먼드 버크의 '관습'(prejudice)[7] 개념을 토대로 역사의 진로를 전망하는 방법을 소개하고, 미국 대외정책에 각인된 관습을 천착할 것이다. 그런 다음 19세기와 20세기 미중관계의 역사를 각각 검토하면서 미국 대외정책의 관습이 수행한 역할을 추적할 것이다. 끝으로 19세기와 20세기의 미중관계에서 확인한 미국 대외정책의 관습을 토대로 21세기 미중관계의 장기적 추세를 전망하고, 그런 추세가 파국으로 치닫는 것을 방지하기 위해 미국과 중국의 정치가 담당해야 할 과제를 약술할 것이다. 이 논문에서 추구하는 목적이 성공적으로 성취되기 위해서는 중국의 대외정책에 각인된 관습도 함께 천착하고, 그것이 미국 대외정책의 관습과 상충하는 양태를 추적해야 한다. 그러나 그 연구는 추후 과제로 남겨두고, 여기서는 미중관계의 제한된 측면만 조망하는 제한된 목적을 추구하고자 한다.

---

7 'prejudice'의 사전적 의미는 보통 편견으로 번역된다. 그러나 버크는 'prejudice'를 편견이라는 사전적 의미가 정립되기 이전의 뜻으로 사용했는데, 그것은 대체로 우리말의 관습이나 전통과 가까운 뜻이라고 할 수 있다. 자세한 내용은, John R. White, "Burke's Prejudice: The Appraisal of Russel Kirk and Christopher Lasch," *The Catholic Social Science Review* 3 (1998), 89-92; Axel Davies, "The Inevitability of Prejudice," http://www.libertarian.co.uk/lapubs/polin/polin108.pdf (검색일: 2009년 2월 8일).

1. 역사의 관습과 미래의 전망

2005년 즈비그뉴 브레진스키와 존 미어샤이머는 21세기 미중관계의 장기적 추세를 상이하게 전망하면서 논쟁을 벌인 바 있다. 브레진스키는 중국이 직면한 정치 현실을 성찰하면서 미중관계의 미래를 '낙관적'으로 전망했다. 중국이 경제 성장 과제를 성공적으로 완수하기 위해서는 미국과 우호적인 관계를 유지해야 하며, 설혹 군사적으로 미국에 도전한다손 치더라도 미국의 강력한 군사력에 쉽게 제압당할 것으로 전망했다. 또한 냉전기 미소관계가 그랬듯이 미국과 중국이 핵무기를 보유한 이상 정면으로 충돌하는 일은 없을 것이라고 주장했다. 반면 미어샤이머는 아직 체험하지 않은 미래를 이미 체험한 정치 현실에 기초해서 전망하는 것은 적절치 않다고 반박하고, 미래는 국제정치이론에 입각해서 전망하는 것이 타당하다고 주장한다. 그러면서 자신이 신뢰하는 국제정치이론에[8] 따르면 강대국은 반드시 패권을 추구하도록 되어 있으며, 따라서 강대국으로 부상한 중국과 미

8 공격적 현실주의(Offensive Realism)를 의미한다. "이 책에서 … 나는 내 이론을 '공격적 현실주의'라고 이름을 붙였는데 … 강대국들은 세계 권력구조 속에서 자신의 힘의 비중을 최대화시키기 위해 노력한다는 점을 강조할 것이다. 나는 특별히 강력한 국가-즉 잠재적 패권국(Potential Hegemon)-가 포함된 다극체제는 특히 전쟁발발 가능성이 높은 체제라고 주장할 것이다." John J. Mearsheimer, *The Tragedy of Great Power Politics* (2001), 이춘근 역, 『강대국 국제정치의 비극』(파주: 나남, 2004), 21. 공격적 현실주의에 관한 자세한 내용은, 같은 책, 36-51.

국의 충돌은 불가피하다는 '비관적' 전망을 제시했다.[9]

브레진스키와 미어샤이머의 상이한 전망은 미국에서 약 10여 년간 전개된 논쟁의 전형을 보여준다. 논쟁의 진영을 정리해 보면 낙관적 전망에 기초해서 중국과 협력을 강조하는 온건파 진영(Panda Huggers)과 비관적 전망에 기초해서 중국의 봉쇄를 강조하는 강경파 진영(Panda Sluggers)으로 대별되기 때문이다.[10] 그러나 이들은 모두 미래를

9 Zbigniew Brzezinski and John J. Mearsheimer, "Clash of Titians," *Foreign Policy* 146 (2005), 46-50.

10 미중관계의 장기적 추세를 전망하는 문헌들은 엄청나게 많다. 낙관적 전망을 제시한 문헌을 예시해 보면, Alastair Iain Johnston, "Is China a Status Quo Power?" *International Security* 27:4(2003), 5-56; Thomas J. Christensen, "Fostering Stability or Creating a Monster: The Rise of China and U.S. Policy toward East Asia," *International Security* 31:1(2006), 81-126; June Teufel Dreyer, "US-China Relations: Engagement or Talking Past Each Other?" *Journal of Contemporary China* 17(2008), 591-609; Richard Baum, "China: A Partner or Adversary?" http://www.fpri.org/enotes/200805.baum. chinapartneradversary.html (검색일: 2009년 2월 8일). 비관적 전망을 제시한 사례로는, Richard Bernstein and Ross H. Munro, "The Coming Conflict with America," *Foreign Affairs* (March/April 1997), 18-32; Robert Kagan, "How Not to Deal with China: A History of Sino-American Relations since 1972," *Weekly Standard* (February 15, 1999); David Shambaugh, "Sino-American Strategic Relations: From Partners to Competitors," *Survival* 42:1(2000), 97-115; Steven W. Mosher, *Hegemon: China's Plan to Dominate Asia and the World* (San Francisco: Encounter Books, 2000); Bill Gertz, *The China Threat: How the People's Republic Targets America* (Washington, D.C.: Regnery Publishing, Inc., 2000); Christopher Layne, "China's Role in American Grand Strategy: Partner, Regional Power, or Great Power Rival?" in *The Asia–Pacific: A Region of Transitions*, ed.

예측하는 것이 현실적으로 불가능하다는 철칙을 간과한 상태에서 논의를 전개하고 있다. "학문은 끊임없이 창출되는 역사의 새로운 면모를 결코 예측할 수 없는데도 말이다."[11] 물론 미어샤이머가 신뢰하는 국제정치이론이나 사회과학이론이 추구하는 궁극적 목적은 국제정치의 동태 내지 사회현상의 추이를 예측(prediction)하는 데 있다.[12] 그러나 그런 이론들이 실제로 예측한 기록을 검토해 보면 지극히 저조한 성적에 머물러 있음을 확인할 수 있다. 존 루이스 개디스는 지금까지 등장한 국제정치이론 중 냉전 종식을 예측한 이론이 전무하다고 비판하고, 그런 이론은 현실의 검증을 통과하지 못했기 때문에 모두 폐기되어야 마땅하다고 주장한 바 있다.[13] 국제정치학의 주류 이론은 자유주의, 현실주의, 구성주의 등의 범주로 분류할 수 있는데, 동일 범주

Jim Roffe (Honolulu: Asia-Pacific Center for Security Studies, 2003), 54-80; Kenneth Lieberthal, "Why the US Malaise Over China," *YaleGlobal* (January 19, 2006). Jonathan D. Pollack, "Chinese Military Power: What Vexes the United States and Why?" *Orbis* 51:4 (2007), 635-650.

11 Whitehead, *Modes of Thought*, 142.

12 J. David Singer, "The Level-of-Analysis Problem in International Relations," in *International Politics and Foreign Policy*, ed. James N. Rosenau (New York: The Free Press, 1969), 20-29; Alan Ryan, *The Philosophy of the Social Science* (London: Macmillan, 1970), 197-219.

13 John Lewis Gaddis, "International Relations Theory and the End of the Cold War," *International Security* 17:3 (1992/93), 5-58. 국제정치의 미래를 이론적으로 예측하는 문제의 어려움은 학계에서 꾸준히 지적되고 있다. Aaron L. Friedberg, "The Future of U.S.-China Relations: Is Conflict Inevitable?" *International Security* 30:2 (2005), 9, fn., 4.

에 속한 이론을 동원하여 미중관계의 미래를 예측하는 경우에도 상반된 결론에 도달하는 모습을 보여준다. 예컨대 자유주의의 범주에 속한 이론으로 예측을 시도하는 경우 낙관적 결론에 도달하기도 하고 비관적 결론에 도달하기도 한다. 현실주의와 구성주의 계열의 이론도 상충하는 결론에 도달하기는 마찬가지다.[14] 또한 브레진스키처럼 정치 현실을 성찰하면서 미중관계의 미래를 전망하는 논객들도 상충하는 결론을 제시하기는 마찬가지다.

그렇다면 미래를 예측할 수 있는 차선의 방법은 없을까? 화이트헤드는 이 질문에 대한 답변을 다음과 같이 제시한 바 있다. "사회는 안정성을 요구하고, 예측은 안정성을 전제로 하는데, 그 안정성은 루틴(routine)의 산물이다."[15] 즉, 화이트헤드는 먼저 사회의 루틴을 통찰하고, 당대의 특수성을 추가로 고려할 때 일정 수준 이상의 예측이 가능하다고 말한다.[16] 여기에서 화이트헤드가 말하는 루틴은 버크가 제시한 관습과 동일한 개념으로 이해할 수 있다. 화이트헤드의 논점을 좀 더 구체적으로 검토해 보기로 하자.

> 화이트헤드는 인간의 행동을 지배하는 것은 언어가 아니라 정서(emotion)라고 강조한다. 우리 생활의 90%는 정서의 지배를 받

14 Friedberg, "The Future of U.S.–China Relations," 12–39.

15 Alfred N Whitehead, *Adventures of Ideas* (1933, New York: New American Library, 1955), 97.

16 Whitehead, *Adventures of Ideas*, 99–100.

습니다. 우리의 두뇌는 신체의 경험을 통해 전달되는 것을 단지 등록하고 그것에 반응하는 역할을 수행할 뿐입니다. 지성(intellect)과 정서의 관계는 옷과 신체의 관계에 비유할 수 있습니다. 우리에게 옷이 없다면 문명인의 생활을 영위할 수 없겠지요. 그러나 우리에게 신체는 없고 옷만 있는 상황은 상상조차 할 수 없는 일입니다.[17] … 말은 우리의 깊은 직관을 표현해주지 못해요. 직관을 말로 표현하는 순간 직관 그 자체는 우리로부터 도망쳐버리고 말지요. 문제는 우리가 말이라는 것을 특정한 의미를 갖는 고정된 것으로 간주하는 습성에 젖어있다는 데 있습니다. 그러나 언어의 의미는 사실상 격렬하게 요동치는 것이며, 우리가 말로 표현하려는 대부분의 의미는 언어의 범위 밖에서 존재하는 것이랍니다.[18]

화이트헤드에 따르면 인간의 체험에서 언어가 차지하는 비중은 10%에 지나지 않으며, 나머지 90%는 정서로 채워진다. 정서는 인간의 신체에 각인된 기억으로 존재하는데(perception of the 'withness' of the body),[19] 그런 기억을 토대로 인간의 습관(habit)이 형성된다. 인간 공동체의 경우도 마찬가지다. 공동체의 정서는 구성원의 신체에 각인된 기

17 Alfred N. Whitehead, *Dialogues of Alfred North Whitehead*, as Recorded by Lucian Price (Boston: An Atlantic Monthly Press, 1954), 231–232.

18 Whitehead, *Dialogues of Alfred North Whitehead*, 295–296.

19 Alfred N. Whitehead, *Process and Reality: An Essay in Cosmology* (1929, New York: The Free Press, 1978), 81.

억으로 존재하는데, 그들이 집단적으로 공유하는 기억을 토대로 버크가 통찰했던 관습이 형성된다. 따라서 인간의 공동체가 수행하는 집단적 행동은 그들이 표방하는 언어가 아니라 관습의 지배를 받는다.[20] 미국 대외정책의 관습에 착안한 마이클 헌트는 먼로주의나 문호개방주의처럼 미국의 정치 지도자가 명시적으로 표방한 언어를 '드러난 정책 원칙(formal policy doctrine)'으로, 미국 대외정책의 관습을 '드러나지 않은 정책 이데올로기(informal policy ideology)'로 각각 명명하면서 후자가 전자보다 훨씬 더 강력한 관성을 갖는다고 통찰한 바 있다.[21] 모택동 시기 중국 대외정책을 연구한 스티븐 레빈 역시 마르크시즘, 레닌이즘, 마오이즘 등과 같이 중국의 정치 지도자가 명시적으로 표방한 언어를 '드러난 이데올로기(formal ideology)'로, 중국 대외정책의 관습을 '드러나지 않은 이데올로기(informal ideology)'로 각각 명명한 다음, 후자가 전자보다 훨씬 더 강력한 관성을 갖는다고 통찰했다.[22] 화이트헤드가 언어와 관습의 원천인 정서의 비중을 '10:90'으로 책정한

---

20 자세한 내용은, 이현휘, 「미국 혁명의 종교적 기원(I): 화이트헤드와 탈근대 역사학의 새로운 지평」, 『화이트헤드연구』 11 (2005), 15–24.

21 Michael H. Hunt, "Traditions of American Diplomacy: From Colony to Great Power," in *American Foreign Relations Reconsidered, 1890–1993*, ed. Gordon Martel (London: Routledge, 1994), 1–20. 'formal'과 'informal'을 각각 '드러난'과 '드러나지 않은'으로 번역한 것은 경성대학교 권용립 교수의 제안에 따른 것이다.

22 Steven I. Levine, "Perception and Ideology in Chinese Foreign Policy," in *Chinese Foreign Policy: Theory and Practice*, ed. Thomas W. Robinson and David Shambaugh (Oxford: Clarendon Press, 1994), 30–46.

사실을 감안할 때, 헌트와 레빈이 도달한 결론은 역사학자의 탁월한 통찰의 소산이라고 평가할 수 있다.

인간의 몸에 밴 습관이 쉽게 고쳐지지 않는 것처럼, 공동체의 관습도 한번 뿌리를 내리면 수백 년 내지 수천 년간 지속되는 관성을 지닌다. 버크는 영국 사회의 자유가 1688년의 명예혁명을 통해서 단번에 획득된 것이 아니라, 1215년의 마그나 카르타에 각인된 자유의 정신이 영국 역사에서 면면히 전승되다가(entailed inheritance) 명예혁명을 통해 재확인되면서 마침내 안착할 수 있었다고 진단했다.[23] 1840년에 발생한 아편전쟁에서 청나라의 패배를 목도한 위원(魏源)은 1842년 『해국도지(海國圖志)』를 집필하여 서구 열강을 퇴치할 수 있는 다양한 방책을 제시했는데, 그 중 하나가 군사력 같은 서구 열강의 장기를 배워 그들을 제압하자는 사이장기이제이책(師夷長技以制夷策)이었다.[24] 그런데 이 방책은 위원이 창안한 것이 아니라 중국의 한무제(B.C. 156 – B.C. 87)를 전후한 시기 북방의 흉노를 퇴치하기 위해 개발된 다양한 제이책 중의 하나였다. 당시 사이지장기제이책(師夷之長技制夷策)은 기마전에 능한 흉노의 장기를 배워 흉노를 제압하자는 방책을 의미했다.[25] 이런 사례는 자유의 관습이 영국에서 약 400여 년간 지속되었으

---

23 Edmund Burke, *Reflections on the Revolution in France*, ed. Thomas H. D. Mahoney (1790, New York: The Bobbs–Merrill Company, Inc., 1955), 35–39.

24 김정호, 「19세기 중국 중체서용적 개혁론의 의의와 한계: 위원의 정치사상을 중심으로」, 『국제정치논총』 제44집 3호 (2004), 64, 각주 63.

25 한나라 때 개발된 다양한 제이책을 상세하게 검토한 연구로는, 이춘식, 「양한대 제이책과 기미책의 성격에 대하여」, 『동양학』 제25집 (1995), 169–209; 이

며, 사이지장기제이책의 관습은 중국에서 무려 2000여 년간 지속되었다는 사실을 말해준다.

관습이 역사 속에서 장구하게 관철되는 관성을 갖는다면 미래에 펼쳐질 역사에서도 그런 기조를 꾸준히 유지하리라는 추측을 어렵지 않게 해볼 수 있다. 이런 논리에 따른다면 우리가 미중관계의 관습을 확인할 수 있을 경우 그런 관습이 21세기 미중관계에서도 꾸준히 유지될 것으로 간주하고, 그것을 토대로 미중관계의 미래를 전망해 볼 수 있을 것이다. 바로 이런 연구전략이 앞에서 화이트헤드가 말했던 것, 즉 "예측은 관습(루틴)의 산물인 사회의 안정성을 토대로 성취할 수 있다"는 말의 구체적 의미였다. 그렇다면 역사의 관습은 어떻게 확인할 수 있는가?

우리가 인간의 행동에서 쉽게 관찰할 수 있는 것은 행동을 표현하는 언어이지 습관이 아니다. 습관은 행동에 잠복되어 있기 때문이다. 역사를 관찰하는 경우도 마찬가지다. 헌트의 용어로 표현할 때 우리가 역사에서 쉽게 관찰할 수 있는 것은 드러난 정책 원칙이지 드러나지 않은 정책 이데올로기(관습)가 아니다. 후자는 역사의 심층에 잠복되어 있기 때문이다. 따라서 단기간의 역사를 연대기적으로 세밀하게 기술할 경우 역사에 잠복된 관습을 간과한 채 역사의 표면에서 부침을 거듭하는 드러난 정책 원칙만 피상적으로 담아낼 공산이 크다. 그러나 역사가 전쟁과 같은 위기 상황에 직면해서 어떤 결단을 내려

춘식, 『중화사상의 이해』 (서울: 신서원, 2002), 239-258.

야할 경우 역사에 잠복된 관습의 강력한 관성이 결단의 향방을 그 관습이 선호하는 쪽으로 강제하는 경우가 많다. 즉 관습은 막스 베버가 얘기했던 전철수(switchmen)[26]와 같은 역할을 하곤 한다. 따라서 관습을 관찰하기 위해서는 역사를 거시적으로 성찰해야만 한다. 특히 역사의 중대한 고비 때마다 관습의 강제력이 유사하게 표출되는 패턴(recurring pattern)을 집중적으로 고찰할 필요가 있다. "많은 인류학자들이 밝혀준 것처럼 문화적 신념이나 사회적 행위의 심층에 각인된 관습은 위기의 상황에서 가장 분명하게 모습을 드러내기 때문이다."[27]

2. 미국 대외정책의 관습

미국 대외정책의 관습을 천착한 연구는 그렇게 많지 않다. 일차자료를 방대하게 동원하여 역사를 세밀하게 기술하는 전통적인 역사연구 방법은 눈에 보이는 드러난 정책 원칙만 담아낼 수 있을 뿐, 눈에 보이지 않는 관습은 터치할 수 없기 때문이다. 관습, 국가의 정체성,

26 Max Weber, "The Social Psychology of the World Religions," in Weber, *From Max Weber: Essays in Sociology*, trans. and ed. H. H. Gerth and C. Wright Mills (London: Routledge & Kegan Paul, 1948), 280.

27 Barrington Moore, Jr., *Moral Purity and Persecution in History* (Princeton, New Jersey: Princeton University Press, 2000), xii.

문화 등에 관심을 갖는 포스트모던 계열의 역사학 역시 포스트모더니즘 자체에 내재된 한계 때문에 관습에 제대로 접근하지 못하고 있다. 이런 사정을 감안할 때 미국 대외정책의 관습을 천착한 권용립의 『미국의 정치문명』[28]과 마이클 헌트의 『이데올로기와 미국 외교(*Ideology and U.S. Foreign Policy*)』[29]가 주목된다. 권용립은 미국의 사학사를 비판적으로 성찰하면서 미국 대외정책의 관습을 자유주의, 공화주의, 캘빈주의라는 세 가지 범주로 정리하고, 이들 범주가 상호 긴장과 조응을 반복하는 가운데 미국 대외정책의 거시적 패턴을 일궈냈다고 주장한다. 반면 헌트는 미국 대외정책의 역사 전체를 성찰하는 가운데 '미국은 항상 위대하다'는 국민적 자의식, '인종 간에는 위계적 서열이 있다'는 인종주의, '급진주의와 혁명은 위험하다'는 반급진주의가 미국 대외정책의 관습을 구성하는 요체라고 파악했다. 그러면서 이들 세 가지 요소가 미국 대외정책의 역사에서 거시적으로 관철되는 모습을 구체적으로 보여주었다. 권용립과 헌트의 연구는 미국 대외정책의 관습을 천착하려는 연구자에게 좋은 안내가 될 수 있다고 판단한다.[30]

---

28 권용립, 『미국의 정치문명』(서울: 삼인, 2003).

29 마이클 헌트, 권용립·이현휘 역, 『이데올로기와 미국외교』(부산: 산지니, 2007).

30 최근 월터 힉슨 역시 미국 대외정책의 관습에 접근하려는 연구를 시도한 바 있다. Walter L. Hixson, *The Myth of American Diplomacy: National Identity and U.S. Foreign Policy* (New Haven: Yale University Press, 2008). 그러나 그는 포스트모더니즘의 시각에서 연구에 착수했기 때문에 관습을 천착하는 데 한계를 드러냈다. 즉 그가 미국 대외정책의 관습으로 파악한 미국의 정체성(national identity)은 기본적으로 인간의 언어 내지 담론(discourse)의 산물이다. 따라서 그것은 헌트가 제시한 드러나지 않은 정책 이데올로기에 귀속되는 것

필자 역시 미국의 퓨리턴 전통에 착안하여 미국 대외정책의 관습

이 아니라 드러난 정책 원칙에 귀속된다. 힉슨이 파악한 미국의 정체성 개념이 권용립이 제시한 미국의 정치문명이나 헌트가 파악한 드러나지 않은 정책 이데올로기보다 훨씬 '유연한' 성격을 띠는 것도 그 때문이다. 관습의 강력한 관성에 착안한 헌트 역시 자신의 연구와 포스트모던 계열의 연구가 크게 다르다는 점을 지적한 바 있다. 마이클 헌트, 「한국 독자들에게」, 헌트, 『이데올로기와 미국 외교』, 14–15. 힉슨의 연구에 내포된 한계는 포스트모더니즘에 내장된 한계를 그대로 반영한 것이었다. 포스트모더니즘은 서구 근대 세계관의 고질적인 딜레마, 즉 주체 (의식, 언어, 기호, 담론 등)와 객체 사이에 가로놓인 '대분열'(Great Divide)을 극단적으로 심화시키고 확장시킨 상태에서 입론된 것이었다. Bruno Latour, *Nous n'avons jamais été modernes: Essais d'anthropologie symmétrique* (1991), tr. Catherine Porter, *We Have Never Been Modern* (Cambridge, Massachusetts: Harvard University Press, 1993), 49–65. 따라서 근대성의 딜레마에 '함몰된' 포스트모더니즘은 우리의 통념과 달리 근대성을 초극한 대안의 사조가 아니라, 오히려 주체와 객체 간의 간극을 극단적으로 확대시킨 '하이퍼모던이즘(hyper–modernity)'에 불과했다. Isabelle Stengers, "Experimenting with Refrains: Subjectivity and the Challenge of Escaping Modern Dualism," *Subjectivity* 22 (2008), 41. "포스트모던 철학자들은 근대의 세계관을 한 치도 벗어나지 못했으며, '포스트모던'이라는 뻔뻔한 간판에도 불구하고 그들의 철학적 거점은 끝끝내 근대의 세계관에 머물러 있다." Bruno Latour, "Postmodernism? No, Simply Amodern! Steps Towards an Anthropology of Science," *Studies in History and Philosophy of Science* 21:1 (1990), 169. 힉슨이 파악한 미국의 정체성이 유연한 성격을 띠는 까닭은 객체와 유리된 언어 내지 담론의 산물로 파악했기 때문이며, 권용립의 미국의 정치문명과 헌트의 드러나지 않은 정책 이데올로기가 강력한 관성을 갖는 까닭은 주체와 객체 사이의 거대한 심연을 가로질러 객체 그 자체에 뿌리를 내리고 있기 때문이다. 따라서 근대성의 진정한 대안의 역사학은 힉슨이 차용한 포스트모더니즘이 아니라 권용립과 헌트의 '역사적 통찰'을 통해서 부지불식간(involuntarily) 구현되고 있었다.

을 천착한 바 있다.[31] 그것은 퓨리턴의 정치적 행위를 지배했던 집단적 동기체계(motivation systems), 즉 베버가 제시한 '세속 내 금욕주의(inner-worldly asceticism)'라는 이념형이 미국 대외정책의 역사가 진행되는 동안 점차 관습으로 녹아들어가면서 정착된 것이었다.[32] 베버는 세속 내 금욕주의의 의미를 다음과 같이 설명한다.

> 은총의 특수주의와 소명으로서의 금욕주의를 견지하는 퓨리터니즘은 확고하게 계시된 신의 계율을 믿는다. 이렇게 계시된 계율을 통하지 않고서는 신의 뜻을 직접적으로 확인할 수 있는 길이 봉쇄되어 있기 때문이다. 퓨리터니즘은 계시된 신의 계율을 통해서 신의 의지를 다음과 같이 해석한다. 즉 신의 피조의 세계에 폭력성과 윤리적 야만성이 난무한다. 따라서 폭력이라는 현세적 수단을 동원해서라도 신의 계율을 그곳에 강제해야만 한다. … 신도의 보편적 참여를 강제하는 은총 '기관'을 소유한 모든 구원조직

---

31 자세한 내용은, 이현휘, 「소명으로서의 전쟁: 미국 대외정책 정신과 신의 눈물」, 『현대사회와 정치평론』 창간호 (2007), 7-59; 이현휘, 「미국 혁명의 종교적 기원(II): 자유주의, 공화주의, 그리고 캘빈주의」, 『화이트헤드연구』 제12집 (2006), 75-113.

32 세속 내 금욕주의를 미국 대외정책의 관습으로 파악한 연구로는, Ernest Lee Tuveson, *Redeemer Nation: The Idea of America's Millennial Role* (Chicago: The University of Chicago Press, 1968). 이 책을 세속 내 금욕주의 시각에서 리뷰한 사례로는, Philip E. Hammond, "Innerworldly Asceticism and American Foreign Policy: A Review Essay," *The American Journal of Sociology* 82:1 (1976), 226-229.

은 세상 사람들의 영혼에 대해서, 아니면 적어도 그곳에 위탁된 모든 사람들의 영혼에 대해서 신이 부여한 책임을 느낀다. 그러한 책임감에 충만한 은총기관은 사람들을 잘못된 신앙의 길로 인도하는 모든 종류의 위험에 직면했을 경우 무자비한 폭력을 동원해서라도 그런 위험을 척결할 수 있는 권한을 부여 받았다고 느낄 것이다. 또한 그것은 은총의 구원수단을 세상에 확산시킬 의무가 있다고 느낄 것이다. 구원귀족(salvation aristocracies) 이 신의 영광을 위해서 죄악으로 가득 찬 세상을 복종시키라는 신의 계명을 받아들일 때, 그들은 곧 '십자군'(the 'crusader')을 탄생시킨다.[33]

세속 내 금욕주의가 세상의 악마를 대하는 태도는 크게 두 가지 유형으로 분류해 볼 수 있다. 하나는 지상의 악마를 섬멸하는(annihilate) 것이다. 다른 하나는 악마의 세력이 너무 강력해서 섬멸이 곤란할 경우 섬멸을 유보하고 악마를 거부하는(reject) 것이다. 섬멸과 거부 이외의 대안은 원칙적으로 허용되지 않는다. 그것은 세속 내 금욕주의가 악마와 타협하는(compromise) 것을 의미하기 때문이다.[34]

세속 내 금욕주의가 미국 대외정책의 관습으로 정착되는 과정을 거치면서 미국 대외정책의 외양은 종교적 색채를 점차 잃어버리고, 그 자리를 세속적 언어로 채우게 된다. 이른바 미국 대외정책의 세속화(secularization) 과정이 진행되는 것이다. 그러나 세속화 과정이 진행된

---

33 Weber, "Religious Rejections of the World and their Directions," 336.

34 자세한 내용은, 이현휘, 「소명으로서의 전쟁」, 41.

다고 해서 세속 내 금욕주의가 완전히 사라진 것은 아니다. 미국 대외정책이 표방하는 세속적 언어는 어디까지나 드러난 정책 원칙 차원만 '점령'했을 뿐, 드러나지 않은 정책 이데올로기 차원까지 점령한 것은 아니기 때문이다. 세속 내 금욕주의는 드러나지 않은 정책 이데올로기 차원에서 여전히 '웅거'하면서 미국 대외정책의 거시적 방향을 그것이 선호하는 쪽으로 강제하는 역할을 한다. "미국의 종교와 미국 대외정책의 관계는 1783년에 종식된 것이 아니라 오히려 더욱 강화되었다. 그래서 이후 전개된 미국 대외정책의 역사 전 기간에 걸쳐 강력한 영향력을 행사했다."[35] 따라서 세속적 언어를 표방하면서 실천되는 미국 대외정책 역시 세속 내 금욕주의가 악마를 대하는 태도와 유사한 태도를 유지하게 된다. 제임스 커스는 미국 대외정책이 약소국에 대해서는 미국의 정치적 신념에 입각해서 개조하려는(remake) 태도를 취하지만, 그것이 곤란한 강대국에 대해서는 거리를 두는(distance) 경향이 있다고 통찰한 바 있다.[36] 이매뉴얼 월러스틴 역시 미국의 대외정책이 타국을 대하는 기본적 태도를 다음과 같이 정리한 바 있다. "… 미국의 생활방식은 순수하기 때문에 '미국의 생활방식'을 타국에 강제할 위치에 있지 않다면 그들의 비참한 분쟁에 연루됨으로써 미국의

---

35 Andrew Preston, "Bridging the Gap between the Sacred and the Secular in the History of American Foreign Relations," *Diplomatic History* 30:5 (2006), 802–803.

36 James Kurth, "The Protestant Deformation and American Foreign Policy," *Orbis* 42:2 (1998), 233; Kurth, "The Protestant Deformation," *The American Interest* 1:1 (2005), 12.

순수성을 훼손시키는 일은 결코 없어야 한다."[37] 세속 내 금욕주의가 세속화된 미국 대외정책의 관습 차원에서 여전히 건재하다는 사실에 착한할 때, 미국 대외정책의 행동을 설명한 기존의 다용한 용어들은 다음과 같이 간결하게 정리할 수 있다고 본다.

> 명백한 숙명(Manifest Destiny), 국제주의(Internationalism), 인도주의적 개입주의(Humanitarian Interventionism), 일방주의(Unilateralism), 미국적 제국주의(American Imperialism), 팽창주의(Expansionism), 탈 냉전기 세계화 정책(Globalization), 정권교체(Regime Change), 무조건 항복(Unconditional Surrender), 핵전략(Nuclear Strategy),[38] 테러와의 전쟁(War on Terrorism) 등은 악마를 '섬멸'하는 정책의 세속화된 형태로, 그리고 언덕 위의 도시 건설(City on the Hill), 예외주의(Exceptionalism), 고립주의(Isolationism), 뒤얽히는 동맹 금지(Entangling Alliances with None), 인종적 위계질서(racial hierarchy), 반독재주의(Anti-Totalitarianism), 반공주의(Anti-Communism), 반혁명주의(Anti-Revolutionism), 봉쇄정책(Containment) 등은 악마를 '거부'하는 정책의 세속화된 형태로

---

37 Immanuel Wallerstein, *The Decline of American Power: The U.S. in a Chaotic World* (New York: The New Press, 2003), 6.

38 미국에서 핵무기는 지상의 악마를 제거하는 데 사용할 수 있는 신의 선물을 의미했다. Michael Lienesch, *Redeeming America: Piety & Politics in the New Christian Right* (Chapel Hill: The University of North Carolina Press, 1998), 211.

각각 이해해 볼 수 있다.[39]

미국 대외정책의 관습에 내장된 세속 내 금욕주의는 항시 당대의 '최악(the worst contemporary evil)'과 대결하고, 그 최악을 제압하거나 최악이 사라졌을 경우 새로운 최악을 찾아 나선다(… to turn American politics into a perpetual quest for the demon cause).[40] 권용립은 "… 미국 민족주의의 주요 내용이라고 볼 수 있는 '비미국적 외부에 대한 반감과 경계'는 하나의 주적이 사라지면 곧 다른 주적이나 공동의 적을 만들어 내는 법이다.[41] … 미국은 반사 민족주의의 특성상 미국과 대결하는 '거대한 적'을 항상 필요로 한다"[42]고 통찰한 바 있다. 새뮤얼 헌팅턴 역시 항시 새로운 적을 필요로 하는 미국 대외정책의 관습을 문제시 한 바 있다.[43]

세속 내 금욕주의의 지배를 받는 미국 대외정책은 당대의 최악과 대결하는 과정에서 불가피할 경우 '차악(the second worst evil)' 내지 '차

39 자세한 내용은, 이현휘, 「소명으로서의 전쟁」, 43.

40 Mona Harrington, *The Dream of Deliverance in American Politics* (New York: Alfred A. Knope, 1986), 24.

41 권용립, 『미국의 정치문명』, 321-322. 권용립이 주목한 미국 민족주의는 이 논문에서 정의한 미국 대외정책의 관습을 의미한다.

42 권용립, 「21세기 미국 외교와 한반도: 미국 외교의 역사적 정향을 토대로」, 경성대학교 사회과학연구소, 『사회과학연구』 제22집 2호 (2006), 263.

43 Samuel P. Huntington, *Who Are We? The Challenges to America's National Identity* (2004), 형선호 역, 『새뮤얼 헌팅턴의 미국』(서울: 김영사, 2004), 318-324.

차악(the third worst devil)'과 전술적 타협을 하기도 한다. 이때 전술적 타협이란 드러난 정책 원칙 차원에 국한된 타협을 의미하며, 드러나지 않은 정책 이데올로기 차원까지 망라한 타협을 의미하지는 않는다. 조지 워싱턴은 영속적 동맹 개념 자체를 매우 혐오했지만 미국이 매우 급박한 위기에 처했을 경우 한시적인 동맹(temporary alliances for extraordinary emergences)은 체결할 수 있다는 입장을 취했다.[44] 미국은 제1차 세계대전에 연합국의 일원(a member of Allied Power)이 아니라 연합국의 제휴국(Associated Power) 자격으로 참전했다. 유럽에 파병한 미군의 명칭도 미국 원정군(American Expedition Force, A.E.F.)으로 정하고, 연합군과 공동으로 군사작전을 수행하지 않고 독자적으로 수행했다.[45] 미국은 유럽을 식민지 시기부터 '악마'로 간주했기 때문이다. 또한 미국은 냉전기 소련이라는 최악과 대결하기 위해 제3세계의 권위주의 정권(차차악)을 지원할 수 있다는 커크패트릭 독트린(Kirkpatrick Doctrine)[46]을 천명한 바 있다.

미국 대외정책의 역사를 거시적으로 개관하면 세속 내 금욕주의가 강제한 하나의 뚜렷한 패턴을 확인할 수 있는데, 에릭 포너는 그런

---

44 Ronald E. Powaski, *Toward an Entangling Alliance: American Isolationism, Internationalism, and Europe, 1901–1950* (New York: Greenwood Press, 1991), xv–xvi.

45 권용립, 『미국 대외정책사』(서울: 민음사, 1997), 394.

46 커크패트릭 독트린에 관해서는, 박인숙, 「베트남 신드롬'과 '커크패트릭 독트린': 냉전기 미국 제3세계 정책노선의 분열」, 『미국사연구』 29집 (2009), 123–155.

패턴을 다음과 같이 간결하게 요약한 바 있다. "미국은 전쟁이 시작되면 세상을 마니교의 시각에서 바라보는 성벽이 있다. 미국은 그런 성벽 때문에 적을 악마로 간주하며, 미국과 의견을 달리하는 국가를 반역자로 몰아간다. 미국의 마니교적 성벽은 미국의 역사에 하나의 불행한 반복패턴을 각인시켰다."[47] 또한 존 주디스는 미국 대외정책의 역사에서 등장한 적대세력(Adversary)의 종류와 그것을 척결하기 위해 미국이 동원한 수단의 종류를 도표로 정리해서 제시한 바 있다. 즉 식민지 시기(1600–1776)의 적대세력은 가톨릭의 안티크리스트(Papal Antichrist)였으며, 그것과 대결하기 위해 미국이 선택한 수단은 모범적인 언덕 위의 도성을 건설(example as 'city on the hill')하는 것이었다. 미국 건국기(1776–1815)의 적대세력은 유럽의 독재국가, 군주국가, 제국 등이었고, 그것에 상응하는 미국의 수단은 유럽과 동맹을 체결하지 않으면서 서부 대륙으로 팽창(continental expansion)하는 것이었다. 잭슨 시기(1815–1848)의 적대세력은 서부대륙의 야만인(savages)이었고, 수단은 이전 시기와 같았다. 제국주의 시기(1898–1908)의 적대세력은 미개인과 야만인(barbarians and savages)이었고, 수단은 유럽과 동맹을 체결하지 않으면서 해양팽창(overseas expansion)을 전개하는 것이었다. 윌슨의 국제주의가 풍미한 시기(1914–1919, 1939–1946)의 적대세력은 유럽의

47 Robert F. Worth, "A Nation Defined by Its Enemies," *The New York Times* (February 24, 2002)에서 재인용. 포너의 시각을 구체적으로 확인할 수 있는 책으로는 Eric Foner, *The Story of American Freedom* (New York: W·W·Norton & Company, 1998).

독재국가, 제국주의, 파시즘 등이었으며, 수단은 국제연맹이나 국제연합과 같은 국제기구를 결성하는 것과 유럽과 동맹을 체결하는 것이었다. 냉전기(1946-1989)의 적대세력은 공산주의였고, 수단은 이전 시기와 같았다. 탈냉전기(1989-)의 적대세력은 국제 테러리즘과 불량국가였고, 수단은 국제기구를 활용하면서 일방주의를 실천하는 것 등이었다.[48] 요컨대 세속 내 금욕주의가 침윤된 미국 대외정책의 관습은 미국 대외정책의 거시적 패턴을 일목요연한 도표로 정리하는 것이 가능할 수 있을 정도로 강력한 힘을 발휘했다.

3. 미국 대외정책의 관습과 19세기 미중관계

미중관계의 관습을 연구한 사례 역시 찾아보기가 쉽지 않다. 각주 30번에서 얘기했던 것처럼 주체와 객체가 '분리'된 근대의 세계관 속에서 형성된 역사 이론으로 주체와 객체의 '통합'의 산물인 역사의 관습을 연구하는 것이 사실상 불가능했기 때문이다. 근대성을 비판하면서 등장한 철학들, 예컨대 해석학, 현상학, 포스트모더니즘 등은

---

48 John B. Judis, *The Folly of Empire: What George W. Bush Could Learn from Theodore Roosevelt and Woodrow Wilson* (New York: Oxford University Press, 2004), 17; Judis, "The Chosen Nation: The Influence of Religion on U.S. Foreign Policy," *Policy Brief* 37 (2005), 3. 권용립 역시 주디스와 유사한 패턴에 주목한 바 있다. 권용립, 「양날의 자유: 미국 민족주의 서론」, 경성대학교 사회과학연구소, 『사회과학연구』 제17집 2호 (2001), 5-32.

주체와 객체를 통합시킨 것이 아니라 오히려 양자의 간극을 더욱 벌려 놓고 말았다. 따라서 그들은 모두 근대성을 넘어선 것이 아니라 근대성을 더욱 심화시켰을 뿐이다. 철학의 지평에서 근대성이 여전히 난공불락의 상태로(the Invincibility of the Moderns)[49] 남아있는 상황에서 근대성을 뛰어넘는 역사 이론이 등장할 수는 없었다. 따라서 역사의 관습은 역사 이론을 성실하게 준수한 수많은 연구가 아니라, 역사적 통찰력을 발휘해서 역사 이론의 한계를 근원적으로 뛰어넘은 소수 학자들의 연구를 통해서만 지극히 산발적으로 관찰될 수 있었다.

미중관계의 관습에 접근하기 위해서는 미중관계의 역사를 거시적으로 관찰해야 하며, 특히 미국과 중국이 전쟁을 치르거나 양국 간의 긴장이 고조된 시기를 집중적으로 고찰해야 한다. 이런 관점에 착안할 때 두 권의 책이 눈에 띄는데, 하나는 마이클 헌트의 『특별한 관계의 역사적 기원: 1914년까지 미국과 중국 외교(*The Making of a Special Relationship: The United States and China to 1914*)』[50]이고, 다른 하나는 시메이 칭(Simei Qing)의 『연합국에서 적대국으로: 근대성의 비전과 국가 정체성, 그리고 1945년부터 1960년까지 미국과 중국 외교(*From Allies to Enemies: Visions of Modernity, Identity, and U.S.–China Diplomacy, 1945–1960*)』[51]이다.

헌트는 일본의 진주만 폭격, 중국 국민당 정부의 붕괴, 한국전쟁, 특히 베트남 전쟁 등을 목도하면서 미국과 동아시아 관계에 대한 문

---

49 Latour, *We Have Never Been Modern*, 37–39.

50 (New York: Columbia University Press, 1983).

51 (Cambridge, Mass.: Harvard University Press, 2007).

제의식을 갖게 되었다. 그러나 헌트는 당대의 미국과 동아시아 관계를 연구하고 싶은 열정(present-mindedness)을 억제하고 19세기의 미중관계를 연구대상으로 설정했다. 연구범위를 미중관계로 축소한 까닭은 연구목적을 제한적으로 설정했기 때문이고, 연구시기를 19세기로 설정한 까닭은 20세기 중반에 미국과 중국이 체험한 위기의 역사적 근원(historical roots)을 이해하고 싶은 의욕 때문이었다.[52] 특히 헌트는 19세기의 미중관계를 연대순에 따라 평면적으로 서술하는 방식을 취하는 대신, 미중관계의 역학에서 유사하게 반복된 패턴을 세밀하게 추적하는 데 주력했다.

반면, 칭은 21세기 미중관계의 갈등 내지 전쟁 가능성을 염려하면서 자신의 문제의식을 키웠다. 그러나 칭 역시 21세기 미중관계 그 자체를 연구대상으로 설정하지 않았다. 대신 미국과 중국 양국이 전혀 원하지 않았는데도 불구하고 갈등을 거듭한 끝에 전쟁을 치르게 된 역사, 즉 20세기 중반의 미중관계사를 천착하는 연구에 착수했다. 그 시기 미국과 중국이 체험한 갈등과 전쟁의 근원을 이해할 수 있다면 21세기 미중 간의 갈등 내지 전쟁 가능성을 회피할 수 있는 '처방전'을 제시할 수 있다고 판단했기 때문이다.[53] 특히 칭은 일차자료를 총망라해서 20세기 중반의 미중관계사를 번쇄하게 기술하는 방식을 포기하고, 레빈이 제시한 드러난 이데올로기와 드러나지 않은 이데올

52 Hunt, *The Making of a Special Relationship*, ix–x.

53 Qing, *From Allies to Enemies*, 8–9.

로기 개념을[54] 수용하면서 미중관계의 드러나지 않은 이데올로기를 천착하는 데 역점을 두고 있다.[55]

헌트와 칭의 연구전략을 다시 검토하면 그것의 이면에 하나의 중요한 전제가 깔려있다는 사실을 확인할 수 있다. 20세기 중반의 미중관계를 이해하기 위해 19세기의 미중관계를 성찰한 헌트의 연구전략은 미중관계의 관습이 19세기부터 20세기 중반까지 커다란 변화 없이 관류했을 것이라는 전제를 깔고 있다. 만일 그런 전제가 성립할 수 없다면 19세기와 20세기 중반이 서로 연결되어 있다는 근거를 마련할 수 없게 되며, 두 시기 사이의 연결이 부재할 경우 헌트의 연구는 아무런 의미를 갖지 못하게 된다. 칭의 연구도 미중관계의 관습이 20세기 중반부터 21세기까지 지속된다는 전제를 수용하는 경우에 한해서만 의미를 가질 수 있다. 그런데 놀랍게도 헌트와 칭은 약 20여년의 시간차를 두고 연구에 임했는데도 불구하고(헌트와 칭의 책이 출간된 년도는 각각 1983년과 2007년이다.) 거의 유사한 결론에 도달했다. 이런 결론은 미중관계의 관습이 약 150여 년간(19세기에서 20세기 중반까지) 커다란 변화 없이 존속했다는 사실을 말해주며, 21세기 미중관계의 장기적 추세 역시 헌트와 칭이 관찰한 모습과 유사하게 전개될 가능성이 높다는 사실을 예고한다. 이제 헌트의 연구를 좀 더 구체적으로 검토하고, 절을 바꿔 칭의 연구를 검토해 보기로 한다.

아편전쟁(1839-1842)을 계기로 중국이 심각한 안보위기에 처하자

54 각주 22번 참조.

55 Qing, *From Allies to Enemies*, 4-5.

중국의 지식인들은 국난을 타개할 수 있는 방책을 다양하게 모색하기 시작했다. 그런 와중에 두 종류의 대표적 저작이 등장했는데, 1844년에 출간된 위원의 『해국도지』와 1849년에 출간된 서계여(徐繼畬)의 『영환지략』(瀛環志略)이 각각 그것이다. 위원은 중국 전래의 제이책(制夷策)[56]을 활용하여 중화문명을 보존하고자 했다. 제이책의 시각에서 위원이 특별히 주목한 국가는 '미국'이었다. 위원이 볼 때 미국은 프랑스와 동맹을 체결하여 독립전쟁을 승리로 이끌었고, 이후 건실한 정치체제를 구축했으며, 단기간에 국가의 부를 축적하여 강대국으로 부상한 국가였다. 그럼에도 불구하고 미국은 유럽 열강과 달리 중국에서 오만하게 행동하지 않는다고 생각했다. 또한 미국과 유럽의 전통적인 적대감이 '무대'가 중국으로 바뀐 상황에서도 여전히 살아있다고 판단했다. 따라서 위원은 중국이 미국과 손을 잡을 경우 미국을 이용해서 유럽을 견제할 수 있을 것이라고 제안했다. 위원의 아이디어를 일정하게 계승한 서계여 역시 미국이 독립전쟁에서 승리하고, 짧은 기간에 부국강병을 성취한 사실에 주목했다. 서계여는 미국의 사례가 국난에 처한 중국에 시사하는 바가 대단히 크다고 판단하고 미국과 조약을 체결하는 것이 필요하다고 역설했다. 또한 미국의 정치적 성취를 선도한 조지 워싱턴을 중국 고대의 전설적 현인(sages)과 유사한 인물로 간주하는가하면, 미국과 중국의 문화적 전통이 많은 부분 유사하기 때문에 중국이 미국을 '벤치마킹'할 경우 중국 역시 미국처럼 단

56 각주 25번 참조.

기간에 강대국으로 부상할 수 있을 것이라고 전망했다.[57]

위원과 서계여가 심취한 미국의 이미지(the American infatuation)는 중국 지식인과 정책 결정자의 마음도 점차 사로잡았다.[58] 중국이 미국과 손을 잡고서 제국주의 세력을 물리치려는 열망은 마침내 양국이 1858년에 체결한 '천진조약,' 특히 제1조의 '우호적 알선'(good offices) 조항의 형태로 구현되었다. 동 조항은 "… 만일 중국이 다른 나라로부터 불공정한 대우나 탄압을 받을 경우 미국은 중국으로부터 통지받은 사안에 대해서 문제를 원만히 해결할 수 있도록 우호적인 알선을 주선할 것이다. 그래서 미국과 중국 간의 우정을 세상의 모든 나라에게 보여줄 것이다"[59]라는 구절을 명시했다. 중국의 정책 결정자는 이 구절이 장차 중국의 난국을 타개할 수 있는 전략적 토대가 되리라고 '믿었다.'

미국과 중국이 체결한 천진조약의 우호적 알선 조항은 1879년부터 1895년까지 중국 변방의 속방(屬邦)에서 발생한 4차례의 위기, 즉 유구, 한국, 베트남, 대만을 둘러싼 위기를 처리하는 과정에서 반복적으로 실천되었다. 당시 중국의 대외정책을 총지휘한 이홍장은 위기가

57 Hunt, *The Making of a Special Relationship*, 45–49.

58 Hunt, *The Making of a Special Relationship*, 50–51.

59 "… if any other nation should act unjustly or oppressively, the United States will exert their good offices, on being informed of the case, to bring about an amicable arrangement of the question, thus showing their friendly feelings." Tyler Dennett, "American 'Good Office' in Asia," *The American Journal of International Law* 16:1 (1922), 1.

발생할 때마다 '우호적 알선 조항'을 근거로 미국에 도움을 요청했다. 그러나 매번 기대했던 도움은 받지 못한 채 제국주의 세력에게 4개의 속방을 모두 빼앗기고 만다. 위원과 서계여의 아이디어에 토대를 둔 19세기 중국 대외정책이 총체적 실패로 돌아간 것이다. 4차례의 위기를 좀 더 구체적으로 검토해 보자.

일본은 아편전쟁 이후 유럽 열강의 동아시아 진출이 가속화되자 그 여세가 자국까지 몰아칠지 모른다는 우려를 하기 시작했다. 그래서 중국의 동쪽 변방에 위치한 중국의 속방을 점령하여 일본의 안보 위협에 대비하려는 계획을 세우게 된다. 1874년 일본이 대만 원정을 단행하고(합병하지는 못했다), 이어 1879년 4월 유구를 무력으로 병합했던 것도 그런 계획의 일환이었다. 당시 침체일로를 걸었던 중국은 일본과 전쟁을 치르면서까지 유구를 방어할 수 있는 형편이 아니었다. 그런데 1879년 5월 미국의 전대통령 율리시스 그랜트가 세계 여행차 중국을 방문했다. 그러자 이홍장은 천진조약의 우호적 알선 조항을 토대로 그랜트에게 유구 문제의 중재를 요청했다. 당시 3선의 야망을 갖고 있던 그랜트는 중재를 성공적으로 수행할 경우 국제적 명성을 획득하여 자신의 3선 가도에 유리하게 작용할 것으로 판단했다. 그래서 그랜트는 중국과 일본을 오가면서 중재를 시도하는 한편, 3선에 성공할 경우 중국과 일본 간의 갈등을 해결하고 동아시아의 평화를 진작시켜 유럽 열강의 동아시아 침략을 견제하려는 계획을 마음속에 품었다. 그러나 그랜트는 3선에 실패했고, 그로 인해 이홍장의 계획도 실패로 돌아가고 말았다.[60]

1876년 일본은 조선과 강제로 강화도 조약을 체결했다. 중국이 볼 때 강화도 조약은 일본의 대만 침략과 유구 병합의 연장선상에서 실천된 팽창정책의 소산이 아닐 수 없었다. 그러나 중국은 러시아가 중국 북방의 영토를 넘보는 상황에서 일본이 제기한 문제에 전적으로 몰입할 수 없었다. 그러던 차에 조선을 개방시키기 위해 동분서주하는 미국의 로버트 슈펠트가 이홍장의 눈에 띄었다. 이홍장은 슈펠트를 이용하여 조선과 미국이 천진조약(1858)과 유사한 조약을 체결하도록 만들 경우 미국을 이용하여 일본을 견제할 수 있고, 그런 견제가 가능할 경우 조선에 대한 중국의 전통적 권리도 유지할 수 있을 것으로 전망했다. 이홍장은 조선과 미국의 배후에서 외교적 채널을 은밀하게 가동하여 마침내 1882년 조미조약을 체결시키는 데 성공했다.[61] 또한 이홍장은 조선이 조미조약과 유사한 조약을 서구 열강과 체결할 경우 일본을 견제하는 효과가 배가될 것으로 판단하고 조선에게 조약체결을 확대하도록 적극 독려했다. 그러나 미국에서 슈펠트를 지원했던 제임스 가필드 행정부는 가필드의 암살로 1881년 체스터 아더 행정부로 바뀌었는데, 동 행정부는 조미조약에 별반 관심을 두지 않았다. 또한 조선이 서구 열강과 체결한 조약은 조선 정부 내부의 극심한 파벌과 착종되면서 일본을 견제하기는커녕 조선에서 중국이 차지

---

60 Hunt, *The Making of a Special Relationship*, 118–125.

61 조미조약의 체결과정과 그곳에 명시된 우호적 알선 조항의 의미를 종합적으로 검토한 사례로는, 이보형, 「한미수호조약 체결」, 국제역사학회회의 한국위원회 편, 『한미수교 100년사』(서울: 국학자료원, 1999), 41–70; 이보형, 「청일개전 직전의 미국의 거중조정과 한국」, 『한미수교 100년사』, 92–111.

했던 전통적 지위마저 더욱 침식시키는 효과만을 자아냈다. 이홍장은 조미조약을 체결한 후 채 몇 달도 지나지 않아 조선에서 임오군란이 발생하자 군대를 파견하지 않을 수 없었는데, 그런 행위는 이홍장이 자각하지 못한 상태에서 청일전쟁의 길을 예비하는 것이었다.[62] 이홍장은 1883년 중반 프랑스가 베트남을 침략했을 때도 미국에 우호적 알선을 요청했다. 그러나 동아시아의 정치적 분쟁에 연루될 마음이 전혀 없었던 미국은(a decidedly hesitant actor) 이번에도 미온적인 태도를 취했고, 중국은 결국 베트남을 상실하고 말았다.[63]

19세기 전 기간에 걸쳐 불안정한 상태를 유지하던 미중관계는 청일전쟁을 계기로 최종적 파국을 맞이하기에 이른다. 1894년 청일전쟁이 발발했을 때 이홍장은 또다시 미국에 우호적 알선을 요청했다. 그러나 그로버 클리블랜드 행정부는 이전 행정부와 마찬가지로 동아시아의 정치적 분쟁에 휘말리는 일(political entanglement)을 피했고, 중국과 일본이 동시에 원할 경우 우호적 알선을 주선할 용의가 있다는 공허한(toothless) 얘기만 전했을 뿐이다. 특히 월터 그레샴 국무장관은 미국이 엄정 중립을 지킬 것이라고 선언했는데, 이 선언을 청취한 일본은 미국이 청일전쟁에 개입하지 않을 것으로 확신하고 미국의 우호적 알선 제의를 거부했다.[64] 청일전쟁에서 패배한 중국은 조선과 대만을 모두 상실할 수밖에 없었다.

---

62 Hunt, *The Making of a Special Relationship*, 125–132.

63 Hunt, *The Making of a Special Relationship*, 132–136.

64 Hunt, *The Making of a Special Relationship*, 136–137.

미국 대외정책의 관습에 착안해서 19세기에 전개된 미중관계의 패턴을 다시 보면 지금까지 모호하게 보였던 문제들이 상당히 분명하게 모습을 드러낸다. 19세기 미중관계에서 쟁점이 되었던 천진조약의 우호적 알선 조항은 헌트가 정의했던 개념으로 표현할 때 드러난 정책 원칙에 귀속되며, 드러나지 않은 정책 이데올로기에 귀속되지 않는다. 따라서 우호적 알선 조항은 미국 대외정책의 행동을 결코 지배할 수 없었다. 미국 대외정책의 행동은 드러나지 않은 정책 이데올로기, 즉 관습의 지배를 받기 때문이다. 19세기 미국 대외정책의 최악은 여전히 유럽이었다. 따라서 식민지 시기이래 미국이 견지했던 대유럽 고립주의, 즉 유럽의 정치적 분규에 개입하지 않으려는 정책 기조는 유럽의 열강이 각축하는 중국의 무대에서도 여전히 유효했다. 이홍장이 미국에게 우호적 알선을 요청할 때마다 미국이 미온적 태도를 끝까지 견지했던 까닭이 바로 여기에 있었다. 그렇다면 우호적 알선 조항에 기초해서 19세기 미국의 대중국 정책과 대한반도 정책을 포폄했던 기존의 해석은 재고되어야 한다.

헌트는 19세기에 형성된 미중관계의 패턴(emerging patterns of interaction)이 20세기 중반의 상황에서도 일관되게 관철되었다고 주장한다.[65] 20세기 중반의 미중관계를 집중적으로 검토한 칭의 연구를 통해서 헌트의 주장을 검증해 보기로 하자.

---

65 Hunt, *The Making of a Special Relationship*, 299–313.

4. 미국 대외정책의 관습과 20세기 미중관계

1945년 12월 15일 조지 마샬이 중국에 도착했다. 모택동이 이끄는 공산당과 장개석이 이끄는 국민당 간의 정치적 타협을 중재하기 위해서였다. 마샬은 중국에 도착하기 전까지만 해도 정치적 타협을 방해하는 주요 걸림돌은 공산당일 것이라고 생각했다. 그러나 중국의 현지 사정을 몸소 체험한 후 생각이 바뀐 마샬은 트루먼에게 "정치적 타협을 강력하게 거부하는 인물(irreconcilable)은 국민당 내부에 있습니다"라고 보고했다. 그럼에도 불구하고 1946년 6월 26일 트루먼 행정부는 5천 1백 7십만 달러 상당의 '파이프라인' 장비를 장개석 정부에 지원하겠다고 발표했다. 이 계획은 마샬의 중재 노력이 중대한 고비를 맞이한 시점에 발표되었기 때문에 마샬은 놀라지 않을 수 없었다. 결국 1946년 6월초 마샬은 트루먼에게 자신이 중국에서 중재를 계속하는 것은 불가능할 것 같다고 보고했다.[66]

트루먼이 중국의 현지 사정에 반하는 계획을 발표한 까닭은 트루먼의 신체에 각인된 관습을 검토할 경우 쉽게 이해할 수 있다. 트루먼은 모택동의 공산당을 스탈린의 꼭두각시로 간주했다. 평소 그는 "공산주의가 지배하는 경찰국가와 나치즘이 지배하는 경찰국가는 크게 다르지 않다"고 생각했다. 따라서 스탈린이나 모택동이 일본이 점령했던 만주를 차지하는 일은 그 어떤 경우에도 허용할 수 없다고 결심

66 Qing, *From Allies to Enemies*, 83–84.

했다. 그러면서 만주를 공산주의로부터 수호하는 문제는 단순히 군사 전략과 관련된 문제가 아니라 미국이 추구하는 궁극적 가치와 관련된 문제라고 강조했다. 그렇다면 트루먼이 마샬에게 건넨 훈령에서 임무의 최종 결론(bottom line)을 미리 확정해 둔 것도 우연이 아니었다. 트루먼은 중국으로 떠나는 마샬에게 다음과 같은 훈령을 내렸다. "설혹 국민당 정부가 공산당에게 양보하지 않더라도 당신은 계속해서 국민당을 지원해야하며, 국민당 정부가 중국 북부의 군대를 만주로 이동시키는 일도 도와주어야만 합니다."[67]

한국전쟁을 연구할 때 가장 이해하기 어려운 문제 중의 하나는 1949년 6월 주한미군이 철수했는데도 불구하고 1950년 6월 한국전쟁이 발발하자 미국이 전격적으로 다시 참전한 까닭이라고 할 수 있다. 특히 1950년 1월 12일에 발표된 이른바 애치슨 선언에서 한국과 대만이 미국의 태평양 방어선(defensive perimeter)에서 제외되었다는 사실을 감안할 경우 미국의 참전은 이해하기가 쉽지 않다. 이 문제에 쉽게 답변하는 방법은 미국의 대외정책이 한국전쟁을 계기로 갑작스럽게 바뀌었다고 말하는 것이다. 많은 연구자들이 이런 식의 답변을 제시한다. 그러나 미국 대외정책의 관습에 내장된 강력한 관성을 고려할 때 그런 식의 답변은 수용하기가 쉽지 않다.

한국전쟁 발발 당시 미국이 대결한 최악은 소련이었다. 미국이 지원한 장개석 정부가 국공내전에서 승리를 거두었다면 미국의 고민은

---

67 Qing, *From Allies to Enemies*, 61–62.

덜했을 것이다. 그러나 미국의 기대와 달리 모택동의 공산당이 승리를 거두자 미국의 고민이 깊어졌다. 소련과 중국의 공산당 정부(Chinese Communist Party, 이하 CCP로 표기)가 연대할 경우 동아시아 지역에서 미국의 안보가 크게 위협받을 것으로 판단했기 때문이다. 따라서 소련과 CCP 간의 연대를 차단하는 것이 미국 대외정책의 새로운 과제로 부상했다.[68] 이런 상황에서 미국의 국무장관에 취임한 애치슨은 중국 내부의 티토이즘(Titoism), 즉 모택동이 유고의 티토처럼 스탈린의 영향권에서 스스로 벗어날 수 있도록 유인하는 전략에 착안했다.[69] 당시 미국 정치권에서 티토이즘을 진작시키는 방안은 크게 두 가지가 논의되었는데, 하나는 CCP를 외교적으로 승인하는 방안이고, 다른 하나는 경제적 빈곤 상태에 처한 CCP와 제한적 수준에서 경제교류를 시작하는 방안이었다. 미국의 국무부는 공산주의를 혐오하는 미국의 정치권이 CCP를 외교적으로 승인하는 방안을 쉽게 수용하지 않을 것으로 판단하고 경제적 유인책(the trade weapon)을 선택했다.[70]

---

68 Richard C. Thornton, *Odd Man Out: Truman, Stalin, Mao, and the Origins of the Korean War* (Washington, D.C.: Brassey's, 2000), 9.

69 김정배는 한국 학계에서 애치슨의 티토이즘 전략을 선구적으로 연구했다. 김정배, 「애치슨 '방위선'의 정치적 성격」, 『부대사학』 제15·16합집 (1992), 288-289. 애치슨의 티토이즘 전략은 후속 학자들의 연구를 통해 반복적으로 확인되고 있다. Thomas J. Christensen, *Useful Adversaries: Grand Strategy, Domestic Mobilization, and Sino-American Conflict, 1947–1958* (Princeton, New Jersey: Princeton University Press, 1996), 77-79; John Lewis Gaddis, *The Cold War: A New History* (New York: The Penguin Press, 2005), 37.

70 Qing, *From Allies to Enemies*, 99.

애치슨은 경제적 유인책이 CCP에 먹혀들게 하려면 먼저 미군이 대만에서 철수해야 한다고 판단했다. 그럴 경우 미국은 중국의 영토에 야심이 없다는 메시지를 전할 수 있고, 만주와 중국의 북방 지역을 넘보는 소련이야말로 야심을 갖고 있는 유일한 국가라는 사실을 CCP에게 암시할 수 있을 것으로 전망했다. 애치슨의 구상에 동의한 트루먼은 1950년 1월 5일 미국의 대만정책을 공식적으로 발표했는데, 그것의 핵심 내용은 CCP가 대만을 정복할 경우 미국은 개입하지 않겠다는 입장을 분명하게 밝힌 것이었다. 이후 애치슨이 트루먼으로부터 '배턴'을 이어받아 발표한 것이 바로 애치슨 선언이었다.[71] 요컨대 미국이 CCP라는 차악과 전술적으로 타협하면서 소련이라는 최악을 견제하려 했던 애치슨 선언은 2절에서 검토한 미국 대외정책의 전형적 패턴을 예증한 것이었다.

그렇다면 애치슨 선언에도 불구하고 한국전쟁 발발 직후 트루먼이 미군을 전격적으로 파병하고, 대만 해협에 7함대까지 출동시킨 행위는 어떻게 이해할 수 있는가? 정답은 애치슨 선언을 미국 대외정책의 드러난 정책 원칙으로 이해하는 데 있다. 따라서 미군의 전격적 참전을 강제한 것은 애치슨 선언이 아니라 미국 대외정책의 관습이었다. 소련을 최악으로 설정한 미국 대외정책의 관습은 북한의 남침을 소련의 팽창으로 해석했고, 소련의 팽창을 저지하는 것은 지상에서 신의 소명을 실천하는 것으로 이해했다. "트루먼은 한국전쟁을 한국의 좌

71 Qing, *From Allies to Enemies*, 102–103.

익과 우익 간에 벌어진 내전으로 이해하기 보다는 지구적 차원에서 국제 공산주의와 싸우는 마니교적 투쟁의 맥락에서 이해했다. … 트루먼은 … 미국이 한국전쟁에서 자유세계를 선도하라는 신의 소명을 받았다고 생각했다."[72]

1950년 10월 3일 애치슨은 주은래가 중국주재 인도대사 파니카르(Panikkar)를 통해 전달한 긴급 메시지를 접수했다. 그것은 미국이 한반도의 38선을 넘어 북진할 경우 중국은 참전할 것이라는 경고의 메시지였다. 그러나 트루먼 행정부의 정보 분석가들은 대부분 주은래가 협박한다고 판단하고 파니카르가 전달한 메시지를 믿지 않았다. 이들과 같은 생각을 소유했던 애치슨은 중국과 소련이 손을 잡고서 북한을 구조하려는 게 CCP의 실제 속셈이라고 확신했다.[73] 즉 트루먼 행정부가 공유한 미국 대외정책의 관습이 메시지의 해석을 본래의 뜻으로부터 이탈된 방향으로 강제한 것이다. 훗날 한스 모겐소는 이 사태를 다음과 같이 평가한 바 있다. "1950년 전쟁 당시 중국이 참전한 의도를 파악하기 위해 전문적인 고급 정보까지 수집할 필요는 없었다. 중국의 역사에서 등장한 어떤 정부도 자국에 적대적인 세력이 압록강 쪽으로 진격하는 것을 묵과한 적은 없다. 이런 사실은 단지 지도를 펼쳐 놓고 중국의 역사를 간략하게 훑어보기만 해도 충분히 알 수

---

72 John Fousek, *To Lead the Free World: American Nationalism & The Cultural Roots of the Cold War* (Chapel Hill: The University of North Carolina Press, 2000), 166–167.

73 Qing, *From Allies to Enemies*, 162–163.

있다. 다시 말해서 모택동이 1949년 이래 아시아에서 추구한 대외정책은 전통적인 중국의 대외정책이었지 공산주의 특유의 대외정책이 아니었다."[74] 요컨대 한국전쟁 당시 미국과 중국이 전쟁을 치른 까닭은 양국의 상이한 관습이 양국의 충돌을 강제했기 때문이었다.[75]

미국 대외정책의 관습은 20세기에도 큰 변화 없이 존속하면서 20세기 중반의 미중관계를 파행으로 이끌었다. 그런 측면에서 보면 20세기 중반의 미중관계는 헌트가 검토한 19세기의 미중관계와 별반 다르지 않다고 할 수 있다. 그렇다면 19세기부터 20세기 중반까지 꾸준히 관철된 미국 대외정책의 관습은 21세기 미중관계에서도 이전 세기와 유사한 역할을 담당할 가능성이 높다고 전망할 수 있을 것이다.[76]

5. 21세기 미중관계의 전망과 정치의 과제

현재 미국과 중국은 다양한 차원에서 협력하는 모습을 보여준다. 북한 핵문제를 둘러싼 미중간의 장기 협력이 좋은 사례라고 할 수 있고, 특히 냉전 종식 이후 양국의 경제 교류는 엄청나게 신장되었다. 그러나 이런 사례들이 200년 이상 지속된 미중관계의 관습이 근본적

---

74 Qing, *From Allies to Enemies*, 165에서 재인용.

75 Qing, *From Allies to Enemies*, 168.

76 Qing, *From Allies to Enemies*, 305.

으로 수정되었다는 사실을 말해주지는 않는다.[77] 1840년대부터 1970년대까지 전개된 미중관계의 역사는 기본적으로 갈등이 주조를 이루었다.[78] 닉슨 행정부가 주도한 1970년대 미중간의 데탕트 역시 양국의 관습이 수정되었기 때문에 출현한 것은 아니었다. 당시 닉슨은 소련이라는 최악을 견제하기 위해 중국이라는 차악과 전술적으로 협력했던 것뿐이며,[79] 따라서 닉슨의 정책은 중국 내부의 티토주의를 유인했던 애치슨처럼 미국 대외정책의 관습을 전형적으로 실천한 것이었다. 오바마 행정부가 아들 부시 행정부보다 온건한 대외정책을 펼칠 것으로 전망되지만, 그렇다고 해서 미국 대외정책의 관습까지 크게 수정할 것으로 기대하기는 어렵다.[80] 또한 정치 및 군사교류와 경제교류를 항시 별개로 간주했던 미국 대외정책의 고립주의 전통을 감안할 때 21세기 미중간의 증대된 경제교류가 양국의 정치 및 군사 분야의 협력까지 담보하리라고 전망할 수도 없다.

냉전 종식은 미국 대외정책의 시각에서 보았을 때 소련이라는 최

77 Cf. Qing, *From Allies to Enemies*, 304-305.

78 Arnold Xiangze Jiang, *The United States and China* (Chicago: The University of Chicago Press, 1988).

79 Cf. 박인숙, 「'전환'과 '연속': 닉슨(Richard Nixon) 행정부 '데땅트'정책의 성격」, 『미국학논집』 제38집 3호 (2006), 142-143; James Mann, *About Face: A History of America's Curious Relationship with China, From Nixon to Clinton* (New York: Vintage Books, 2000), 370.

80 권용립, 「부시 독트린 재해석: 미국 외교의 변화 가능성과 관련하여」, 『사회과학연구』 제25집 1호 (2009), 95-117.

악이 사라진 것을 의미했다. 그러나 미국 대외정책의 관습은 최악이 사라졌을 경우 새로운 최악을 찾아나서는 관성을 지닌다. 그래서 냉전 종식 이후 미국 대외정책의 관습이 새로운 최악의 후보로 지목한 대상은 강대국으로 부상하는 중국이었다.[81] 당시 미국에서 '부상하는 중국과 미국'이라는 주제를 다룬 논문과 책자가 엄청나게 쏟아진 것도 그 때문이었다. 아들 부시 행정부가 2001년 출범 당시 미국 대외정책의 최악의 후보로 지목한 대상도 국제 테러리즘이나 이라크가 아니라 중국이었다.[82] 그러나 2001년 이른바 9/11 테러가 발생하자 미국 대외정책의 최악에 대한 관심이 중국으로부터 국제 테러리즘 쪽으로 옮겨갔다. 중국으로서는 기회가 아닐 수 없었다.[83] 9/11 테러 덕분에 미중관계는 2009년 현재까지 '상대적으로' 안정된 기조를 유지할 수 있었다.

그러나 미국이 추진하는 테러와의 전쟁이 일정하게 정리되고, 중국의 경제성장이 소련의 붕괴와 같은 난관에 직면하지 않는다면,[84] 그

---

81 Cf. Randall Doyle, *America and China: Asia–Pacific Rim Hegemony in the Twenty–First Century* (Plymouth, UK: Lexington Books, 2007), 145.

82 Benjamin Schwarz, "Managing China's Rise," *The Atlantic Online* (June 2005). http://www.theatlantic. com/doc/200506/schwarz (검색일: 2009년 2월 13일).

83 Andrew Higgins and Charles Hutzler, "Chinese Goals Take a Backseat As U.S. Rises to the Fore in Asia," *The Wall Street Journal* (October 19, 2001).

84 "중국의 가장 큰 위협은 미국으로부터 오는 것이 아니라 중국 내부의 문제에서 기인한다." 叶自成, 『中國大戰略』 (2003), 이우재 역, 『중국의 세계전략』(파주: 21세기북스, 2005), 364. 중국 경제의 취약성을 지적하는 학자들도 많다. 예컨대, 孫立平, 『斷裂: 20世紀90年代以來中國社會』 (2003), 김창경 역, 『단절』

래서 중국이 정치 및 군사적 차원에서 강대국으로 부상한다면, 미국 대외정책의 관습과 지난 200여 년간 전개된 미중관계사의 패턴을 고려할 때 21세기 미국과 중국의 갈등 내지 충돌은 거의 불가피하다고 할 수 있다. 칭 역시 동일한 전망을 제시한다. "제2차 세계대전 직후부터 냉전이 시작될 무렵 연합국에서 적대국으로 급격하게 이행한 미중관계는 냉전 종식 이후의 세계에서도 유사하게 반복될 것인가? 그렇다. 충분히 그럴 가능성이 있다."[85] 그런데 21세기의 미중관계는 이전 세기의 미중관계와 근본적으로 다른 측면이 하나 있다. 19세기와 20세기에 미국 대외정책이 대결한 최악은 중국이 아니었다. 그 시기 중국은 미국의 차악 내지 차차악의 지위에 머물러 있을 뿐이었다. 그러나 21세기 중국은 미중관계 역사상 최초로 최악의 지위를 차지할 가능성이 높다. 따라서 중국은 강대국으로 부상하면 할수록 미국 대외정책의 관습이 부과하는 강력한 하중을 견뎌내야만 할 것이다.

21세기 미중관계의 미래를 비교적 낙관적으로 전망하는 시각은 미국과 중국의 정치적 노력을 통해 양국 간의 갈등 내지 충돌을 피할 수 있을 것으로 본다. 즉 "시각을 바꾸어 문제를 보면 중미충돌은 필연적이 않다"[86]고 낙관하고, "중미관계의 향방은 쌍방이 어떻게 상대와

(부산: 산지니, 2007); Susan L. Shirk, *China: Fragile Superpower* (New York: Oxford University Press, 2007).

85 Qing, *From Allies to Enemies*, 301.

86 叶自成, 『中國大戰略』, 273.

의 관계를 조성할 것인가에 달렸다"[87]고 전망한다. 그러나 20세기 중반의 미중관계는 양국의 정치가 전혀 원하지 않았는데도 불구하고 파국으로 치닫고 말았다.[88] 모택동은 미국이 제2차 세계대전 후 국제 정치를 선도할 것으로 전망하고, 중국이 당면한 경제 건설과 정치적 안정을 성취하기 위해서는 미국과 협력하는 것이 대단히 긴요하다고 판단했다. 따라서 미국에 접근하기 위해 끈질긴 노력을 경주했지만 미국으로부터 끝내 거부당하고 말았다.[89] 20세기 중반의 미국과 중국의 충돌은 양국의 정치가 처음부터 원했기 때문이 아니라, 양국의 상이한 관습이 강제했기 때문에 초래된 것이었다. 따라서 21세기 미국과 중국 정치의 과제는 양국의 상이한 관습을 통찰하고, 두 관습의 상충하는 관성을 '통어'할 수 있는 정치적 지혜와 정치적 역량을 축적하는 데 있다고 할 수 있다.

그러나 관습을 성찰하고 통어하는 과제는 현실적으로 정치 자체의 힘만으로는 해결하기가 어렵다. 특히 국민 다수의 의지 내지 관습으로부터 상대적으로 자유로운 중국의 정치보다 그들의 의지를 전면적으로 반영해야 하는 미국의 민주주의 정치에서 그 문제를 해결하기란 더욱 어렵다고 할 수 있다. 1994년 10월 천신만고 끝에 1차 북핵위기를 잠재운 제네바 합의가 이루어졌지만, 미국과 한국 국민 다수의

---

87 叶自成, 『中國大戰略』, 281.

88 Qing, *From Allies to Enemies*, 95, 298.

89 Michael H. Hunt, *The Genesis of Chinese Communist Foreign Policy* (New York: Columbia University Press, 1996), 159–178.

격렬한 비판을 초래한 바 있다.[90] 합의내용이 양국 국민에게 익숙했던 정서(관습)와 마찰을 빚었기 때문이다. 제네바 합의는 관습의 강력한 압력을 견디지 못해 결국 파기되고, 2차 북핵위기로 향하는 길을 열어주지 않을 수 없었다.

현실 정치가 관습의 제약으로부터 자유로울 수 없다면, 관습 그 자체를 천착하고 그것의 실상과 한계를 드러내는 작업은 학문이 담당해야 할 몫이다. 미국과 중국 학계에서 21세기 미중관계의 미래에 대처할 수 있는 대전략을 끊임없이 모색하고, 그곳에 잠복된 갈등요인을 색출해서 관리하려는 노력을 경주하는 것은 지극히 중요하다고 할 수 있다. 그러나 그런 노력이 효과를 거두려면 미국과 중국의 정치에 내장된 관습을 천착하는 노력도 함께 경주해야만 한다. 그래서 미국과 중국의 정치가 양국 관습의 '노예'로 전락하지 않도록 도와주어야 한다.

미국과 중국의 정치가 직면한 과제는 남한과 북한의 정치에도 동일하게 부과되는 과제라고 할 수 있다. 미국과 중국이라는 세계 최강의 두 강대국이 한반도 주변에서 각축하는 형국이 도래하면 한반도는 또다시 생존의 기로에 들어설 것이기 때문이다.[91] 그러나 한국 학계

---

90 C. Kenneth Quinones, *North Korea's Nuclear Threat: "OFF THE RECORD" Memories* (2000), 노순옥 역, 『2평 빵집에서 결정된 한반도 운명』(서울: 중앙M&B, 2000), 10-12.

91 배기찬, 『코리아 다시 생존의 기로에 서다』(파주: 위즈덤하우스, 2005); 이장훈, 『홍군 vs 청군: 미국과 중국의 21세기 아시아 패권 쟁탈전』(서울: 삼인, 2004).

에서 21세기 미중관계의 거시적 추세를 전망하면서 한반도의 대전략을 논의하는 경우는 눈에 잘 띠지 않는다. 대신 친미와 반미 논쟁과 같은 소모적 논쟁만이 쉽게 눈에 띠고 있을 뿐이다.[92] 그러나 한반도의 국제정치적 환경과 유리된 채 진행되는 '우리들만'의 논쟁으로 21세기 한반도의 미래를 준비할 수는 없다. 제2차 세계대전이 한창 진행 중이던 1941년 1월 21일 프랭클린 루즈벨트는 주일본 미국대사 조셉 그루에게 다음과 같이 말한 바 있다. "미국이 직면한 문제는 너무도 광대하고 너무도 복잡하게 뒤얽혀있기 때문에 반드시 5대륙 7대양의 관점에서(in terms of five continents and seven seas) 조망해야 합니다."[93] 미국과 중국 정치의 관습과 함께 남한과 북한 정치의 관습을 천착하고, 21세기 미중관계의 거시적 추세를 전망하면서 한반도의 대전략을 숙고하는 것, 바로 그것이 한반도의 미래를 준비하는 길이라고 할 수 있다.

---

92 이현휘, 「미국으로 가는 길을 연다: 친미와 반미 논쟁의 철학적 해체」, 『미국사연구』 제25집 (2007), 1-30.

93 George C. Herring, *From Colony to Superpower: U.S. Foreign Relations since 1776* (Oxford: Oxford University Press, 2008), 538.

참고문헌

권용립. 2009. 「"부시 독트린 재해석: 미국 외교의 변화 가능성과 관련하여」. 『사회과학연구』 제25집 1호, 95-117. 경성대학교 사회과학연구소.

______. 2006. 「21세기 미국 외교와 한반도: 미국 외교의 역사적 정향을 토대로」. 『사회과학연구』 제22집 2호, 253-282. 경성대학교 사회과학연구소.

______. 2003. 『미국의 정치문명』. 서울: 삼인.

______. 2001. 「양날의 자유: 미국 민족주의 서론」. 『사회과학연구』 제17집 2호, 5-32. 경성대학교 사회과학연구소.

______. 1997. 『미국 대외정책사』. 서울: 민음사.

김정배. 1992. 「애치슨 '방위선'의 정치적 성격」. 『부대사학』 제15·16합집, 265-292.

김정호. 2004. 「19세기 중국 중체서용적 개혁론의 의의와 한계: 위원의 정치사상을 중심으로」. 『국제정치논총』 제44집 3호, 51-72.

박인숙. 2009. 「'베트남 신드롬'과 '커크패트릭 독트린': 냉전기 미국 제3세계 정책노선의 분열」. 『미국사연구』 제29집, 123-155.

______. 2006. 「'전환'과 '연속': 닉슨(Richard Nixon)행정부 '데땅트'정책의 성격」. 『미국학논집』 제38집 3호, 117-154.

배기찬. 2005. 『코리아 다시 생존의 기로에 서다』. 고양: 위즈덤하우스.

孫立平. 2003. 『斷裂: 20世紀90年代以來中國社會』. 社會科學文獻出版社. 김창경 역. 『단절』 부산: 산지니, 2007.

이보형. 1999. 「청일개전 직전의 미국의 거중조정과 한국」. 『한미수교 100년사』. 국제역사학회의 한국위원회 편, 92-111. 서울: 국학자료원.

______. 1999.「한미수호조약 체결」.『한미수교 100년사』. 국제역사학회의 한국위원회 편, 41-70. 서울: 국학자료원.

이장훈. 2004.『홍군 vs 청군: 미국과 중국의 21세기 아시아 패권 쟁탈전』. 서울: 삼인.

이춘식. 2002.『중화사상의 이해』. 서울: 신서원.

______. 1995.「양한대 제이책과 기미책의 성격에 대하여」.『동양학』 제25집, 169-209.

이현휘. 2007.「미국으로 가는 길을 연다: 친미와 반미 논쟁의 철학적 해체」.『미국사연구』 제25집, 1-30.

______. 2007.「소명으로서의 전쟁: 미국 대외정책 정신과 신의 눈물」.『현대사회와 정치평론』 창간호, 7-59.

______. 2006.「미국 혁명의 종교적 기원(II): 자유주의, 공화주의, 그리고 캘빈주의」.『화이트헤드 연구』 제12집, 75-113.

______. 2005.「미국 혁명의 종교적 기원(I): 화이트헤드와 탈근대 역사학의 새로운 지평」.『화이트헤드연구』 제11집, 9-40.

叶自成. 2003.『中國大戰略』北京: 中國社會科學出版社. 이우재 역.『중국의 세계전략』. 파주: 21세기북스, 2005.

Baum, Richard. "China: A Partner or Adversary?" http://www.fpri.org/enotes/200805.baum.chinapartneradversary.html (검색일: 2009년 2월 8일).

Bernstein, Richard and Munro, Ross H. 1997. "The Coming Conflict with America." *Foreign Affairs* (March/April), 18-32.

Brzezinski, Zbigniew and Mearsheimer, John J. 2005. "Clash of the Titans." *Foreign Policy* 146, 46-50.

Burke, Edmund. 1955. *Reflections on the Revolution in France*, ed. Thomas H. D. Mahoney. New York: The Bobbs-Merrill Company, Inc..

Christensen, Thomas J. 2006. "Fostering Stability or Creating a Monster: The Rise of China and U.S. Policy toward East Asia." *International Security* 31:1, 81-126.

______. 1996. *Useful Adversaries: Grand Strategy, Domestic Mobilization, and Sino–American Conflict, 1947–1958*. Princeton, New Jersey: Princeton University Press.

Davis, Axel. "The Inevitability of Prejudice." http://www.libertarian.co.uk/lapubs/polin/polin108.pdf (검색일: 2009년 2월 8일).

Dennett, Tyler. 1992. "American 'Good Office' in Asia." *The American Journal of International Law* 16:1, 1-24.

Doyle, Randall. 2007. *America and China: Asia–Pacific Rim Hegemony in the Twenty–First Century*. Plymouth, UK: Lexington Books.

Dreyer, June Teufel. 2008. "US-China Relations: Engagement or Talking Past Each Other?" *Journal of Contemporary China* 17, 501-609.

Foner, Eric. 1998. *The Story of American Freedom*. New York: W· W· Norton & Company.

Fousek, John. 2000. *To Lead the Free World: American Nationalism & The Cultural Roots of the Cold War*. Chapel Hill: The University of North Carolina Press.

Freidberg, Aaron L. 2005. "The Future of U.S.-China Relations: Is Conflict Inevitable?" *International Security* 30:2, 7-45.

Gaddis, John Lewis. 2005. *The Cold War: A New History*. New York: The Penguin Press.

______. 1992/93. "International Relations Theory and the End of the Cold War." *International Security* 17:3, 5-58.

Gertz, Bill. 2000. *The China Treat: How the People's Republic Targets America.*

Washington, D.C.: Regnery Publishing, Inc..

Hammond, Philip E. 1976. "Innerworldly Asceticism and American Foreign Policy: A Review Essay." *The American Journal of Sociology* 82:1, 226–229.

Harrington, Mona. 1986. *The Dream of Deliverance in American Politics*. New York: Alfred A. Knope.

Hatemi, Peter and Wedeman, Andrew. 2007. "Oil and Conflict in Sino–American Relations." *China Security* 3:3, 95–118.

Herring, George C. 2008. *From Colony to Superpower: U.S. Foreign Relations since 1776*. Oxford: Oxford University Press.

Higgins, Andrew and Hutzler, Charles. 2001. "Chinese Goals Take a Backseat As U.S. Rises to the Fore in Asia." *The Wall Street Journal* (October 19).

Hixson, Walter L. 2008. *The Myth of American Diplomacy: National Identity and U.S. Foreign Policy*. New Haven: Yale University Press.

Hunt, Michael H. 1996. *The Genesis of Chinese Communist Foreign Policy.* New York: Columbia University Press.

______. 1994. "Traditions of American Diplomacy: From Colony to Great Power." In *American Foreign Relations Reconsidered, 1890–1993*, ed. Gordon Martel, 1–20. London: Routledge.

______. 1987. *Ideology and U.S. Foreign Policy*. New Haven: Yale University Press. 권용립·이현휘 역. 『이데올로기와 미국 외교』. 부산: 산지니.

______. 1983. *The Making of a Special Relationship: The United States and China to 1914*. New York: Columbia University Press.

Huntington, Samuel P. 2004. *Who Are We? The Challenges to America's National Identity*. New York: Simon & Schuster. 형선호 역. 『새뮤얼 헌팅턴의

미국』. 서울: 김영사.

Jiang, Arnold Xiangze. 1988. *The United States and China*. Chicago: The University of Chicago Press.

Johnston, Alastair Iain. 2003. "Is China a Status Quo Power?" *International Security* 27:4, 5-56.

Judis, John B. 2005. "The Chosen Nation: The Influence of Religion on U.S. Foreign Policy." *Policy Brief* 37 (March).

______. 2004. *The Folly of Empire: What George W. Bush Could Learn from Theodore Roosevelt and Woodrow Wilson*. New York: Oxford University Press.

Kagan, Robert. 1999. "How Not to Deal with China: A History of Sino-American Relations since 1972." *Weekly Standard* (February 15).

Kim, Samuel S. 199. "The Dialectics of China's North Korea Policy in a Changing Post-Cold War World." *Asian Perspective: A Journal of Regional and International Affairs* 18:2, 5-36.

Kurth, James. 2005. "The Protestant Deformation." *The American Interest* 1:1, 4-16.

______. 1998. "The Protestant Deformation and American Foreign Policy." *Orbis* 42:2, 221-239.

Latour, Bruno. 1993. *Nous n'avons jamais été modernes: Essais d'anthropologie symmétrique*. La Découverte, 1991. tr. Catherine Porter, *We Have Never Been Modern*. Cambridge, Massachusetts: Harvard University Press.

______. 1990. "Postmodernism? No, Simply Amodern! Steps Towards an Anthropology of cience," *Studies in History and Philosophy of Science* 21:1, 145-171.

Layne, Christopher. 2003. "China's Role in American Grand Strategy: Partner, Regional Power, or Great Power Rival?" In *The Asia–Pacific: A Region of Transitions*, ed. James Roffe, 54–80. Honolulu: Asia–Pacific Center for Security Studies.

Ledyard, Gari. 1983. "Yin and Yang in the China–Manchuria–Triangle." In *China among Equals: The Middle Kingdom and Its Neighbors, 10th–14th Centuries*, ed. Morris Rossabi, 313–353. Berkely: University of California Press.

Levine, Steven I. 1994. "Perceptions and Ideology in Chinese Foreign Policy." In *Chinese Foreign Policy: Theory and Practice*, ed. Thomas W. Robinson and David Shambaugh, 30–46. Oxford: Clarendon Press.

Lieberthal, Kenneth. 2006. "Why the US Malaise Over China." *YaleGlobal* (January 19).

Lienesch, Michael. 1998. *Redeeming America: Piety & Politics in the New Christian Right*. Chapel Hill: The University of North Carolina Press.

Mann, James. 2000. *About Face: A History of America's Curious Relationship with China, From Nixon to Clinton*. New York: Vintage Books.

Mearsheimer, John J. 2001. *The Tragedy of Great Power Politics*. New York: Norton. 이춘근 역. 『강대국 국제정치의 비극』. 파주: 나남, 2004.

Moore Jr., Barrington. 2000. *Moral Purity and Persecution in History.* Princeton, New Jersey: Princeton University Press.

Mosher, Steven W. 2000. *Hegemon: China's Plan to Dominate Asia and the World*. San Francisco: Encounter Books.

Pollack, Jonathan D. 2007. "Chinese Military Power: What Vexes the United States and Why?" *Orbis* 51:4, 635–650.

Powaski, Ronald E. 1991. *Toward an Entangling Alliance: American Isolationism, Internationalism, and Europe, 1901–1950*. New York: Greenwood Press.

Preston, Andrew. 2006. "Bridging the Gap between the Sacred and the Secular in the History of American Foreign Relations." *Diplomatic History*. 30:5, 783-812.

Qing, Simei. 2007. *From Allies to Enemies: Vision of Modernity, Identity, and U.S.–China Diplomacy, 1945–1960*. Cambridge, Mass.: Harvard University Press.

Quinones, C. Kenneth. *North Korea's Nuclear Threat: "OFF THE RECORD" Memorials. 2000* (원저 서지사항 미상). 노순옥 역. 『2평 빵집에서 결정된 한반도 운명』. 서울: 중앙 M&B, 2000.

Ryan, Alan. 1970. *The Philosophy of the Social Science*. London: Macmillan.

Schwartz, Benjamin. "Managing China's Rise." *The Atlantic Online*. June 2005. http://www. theatlantic.com/doc/200506/schwarz (검색일: 2009년 2월 13일).

Shambaugh, David. 2000. "Sino-American Strategic Relations: From Partner to Competitors." *Survival* 42:1, 97-115.

Shirk, Susan L. 2007. *China: Fragile Superpower*. New York: Oxford University Press.

Singer, David J. 1969. "The Level-of-Analysis Problem in International Relations." In *International Politics and Foreign Policy*, ed. James N. Rosenau, 20-29. New York: The Free Press.

Spence, Jonathan D. 2005. "The Once and Future China." *Foreign Policy* 146, 44-46.

Stengers, Isabelle. 2008. "Experimenting with Refrains: Subjectivity and the Challenge of Escaping Modern Dualism." *Subjectivity* 22, 38-59.

Thornton, Richard C. 2000. *Odd Man Out: Truman, Stalin, Mao, and the Origins of the Korean War*. Washington, D.C.: Brassey's.

Tuveson, Ernest Lee. 1968. *Redeemer Nation: The Idea of America's Millennial Role.* Chicago: The University of Chicago Press.

Wallerstein, Immanuel. 2003. *The Decline of American Power: The U.S. in a Chaotic World*. New York: The New Press.

Weber, Max. 1948. "The Social Psychology of the World Religions." In Weber, *From Max Weber: Essays in Sociology*, trans. and ed. H. H. Gerth and C. Wight Mills, 267–301. London: Routledge & Kagan Paul.

White, John R. 1998. "Burke's Prejudice: The Appraisal of Russel Kirk and Christopher Lasch." *The Catholic Social Science Review* 3, 89–110.

Whitehead, Alfred N. 1978. *Process and Reality: An Essay in Cosmology*. New York: The Free Press.

______. 1956. *Modes of Thought*. New York: The Cambridge University Press.

______. 1955. *Adventures of Ideas*. New York: New American Library.

______. 1954. *Dialogues of Alfred North Whitehead*. as Recorded by Lucian Price. Boston: An Atlantic Monthly Press.

Worth, Robert F. 2002. "A Nation Defined by Its Enemies." *The New York Times* (February 24).

10장
동북아시아 안보환경 변화와 한국의 당면과제*

김태효

1. 시작하며

최근 몇 년간 세계정치 지형에는 새롭고도 근본적인 지각변동이 초래되었다. 이란과 북한의 핵 문제는 협상을 통한 해결이 교착상태에

* 본 글은 세계NGO역사포럼, 동북아 역사재단, 경희대학교 공공대학원이 공동 주최한 제5회 역사NGO세계대회의 Plenary II '동아시아의 국제정치적 갈등과 쟁점' 제하의 패널에서 2013년 6월 23일 발표된 내용이다. 동 원고는 주최 측의 양해를 얻어 필자가 출판한 다음 두 편의 논문에서 주요 내용을 발췌하여 작성하였다. 「글로벌 거버넌스의 변화와 글로벌 코리아 외교의 과제」, 『국제·지역연구』 제22권 1호 (2013), 133-162; 「격동의 동아시아: 박근혜 정부 대외정책의 과제」, 『신아세아』 제20권 1호 (2013), 18-29.

빠진 가운데 더욱 악화되었고, 이는 핵 비확산 레짐(nuclear non-proliferation regime)을 위협하며 중동과 유럽, 그리고 동북아시아 지역 안보질서의 불안정을 가중시켰다. 아프가니스탄 전쟁(2001)과 이라크 전쟁(2005) 이후의 안정화·재건 조치가 마무리 단계에 접어들면서 국가들 간의 대규모 전쟁은 잦아들었으나, 테러조직들의 테러행위는 날로 빈번해져 무고한 민간인들의 희생이 잇따랐다. 2008년과 2011년 두 차례에 걸쳐 각각 미국과 유럽에서 발생한 사상초유의 금융·재정위기는 세계경제를 크게 위축시켰을 뿐 아니라 세계 정치질서에도 커다란 변화를 야기하였다. 세계 경제위기가 장기화되면서 에너지 문제가 주요 안보문제로 떠올랐고, 기후변화 대응 문제는 탄소배출 감축 의무에 관한 논쟁을 비롯하여 원자력에너지와 신재생에너지의 개발 경쟁으로 이어지고 있다. 동아시아 지역에서 최근 두드러지게 나타나고 있는 해상수송로(SLOC: Sea Lines of Communication)의 확보 경쟁, 영토 갈등, 과거사 갈등은 동 지역에 대한 미국과 중국의 관여정책(engagement policy)과 맞물려 긴장을 가중시키고 있다. 북한 정권의 취약성과 불예측성은 더욱 증대되었고, 그 과정에 북한이 일으킨 각종 대남 군사도발·핵실험·장거리 미사일 발사 등으로 인해 동북아시아의 긴장과 불안정성이 증가하였다.

이러한 급속한 국제질서 변화는 빠르게 진행되어 온 세계화와 정보화의 산물이다. 세계가 '지구촌' 운명공동체로 좁아지면서 문제의 파급효과가 커지고 양상이 복잡해졌으며 해결하기도 힘들어졌다. '글로벌 거버넌스'에 관한 그간의 연구들은 이러한 국제환경의 변화에 따라 복잡다기화 된 세계 이슈들을 놓고 각 행위자들이 상호작용하면서 집단적으로 선택 내지 형성하여 나타난 국제질서를 주어진 그대로 받아들이는 경향이 강하다.[1] 즉, 글로벌 거버넌스가 누구에 의해 어떻게 형성되는가에 대한 질문보다는 새로이 주어진 글로벌 거버넌스가 어떻게 복잡하고 얼마나 풀어내기 힘든가에 대한 탐구에 더 많은 관심을 기울여 왔다. '정부 없는 거버넌스(governance without government)'를 논의하다 보니, 국가에 의한 문제의 발생과 국가에 의한 문제의 해결에 대해 상대적으로 소홀할 수밖에 없다. 테러리즘, 대량파괴무기(WMD: Weapons of Mass Destruction), 인간안보(human security), 경제위기, 빈곤, 기후변화, 에너지 등 각종 글로벌 거버넌스의 문제를 복합적으로 이해하고 이를 규범과 상생의 관점에서 풀어야 한다는 지적[2]은 일리가 있지만, 누구에 의해 그러한 이슈들이 주도되고 있고 이를 풀기 위한 처방은 어떻게 모색되어야 하는지에 대한 논의가 보강될 필요가 있다.

본 글은 최근 일어나고 있는 글로벌 거버넌스와 동북아시아 질서의 변화를 대한민국 '국가'의 대외정책 목표에 초점을 두어 분석하고자 한다. 나아가 현재 진행되고 있는 국제환경의 변화가 한국의 대외

---

1 Oran R. Young, *Governance in World Affairs* (Ithaca, New York: Cornell University Press, 1999), 1–29; James Rosenau N. and Ernst-Otto Czempiel, eds. *Governance Without Government: Order and Change in World Politics* (Cambridge: Cambridge University Press, 1992), 1–29.

2 Zhenye Liu, "The Critique of Methodology: Nationalism and Discipline Construction of Global Governance Research," *Journal of Global Policy and Governance*, Vol. 1, No. 1(2012), 3–15.

정책에 어떠한 시대적 소명과 과제를 던지고 있는지 살펴보고자 한다. 이어지는 다음 절에서는 우선 세계 및 동북아시아 차원의 질서변화가 어떤 맥락에서 어느 이슈를 중심으로 전개되고 있는지 분석한다. 다음으로는 한국이 대외정책에서 중점적으로 염두에 두어야 할 이슈들을 차례로 제기하면서 이들 현안에 대해 우리나라가 표방해야 할 정책목표와 추진방안을 개괄하고자 한다. 세계를 무대로 펼쳐야 할 글로벌 코리아 외교의 과제, 미국·중국·일본 등을 상대로 펴야 할 동북아시아 역내 외교의 과제, 북한의 변화와 통일기반 조성을 염두에 둔 대북정책의 새로운 접근의 순서로 논의를 전개할 것이다. 끝으로 한국이 장차 대외정책의 역량을 강화하고 그 성과를 지속적으로 축적시켜 나가기 위해 필요하다고 판단되는 대외정책상의 고려사항과 대외정책 결정체계의 개선과제를 언급하고자 한다.

2. 동북아시아 안보질서의 변화 코드

2008년과 2011년 두 차례에 걸쳐 발생한 전대미문(前代未聞)의 세계 금융·재정위기는 미국과 유럽이 주도해 오던 세계경제 질서에 커다란 변화를 가져왔을 뿐 아니라, 세계 정치질서의 재편을 가속화하였다. 즉, 과거에 자유진영을 제1세계, 공산진영을 제2세계, 비동맹권을 제3세계로 부르던 세계의 구분 기준이 더욱 와해되었다. 미국과 유럽 세력으로 대표되는 서구 선진 국가들이 작금의 세계경제 위기의 발원지로 지목됨에 따라, 그러한 위기를 극복하고 장래의 새로운 경제 질서를 주창함에 있어서 제1세계의 권위와 정당성이 현저히 약화된 것이다. 또한 아직 잔존하고 있는 공산권 세력의 대표주자 격인 중국의 급속한 경제성장으로 인해, 정치이념과 제도를 기준으로 세계 경제의 중심과 변방을 나누던 시대도 종언을 고하게 되었다. 또한, 방대한 인구와 자원을 바탕으로 고속성장을 거듭하고 있는 BRICs(브라질, 러시아, 인도, 중국) 국가들이 주목을 받고 있으며, 과거 제3세계로 일컬어졌던 나라들이 세계경제에서 차지하는 비중도 크게 증가하였다.[3]

2008년의 세계 금융위기 이후 G7과 G8으로 일컬어지던 선진 경제권의 문제해결 능력에 의문이 제기됨에 따라, 국제경제 질서의 최고 협의체는 G20으로 확대 개편되었다.[4] G20에 새로 합류한 신흥 경제권에 BRICs, 인도네시아 등과 함께 한국이 포함되었다. 세계 경제의 작동원리가 복잡해지고, 세계 경제에서 G8이 차지하는 비중이 작아지면서 국제경제 질서의 다극화가 이루어지고 있는 것이다.[5] 이러한 추세는 안보 영역에서도 나타나고 있다. 소수의 강대국이 세계 안보 질서의 방향을 제시하고 나머지 국가들은 이를 따르기만 하던 양상을 벗어나, 다수의 국가가 책임을 공유하고 문제의 해결에 동참하는

---

3 National Intelligence Council and EU Institute of Security Studies, *Global Governance 2025: At Critical Juncture* (Washington, D.C. and Paris, September 2010), 9-16.

4 안호영, 「G20 서울 정상회의와 우리의 외교: 우리나라의 글로벌 거버넌스 참여」, 『외교』 제94호 (2010), 23-33.

5 강선주, 「G20과 글로벌 거버넌스의 다변화」, 『외교』 제94호 (2010), 49-58.

형태로 글로벌 거버넌스가 변화하고 있는 것이다. 특히, 중동과 동아시아와 같은 첨예한 안보긴장과 역내 갈등을 내포하고 있는 지역에 있어서의 협력방안은 세계 최강국 미국 외에도 여러 이해당사자들이 머리를 맞대고 책임과 비용을 분담하는 추세로 변화하고 있다.

특히 아시아의 급속한 부상이 세계질서의 다극화 현상을 더욱 가속화시키고 있다. 중국을 필두로 한 새로운 아시아의 등장은 동아시아는 물론 세계 안보질서에도 커다란 변화를 예고하고 있다. 특히 주목해야 할 것은 중국의 국방비 증액과 군사력의 강화 추세이다. 최근 중국은 동아시아의 지역 안보질서를 현상유지(status quo) 차원에서 관리하던 과거의 자세를 탈피하여, 항공모함·최신예 전투기·미사일·인공위성 정찰 능력의 강화를 위한 예산과 역량을 대폭 강화함으로써 '군사력의 대외 투사능력(power projection capability)'을 제고하고 있다.[6] 미국과 강력한 동맹을 유지하고 있는 일본이 중국 및 한국과 과거사 문제 및 영토문제로 갈등을 빚을 경우, 미·중 관계는 물론 동북아시아의 불안정성은 더욱 높아질 것으로 전망된다. 미국의 오바마 행정부가 아프가니스탄에서의 단계적인 미군 철군계획을 확정하고 그간의 중동 우선 정책에서 아시아·태평양 지역으로의 '귀환'을 서두른 것도 이러한 맥락에서 이해할 수 있다. 트럼프 행정부와 시진핑 주석 체제가 들어선 이후에도 미국과 중국이 동아시아에 대한 개입외교를 강

---

6 Ashley J. Tellis and Travis Tanner, eds. *Strategic Asia 2012–13: China's Military Challenge* (Seattle and Washington, D.C.: The National Bureau of Asian Research, 2012).

화하고 영향력 제고 노력을 지속하는 가운데 지역 안보질서의 긴장이 고조될 가능성이 커지고 있다.

또한 동아시아 지역의 안보와 경제 문제를 논의하는 다자협의체에서의 영향력 경쟁도 한층 고조되고 있는데, 미국은 자신이 주도해 온 아시아태평양경제협력체(APEC)의 역할 확대를, 중국은 자신이 주요 역할을 행사할 수 있는 아세안(ASEAN)+3의 역할 확대에 비중을 두고 있다.[7] 미·중 양국이 각기 상대방을 배제한 동아시아의 포괄적 자유무역 네트워크를 구축하고자 하는 시도 역시 장차 동아시아 시장을 선점해야 한다는 전략적 필요성에 기인한다. 미국은 2008년부터 환태평양경제동반자협정(TPP: Trans-Pacific Partnership)의 추진을 주도했고, 2015년 10월 마침내 뉴질랜드, 싱가포르, 칠레, 브루나이(이상 2005년 논의체 출범 당시의 원년 참여국), 일본, 호주, 베트남, 페루, 말레이시아 등 12개국이 참여하는 거대 자유무역협정이 타결되었다. 한편 중국은 2012년 동아시아정상회의(EAS: East Asia Summit) 계기에 아세안(ASEAN) 10개국+6(한국, 중국, 일본, 호주, 뉴질랜드, 인도) 국가끼리의 또 다른 지역경제동반자협정(RCEP: Regional Cooperation for Economic Partnership) 논의체를 주도적으로 출범시켰다. 트럼프 행정부에 들어 TPP의 비준은 무산되었지만, 미국과 중국이 서로 상대방을 배제한 아시아·태평양 지역의 경제패권을 두고 벌이는 경쟁구도는 여전히 지속될 것으로 진망된다.

7 김성한, 「미국 오바마 행정부의 아태정책: 아시아로의 귀환?」, 『국제관계연구』 제19권 2호 (2011), 103-136.

이제까지는 중국의 부상(浮上)을 마주하면서 미국을 포함한 주요 국가들이 대중정책의 주안점을 중국과의 협력에 둘 것이냐,[8] 중국에 대한 견제에 둘 것이냐[9]의 논쟁이 주된 관심이었다. 중국은 자신에 대한 국제사회의 문제제기와 책임 촉구가 거세질수록 주권존중과 내정 불간섭 원칙을 제기하면서, 서로 다른 체제와 방법을 도모하면서 공존하고 협력해야 한다는 입장을 개진해 왔다. 하지만 중국도 한편으로는 '책임 있는 대국'으로서의 이미지를 염두에 두고 있는 이상, 국제사회가 표방하는 공통 가치에 대해 귀를 닫고 자신만의 입장을 주장하기도 어려운 측면이 있다. 따라서 앞으로의 '글로벌 협치(協治)'는 구체적인 이슈별로 중국이 단계적으로 받아들일 수 있는 책임과 변화의 몫을 이야기하고, 또 이를 촉진하기 위해 미국을 비롯한 서구의 주요 선진국들은 어떠한 협력 및 지원방안을 강구해야 하는지에 대한 논의를 발전시켜 나갈 필요가 있다.

그간 국제사회에서 수많은 양자회담과 지역 및 세계 차원의 각종 다자간 협의가 이루어졌지만, 중요한 글로벌 현안들은 하나같이 쟁점의 대립과 공전(空轉)을 반복해 왔다. 자유무역의 확대를 위한 우루과이 라운드(Uruguay Round)와 도하개발어젠다(DDA), 환경보호 의무를 통상규제와 연계시키는 그린라운드(Green Round), 국제노동기준의 준

8 G. John Ikenberry, "The Rise of China and the Future of the West: Can the Liberal System Survive?" *Foreign Affairs* 87:1 (2008), 23–37.

9 John J. Mearsheimer, *The Tragedy of Great Power Politics* (New York: W.W. Norton, 2001).

수를 촉구하는 블루라운드(Blue Round), 뇌물거래를 방지하고자 하는 반(反)부패 라운드(Anti-Corruption Round), 국제기준에 부합하는 인권의 개선을 요구하는 인권라운드(Human Rights Round) 등 주요 쟁점 사안들에 대한 다양한 국제적 논의가 진행되어 왔지만, 의무와 책임을 반영하는 행동계획은 아직 도출되지 않고 있다. 각 의제에 관한 선진국과 개발도상국 간의 입장 차가 좁혀지지 않고 있기 때문이다.

북한과 이란의 핵 문제는 물론이고, 중동을 포함한 세계 각지의 평화보장 문제에 있어서 중국의 협력 없이는 본질적인 처방이 이루어지기 힘들다. 세계경제의 성장동력을 확보하고 무역, 투자, 에너지 안보에 있어 안정적인 균형을 이루는 문제도 중국의 협조가 필수적이다. 기후변화 문제 대처에 있어 개발도상국의 이산화탄소 감축 논의의 핵심은 곧 중국의 참여 문제와 다름이 없다. 1997년 제3차 UN기후변화협약 당사국총회(COP3, Kyoto 개최)를 계기로 선진국들의 온실가스 감축 논의가 교토의정서(Kyoto Protocol)의 채택을 통해 본격화되었으나, 이에 대한 미국의 비준거부로 실효성이 반감되었다. 2009년 제15차 총회(COP15, Kopenhagen 개최) 이후부터 미국의 주도적인 노력하에 온실가스 감축논의가 다시 탄력을 받기 시작했고, 마침내 2015년 제21차 총회(COP21)에서 파리기후변화협약이 도출되었다. 선진국과 개발도상국을 망라한 195개 국가가 탄소배출 감축과 지구 평균기온 상승폭 억제 노력에 합의한 것이다. 그러나 트럼프 행정부 출범 이후 미국이 다시 소극적인 입장으로 돌아섰고, 각국의 탄소배출 감축 이행에 관한 구체적인 의무 부과와 처벌 조항이 없는 등 기후변화 협조체제가 가야 할 길은 멀고도 험하다. 인권의 신장, 국제 난민의 지

위 부여 및 안전보장 문제도 중국의 동참 여부가 관건이다.[10]

3. 글로벌 코리아 외교 이니셔티브

이상 기술한 글로벌 및 동북아시아 차원의 변화와 도전은 하나같이 한국의 장래에 크나큰 파급효과를 가져올 수 있으며, 따라서 이러한 세계질서의 급속한 변화에 선제적으로 대응하고 필요한 처방을 내리는 대외전략이 필요하다. 2008년에서 2013년 초까지 5년간 국제사회에 널리 각인된 이명박 정부의 글로벌 코리아(성숙한 세계국가) 비전은 한국이 국제사회의 주요 현안에 적극 기여하고 해결책을 도모하는 데 있어 건설적인 중재자 역할을 하는 것을 뜻한다.[11] G20정상회의(2010년), 핵안보정상회의(2012년), 세계개발원조총회(2011년) 등 굵직굵직한 국제회의를 개최하고 참가국 간에 첨예한 의견차를 보였던 현안에 대해 타협안을 제시하는 등 지난 몇 년간 한국이 국제사회에서 보

---

10 미국이 표방하는 워싱턴 컨센서스(Washington Consensus)가 교역의 활성화, 국가 개입의 최소화(탈규제, 민영화), 노동과 자본의 자유로운 이동 등을 주장하면서 '신자유주의' 노선을 대변한다면, 중국이 주도하는 베이징 컨센서스(Beijing Consensus)는 개별 국가들의 정치적·경제적 자율성을 보장하자는 것으로 미국을 비롯한 서방세계가 요구하는 통상, 노동, 인권 등에 있어서의 국제적 기준을 획일적으로 받아들일 수 없다는 항변이기도 하다.

11 청와대, 『이명박 정부 외교안보의 비전과 전략: 성숙한 세계국가』(청와대, 2009), 1-39.

인 행보는 새로운 글로벌 코리아의 출현을 시사했다. 또한 지구촌 미래의 중대한 도전으로 다가오고 있는 기후변화 대처에 있어 세계에서 가장 먼저 '녹색성장(Green Growth)' 비전을 국가의 중추적 발전 모토로 천명하였고(2008년), 세계 차원에서 이의 대처방안을 연구하고 제시하는 글로벌녹색성장연구소(GGGI)를 설치하는 한편(2010년), 각국의 녹색성장에 필요한 재정과 기술을 지원하는 신설 국제기구인 녹색기후기금(GCF)를 유치하였다(2012년).

글로벌 거버넌스의 중심축에 한국이 뛰어들었다는 것은 적지 않은 함의를 지닌다. 과거에 한국은 세계 안보와 경제 질서의 변방에 머물면서 선진국들이 짜 놓은 규범과 규칙의 틀을 받아들이고 주어진 외부환경의 변화에 적응하는 데 급급했던 것이 사실이다. 이제는 국제사회가 당면한 안보갈등과 경제위기의 돌파구를 찾는 데 있어 핵물질의 감축과 안전한 관리·자유무역의 확대와 보호무역 철폐 등 모두가 공감하지만 선뜻 나서기 어려운 문제를 한국이 선도적으로 실천하고 이를 독려하게 되었다. 진정한 선진국은 과거처럼 물리적인 군사력과 경제력을 갖추는 것으로 충족될 수 없다. 국제사회의 보편타당한 가치와 규범을 모범적으로 구현하고 실천하는 것에서 나아가, 문화·예술·스포츠 등에 걸쳐서도 풍부하고 다양한 역동성을 갖추는 것이 필요하다. 이는 국제사회에 한국의 매력과 설득력을 한껏 확산하는 소프트파워(soft power)의 강화를 통해 뒷받침될 수 있다. 나아가 한국이 목표로 하는 국가이익을 국제사회에서 보다 적극적으로 구현할 수 있도록 글로벌 코리아의 국격(國格)과 설득력이 제고되어야 한다.

세계의 정치·경제 질서는 상호의존의 취약성을 내포한다. 어느 한 국가에 의해 촉발된 위기가 해당 국가나 지역에 국한되지 않고 전 세계의 안보와 경제의 위기로 파급되기 때문이다. 적시(適時)에 잘 대응하지 못하면 국제 경쟁에서 이내 뒤처지고 만다. 더욱이 한국처럼 부존자원이 취약하고 대외 안보·경제 환경에 크게 영향 받는 나라의 경우, 지속적으로 평화와 번영을 담보할 수 있는 글로벌 협력네트워크를 필요로 한다. 최근 몇 년에 걸쳐 한국이 확장한 글로벌 자유무역 경제영토는 세계 경제위기의 혹독한 대외환경 속에서도 지속적으로 플러스 경제성장을 가능케 한 요인이 되었다. 기존의 ASEAN(동남아시아 국가연합) 10개국 및 칠레와의 자유무역협정(FTA)에 더하여, 미국, EU 27개국, 인도, 페루, 터키, 콜롬비아 등과의 자유무역협정을 완성시킴으로써 46개국에 걸친 전방위(全方位) 자유무역 네트워크를 구축하였다. 협의 중인 중국, 베트남과의 자유무역마저 실현될 경우 세계 총생산(GDP)의 80% 경제권에 걸친 자유무역지대를 확보하게 될 것이며[12], 한국의 경제 신성장 동력은 더욱 강화될 것으로 전망된다.

보호무역주의를 지양하고 자유무역을 확대하는 한국의 경제기조는 세계적 불황 속에서 일자리를 늘리고 경기를 부양시키는 모범적인 사례로 평가되었다. 세계 경제위기의 여파로 주요 선진국들의 신용등급이 하락하는 가운데 무디스(Moody's), 피치(Fitch) 등 세계 주요 신용평가사들이 2012년에 국가신용등급을 상향 조정한 나라는 A등급 이

---

12 청와대, 『한미 FTA 100일 한·EU FTA 1년, 그 성과』, 청와대 정책소식 126호 (2012년 7월 10일), 6.

상 국가 중에서는 한국이 유일하다. 이는 글로벌 금융위기와 재정위기에 잘 대응하고 경제 체질을 지속적으로 개선하고 있다는 평가에서 기인한다. 미국의 투자은행 골드만 삭스(Goldman Sachs)는 2012년 성장환경지수(GES: Growth Environment Score) 평가에서 한국을 183개국 중 2위로 평가하였다.

또한 한국은 2009년 11월 경제협력개발기구(OECD)의 개발원조위원회(DAC)에 가입함으로써, 원조를 받던 나라가 원조를 주는 나라가 된 세계 최초의 사례가 되었다. 나아가 공적개발원조(ODA)를 지속적으로 확대함과 동시에, 빈곤퇴치와 개발도상국의 경제발전 지원을 위한 국제적 노력에 적극 동참하고 있다. 특히 한국은 2010년 서울 G20 정상회의에서 '개발' 의제를 제안하고 공식 채택되도록 함으로써 G20 국가들의 개발도상국들에 대한 체계적이고 지속 가능한 지원 논의를 촉발시켰다. 한편, 아이티(Haiti)·아프가니스탄·아랍에미리트(UAE)·소말리아 해역 등에 파병함으로써 국제평화유지 활동을 활성화하는 가운데, 국제 수요에 따라 적시에 효과적인 파병이 이루어질 수 있도록 해외파병 추진체계를 지속적으로 보완하고 있다.

한국형 글로벌 네트워크의 지향점은 한국이 잘 할 수 있는 분야에 기여하고 한국의 도움을 필요로 하는 국가들과 맞춤형 협력관계를 구축하는 것이다. 중동 지역의 경우 아랍에미리트, 사우디아라비아, 카타르 등과의 협력관계가 특히 강화되었는데, 한국으로서는 제2의 중동 진출 붐을 맞이하고 있다. 2009년 12월 400억 달러 규모의 아랍에미리트 원자력발전 사업을 수주함으로써 고리 원자력발전소 1호기를 첫 가동한지 30년 만에 원자력발전소를 해외에 수출하게 되었다. 사우디아라비아와는 도시 및 인프라 구축·국방협력 등을 강화했으며, 카타르와는 기후변화 대응을 위한 원자력과 신재생에너지 개발·IT분야 협력을 추진하고 있다. 신아시아 외교를 확충하는 가운데 카자흐스탄, 우즈베키스탄 등 중앙아시아 나라들과의 경제 및 우호협력 관계를 한층 심화시켰으며, 동남아시아에서는 아세안(ASEAN) 10개국 중에서도 특히 인도네시아, 베트남, 태국, 미얀마와의 협력을 증진시켰다. 이들 4개국은 공통적으로 자신들의 중장기 경제개발계획 수립을 한국이 주도적으로 조언하거나 맡아달라고 요청해 오고 있다. 아울러 인도네시아와는 방위산업 수출이, 베트남과는 원자력 수출이, 태국과는 수자원 관리 지원사업이, 미얀마와는 북한과의 무기거래 청산을 전제로 한 포괄적 협력관계의 수립이 추진되고 있다.

현재 한국의 원자력 발전은 전체 전력생산량의 약 30%를 차지하고 있는데 이는 석탄에 의한 화력발전에 이어 두 번째로 큰 것이다. 최근 원자력에 대한 안전논란이 가열되었으나, 본질은 원자력 설비의 유지와 관리에 있어서의 불투명한 관행을 개선하는 데 있으며, 대형 원자력 사고에 의한 방사성 물질 유출에 대한 우려는 과장된 측면이 있다. 태양광, 풍력, 바이오 등을 활용한 신재생에너지 산업의 투자대비 효율성은 아직 매우 낮다.[13] 청정에너지이면서 고용유발 및 각종 산업에 대한 발전 파급효과가 크고, 무엇보다도 전기료의 안정에 결

13 홍준석·박성환·박중구, 「한국 기후산업의 경제적 파급효과에 관한 연구: 신재생에너지 산업을 중심으로」, 『에너지공학』 21권 1호 (2012), 109–117.

정적인 역할을 하는 원자력산업[14]을 육성해야 한다. 원자력 수출시장의 확대로 원자력의 국민경제에 대한 기여는 더욱 커질 것이다.

4. 역내 주요국과의 전략적 협력

세계 유일의 분단국가이면서 미국, 중국, 일본, 러시아와 같은 강대국들을 마주하고 있는 동북아시아에서 한국이 이들 이웃 나라들과 어떠한 외교를 펴야 하는가의 문제는 매우 중요하다. 한국의 안보와 경제가 그만큼 이들 주변국들과의 협력과 공조에 좌우되기 때문이다. 한국은 북한으로부터의 군사적 위협을 차단하는 일차적 과제에 더하여 한반도와 동북아시아의 평화와 안정을 확보하기 위해 국방 능력을 지속적으로 확충해 왔으며, 한미동맹은 이러한 안보목표를 더욱 강력하고 효과적으로 추진할 수 있도록 버팀목 역할을 해 왔다. 이명박 정부의 한미관계는 역대 어느 정권보다도 심도 있고 포괄적인 협력관계를 구축한 것으로 평가되는데, 이는 양국관계를 글로벌 전략동맹으로 격상시킴으로써 가능했다. 자유민주주의와 시장경제 가치에 대한 미국과의 확고한 공감대를 바탕으로 동북아시아는 물론 중동, 중앙아시아, 서남아시아, 아프리카 등 세계에 걸쳐 핵무기의 확산 방지, 테러리즘 근절, 평화정착과 경제재건, 인도적 지원, 불법행위 차단 등

---

14 양용석, 「저탄소 녹색성장을 위한 원자력의 역할과 국민경제적 기여」, 『GRI 연구논총』 11권 1호 (2009), 123-147.

에 관한 긴밀한 공조체제를 구축하였다. 또한, 북한의 대남 도발과 핵 실험, 미사일 발사에 대한 한미 간 강력한 공조로 국제사회의 대응을 주도하였다. 한미 FTA(자유무역협정)를 완성(2011. 11. 22 국회비준)시킴으로써 양국관계를 군사·경제·사회문화 제반 분야에 걸친 역동적이고 다원적인 전략동맹으로 발전시켰다.

2008년 구축된 한중 전략적 동반자 관계 역시 양국 간 협력을 크게 심화시켰다. 이미 제1의 교역 파트너로 자리 잡은 중국과 경제통상 협력관계를 지속적으로 확충해 나가는 한편, 군사대화·전략대화·문화교류·인적교류를 발전시킴으로써 보다 포괄적이고 미래지향적인 한중관계를 표방하였다. 이명박 정부 기간 동안 역대 어느 정부보다도 많은 한중 정상회담이 이루어졌는데, 양자 및 다자회담을 망라하면 연간 5회 이상의 회담이 이루어졌다. 이는 한미관계의 발전과 강화가 한중관계의 발전과 상충되지 않음을 반증한다. 오히려 한미동맹이 동북아시아의 평화와 안정을 구축하는 안전핀 역할을 하는 가운데, 한·중, 한·일, 한·러 간의 협력관계가 함께 발전되도록 외교정책을 펴야 한다. 이는 한국이 이들 이웃국 사이에서 주요 외교 현안들에 대한 우선순위와 심도 있는 전략적 검토 없이 등거리 외교를 하면서 균형외교를 하겠다는 발상과는 근본적으로 다른 것이다. 한미관계와 한중관계를 상호 제로섬(zero sum) 관계로 간주할 경우, 우리의 외교전략은 중심을 잃게 된다. 우리의 대외전략 우선순위를 먼저 설정하고 그 추진과정에서 미국 및 중국으로부터 이끌어내야 할 협력을 만들어가야 한다. 한반도 문제로 미·중 양국이 서로 갈등을 빚을 경우, 현안에 대한 우리의 입장을 이들에게 이해시키고 서로 상생하는(win-win)

결과를 도출해야 하는데, 이를 위해서는 미·중 사이에서 무조건 양다리를 걸치는 균형자 외교가 아니라 우리 스스로의 전략적 접근에 따른 주도적인 협력외교로 풀어가야 한다.

오래도록 논의되어 오다가 번번이 무산되었던 한·중·일 정상회담을 성사시키고(2008년), 이를 매년 지속하는 것으로 정례화 시키면서 그 사무국을 한국에 유치(2011년)한 것 역시 적지 않은 의미를 지닌다. 과거사 문제에 대한 상호 반목과 이념과 정치체제의 차이, 경제구조의 차이 등 여러 복잡한 문제들로 인해 좀처럼 진전을 이루지 못하던 한·중·일 관계에 변화가 일어나기 시작했기 때문이다. 이는 이명박 대통령이 적극 나서 중국과 일본의 지도자들을 설득함으로써 가능했다. 활성화된 한·중·일 정상회담을 통해 정치적인 분야에 대한 적극적인 의견교환과 해법의 도출을 가능하도록 했을 뿐 아니라, 최근 몇 년 사이에 발생한 심각한 세계경제 위기에 3국이 함께 대처 방안을 마련할 수 있는 계기가 되었다. 특히 재정위기의 악화 가능성에 대비하여 체결된 한·중(2009년), 한·일(2008년) 간 통화스왑 조치는 ASEAN 10개국과의 치앙마이 이니셔티브(CMI: Chiang Mai Initiative, 2000년 출범) 통화스왑 조치와 연계되어 더욱 강력한 금융대응 협조체제가 구축될 수 있었다. 한·중·일 협력관계의 정착, 아세안(ASEAN)과의 협력 강화, 호주·뉴질랜드와의 관계 강화, 중앙아시아 주요국들과의 전략적 협력 강화 등을 통해 한국이 주창한 신아시아 외교의 외연과 깊이가 확대되었다.

이상 기술한 대외관계의 성과들은 외교를 담당하는 부처들의 공식적인 외교활동에 더하여 대통령의 정상외교의 기능이 활성화됨으로써 가능했다고 평가할 수 있다. 중요한 국가 현안일수록 최고 수뇌부 차원에서 결정되는 경우가 많기 때문에, 자국의 정상이 상대방 국가의 정상들과 얼마나 긴밀한 신뢰관계를 맺는가의 문제가 중요해진다. 특히 부시(George W. Bush) 대통령과 오바마(Barack Obama) 대통령을 연이어 상대하는 동안 이명박 대통령이 이들 정상과 맺은 긴밀한 관계는 한미 양국 간 민감하고 어려운 현안을 푸는 데 있어 촉매 역할을 하곤 하였다. 미국지명위원회(U.S. Board on Geographic Names)의 우리나라 독도 영유권 표기 원상회복, 전시작전통제권 전환 일정의 연기, 한미 FTA의 타결, 한미 미사일지침의 개정 등 주요 결정들의 이면에는 한미 정상들 간의 신뢰와 교감이 뒷받침되었다. 중국의 후진타오(胡錦濤) 주석과 원자바오(溫家寶) 총리 역시 이명박 대통령과의 신뢰관계를 매우 중시했으며, 이로 인해 한반도의 민감한 현안에 대한 진지한 협의가 이루어졌다. 국가 정상들 간의 개인적인 친분이 각국이 표방하는 전략적 우선순위를 근본적으로 바꿀 수는 없을지라도, 점진적으로 제약 요인들을 극복하고 새로운 차원의 협력을 모색하는 자극제가 될 수 있을 것이다.

5. 한반도 평화의 확보와 통일역량 강화

한국의 대북정책과 이와 관련한 국제공조 역시 변화하는 글로벌 질서의 흐름에 부합하는 방향으로 이루어져야 한다. 북한 문제와 관련지을 수 있는 국제사회의 커다란 흐름 두 가지가 있는데, 첫째가 핵무기의 추가적 보유와 핵 물질·핵 기술의 확산을 차단해야 한다는 공감대의 확산이며, 둘째는 자유민주주의와 인권의 확산과 신장을 촉진하려는 노력이다.

북한이 2009년 4월 5일과 2012년 4월 13일에 장거리 미사일을 발사했을 때, 이러한 북한의 불법행위를 규탄하는 UN안전보장이사회 의장성명이 신속하게 나왔으며(각각 2009. 4. 13, 2012. 4. 16), 2009년 5월 25일의 2차 핵 실험·2012년 12월 12일의 장거리 미사일 발사·2013년 2월 12일의 3차 핵 실험에 대해서는 기존의 UN안보리결의안 1718호보다 강력하고 구체적인 대북 제재방안을 담은 UN안보리결의안 1874호·2087호·2094호가 각각 도출되었다(2009. 6. 12, 2013. 1. 23, 2013. 3. 7). 또 한국 정부는 북한의 2차 핵실험 발발 즉시 '대량파괴무기 확산방지구상(PSI: Proliferation Security Initiative)'에 대한 전면적 참여를 선언하였다. PSI는 핵무기 및 핵 물질의 불법 확산을 막기 위해 2003년 결속된 국제공조체제로, 노무현 정부 때 북한의 반발을 의식하여 정식 참여를 계속 미뤄오다가 2006년과 2009년의 잇따른 북한 핵실험을 계기로 한국이 비로소 95번째 나라로 가입하게 된 것이다. 또한 2010년 3월 26일 북한의 천안함 폭침 행위에 대해서는 우리 정부의 공식적인 조사결과 발표(2010. 5. 24)에 이어 북한의 행동을 규탄하는 UN안보리 의장성명이 도출되었다(2010. 7. 9). 이렇듯, 북한이 핵무기와 이의 투발수단인 미사일을 계속 추구하는 행위에 대해 한국은 국제사회와의 긴밀한 공조를 통해 단호한 외교적·경제적 조치를 이끌어냈으며, 한반도와 국제사회의 평화를 유린하는 북한의 대남 도발행위에 대해서도 국제사회의 엄중한 조치들을 이끌어냈다. 북한에 대한 직접적인 규탄과 경제 제재에 소극적인 입장을 유지해 온 중국도 북한의 4차 및 5차 핵실험(2016. 1. 6, 2016. 9. 9)에 대한 UN안보리의 대응(UN안보리결의안 2270호, 2321호) 과정에는 보다 신속하고 적극적으로 협조하는 모습을 보였다.

그간의 남북관계를 정상적인 궤도에 올려놓고 북한사회에 의미 있는 변화를 이끌어 내기 위한 노력 역시 국제사회와의 긴밀한 공감대와 공조 하에 추진되었다. 대북 경제지원이 한창이던 소위 10년의 햇볕정책 기간 중에 북한은 서해 '북방한계선(NLL)'을 넘어와 직접적인 군사도발을 감행하는가 하면(1999. 6. 15, 2002. 6. 29), 첫 핵실험(2006. 10. 9) 및 두 차례의 장거리 미사일 발사(1998. 8. 31, 2006. 7. 5)를 강행하는 등 한국과 국제사회에 대한 도발수위를 오히려 높였다. 더욱이 김대중·노무현 정부에서 대량으로 북한에 지원한 현금·쌀·비료 등이 북한 주민들의 삶을 개선하는 데 쓰이지 않고 북한 정권의 핵과 미사일 능력을 신장시키는 데 직간접적으로 활용된 정황이 드러나면서[15] 남북관계가 비정상화되었고 우리의 안보는 더욱 위협에 처하게 되었다는 평가가 나오게 되었다.

이명박 정부는 남과 북이 허심탄회하게 대화하고 진정한 협력관

15 한나라당. 「대북 지원 쌀의 군량미 전용 확인, 국민혈세가 북 미사일과 핵실험 도와준 꼴」, 2006년 12월 8일, http://blog.naver.com/hannara_news/20031362921 (검색일: 2013년 1월 5일); 유세진. 「윌러드 "북핵 포기 및 미사일 실험 중단이 대북 식량 지원 전제조건"」, 《뉴시스》 2012년 2월 29일, http://news.naver.com/main/too/print.nhn?oid=003&aid=0004364255 (검색일: 2013년 1월 5일).

계를 구축할 것을 북한 당국에 촉구하는 가운데, 한국과 국제사회의 대북 관계개선과 경제지원이 북한의 핵 프로그램 폐기 계획과 구체적으로 맞물리는 포괄적 타협안(그랜드 바겐)을 제시하였다. 북핵 문제의 해결방법과 북핵 폐기의 달성 문제는 서로 분리하여 평가해야 한다. 그랜드 바겐(Grand Bargain) 전략은 북핵 프로그램 전체의 폐기시점에 우선 합의하고 이를 위해 북한과 국제사회가 각각 이행할 북핵 폐기 및 대북 지원의 단계적 조치들을 일괄적으로 협의하는 것이다. 그간 6자 회담에서 이루어진 합의사항들은 북한의 비핵화에 대한 원칙적인 입장만 천명된 채(2005년 9·19 합의), 고농축 우라늄 프로그램(UEP: Uranium Enriched Program)을 제외한 노후화된 영변의 핵 시설 동결만을 전제로 한 대북 경제지원을 담고 있다(2007년 2·13 합의 및 10·3 합의). 북한 당국이 북핵 폐기의 최종시점에 관한 논의를 거부하는 것은 곧 핵 포기 의사가 없음을 반증하며, 이는 다시 말해 그랜드 바겐 이외에는 협상을 통한 북핵 문제의 해결책이 존재하지 않는다는 뜻이다. 이러한 상황에서 북핵 문제가 이명박 정부의 잘못된 정책 때문에 해결되지 않았다는 주장은 설득력이 없다.

북한은 그랜드 바겐 제안을 거부하였고 핵실험, 장거리 미사일 발사, 천안함 폭침 등 도발행태를 멈추지 않았다. 한국은 우리의 영토와 국민에 대한 북한의 직접적인 도발을 계기로 우리의 북한 위협에 대한 대응전략을 전면적으로 수정하였고(적극적 억제전략), 북한의 도발에 대해서는 확고하게 대응하되 진정성 있는 대화와 협력에는 적극 임한다는 원칙을 일관되게 견지하였다. 적극적 억제(proactive deterrence) 전략이란, 이제까지 한국군이 북한의 무력도발에 대해 확전방지를 꾀

한다는 전제하에 현장에서의 제한적인 대응(defense by denial)에 치중했다면 향후에는 북한의 도발세력은 물론 그 지원세력까지 철저하게 응징(punish)함으로써 도발에 대한 의지 자체를 무력화시킨다는 것이다.[16]

북한이 기존 태도를 고수한 채 일방적으로 지원만 받아가던 남북관계의 비정상적 고리를 끊고, 북한 주민들이 필요로 하는 인도적 지원을 하면서 북한에 바람직한 변화를 유도하기 위한 노력이 전개되었다. 그 결과, 북한 당국의 배급에 의존하던 주민들이 점차 장마당을 통해 식량과 물품을 확보하게 되었으며, 일반 주민은 물론 당국 차원에까지 남한사회를 동경하고 북한의 개방과 개혁에 동조하는 의식이 광범위하게 확산되는 결과를 가져왔다.[17]

이러한 북한 내부의 드러나지 않은 변화는 중동에서 시작되어 베

---

16 Sang Woo Rhee. "From Defense to Deterrence: The core of Defense Reform Plan 307," *Korea Chair Platform* (Washington, D.C.: CSIS (September 7, 2011), 2.

17 한편, 이명박 정부의 대북정책이 실패했다고 보는 견해는 남북관계가 악화되었고, 북한의 도발을 막지 못했다는 주장에서 기인한다. 이는 남북관계의 발전 기준을 내용이 아니라 회담의 빈도와 경제지원의 규모에서 판단하기 때문이며, 북한의 도발 문제도 이에 소극적으로 대응하며 재발을 용인하다시피 한 과거 정부의 행태를 함께 고려해야 한다. 이명박 정부의 대북정책에 대한 종합적인 평가는 장차 북한 변화의 향방을 주시하는 가운데 보다 정확하게 내려질 수 있을 것이다. 그리고 이는 박근혜 정부 이후의 대북정책이 이명박 정부의 그것과 어떻게 같고 다른지에 따라 정책결과를 보다 명확히 비교·분석할 수 있을 것이다.

트남과 미얀마에까지 불고 있는 세계적인 개방과 변화의 추세와도 무관치 않다. 특히 이명박 대통령은 2012년 5월, 북한의 아웅산 국립묘지 테러(1983년) 이후 한국 대통령으로서 29년 만에 미얀마를 방문하여 불법 무기거래 단절·민주화와 개방정책을 본격적으로 추진하기 시작한 미얀마와 새로운 협력관계를 열었으며, 이는 미국과 국제사회로부터 긍정적인 평가를 받았다.[18]

대북정책은 단지 한반도에 국한된 현상관리의 차원으로 접근하는 대신, 세계 역사의 조류에 부합하고 세계의 평화와 발전에 기여하도록 수행할 때 더욱 큰 국제사회의 지지와 협력을 이끌어낼 수 있다.

6. 향후 과제

이상 살펴본 바와 같이 글로벌 질서와 동북아시아 정세의 변화

---

18 BBC News, "South Korean President Lee Myung-bak in Burma Visit" (May 14, 2012), http://www.bbc.co.uk/news/world-asia_18055319 (검색일: 2013년 1월 6일); Jacey Fortin, "South Korean President Lee Myung-bak Makes Historic Visit to Myanmar," *International Business Times,* May 14, 2012, http://www.ibtimes.com/south-korean-president-lee-myung-bak-makes-historic-visit-myanmar-698320(검색일: 2013년 1월 6일); Sangwon Yoon, "South Korea's Lee Offers Aid to Myanmar Ahead of Suu Kyi Meeting," *Bloomberg* (May 15, 2012), http://www.bloomberg.com/news/2012-05-14/lee-visits-myanmar-in-first-trip-by-s-korea-leader-in-29-years.html(검색일: 2013년 1월 6일).

추세를 분석하고, 이러한 변화가 글로벌 거버넌스의 차원에서 어떠한 도전을 자아내고 있으며, 이는 한국에 어떠한 과제를 던지는지에 대해 논의하였다. 즉, 세계의 안보 및 경제 질서를 재편하는 행위자(국가)의 수가 증가했으며, 특히 향후 중국의 건설적인 역할을 이끌어내는 글로벌 거버넌스가 필요하고, 민주주의와 인권의 신장 과정이 잉태하는 각종 역작용들을 극복해야 함을 지적하였다.

본 글의 이러한 분석은 기존의 글로벌 거버넌스의 논의들이 상대적으로 도외시 한 국가의 역할과 책임에 관한 검토가 필요하다는 문제의식에 기초하고 있다. 새로운 국제질서를 만들고 글로벌 거버넌스의 규칙을 주도하는 국가 군(群)에 한국이 일원으로 참여하는 것은 중요한 문제임을 지적하였다. 그리고 그것은 국제사회의 보편타당한 규범과 가치의 공감대 위에서 상생의 이익을 창출하는 방법으로 이루어질 때 보다 설득력을 지닐 수 있을 것이다.

한국은 세계 최빈국의 위치에서 출발하여 반세기만에 민주화와 경제발전을 동시에 이룬 보기 드문 나라로, 다른 개발도상국들은 물론 전 세계의 주목을 받고 있다. 1960년대 1인당 국민소득이 80달러에도 미치지 못하던 대한민국은 불과 반세기 만에 1인당 소득 2만 달러를 돌파하였다. 이는 인구 5천만 명이 넘는 나라 중에서 사상 일곱 번째로 달성한 쾌거이다. 또한 세계에서 아홉 번째로 무역 1조 달러를 돌파하였다. 세계적인 경제 불황 속에서도 우리나라의 국제신용등급은 2010년에 이어 2012년에도 상승함으로써 역대 최고 수준을 기록하였고, 이는 주요 선진국들의 신용등급이 저마다 하락하는 가운데 나온 결과여서 그만큼 우리나라의 재정건전성·수출경쟁력·노동생산성의 견고함을 보여주고 있다.

앞으로 한국이 한 단계 높이 도약하기 위해서는 글로벌 거버넌스의 변화를 우리의 비전과 국익에 부합하도록 지속적으로 주도해 나가야 한다. 세계 외교의 변방에 머물던 한국이 한·중·일 3국간 연례 정상회의를 제안하고 실현시킴으로써 동북아시아의 협력체제 구축을 통한 글로벌 아시아 시대의 도약을 주도하고 있다. 나아가 개발도상국들의 경제·사회발전을 지원하고 기후변화, 녹색성장 등 국제사회의 주요 현안에 대한 해결방안을 제시하면서 글로벌 의제의 설정에 앞장서고 있다. 또한 G20정상회의, 핵안보정상회의, 세계개발원조총회 등 안보, 경제, 개발 이슈에 있어 가장 중요한 국제행사들을 개최함으로써 글로벌 리더십을 발휘하였다. 특히, UN안전보장이사회의 비상임이사국에 선임되고, G20의 일원이 되며, 녹색기후기금을 유치한 것은 향후 안보, 경제, 기후변화라는 3대 글로벌 거버넌스에서 한국이 주도적인 역할을 수행할 수 있게 되었다는 점에서 중요한 의미를 지닌다.

줄곧 성장과 발전을 거듭해 온 한국이 마주하고 있는 갖가지 도전요인도 많다. 남북한 간 분단 상황에서 비롯된 안보의 취약성과 우리사회에 만연한 이념 갈등, 정치적 분열상, 경제적 양극화, 대외경제환경에 취약한 경제구조 등이 그것이다. 빠르게 변화하는 글로벌 질서 속에서 우리의 튼튼한 안보와 지속적인 경제성장을 견인하기 위해서는 미래 세계질서의 작동원리를 정확하게 읽고 선제적으로 대처해야 한다. 무엇보다도 정권의 향배에 관계없이 국가의 발전전략을 치밀하게 수립하고 이를 일관되게 유지하면서 국민적 합의와 동참을 이끌어내는 리더십이 중요하다.

우선 미국, 중국, 일본, 러시아, EU 등과 전략적 공조를 강화하여 북한 변수에 치밀하게 대비해야 한다. 도발 위협에는 단호하게 대응하고 남북 간 대화를 통해서는 북한정권의 진정한 변화를 촉구하는 일관된 접근이 유지되어야 한다. 북한 주민들의 인권을 개선하고 이들에게 인도적인 지원이 효과적으로 전달되도록 국제공조를 펴야 한다. 무엇보다도 우리 자체의 통일 역량을 축적해 나가면서 우리 주도의 통일에 대한 국제사회의 지지와 지원을 이끌어내는 통일외교를 강화해 나가야 한다. 동북아시아에서의 핵 확산 방지와 평화구축, 인권과 인도주의의 표방, 자유민주주의를 토대로 한 통일비전은 모두 미래 글로벌 거버넌스의 지향점이자 대한민국 국가전략의 기본적 토대이기도 하다. 한미동맹을 주축으로 북한의 도발을 원천적으로 봉쇄하는 가운데, 국제사회와 동북아시아 지역의 제반 현안에 대해 중국과의 전략적 교감과 협력을 확대함과 동시에 한국의 궁극적 염원인 자유민주 통일을 염두에 두고 중국과 심도 있는 전략대화를 이어가야 한다.

아울러, 미래의 이슈에 선제적으로 역량을 투입하고 이를 지속적인 경제성장의 발판으로 활용해야 한다. 단순히 복지 지원을 늘리는 것은 일자리와 양극화 문제의 근본적인 해결책이 되지 못한다. FTA 네트워크를 기반으로 세계시장을 선점하면서, 농업, 수산업, 교육, 금융, 의료, 서비스 분야에 걸친 경쟁력을 강화하도록 지원 프로그램이 병행되어야 한다. 기후변화 문제에 적극 대처하고 투자함으로써 향후 국제사회의 첨예한 쟁점이 될 탄소배출 감축 및 탄소배출권 배정 논의에 대한 지렛대를 확보해 두어야 한다. 원자력, IT, 수자원 관리, 의료서비스, 방위산업, 인력교육 등의 분야에 걸친 특장(特長)을 살려 '한국형 글로벌 협력네트워크'를 확대해 나가야 한다.

끝으로, 무한경쟁의 국제사회에서 한국이 세계로 뻗어나가고 더욱 큰 역량을 발휘하기 위해서는 외교역량, 국방역량, 정보역량을 강화해 나가야 한다. 이명박 정부에서 외교 인력의 전문성, 언어 구사력, 협상력을 강화하기 위해 인력충원제도와 인사운영제도를 개편한 것도 이러한 취지에 부합한다. 장래 우리나라의 중차대한 대외정책 현안에 대하여 전직 관료, 민간 전문가, 국가 원로 등의 지혜와 경험을 적극 반영할 수 있도록 외교안보 부처의 문호가 더욱 개방되어야 한다. 일사불란한 전투지휘 체계를 구축하기 위한 군 상부지휘구조 개편의 추진, 국방조직 운영의 효율성 제고, 방위산업의 경쟁력 강화와 수출시장 확대를 위한 노력도 지속되어야 한다. 아울러, 정보기관들의 북한 및 해외 정보수집 능력도 한층 확충하여 한반도의 통일과 장래 대한민국의 역량 강화를 위한 토대를 튼튼히 해야 한다. 한국의 글로벌 리더십은 변화무쌍한 시대적 코드를 신속하게 읽고 이에 적절히 대처하는 '지혜'라는 덕목과, 목표하는 바를 달성하기까지 국민들의 뜻을 모아 흔들림 없이 나아가는 '용기'라는 덕목 두 가지 요체에 의해 좌우될 것이다.

참고문헌

강선주. 2010. 「G20과 글로벌 거버넌스의 다변화」. 『외교』 제94호, 49-58.

김성한. 2011. 「미국 오바마 행정부의 아태정책: 아시아로의 귀환?」. 『국제관계연구』 제19권 2호, 103-136.

안호영. 2010. 「G20 서울 정상회의와 우리의 외교: 우리나라의 글로벌 거버넌스 참여」. 『외교』 제94호, 23-33.

양용석. 2009. 「저탄소 녹색성장을 위한 원자력의 역할과 국민경제적 기여」. 『GRI 연구논총』 제11권 1호, 123-147.

유세진. 2012. 「윌러드 "북핵 포기 및 미사일 실험 중단이 대북 식량 지원 전제조건"」. 《뉴시스》. http://news.naver.com/main/too/print.nhn?oid=003&aid=0004364255 (검색일: 2013년 1월 5일)

청와대. 2012. 『한미 FTA 100일 한·EU FTA 1년, 그 성과』. 청와대 정책소식 126호 (7월 10일), 1-30.

______. 2009. 『이명박 정부 외교안보의 비전과 전략: 성숙한 세계국가』, 1-39.

한나라당. 2006. 「대북 지원 쌀의 군량미 전용 확인, 국민혈세가 북 미사일과 핵실험 도와준 꼴」. http://blog.naver.com/hannara_news/20031362921 (검색일: 2013년 1월 5일).

홍준석·박성환·박중구. 2012. 「한국 기후산업의 경제적 파급효과에 관한 연구: 신재생에너지 산업을 중심으로」. 『에너지공학』 제21권 1호, 109-117.

BBC News. 2012. "South Korean President Lee Myung-bak in Burma Visit." May 14. http://www.bbc.co.uk/news/world-asia_18055319 (검색

일: 2013년 1월 6일).

Fortin, Jacey. 2012. "South Korean President Lee Myung-bak Makes Historic Visit to Myanmar." *International Business Times*. May 14. http://www.ibtimes.com/south-korean-president-lee-myung-bak-makes-historic-visit -myanmar-698320 (검색일: 2013년 1월 6일).

Ikenberry, G. John. 2008. "The Rise of China and the Future of the West: Can the Liberal System Survive?" *Foreign Affairs* 87:1, 23-37.

Liu, Zhenye. 2012. "The Critique of Methodology: Nationalism and Discipline Construction of Global Governance Research." *Journal of Global Policy and Governance*, Vol. 1, No. 1, 3-15.

Mearsheimer, John J. 2001. *The Tragedy of Great Power Politics*. New York: W.W. Norton.

The National Intelligence Council and the EU Institute of Security Studies. September 2010. *Global Governance 2025: At Critical Juncture*. Washington, D.C. and Paris.

Rhee, Sang Woo. 2011. "From Defense to Deterrence: The core of Defense Reform Plan 307." *Korea Chair Platform*. Washington, D.C.: CSIS (September 7), 1-4.

Rosenau, James N. and Czempiel, Ernst-Otto, eds. 1992. *Governance Without Government: Order and Change in World Politics*. Cambridge: Cambridge University Press.

Tellis, Ashley J. and Travis Tanner, eds. 2012. *Strategic Asia 2012–13: China's Military Challenge*. Seattle and Washington, D.C.: The National Bureau of Asian Research.

Yoon, Sangwon. 2012. "South Korea's Lee Offers Aid to Myanmar Ahead of Suu Kyi Meeting." *Bloomberg*. May 15. http://www.bloomberg.com/

news/2012-05-14/lee-visits-myanmar-in-first-trip-by-s-korea-leader-in-29-years.html (검색일: 2013년 1월 6일).

Young, Oran R. 1999. *Governance in World Affairs*. Ithaca, New York: Cornell University Press.

저자 소개

이동수
미국 밴더빌트대에서 정치학 박사학위를 취득하고, 현재 경희대 교수로 재직 중이다. 미국 UC Berkeley대 방문교수를 역임하였다. 관심분야는 정치사상과 동아시아 정치 등이다.

윤영인
미국 UCLA대에서 아시아언어 및 문화를 전공하고 박사학위를 취득하였다. 고구려연구재단의 연구위원을 거쳐 현재 영산대 교수로 재직 중이다. 관심분야는 동아시아 국제관계사, 고려시대 역사 등이다.

계승범
미국 워싱턴대에서 역사학 박사학위를 취득하고, 현재 서강대 교수로 재직 중이다. UCLA대 방문연구원 및 고려대 연구교수를 역임하였다. 관심분야는 조선시대 역사와 동아시아 역사 등이다.

김영수
서울대에서 정치학 박사학위를 취득하고, 현재 영남대 교수로 재직 중이다. 일본 동경대 방문연구원과 대통령실 연설기록비서관을 역임하였다. 관심분야는 조선시대 정치와 일본정치 등이다.

로웰 디트머(Lowell Dittmer)
미국 시카고대에서 정치학 박사학위를 취득하였으며, 현재 UC Berkeley대 교수로 재직 중이다. Asian Survey의 편집장을 역임하였다. 관심분야는 중국문제와 아시아 정치 등이다.

요시다 쿠니히코(吉田邦彦)
일본 동경대에서 법학 박사학위를 취득하고, 현재 홋카이도대 교수로 재직 중이다. 미국 노스웨스턴대, 스탠포드대, 하버드대, 마이애미대의 방문연구자 및 방문교수를 역임하였다. 관심분야는 주거복지 및 배상문제 등이다.

주펑(朱鋒)
중국 북경대에서 국제정치학 박사학위를 취득하고, 현재 북경대 국제관계학원 교수로 재직 중이다. 미국 하버드대 방문교수를 역임하였다. 관심분야는 국제관계 및 미중관계 등이다.

케네스 퀴노네스(Kenneth C. Quinones)

미국 하버드대에서 역사와 동아시아 연구로 박사학위를 취득하였으며, 현재 일본 아키타국제대에서 교수로 재직 중이다. 미국 국무성 외교관으로 다년간 근무하였고, 하와이대 방문교수를 역임하였다. 관심분야는 동아시아와 국제관계와 북한정치 등이다.

이현휘

고려대에서 정치학 박사학위를 취득하고, 현재 경희대 NGO 국제연구소 연구교수로 재직 중이다. 관심분야는 미중관계, 외교사, 국제정치이론 등이다.

김태효

미국 시카고대에서 정치학 박사학위를 취득하고, 현재 성균관대 교수로 재직 중이다. 대통령실 대외전략기획관과 외교통상부 외교안보연구원 교수를 역임하였다. 관심분야는 국제정치, 안보문제 등이다.

동아시아 갈등의 역사와 미래 전망

발행일 1쇄 2017년 8월 20일
지은이 이동수 · 이현휘 편
펴낸이 여국동

펴낸곳 도서출판 인간사랑
출판등록 1983. 1. 26. 제일-3호
주소 경기도 고양시 일산동구 백석로 108번길 60-5 2층
물류센타 경기도 고양시 일산동구 문원길 13-34(문봉동)
전화 031)901-8144(대표) | 031)907-2003(영업부)
팩스 031)905-5815
전자우편 igsr@naver.com
페이스북 http://www.facebook.com/igsrpub
블로그 http://blog.naver.com/igsr
인쇄 인성인쇄 **출력** 현대미디어 **종이** 세원지업사

ISBN 978-89-7418-368-4 93340

이 도서의 국립중앙도서관 출판시도서목록(CIP)은 서지정보유통지원시스템 홈페이지(http://seoji.nl.go.kr)와 국가자료공동목록시스템(http://www.nl.go.kr/kolisnet)에서 이용하실 수 있습니다.(CIP제어번호: CIP2017019106)